平顶山学院思政研究专项基金项目

《党密切联系群众的哲学基础研究》

（PXY-SZYJ-201709）

从康德到马克思

超验道德在经验历史中何以可能?

朱忠良　著

中国社会科学出版社

图书在版编目（CIP）数据

从康德到马克思：超验道德在经验历史中何以可能？/ 朱忠良著. —北京：中国社会科学出版社，2020.10

ISBN 978 - 7 - 5203 - 6365 - 5

Ⅰ.①从… Ⅱ.①朱… Ⅲ.①马克思主义哲学—研究 Ⅳ.①B0-0

中国版本图书馆 CIP 数据核字（2020）第 070822 号

出 版 人	赵剑英
责任编辑	张 湉
责任校对	姜志菊
责任印制	李寡寡

出　　版	中国社会科学出版社
社　　址	北京鼓楼西大街甲 158 号
邮　　编	100720
网　　址	http://www.csspw.cn
发 行 部	010 - 84083685
门 市 部	010 - 84029450
经　　销	新华书店及其他书店

印　　刷	北京君升印刷有限公司
装　　订	廊坊市广阳区广增装订厂
版　　次	2020 年 10 月第 1 版
印　　次	2020 年 10 月第 1 次印刷

开　　本	710×1000 1/16
印　　张	21
字　　数	323 千字
定　　价	118.00 元

目　录

导　　论

马克思主义在我国意识形态领域中处于指导地位，一方面，我们需要不断推进马克思主义中国化，实现理论与时俱进；另一方面，如何理解马克思本人的哲学思想也是我们面临的重要工作。本书的基本思想是：马克思终生追求的价值目标是在继承康德超验道德的基础上，致力于这种道德在经验历史中的彻底实现。

恩格斯在《反杜林论》中基本确定了马克思主义的三个组成部分：马克思主义哲学、马克思主义政治经济学和科学社会主义。三部分之间密切联系，其中马克思主义哲学构成马克思主义的精神核心，科学社会主义体现马克思主义的政治主张，马克思主义政治经济学则是从经济层面对整个社会历史的把握。马克思主义以马克思来命名，说明马克思本人的哲学思想在整个理论体系中的核心地位。然而，人们对马克思主义哲学的了解通常集中在其经验性维度上，其超验性维度往往被忽视，甚至有学者不承认这个维度的存在。缺失这一维度将产生对马克思主义的极大误解。马克思主义哲学是马克思主义的三个组成部分之一，包括马克思恩格斯及各国和各时代马克思主义者的哲学思想，马克思哲学以马克思本人的哲学思想为核心。本书重在关注马克思本人的哲学思想。事实上，马克思哲学以超验与经验的矛盾为坐标考察世界，进而致力于通过实践使二者在逻辑上和历史中消除对立。其超验性维度之所以不被承认的主要原因有两个：一是马克思强调经验，并有消灭哲学、消灭形而上学等说法，这容易让人产生他已经完全抛弃超验和形而上学的印象；二是人们往往以经验主义的哲学视野来理解马克思哲学，经验主义把一切都赋予经验，不承认任何超验性事物和事物的超验性维度，马克思哲学同样被看做是没有超验性维度的理论。当然，经验主义自身意识不到自己纯粹经验性的视野。

我们认为，马克思与恩格斯学术思想关系的核心问题是，马克思哲学是否具有超验性维度。一般说来，对立论和差异论强调马克思哲学具有超验性维度，而恩格斯的哲学视野则更具经验性；一致论往往以经验主义视野来把握两人的思想，认为他们的思想都没有超验性维度，由此认定他们的思想是一致的。其实，马克思本人自觉承认超验，并始终在超验与经验的矛盾中探索"改变世界"的机理和途径。就是说，马克思哲学同时具有超验性和经验性两个维度。如果说马克思哲学的超验性可以体现为共产主义理想，恩格斯显然并不缺乏这一理想。就此而言，两人具有一致性。不过，在本体论层面上，恩格斯没有认识到超验性维度是哲学不可去除的内在因素，从而无法自觉处理超验与经验的关系问题，甚至他在主观上不承认超验，造成其理论的某种困难。在此意义上，两人的思想的确存在差异。

在实践中，马克思的无神论不再追溯到纯粹超验领域，其哲学的超验性维度于是落实在自由和道德身上。当马克思哲学的超验性维度与道德结合后，两个维度之间的矛盾就转化为超验道德与经验历史之间的矛盾。矛盾可以追溯到哲学史上超验与经验的关系问题，由此马克思哲学获得广阔的理论空间。因此，一般说来，说起马克思哲学两个维度的关系，也是在谈论道德与历史、超验与经验的关系，反之亦然。实践把相互矛盾的双方包含于自身，进而在绽开自身即矛盾的自我展开中解决双方的对立。当没有自觉意识到应以"实践"的观点来看待世界时，人们要么丢掉能动性而走向旧唯物主义，要么丢掉"现实的活动本身"而陷入唯心主义。这时所进行的实践是抽象的，它是超验与经验矛盾产生的现实根源。当人们回归实践并以实践的本真状态自觉推动实践时，矛盾解决的门径由此敞开。这是实践能够充当马克思哲学本体的根本原因之所在。

在西方哲学史上，关于超验与经验关系问题的探讨源远流长。它发端于希腊哲学中柏拉图主义与亚里士多德主义的对立，体现为实在论与唯名论、唯理论与经验论以及唯心主义与旧唯物主义之间的对立。康德二元论使对立明朗化。他在认识论层面上通过先验知性概念不超出经验界限的应用，完成了超验与经验对立的和解。超验的基本含义是超出经验，先验是"虽然先行于经验（先天的）、但却注定仅仅使经验成为可能的东西。"[①]超出经验与"先行于经验"具有某种相通之处，于是超验与经验通过先验得以融通。但是，在本体论层面上，超验与经验没有统一起来，因为他没有找到超验道德在经验世界中实现的道路。道德的实践是先验的，但这种先验性只停留在理念中而没有实在性。为达到超验与经验在本体论上的统一，他提出未来形而上学的概念。

在康德那里，超验与经验分别对应本体与现象、自由与自然、道德与科学。本体是神、世界和人的领域，人具有意志和灵魂。尽管自由和道德在先验性和超验性上具有绝对性，但它们又必须在经验世界中实现以获得实在性，这样超验与经验就获得接触的必要。康德提出超验与经验的关系问题，目的是打造一个坚固的形而上学，但他又明确意识到，在其二元论和不可知论框架内无法建立起这种形而上学。于是，他把自己的任务定为：为未来形而上学清理地基。在马克思哲学语境中，实践仍然具有"践行道德"的含义。正是道德所提供的价值意义产生了理想和应当，进而为实践"能动的方面"注入了生命。实践一方面通过自由和道德获得超验性，另一方面作为"现实的、感性的活动本身"[②]又必然具有经验性。于是，超验与经验在实践统一体中相互依存、相互作用，推动实践不断绽开自身。实践绽开自身的过程呈现为现实的历史。在绽开中，历史和马克思哲学同时得以完成。由此，实践先是在逻辑上构成马克思哲学的原初点，继而在现实中构成马克思哲学"世界化"和完成自身的途径。

在马克思的实践概念看来，超验与经验的分离来自"世俗基础的自我分裂和自我矛盾"。[③]在"分裂"中一边产生纯粹超验的神，一边产生纯粹经验的自然界（与人无关的抽象自然界）。超验性维度被遮蔽产生旧唯物

---

① 《康德著作全集》第4卷，中国人民大学出版社2005年版，第379页注。
② 《马克思恩格斯选集》第1卷，人民出版社2012年版，第133页。
③ 同上书，第134页。

主义，经验性维度被遮蔽产生唯心主义，在抽象中同时保留超验与经验产生二元论。"分裂"还造成实践的超验性和经验性两个维度同时被遮蔽，这时的实践是抽象的。两个维度同时得以彰显的实践才是具体的，这种具体性为超验与经验对立的消解提供了机理和途径，康德未来形而上学由此在理论上得以完成，当然，经验上的完成是整个人类历史完成自身的过程。马克思通过实践对"分裂"的尘世进行批判，使一切抽象思辨哲学寿终正寝，这些哲学的消灭恰是马克思哲学的开端。

马克思在博士论文中确立的自由具有绝对性，在探求绝对自由经验性实现的意义上，自由是先验的。康德认为先验自由基础上的道德是超验的，马克思继承了这种道德概念。他不再谈论道德的超验本性，这并不说明他否认道德的超验性，也不说明他抛开了道德。只有在因强调道德超验性的纯粹性而造成道德无法经验性实现的意义上，他才反对它。面对资本主义的恶，他致力于道德的实现而非道德的谴责。就是说，马克思并非反对康德哲学中道德的超验性本身，而是致力于超验道德在经验历史中的实现。因此，在哲学史视野中，我们可以把马克思哲学的基本问题表述为：超验道德在经验历史中何以可能？

资本主义社会是道德缺席的时代，资本剥夺了道德的超验性。超验道德必须经验地实现以获得实在性，这种经验性诉求使经验主义者陷入幻觉，以至于否认道德和马克思哲学的超验性。道德的超验本性与经验性实现之间构成矛盾，矛盾的自我展开构成历史发展的动力。这样，我们可以说马克思立足于矛盾去研究世界，进而致力于矛盾的解决，使道德在历史中成为可能。从超验道德上看，历史是人"改变世界"的主观过程；从经验历史上看，历史是矛盾自我展开的客观过程。在实践中，两个过程是统一的，它们只是从不同视角观察同一个事物时得到的不同结论。

然而，对于马克思来说，不存在一个外在于历史的道德，道德是历史的产物。作为人的自由本性和社会属性的表现，道德内在于人的历史。历史是实践的绽开，人在实践中发现自己的自由本质、发现自己是"类存在物"和"社会动物"，但是对象化的本质反过来统治了人。当人原始地与自己的本质合一时，人意识不到道德问题。当人失去本质即对象化本质统治了人的时候，道德开始成为人们关注的焦点，这时道德作为概念进入哲学领域和历史舞台。吊诡的是，道德一旦产生就意味着道德的缺席。对道德如何实现和回归的探讨构成现代社会实践的最本质内容，即实践是人重新拥有自己类本质的现实性道路。

本书的中心线索是马克思哲学超验性维度和经验性维度的关系，两个维度分别集中在道德和历史中。基于此，本书的基本结构这样安排：首先分别讨论马克思哲学的两个维度，然后讨论两者之间的关系，最后落脚于实践，把它作为打通道德和历史的中间环节。需要说明的是，各部分之间有某种并列性，例如在谈起超验性时不可能完全避开经验性，反之亦然。另外，有些章节标题与内容的吻合也许不太紧密，一个标题下问题的回答有时会在其他地方得到补充和加强。这是因为，马克思哲学作为一个有机整体，从任何一个局部切入都会涉及整体，对局部性问题的彻底回答也不能离开整体，而对整体的描述又必须从局部开始。

第一章　马克思哲学的基本问题

马克思哲学具有道德内容，人们通常把这种道德看做是被"经济基础"所决定的、"上层建筑"中"观念上层建筑"中的部分内容。这样，从"经济基础"来领会马克思便成为一条被广泛认可的途径。我们不否认这条途径的合法性。为了全面完整地理解马克思，我们在这条途径得以保留的同时，尝试从超验道德出发来领会马克思。如果从道德出发理解马克思这条途径能够畅通，那么马克思哲学的基本问题就可以表述为：超验道德在经验历史中何以可能？

第一节　从道德视角理解马克思

马克思认为，"社会存在决定社会意识"，道德是"社会意识"的一部分。由于处于被决定的位置，在理解马克思的时候，人们往往选择"社会存在"、"经济基础"或"生产力"作为出发点。然而，从马克思哲学的整体性上看，我们在保留原有理解视角的同时，可以开辟其他途径以加深对马克思的理解。结合哲学史，我们发现，道德不失另外一个恰当的理解视角。

如果我们说马克思哲学具有道德内容，不会有人反对。但是，当我们把道德作为出发点去理解马克思时，可能有人不同意。之所以会出现这种情况的原因主要有两个：第一，对道德的性质、现状和未来趋向的看法本身就是一个重大的社会课题。它是经验历史的变迁在理论上的表现，人们对道德问题的争论将伴随历史变迁的全过程。争论围绕如下问题展开：道德是否具有超验性，道德自身的产生、消亡以及在社会历史发展中的地位作用等。不同的观点造成对马克思道德思想的不同理解。第二，从道德出发理解马克思与传统教科书的表述相距甚远。教科书的基本表述是：经济基础决定上层建筑，上层建筑包括政治法律上层建筑和观念上层建筑，政治法律上层建筑决定观念上层建筑，观念上层建筑包括宗教、道德和哲学等；反过来，观念上层建筑具有相对独立性并反作用于政治法律上层建筑，政治法律上层建筑对经济基础具有相对独立性和反作用。在决定作用的链条上，道德作为观念上层建筑被政治法律上层建筑、进而被经济基础所决定，即道德最终被经济基础所决定；在反作用的链条上，道德作为观念上层建筑对政治法律上层建筑和经济基础具有相对独立性和反作用，即道德最终对经济基础具有反作用。显然，决定作用大于反作用，在这个体系中道德处于从属地位，从道德出发理解马克思似乎不可能。

一　循环蕴含真理

但是，上述决定作用与反作用之间似乎存在二律背反。经济基础决定道德，如果把决定作用理解为产生作用的话，道德便只是经济基础运动的结果，甚至没有独立的道德，道德于是成为经济基础的一个内部环节或要素，尽管可能是以异己的形式存在着。经济基础运行的动力在内部，所以无论有没有道德的反作用，经济基础运动的最终结果都应该是一样的，否则决定作用就会打折扣，这样反作用就无法决定运动的最终结果。因此，反作用的空间似乎不存在。这样，我们只看到经济基础在运动而看不到独立道德的作用，道德沦为附属物甚至多余物。如果把经济基础运行动力限定在内部，道德作为经济基础运行的结果从属于经济基础，反作用不过是经济基础的自我作用。这里没有必要从外部引入一个名叫道德的事物，学术界确有道德虚无主义思潮。反过来，如果道德作为经济基础之外的事物对经济基础具有反作用（事实上，道德始终以自己的方式在发生着作用），反作用会以道德的而非经济基础的标准来决定所起作用的方向和程度。这样的话，经济基础自我决定和自我运行的机制就无法成立。因此，只要承认反作用，也就承认了外在于经济基础的道德标准。于是，假设没有道德参与经济基础也能自在自为运动的说法便面临瓦解。这时，反作用会摆脱依附性和相对性，摇身升级为某种不受外在力量决定的主动作用。

但是，教科书说法的这种二律背反只是表面的，其中蕴含着真理。二律背反产生自经验主义的理解方式。经验主义不承认任何超验性事物和事物的超验性维度，它把决定者、被决定者和决定过程，反作用者、被反作用者和反作用过程全部理解为经验的。一旦离开经验主义的理解方式，注意到事情的超验性维度，并且在"革命的实践"中理解教科书的说法，其中的真理自会显现。毋庸置疑，教科书的说法主要来自马克思。但马克思哲学本身并不存在这种背反，因为他站在背反的背后批判背反的历史根源，这样不仅能够找出背反的原因即在理论上批判背反，而且能够找出消除背反的现实途径即在实践上批判背反。如果把经济基础归入生活、把道德归入意识，进而把生活归入环境、把意识归入人，那么经济基础与道德的关系就转化为环境与人的关系。当然，这里"归入"有一定跳跃，即在经济基础、生活、环境，道德、意识、人这两条线上，每三个概念前后都不对等，如经济基础不是生活，生活的范围更大些。不过，相对而言，前三者是经验的，后三者是超验的。经济基础与道德、生活与意识、环境与人都反映超验与经验的关系，而且在内容上具有某种相通之处，因而可以"归入"。当然，在同时具有超验性维度和经验性维度（比如生活和意识都同时具有这两个维度）的意义上，这种跳跃很困难。为了能够言说事物，我们不得不在不同的场合使用概念不同的含义，这里把现实中的"同时具有"抽象为"经验"或"超验"的单纯具有，这种抽象符合相对而言和通常的说法。我们有时不得不采用通常的说法展开论述，否则事情就是不可说的，事实上事情本来就有不可说的一面。在这样"归入"后，我们可以通过马克思关于"环境和教育"的思想来探析这一问题。

> 关于环境和教育起改变作用的唯物主义学说忘记了：环境是由人来改变的，而教育者本人一定是受教育的。因此，这种学说一定会把社会分成两部分，其中一部分凌驾于社会之上。

环境的改变和人的活动或自我改变的一致，只能被看做是并合理
地理解为革命的实践。①

　　马克思把环境改变人、人改变环境、环境的自我改变以及人的自我改
变看成同一个事情即"革命的实践"。在某种意义上，环境与人相互作用
的循环构成上述背反的现实根据。把循环加以"抽象"，并以此构建理论，
这种理论就无法摆脱背反。在"革命的实践"中背反不见了，只有一个产
生并包含着循环的实践在运动。环境与人相互作用的循环，类似于经济
基础和道德之间决定作用和反作用之间的循环。如果关注循环现实性的一
面，其中不乏真理要素，正如海德格尔所说，"决定性的事情不是从循环
中脱身，而是依照正确的方式进入这个循环"。②干枯的抽象循环是恶循环，
而具体的"革命的实践"却使循环所蕴含的真理性得以彰显。

　　但是，"革命的实践"向抽象循环的鼻孔中吹入了什么样的生气使它
获得了生命？这是一个现象学问题，我们必须"面向事情本身"描述事
情，而不是在头脑中先验地构造"事情本身"。严格来说，单靠语言无法
完成描述工作，因为语言毕竟直接出自意识而非事情本身，在事情通过意
识转化为语言时，事情本身已经被抽象化了。完成这一工作的最好方式应
该是让事情自己来向我们说话，但它往往不说话。这是因为，"它首先与
通常恰恰不显现，同首先与通常显现着的东西相对，它隐藏不露；但同时
它又从本质上包含在首先与通常显现着的东西中，其情况是：它构成这些
东西的意义与根据。"③

　　其实，海德格尔也没有真正达到在存在中描述存在，他只是在存在者
之中感受存在，把人引导到存在面前，让人直面存在并进入存在者之中去
存在，亦即所谓"此在"。马克思也不直接回答环境与人到底谁决定谁，
而把人引入实践，让实践向实践着的人显示事情的真相，让人以实践本真

---

①　《马克思恩格斯选集》第 1 卷，人民出版社 2012 年版，第 134 页。
②　［德］马丁·海德格尔：《存在与时间》，陈嘉映、王庆节合译，生活·读书·新
知三联书店 2006 年版，第 179 页。
③　同上书，第 42 页。

应有的样子来实践。他说："人应该在实践中证明自己思维的真理性，即自己思维的现实性和力量，自己思维的此岸性。"①

不过，我们在这里不会满足于"只可意会不可言传"的托词，而是要寻找一个契机去考察事情本身和马克思的实践，我们找到的是康德的超验道德概念。如前所述，上述背反和抽象循环是由理解者的经验主义立场所决定的，那么一旦引入超验，并对超验与经验的关系做出恰当的理解，我们就能接近实践和真理。当然，这里我们只能接近而不是进入或拥有真理，因为要真正拥有真理，就必须实际地本真地进行实践，要进入历史并作为历史的主体部分"让"历史成为历史本身，成为它是其所是的样子，而不再是坐在这里进行抽象思辨。

马克思的实践概念同时具有超验性和经验性两个维度。超验性在马克思哲学语境中可以体现为人的主观能动性，因为能动性源于人精神上的内在性，我们无法以任何外在经验的证据彻底把握一个人内在的精神动力。康德千辛万苦来批判理性和判断力，无非就是想说明人有一个内在的无法用外在知识来把握的精神性本体。马克思认为，旧唯物主义缺乏人的主观能动性，他说："和唯物主义相反，唯心主义却把能动的方面抽象地发展了，当然，唯心主义是不知道现实的、感性的活动本身的。"②

实践的经验性维度容易被领会，即实践作为"现实的、感性的活动本身"所具有的经验性。实践的超验性维度较为晦涩，是人们有意无意容易丢掉的。"能动的方面"使实践具有超验性（这里使用超验性而不使用先验性，两者都先行于或超出经验，但前者强调超出而后者强调虽然先行于经验，但它是为了经验的，因而一定要与经验发生关系）。唯心主义靠自由思辨对世界做形而上学抽象规定的过程是能动的。这一过程还是超验的，意识不在乎它及其对象是否具有经验性根据和内容，只在乎它每前进一步是否能够在逻辑上达到。其出发点也是超验的，它要么是神秘的精神如黑格尔的绝对精神或上帝，要么是抽象物质，要么是康德不可知的自

---

① 《马克思恩格斯选集》第 1 卷，人民出版社 2012 年版，第 134 页。
② 同上书，第 133 页。

在之物。在其抽象性上，抽象唯物主义和唯心主义殊途同归。马克思能够汲取能动性而不被唯心主义所同化的原因在于，在保留唯心主义的超验性（能动性）时舍弃了其神秘性、抽象性和不可知性。恩格斯这样界定唯心主义："凡是断定精神对自然界说来是本原的，从而归根到底承认某种创世说的人……组成唯心主义阵营。"① 就是说，只要是唯心主义，它就直接或间接"承认某种创世说"。唯心主义的超验性来自创造世界的"神"。

那么，当马克思保留唯心主义的超验性时，他是如何舍弃其神秘性、抽象性和不可知性的呢？只要保留了超验性，不就把这些性质，甚至神本身都保留下来了吗？首先，完全排除超验性的做法是行不通的。表面看来，经验主义是唯物主义。但是，建立在完全排除超验性基础上的经验性的纯粹性是保不住的。这一做法出自一个预设：一切事物都具有充分的经验性根据。但这一预设本身却缺少充分的经验性根据，它仍然是一个先验命题。经验主义把一切都归结为经验自然（或抽象物质），而经验自然本身只是抽象掉一切偶然性和个体性之后的概念，作为世界的组成元素、创造者和推动者，它无非就是上帝的另一个名称罢了。至此，经验主义已经离开唯物主义，而与唯心主义同流合污了。

其次，马克思没有直接否定神本身，但是他终止了人们追问神的可能性，从而让人直接进入实践本身。实践是超验与经验具体的合一，对神进行提问本身已经离开经验而进入纯粹超验，从而使问题抽象化了。神是纯粹超验的，纯粹超验的事物无法经验性地存在，否则其纯粹性将遭到瓦解。但提问者希望神能够经验性地存在。超验与经验的这种矛盾说明，提问本身是有问题的。问题在于，提问者在提问之前就已经把问题抽象化了。抽象产生"分裂"，人在经验主义的思维方式中把一切都看做是经验的，他离开具体的实践来提问有没有神。他不知道他所问的神是纯粹超验的，却仍然希望这神能够经验地存在。这样，他越是追问，神越是飞升入更远的"云霄"，只剩下纯粹经验的世界，超验与经验"分裂"开了。反过来，也可以说是"分裂"产生了抽象。"分裂"是超验与经验的分离，

---

① 《马克思恩格斯选集》第 4 卷，人民出版社 2012 年版，第 231 页。

是"世俗基础的自我分裂和自我矛盾"。① 超验飞升入"云霄中"并"固定为"神的王国，剩下的世俗世界是纯粹经验的。对神的提问本身只有在"世俗基础的自我分裂"以后才成为可能。马克思的眼光探照到了"分裂"这一更源始的历史基础，追问神本身已经没有意义。他对提问之前的抽象和"分裂"进行批判。例如，人是父母所生，父母是祖辈所生，向上追溯无有尽头，这时需要关注的并不是抽象地追问谁生出第一个人，他说："你还应该紧紧盯住这个无限过程中的那个可以通过感觉直观的循环运动，由于这个运动，人通过生儿育女使自身重复出现，因而人始终是主体。"② 人的存在本身证明着自身的存在，当你追问谁生出第一个人时，你首先设定了人的不存在，然后又希望别人向你证明人的存在。所以，你应该放弃抽象，回到具体的实践中来，"人始终是主体"和"感觉直观"的结合为实践提供具体性。"凡是把理论引向神秘主义的神秘东西，都能在人的实践中以及对这种实践的理解中得到合理的解决。"③

最后，放弃神秘和抽象，不可知性也就消除了。不可知性在康德意义上指的是，人无法获得关于超验性事物的经验性知识。在其具体性上，实践不再追问纯粹超验性事物，因而这种知识本身已变得没有意义。

教科书说法符合马克思"生活决定意识"④ 的方向。理解抽象"意识"要从感性"生活"出发，而不要到超验性事物比如神那里去寻求解答。具体实践不关心神是否存在，而追溯到问题背后，追问人之所以要提出问题的现实原因。如果说康德的知性范畴只能在经验范围内运用，并因此为知识划定了界限，那么马克思同样为我们划定了讨论超验性事物的界限，即不要脱离经验去探讨超验性事物。每个人现实地具有超验的能动性，这已经够了，不必追问到纯粹超验领域而丢掉自己原本具有的能动性。人应该用能动性和"抽象力"⑤ 经验地研究并改变现状。不脱离经验，就是不超出

---

① 《马克思恩格斯选集》第 1 卷，人民出版社 2012 年版，第 134 页。
② 《马克思恩格斯全集》第 3 卷，人民出版社 2002 年版，第 310 页。
③ 《马克思恩格斯选集》第 1 卷，人民出版社 2012 年版，第 135—136 页。
④ 同上书，第 152 页。
⑤ 《资本论》第 1 卷，人民出版社 2004 年版，第 8 页。

具体实践，一旦超出就会重新陷入抽象思辨和唯心主义。不仅马克思之前的哲学家往往陷入抽象思辨，后世哲学家乃至许多自称马克思主义者的学者仍然在对马克思进行抽象思辨，以至于不仅误解了马克思，同时也把自己也搞得疲惫不堪，最终丢弃了马克思哲学的生命力，于现实历史本身毫无正面建树。相反，许多从事实际活动的人尽管理论素养未必非常高，但总体上仍然能够领会马克思哲学的旨趣。总之，实践在具体性上要求我们既保留超验性又不脱离经验性，以超验性为目标和动力，经验地研究并实际地"改变世界"。[①]

实践的具体性可以检验前面"归入"的设想。经济基础、生活和环境三者不同，道德、意识和人也有差别，我们把经济基础"归入"生活和环境、把道德"归入"意识和人，这在何种意义上成立？从经济基础到道德、从生活到意识、从环境到人，三种方向都在提撕，人必须放弃抽象思辨以达到具体的实践。如果事先领会了具体实践，"归入"就可以进行。反作用和决定作用的不同也变成对同一个事物从不同角度进行观察时所得到的不同结论。具体实践是一个有机统一的整体，它把相互作用的环境和人纳入自身；把生活看作实践，把相对远离实践的抽象意识看作实践的产物，这就是"生活决定意识"。"生活"是人在生活，"意识"是人的意识，"生活决定意识"说的是，人在现实生活中的具体感受、意愿和体悟决定头脑中体系化理论化的意识，这与"艺术来源于生活"相似。同时，"艺术又高于生活"，所以"意识又具有相对独立性并反作用于生活"。现实中，我们在显性层面看到的往往是这种反作用，即理论对实际的指导作用。因此，当"生活"和"意识"相提并论时，前者是实践且具有优先性；当不强调两者的并列时，后者可以成为实践的一个具有能动性的环节或要素。

二 理解马克思的两种方式

在同时具有超验性和经验性的实践中，环境、人，生活、意识，经济基础、道德无不同时被超验性和经验性所浸润。就意识的目的性和内在性

---

① 《马克思恩格斯选集》第 1 卷，人民出版社 2012 年版，第 136 页。

而言，人是主观的和超验的。人生存于环境之中，环境因人的参与而染上主观性和超验性；同时，人在经验环境中从事感性活动因而具备客观性和经验性。生活是经验的，但是经验的感性生活是具有超验意识的人在生活，生活因此无法摆脱超验性维度。纯粹意识是超验的，我们这里不考察抽掉一切对象之后的纯粹意识，因为抽掉一切对象后的意识就变成一种虚无（我们无法理解这种虚无，但它是我们理解一切的形式，正如胡塞尔曾试图建立一门关于纯粹意识的科学）。我们考察现实的人的意识，即处于生活之中的"感性的人"的具体意识，意识因而也具备了经验性维度。即使意识中纯粹超验性事物如上帝，也同样无法逃脱其经验性的生活来源。在费尔巴哈看来，"人的绝对本质、上帝，其实就是他自己的本质"，[1] 人崇拜上帝就是崇拜自己的感性生活。经济活动同样是"感性的人"在活动，道德是"感性的人"的意识内的事物，所以经济基础和道德均同时具有超验性和经验性两个维度。

道德在本性上超验的，它源于人的意志自由，自由具有内在性。人道德动机的最终根源只能是人的内在精神，任何外在经验事实都无法彻底把握这种动机。无法彻底把握就超出了经验知识的范围而升入超验领域。然而同时，道德不能永远囿于超验领域，否则就会变成可望而不可即的空洞理想，它必须在经验世界中实现才能成其为自身，因此它又具有经验性诉求，诉求落实于对道德的实践。另外，道德并非一个独立于经验历史之外的抽象物，它既是历史的动力又是历史的产物。在其超验性上，道德是人的本质的现实化，当人拥有道德时，人看不到道德，正如水中的鱼意识不到水。只有当历史片面发展而道德缺席时，因其不可放弃性人渴望道德，道德才进入人们的视野，这时道德概念进入哲学领域，正如老子所谓"大道废，有仁义"（《老子·十八章》）。作为"大道"的道德所代表的人超验性的一面（主观能动性）构成历史发展的动力。历史是实践的经验性绽开，一方面实践是道德的实现，另一方面道德又是实践的产物，作为实践产物的道德更接近于老子的"仁义"。两种道德其实又是同一个事物。当

---

[1] ［德］费尔巴哈：《基督教的本质》，荣震华译，商务印书馆 1984 年版，第 34 页。

实践的超验性维度被遮蔽（历史片面发展）时，超验性离开人化作道德，更远更纯粹的做法是把它人格化为神。道德与神具有同源性，难怪康德把上帝存在看作道德的三个悬设之一。立足于道德、实践和历史，我们可以采取两个方式来理解马克思，一是自上而下即从超验到经验的方式，二是自下而上即从经验到超验的方式。自下而上的方式是从经济基础出发向上进发的方向，自上而下的方式是从道德出发考察马克思哲学。当然，自上而下的考察方式并不排除自下而上的方式，甚至只有把二者结合起来才能真正理解实践在何种意义上能够充当马克思哲学的本体，才能领会马克思哲学的革命性变革。

我们认为两种方式都是合法的，不过无论采取哪个方式都要始终保持不脱离超验与经验相统一的具体实践，否则会出现偏差。偏向超验会把马克思主义导向神秘主义和抽象思辨哲学，偏向经验则会走向旧唯物主义和经验主义。以往和通常多采取自下而上的方式。自上而下的方式对于马克思本人来说是不允许的，因为一旦这样，他就必须去解释道德等概念，并可能由此重新陷入抽象思辨，这与实践的具体性相违背。他把实践置于哲学原初点之上，便不再直接思辨实践和道德本身，而是按照实践的本性去实践。或者说，他是在"做"哲学而非"说"哲学。尽管如此，他在不少地方仍然谈及他实际使用着的自上而下的运思方式，例如《关于费尔巴哈的提纲》第一条中"从主体方面去理解""对象、现实、感性"、第二条中人的"思维的现实性和力量"、第十一条中"改变世界"、[①]《资本论》"第一版序言"中"抽象力"[②]等说法，无不蕴含着从主观到客观、从超验到经验的运思方向。

在具体实践中，我们采取自上而下方式的合法性还在于，第一，我们在理解马克思的时候，不仅要在其哲学内部同他一起思考，而且要立足于其哲学之外如思想史角度来把握他的哲学思想。在马克思哲学内部，我们要遵循实践的具体性原则。在外部考察时，我们视其为一个现存的对象，就不得不使用抽象思辨来分析其中的概念及其逻辑联系，并使用语言来表

---

① 《马克思恩格斯选集》第 1 卷，人民出版社 2012 年版，第 133、134、136 页。

② 《资本论》第 1 卷，人民出版社 2004 年版，第 8 页。

达分析的过程和结果。这样，道德作为马克思哲学的诸多切入点之一就成为一个合法途径。第二，我们进行抽象思辨时始终不能忘记，超验与经验统一于具体实践，由此超验性事物和经验性事物均可获得各自适当的位置。例如，实践在具体性中不允许追问超验的神是否经验地存在。就不去追问而言，经验性事物从此摆脱了神从纯粹超验领域的干扰。因人而获得超验性的经验世界因此能够回归其本来面貌，即实践向实践着的人本真地展现自身。第三，我们可以把经济基础和道德，或生活和意识，或环境和人看作一个整体。在这一整体中，发生着从经济基础到道德、从道德到经济基础的循环。在循环的圆圈中，我们从任何一点切入整体都是等价的，起点是终点，终点是起点，所以我们取道德作为起点合乎抽象思辨的逻辑。当然，我们始终不要忘了，这个圆圈只是一个抽象模型。在现实社会生活中，事物之间总是相互渗透、相互作用，往往不是非此即彼、经纬分明的。经验历史也不是一个封闭而完满的圆，而是充满着各种偶然。也正是由于这种偶然，历史才真正具有了经验性。偶然的存在为人的自由和能动性提供了空间，这是马克思在博士论文原子偏斜说中确立起来的。同时，历史作为人的历史无法排除超验性因素。正是超验与经验的相互作用构成了社会历史发展的根本动力。马克思哲学的超验性维度落实于道德和实践。在道德、实践和历史中，超验与经验获得相互斗争的舞台和有机统一的理由。在此框架内，从道德出发理解马克思具有合法性。

三　超验道德与经验历史

如果说从道德出发理解马克思具有合法性，那么道德的超验性、马克思哲学的超验性维度，以及不可知或神秘事物的超验性三者之间能否相通？初步回答是：第一，当我们从道德角度去考察马克思哲学时，其中每一个概念都会直接或间接打上道德的烙印，受道德超验性光芒的照耀。例如，在超验层面上，我们可以把共产主义看作道德的充分实现。所以，本书提到的超验概念，会直接或间接与道德相关联。当然，这首先需要承认道德具有超验性的维度，而不是纯粹经验的。作为语言文字的道德规条出现时，或作为人的道德行为出现时，道德是经验的。道德的超验性主要是指，道德动机来源于人内在的精神性。任何外在的经验事实都不能最终确定一个人的道德动机。两个具有相同成长环境、相同教育背景的人，在相同的境遇下，仍然可能做出完全不同的道德选择。这种不同无法通过经验事实来彻底把握，它超出了经验。正是这种不同构成一种独特的道德动机，使人能够发起和完成一件在其他人看来没有必要或无法完成的事务。

第二，有的超验性事物很难与道德直接联系起来，但这种事物因超验性而具有的品格，应该适用于道德因超验性而具有的品格。在超验性上，庄子讲齐物，佛学讲无分别。超验性之为超验性，就在于它超出经验知识，我们无法彻底免除其不可知性和神秘性。在马克思哲学语境中，实践的具体性拒绝把超验性放在经验知识内加以把握，而让超验性按其在实践中的本性去存在。超验性推动着人前进，人无法左右它，"一个人怎能躲得过那永远不灭的东西呢？""一切在地上爬的东西，都是被神的鞭子赶到牧场上去的。"①人被道德驱赶着去"改变世界"。道德构成内在的应然之域，应然之域与作为"是"的实然之域出现差距，差距引起改变实然趋向应然的"激情"，"激情"的释放为人提供了主观能动性。在抽象思辨中，道德概念无非是人理论理性的产物，作为产物它受理论理性的把握。但是作为超验性事物它拒绝这种把握。亚里士多德认为，人无法拥有完备的理性，只有神才能拥有。他是在经验知识意义上做出这种判断的，经验知识无法彻底把握理性所需要把握的事物。就此而言，道德与其他超验性事物在超出经验的意义上具有相通之处。人在思维或体验某种超验性事物时，可以最终在联系感性生活时与道德法流相连接，康德把超验上帝的存在看做是道德的三大悬设之一。这里我们把道德看做是超验的（transcendent），主要是因为道德在本性上超出经验（empirical），不被经验知识彻底把握。在其现实性（与经验性维度相结合）上，道德有纯粹超验性事物所无法具有的优点，即它在实践框架内能够真正深入经验。深入经验是道德在现实世界中的展现，在展现中，道德能够对现实世界产生某种影响。这种性质更接

① 北京大学哲学系外国哲学史教研室编译：《西方哲学原著选读》上卷，商务印书馆1981年版，第23页。

近于康德的先验（transcendental）概念，即先行于经验且使经验成为可能的性质。我们把先验性赋予实践，这样更方便强调道德超出经验的维度，甚至我们可以说道德的超验性是纯粹的。

第三，当马克思把实践设定为哲学原初点时，就潜在地把道德也置于举足轻重的地位了。在西方哲学史上，实践在根本上是对道德的实践，例如在亚里士多德和康德那里就是这样。马克思实践概念的含义较为宽泛，但在其能动性上，其核心仍然是道德实践，因为除去道德的超验性，实践就会沦为完全经验性的事物，也就无法"从主体方面去理解""对象、现实、感性"，从而失去其"能动的方面"。

那么，为什么说这种超验性一定是道德的，而不是其他事物的呢？在康德那里，超验性属于神等自在之物。马克思通过无神论否定了对神的追问，这样马克思哲学的超验性维度就落实在道德上，实现在实践中。诚然，我们还可以说超验性落实在自由、理想和共产主义等概念中，然而这些概念都与道德密切相关。追求理想、为人类解放而奋斗，这难道不是道德吗？这道德怎么能用纯粹经验来把握？实践能动性与道德的结合需要先验自由作为中介，同时，先验自由还是超验道德的前提。一项自然科学理论的实际运用往往被称为实践，但这不是马克思哲学的具有能动性的实践，而是亚里士多德的技术概念。这种实践似乎只是技术本性的自我展开，其中缺乏人的能动性。人的能动性的参与往往体现为改变事物发展的本来方向。人应当反思技术自身逻辑的发展给人类带来诸多不利影响，故应做出某种调整以避免这种影响，正如当今社会人们对科学技术两面性的反思。实践与技术的区别在于："技术是可教的又是可学的，技术方面的成就显然不依赖于掌握这门技术的人从道德或政治角度来看是一个什么样的人，但是对于阐明并指导人的实际生活情境的知识和理性来说，情况就正好相反。"[①]实践是超验道德的经验化运动，是超验与经验相互作用的统一体，而"可教""可学"的"技术"在本质上却是经验的。

---

① ［德］汉斯－格奥尔格·伽达默尔：《诠释学Ⅱ：真理与方法》，洪汉鼎译，商务印书馆 2010 年版，第 203 页。

超验道德与经验实践内在相通，这也是从道德出发理解马克思具有合法性的原因之一。理解马克思也是在理解世界，因为马克思哲学的任务是考察世界。如果不是与马克思一起理解世界，我们就没有理解马克思。如果不是在理解马克思的基础上，按照马克思所说的和所做的去做，我们仍然没有达到对马克思的真正理解。从道德视角看，马克思哲学的基本问题是：超验道德在经验历史中何以可能？马克思把探索落实在实践中。实践，不仅是理论探索的结果而且是人在经验世界中对道德的践行。践行道德有两个方面：一是人类整体的实践，表现为社会革命等。社会革命是社会整体的剧烈变迁，一般表现为暴力冲突，但也不排除人们在普遍认同的前提下，通过特殊的历史机遇以和平方式改变社会制度，正如中国三大改造完成以后进入社会主义。二是个人的道德实践，即人自觉提高自己的道德修养。两种实践相辅相承：没有人类整体的实践，个人实践就无法达到"改变世界"的目的；没有个人实践则没有真正的人类实践，即使发生轰轰烈烈的社会革命，也无法保证其应有的性质和方向，因为这种性质和方向需要在人们头脑中被清醒地意识到，至少在起决定作用的人的头脑中被意识到。和平时期个人实践尤其重要，因为一方面它为下一步的社会革命做精神准备，另一方面为当下社会的正常运行提供精神保障。实践需要所有人的参与，需要调动整个人类的智慧，于是马克思说："人所具有的我都具有 /（Nihil humani a me alienum potu）。"①

马克思的学说不是横空出世，而是人类思想历史发展的必然产物，是整个哲学史造就了马克思哲学。马克思的哲学史背景较为复杂，有希腊哲学的影响，有浪漫主义思潮的影响，而德国古典哲学则直接为马克思提供了精神食粮。他的许多思想是在对德国古典哲学消化吸收的基础上开创出来的，其中对他具有重大影响的哲学家之一就是康德。如果说马克思的道德概念具有超验性，那么这种超验性恰来自于康德，因为康德哲学关注的核心是道德实践，他把信仰置于超验领域，正是基于超验，他展开对道德

---

① ［英］戴维·麦克莱伦：《卡尔·马克思传》，王珍译，中国人民大学出版社2005年版，第430页。

实践的考察。康德是德国古典哲学的开启者，"超过康德，可能有新哲学，掠过康德，只能有坏哲学"，① 马克思没有掠过康德。康德的意图是为知识划定界限以保卫超验道德。马克思从康德那里继承了超验道德，以及超验道德如何经验性实现的问题。康德的先天综合判断在知识上获得了成功，但是他无法在二元论的框架内实现超验道德的经验化。康德的伟大功绩在于说明了道德的超验性，但他无法让分裂的二元一元化，无法使超验道德在经验世界中实现自身（只能暗示：上帝应该能够统一二元，只是在人类的认识能力和认识方式中无法达到罢了）。马克思在这一困境的基础上，改变考察问题的原初点，从而取得解决问题的根本性突破。

通过实践，马克思在更始源层次上批判二元论之所以产生和存在的世俗基础，使道德从被考察对象 ② 的地位中解放出来。就此而言，与其说马克思继承了康德的问题，不如说他在全新的语境中改造并回答了问题，因为产生问题的原有背景被颠覆了。在具体实践中，他不再像康德一样把道德看作"永恒不变"的，而认为道德在实践中依附于历史。虽然作为人的超验本质的现实性表现，道德有其不变的一面，但它同时又是"世俗基础的自我分裂和自我矛盾"③的产物。这种"自我分裂和自我矛盾"产生出宗教和唯心主义，宗教和唯心主义是人的本质的虚幻反映，因为它与经验绝缘，对于人来说超验与经验本来一体。同时被产生出来的还有道德，道德是人的超验本质的现实性表现，它通过实践把超验与经验连接起来，使两者发生相互作用。在其超验性上，道德构成世界之所以如此面貌的理由。反过来，道德的缺席和回归又是超验与经验相互作用的结果。道德在经验历史中的遭遇，以及对经验历史的改变，使历史发展呈现出否定之否定的辩证过程，从而赋予历史某种规律性。

从道德出发理解马克思，并不说明道德是马克思哲学的本体，超验道

---

① 郑昕：《康德学述》，商务印书馆 1984 年版，第 1 页。

② 康德考察的结果就是道德在超验性上是不可知的，他说："我们虽然不理解道德命令式的实践的无条件必然性，但我们毕竟理解其不可理解性。"（《康德著作全集》第 4 卷，中国人民大学出版社 2005 年版，第 472 页。）

③ 《马克思恩格斯选集》第 1 卷，人民出版社 2012 年版，第 134 页。

德作为本体会导致唯心主义；也不说明互为外在的道德和历史在相互作用，这会导致二元论。道德与历史在实践中连接起来，实践才是马克思哲学的本体。实践的经验性绽开是历史，这同样是一个否定之否定过程：道德在实践和历史中与人原始合一、与人分离并产生哲学中的道德概念、然后理论地和经验地回归人。从道德出发理解马克思只是选择道德作为切入点，马克思哲学的出发点和归宿是实践。一方面，在其超验性上，道德作为人的内在本质（人的本质还可以表达为其他概念如自由）是自在的，人超验的本质经验化为专属于人的活动，即劳动和实践（劳动是实践的形式之一）。另一方面，作为概念，道德有其产生、发展和消亡的过程。概念，只有被意识和理性所把握才称得上概念，否则就最多只是潜在的概念。如果它不经验化和异化自身，人们就永远无法通过理性把握到它。因此，在道德作为人的本质与人充分合一时，道德本身是存在的但道德作为概念是不存在的。那么，是否有一个把道德作为代名词的人的本质独立于历史或实践之外？答曰：没有。有的只是实践和实践的绽开即历史。只是在超验与经验分离以后，人们才注意到超验的一面，才注意到人具有这种本质。即使如此，超验与经验并没有真正分离，人发现超验本质的发现本身就证明了超验本质与人同在，尽管是以唯心主义和宗教等虚幻形式表现出来的。进而，这种发现使打破虚幻形式的运动成为必然。可以说，正是由于人具有超验本质才有了唯心主义和宗教。如果唯心主义和宗教是真实的，那么人本身就没有超验本质；反过来，如果人没有超验本质，则永远不会出现唯心主义和宗教。只有在实践中把唯心主义和宗教理解为有其产生和消亡历史的事物，才不会出现二律背反。在此基础上，以实践的本性去实践即"改变世界"才能真正消除二律背反。

需要重申，从道德出发理解马克思并不排除其他理解方式。我们只是强调一个理解马克思的前提，即只有在领会马克思哲学超验性维度与经验性维度在实践中相统一的前提下，才能真正理解马克思。例如，只要领会马克思"暴力本身就是一种经济力"[1]的说法，倍受批评的经济决定论也有

---

① 《资本论》第 1 卷，人民出版社 2004 年版，第 861 页。

其正确性因素。这是因为，暴力是超验的人主动发起的，因而资本主义的产生和存在并非完全自然的，在一定意义上，它是人在超验性（非经验性原因）上制造和维持着资本主义。这样，具有超验因素的"经济力"的确可以充当推动社会历史发展的决定力量。

可见，从道德出发理解马克思不失一个进入其哲学的方便途径。当这一途径在逻辑上畅通以后，"超验道德在经验历史中何以可能？"也就成为马克思哲学的基本问题。

第二节　考察超验道德与经验历史的三个领域

围绕马克思哲学的基本问题，在哲学史上我们需要考察超验道德、经验历史以及两者的关系，我们把两者的关系集中于马克思对实践的论述上。我们重点考察三个问题：超验与经验的关系问题、道德与马克思哲学超验性维度的关系问题、实践作为超验道德在经验历史中的可能性问题。我们选取学术界的三个领域来切入上述问题，从马克思与恩格斯的学术思想关系出发，考察超验与经验的关系问题；从马克思与康德的学术思想关系出发，考察马克思哲学的超验性维度，考察在道德概念上马克思对康德的继承与突破；从学术界对马克思哲学本体论的争论出发，考察马克思实践本体论。通过考察关于马克思与恩格斯的学术思想关系的争论，我们可以从中探析马克思哲学的超验性维度，进而把马克思哲学定位于对超验与经验关系的处理。考察康德与马克思的传承关系，可以把马克思哲学的超验性维度与他从康德那里继承来的道德联系起来。实践之所以能够充当马克思哲学的本体就在于，它恰当处理了超验与经验的关系，使超验道德与经验历史形成"正""反"之后的"合"，为道德的充分实现提供根据。对此，我们需要对三个领域的研究现状作出梳理。

一　关于马克思与恩格斯的学术思想关系

针对马克思与恩格斯在学术思想上有无对立和差别，学术界展开争论并形成两个派别：差异论（国外称对立论）和一致论。目前，对立论在国外占主流，国内占据优势地位的是一致论。经过多次交锋，双方都没有真正说服对方，基本上都在各抒己见。我们认为，对立论和差异论的根本依据在于，马克思哲学具有超验性维度，恩格斯则有意无意忽略了这一维度。

（一）国外对立论与国内差异论

马克思与恩格斯一生保持着伟大友谊和亲密合作，马克思主义在思想界和工人运动中均取得巨大成果，这时几乎没有人意识到两人之间存在学术思想上的差异。不过，即使这样，也开始有人猜测他们的不同。例如，恩格斯 1895 年逝世前后，巴尔特、伯恩施坦和克罗奇就对他们的一致性产生怀疑。当然，从总体上看，这个时期是一致论的天下，尽管当时没有一致论这个名称。

对立论的出现最早可以追溯到维克多·切尔诺夫和布尔楚维斯基。姚剑波认为，最初提出"恩格斯与马克思对立论"的是被列宁称为"民粹派分子、马克思主义的死敌"的维克多·切尔诺夫。他在 1907 年发表文章《马克思主义和先验哲学》，谴责恩格斯的学说是"素朴的独断的唯物主义"和"粗陋的唯物的独断主义"。[①] 此后，波兰的布尔楚维斯基在 1910 年出版的《反恩格斯论》一书中提出，恩格斯的《反杜林论》背叛了马克思，他指责恩格斯发展的是一种反对马克思"人本学"的"实证主义"。"虽然这部在东欧引起了一定反响的著作不久便消声匿迹了，但'实证主义'（恩格斯）与'人本主义'（马克思）相对立的思路却一直沿袭下来，在一些西方学者的理论中成为分辨恩格斯与马克思思想的标志。"[②] 然而，真正开启对立论并对学术界产生重大影响的人物是卢卡奇。自卢卡奇开始，国外对立论的发展可以分为两个阶段，划分标志是 1961 年乔治·利希特海姆发表的《马克思主义：历史和批判的研究》。[③] 第一阶段的代表人物主要有卢卡奇、柯尔施和葛兰西，第二阶段的主要代表人物有施密特、

---

① 姚剑波：《"恩格斯与马克思对立论"述评》，《探索与争鸣》1990 年第 6 期。
② 同上。
③ 参见鲁克俭：《国外马克思学研究的热点问题》，中央编译出版社 2006 年版，第 47 页。

诺曼·莱文、戴维·麦克莱伦和特雷尔·卡弗。

我们先来看第一阶段。卢卡奇《历史与阶级意识》一书中涉及马克思与恩格斯学术思想关系的内容，主要集中在他对马克思主义辩证法的讨论中。在卢卡奇看来，马克思的辩证法须臾不可脱离人，主体与客体的相互作用是辩证法得以保持流动性的根本动力，恩格斯却没有注意到这一点，而仅仅强调物质的运动，这种物质有意无意离开了作为主体的人。卢卡奇说："恩格斯……认为，辩证法……是矛盾的不断扬弃，不断相互转换，因此片面的和僵化的因果关系必定为相互作用所取代。但是他对最根本的相互作用，即历史过程中的主体和客体之间的辩证关系连提都没有提到……然而没有这一因素，辩证方法就不再是革命的方法，不管如何想（终归是妄想）保持'流动的'概念。……中心问题乃是改变现实。"①

这里马克思的辩证法与恩格斯的辩证法的区别在于，一是人是否在场，二是"实践的"还是"直观的"。沿着卢卡奇的思路，在恩格斯看来，自然辩证法是物质世界的根本规律，社会历史是物质世界辩证运动的高级阶段，因而自然辩证法之自然优先于社会历史。这时，人的在场性不是一个必然的不可缺失的因素。人类社会出现之后这一领域当然不能缺失人，然而在人类社会产生之前的自然界就没有人，缺失人的在场性丝毫不影响恩格斯自然辩证法的存在和运行。马克思的辩证法是"实践的"，即卢卡奇所说的"改变现实"。人的在场性体现为通过发挥人的主观能动性，在事物自在自为的发展过程中楔入人的目的性和意志，从而使事物发展在某种意义上与人的意愿相契合，这也是卢卡奇所谓"流动"的含义。没有人的能动性的参与，即没有"主体和客体"的相互作用，事物发展就成为完全外在于人的自我运动，这种运动对人而言没有意义，正如没有运动一样。人若不能掌握自己的命运，任由资本自我膨胀等本性无限发展，资本主义的灭亡和共产主义的实现将成为空话。显然，人的在场性和能动性在其内在精神来源上具有超验性。把社会历史看做是自然界发展的一个阶段

---

① ［匈］卢卡奇：《历史与阶级意识——关于马克思主义辩证法的研究》，杜章智、任立、燕宏远译，商务印书馆 1999 年版，第 50 页。

和物质世界的一种存在方式，就把事情完全经验化了。这种看法看不到社会历史和人的超验性维度，看不到精神不能完全还原为物质。① 站在社会历史之外看，也许精神现象的确是物质运动的产物，但这只是抽象想象，因为任何人都无法逃脱他自己的社会历史境遇，没人能真正站在历史之外。把社会历史和人说成是外在物质运动的结果，这种说法本身就出自于一种文化承诺，即由希腊哲学开启的经验主义传统。

柯尔施在《马克思主义和哲学》一书中，针对正统马克思主义者认为马克思主义不是哲学的观点，着重论述马克思主义是哲学。他认为，马克思和恩格斯所创立的科学社会主义所取代的是"资产阶级哲学"，"对他们来说，全部哲学等同于资产阶级哲学。"② 因此，他们不把自己的学说称为哲学。但是，柯尔施仍然把科学社会主义看作哲学，他的这一思想涉及恩格斯与马克思的区别。

其一，马克思具有"哲学家气质"，恩格斯则不然。柯尔施说："后期的恩格斯完全堕入了自然主义的唯物主义的世界观之中，而不同于马克思——他的更富于哲学家气质的文友。"③

其二，柯尔施认为，科学社会主义在整体上仍然是哲学。在社会历史发展中，"经济的、政治的和意识形态的要素，科学理论和社会实践，进一步分离出来了。"④ 但是，"马克思主义作为科学社会主义，仍然是社会革命理论的唯一整体。"它以"理论和实践不可割断的相互联系"⑤ 维系着哲学的整体性。我们看到，哲学体系必须具有整体性，否则反思就无法前后一贯地进行下去。整体性在某种意义上体现一种超出经验的维度，正如黑格尔剥葱的譬喻，葱在整体上具有的性质在部分中无法存在，葱皮一层层剥下后，葱本身却消失了。恩格斯在《反杜林论》中把马克思主义分作

① 马克思说观念是物质（《资本论》"第二版跋"），是说精神与物质相互转化和融合，而不是说精神可以完全还原为物质。

② ［德］卡尔·柯尔施：《马克思主义和哲学》，王南湜、荣新海译，重庆出版社1989年版，第15页。

③ 同上书，第50页。

④ 同上书，第24页。

⑤ 同上书，第24、25页。

"哲学"、"政治经济学"和"社会主义"三部分。在其"自然主义""世界观"中，马克思主义被看做自然科学意义上的科学，这样马克思主义就成为三门学科知识的杂烩。这种马克思主义只能是经验的，因为恰恰是一种无法以经验来把握的超验在维系着科学社会主义的整体性。

其三，柯尔施把马克思主义看做是具有超验性的哲学而非经验性的科学，但恩格斯把马克思主义看做是经验科学，"把所谓'哲学'从凌驾于其他科学之上的一门科学归结为在其他科学之中的一门经验科学了。"①固然，哲学在古希腊时期没有把各门具体科学分离出去，哲学同时也是科学。但希腊哲学家明确意识到哲学超出经验的维度，例如，柏拉图的理念具有某种神秘性。再如，亚里士多德赋予"实体"和"目的"某种神秘性，他说："设若这一移动是为了另一移动，而另一移动又是为了另一移动，而这一系列又不可能陷入无限，那么一切移动将有一个目的，即某种在天上运动着的神圣物体。"②

其四，柯尔施批评列宁没有像马克思那样处理由黑格尔提出的"历史存在的整体和所有在历史上流行的意识形式之间的关系"问题，造成向认识论、知识论和二元论的倒退。"列宁和像他一样的那些人……对革命运动内部理论和实践的一般关系和特殊关系的论述完全抛弃了马克思的辩证唯物主义，退回到发现真理的纯理论与把这些吃力发现的真理运用于现实的纯实践的完全抽象的对立。……马克思的革命实践严整的辩证唯物主义的统一就衰变为一种可与最典型的资产阶级唯心主义哲学相比的二元论。"③柯尔施批评的是列宁，他仍然肯定恩格斯与马克思在共同的"辩证唯物主义"中的一致性。可是，恩格斯《反杜林论》中关于思维至上性的说法④更像是认识论或知识论上的，接近于柯尔施对列宁的批评。认识论或知识

---

① ［德］卡尔·柯尔施：《马克思主义和哲学》，王南湜、荣新海译，重庆出版社1989年版，第85页。

② ［古希腊］亚里士多德：《形而上学》苗力田译，中国人民大学出版社2003年版，第257页。

③ ［德］卡尔·柯尔施：《马克思主义和哲学》，王南湜、荣新海译，重庆出版社1989年版，第82—83页。

④ 参见《马克思恩格斯选集》第3卷，人民出版社2012年版，第462—463页。

论与"辩证唯物主义"的区别在于，前者在经验主义哲学视野中追求自然科学意义上的知识（或康德的经验知识），后者却在超验的反思中进行"自由的科学研究"。① 总之可以说，在柯尔施的语境中，马克思哲学具有超验性维度而恩格斯的哲学思想则没有这一维度。

葛兰西在《实践哲学》一书中所表述的一元论思想涉及马克思与恩格斯的学术思想关系。与卢卡奇相似，葛兰西强调马克思的辩证法是无法与人剥离开来的历史辩证法。他承认恩格斯自然辩证法的提法，但赋予它新的内涵。葛兰西认为，自然界包括人类社会、自然史包括人类史，从而自然辩证法作为人类改造自然界的辩证法而成为历史辩证法的一个部分。实践构成葛兰西哲学的一元论原初基础。其一元论意在扬弃唯物主义和唯心主义的对立，他说："'一元论'此词的意思是什么？它肯定不是唯心主义的一元论，也不是唯物主义的一元论，而倒是具体历史行为中对立面的同一性"。② 就超出"纯粹"行动而言，葛兰西的实践哲学不再是纯粹经验的，而是同时具有了超验性维度。在这种哲学视野下，马克思哲学也不再是纯粹经验的。

我们再来看第二阶段。1961 年乔治·利希特海姆发表了《马克思主义：历史和批判的研究》。此后，对立论迅速流行开来，施密特、诺曼·莱文、戴维·麦克莱伦和特雷尔·卡弗从不同角度对马克思与恩格斯的学术思想关系发表自己的观点。在这个阶段，马克思与恩格斯在学术思想上的对立被明确提出，一批专门讨论二人关系的作品问世，讨论更加细致广泛。除了原来被讨论过的辩证法、批判性、实践等概念，学者们还讨论马克思和恩格斯对共产主义的论述、"辩证唯物主义"名称的由来、马克思的自然概念、物质概念等。

乔治·利希特海姆考察了《共产主义原理》（恩格斯著）和《共产党宣言》（马克思与恩格斯合著）的差异，得出恩格斯的哲学思想更具技术统治论性质的结论。显然，技术统治论更具经验性色彩。利希特海姆和塔

---

① 《资本论》第 1 卷，人民出版社 2004 年版，第 10 页。
② ［意］葛兰西：《实践哲学》，徐崇温译，重庆出版社 1990 年版，第 58 页。

克都认为，恩格斯有以"辩证法"与"唯物主义"的结合来表述马克思主义哲学的思想。"辩证唯物主义"这一称呼是后来普列汉诺夫提出的。马克思本人没有使用过这一称呼，他使用过"新唯物主义"（《关于费尔巴哈的提纲》第十条）、"辩证法"（《资本论》第二版跋）和"实践的唯物主义"（《德意志意识形态》）等提法来表述自己的哲学，他的这些提法当中显然并不缺乏主观能动性的内涵。

诺曼·莱文明确提出一个判断："恩格斯阐述的辩证唯物主义并不体现马克思的意图。"[1]莱文认为，马克思主义哲学的恰当称呼应该是"历史唯物主义"而不是"辩证唯物主义"。在他看来，马克思把思想之外和思想之内多种因素结合起来，其中转化因素是决定力量，恩格斯却把转化因素和非转化因素都看做是决定力量。转化因素是主动的，体现人的主观能动性，非转化因素主要充当转化对象和转化环境。转化因素具有超出经验的维度，恩格斯把两者都看做是决定因素，这样就降低甚至瓦解了主观能动性。转化是在具有能动性的人的参与下完成的，没有能动性，人便退场了，哲学也就变成与自然科学没有本质区别的经验学说，从而丧失自身。

马克思的辩证法思想来自黑格尔。对此，莱文提出，"马克思与黑格尔的关系和恩格斯与黑格尔的关系是很不相同的。……恩格斯将自然科学与辩证法进行的综合，是对黑格尔的辩证法的一种内在的毁坏。"[2]莱文的言辞有些极端，但就超验性而言，他在一定程度上为我们揭示了马克思与恩格斯学术思想关系的状况。在恩格斯看来，辩证唯物主义有两个因素——辩证法和唯物主义，辩证法是自然辩证法，唯物主义是被费尔巴哈恢复的唯物主义。就是说，恩格斯的"辩证唯物主义"可以是人不在场的。他对费尔巴哈唯物主义总体上持肯定态度，认为费尔巴哈在哲学立场上是正确的，无非在人类社会历史领域中这种唯物主义没有得到彻底贯彻罢了。殊不知，缺失实践的观点，费尔巴哈永远无法在历史领域实现唯物主义。马

---

① ［美］诺曼·莱文：《辩证法内部对话》，张翼星等译，云南人民出版社 1997 年版，第 10 页。

② 同上书，第 108 页。

克思批判费尔巴哈唯物主义失去"能动的方面"。① 就没有意识到哲学无法避免超验性，以及哲学家必然自觉意识到并主动阐释这种超验性而言，恩格斯唯物主义似乎难逃这一批判的矛头，因为自然辩证法失去人的在场性，它无法通过超验性赋予人主观能动性。当然，在实际的革命生涯中，在撰写诸如《英国工人阶级状况》的时候，在具有坚定的共产主义理想方面，恩格斯并不缺乏这种超验性，问题仅仅在于，他没有自觉把它融入到自己的哲学体系中。施密特在《马克思的自然概念》一书中指出："在他（费尔巴哈——引者注）看来，自然作为整体，是非历史的匀质的基质；而马克思批判的实质就是把它消溶在主体和客体的辩证法之中。"②

　　人的实践改变了自然原有的"非历史的匀质"性，自然成为实践的前提和结果。实践是自然的形式，自然是实践的质料。"自然概念"在实践中因人的因素而获得超验性维度。这也正是马克思从实践视角理解"感性"和"对象"的思想。恩格斯的唯物主义没有摆脱费尔巴哈自然"非历史的匀质"性。这种自然是纯粹经验的抽象自然界。人作为这种自然自在运动的经验性产物，只能作为纯粹经验性对象的抽象物而存在，这种人显然没有能动性。

　　对于物质概念，戴维·麦克莱伦说："恩格斯经常使用的'物质'这一概念，对马克思的著作来说，这一概念完全是'异己'的。""恩格斯关于'实践'到底包含些什么内容的思想有时却显得很贫乏，例如他曾把它概括为'实验和工业'。"③ 这说明，对于马克思来说，物质不能排除人的因素，实践是"感性的人的活动"，④ 因而物质和实践都同时具有超验性和经验性。马克思"新唯物主义"之"物"，显然不能限于人的认识甚至改造的对象，在某种意义上它是主体改造客体这一活动本身，即实践。客体作

　　① 《马克思恩格斯选集》第 1 卷，人民出版社 2012 年版，第 133 页。
　　② ［联邦德国］A. 施密特：《马克思的自然概念》，欧力同、吴仲昉译，商务印书馆 1988 年版，第 15 页。
　　③ ［英］戴维·麦克莱伦：《马克思以后的马克思主义》，李智译，中国人民大学出版社 2008 年版，第 8、10 页。
　　④ 《马克思恩格斯选集》第 1 卷，人民出版社 2012 年版，第 133 页。

为改造对象和结果具有客观实在性，同时因为人的改造而融入了精神性因素，客体作为结果又构成人进一步实践的前提和条件。实践有机统一体中既有主体客体化的物质化过程，又有客体主体化的精神化过程。自然界和物质是人化自然，社会作为具有客观实在性的物质是自然化社会。马克思的实践不是"实验和工业"所能涵盖的，这只是实践很少的一部分，最多代表现代劳动和精神生活的一部分。实践在根本上是整个人类历史的进程本身，是人类作为主体实际地创造历史的全过程，其中每一个人都参与进来了。由于没有自觉把超验性因素融入哲学，恩格斯在理解马克思的实践概念时总显得有些不得要领。

国外对立论者往往认为，马克思的理论是自然主义的人道主义、人道主义、否定的实践，具有哲学性；恩格斯的理论则是技术统治论、实证论、经验论、反映论、机械论、机械唯物主义、决定论、独断的形而上学，具有科学性。另外，国外对立论还讨论《资本论》的编辑、认识论、伦理等问题，以及马克思恩格斯的个人风格和气质等。

虽然讨论的内容极其广泛复杂，但是国外对立论的中心问题仍然是超验与经验的关系。我们可以总结其基本论点：马克思哲学具有超验性维度，恩格斯却丢掉这一维度而只保留经验性。一致论则认为，两人的哲学思想都没有超验性，因而是一致的。在具体论证中，对立论阵营内部不同学者之间也不可避免出现分歧和对立，但这些分歧和对立总体上没有否定对立论的基本论点。

不过，情况也有例外。有对立论者没有领会马克思哲学的超验性维度，反而把恩格斯看成是黑格尔派的哲学家，把马克思看成是经验论学者，即马克思哲学没有超验性而恩格斯思想中倒有。甚至有对立论者把两人都看作经验论者，且马克思处处落后于恩格斯，因而两人的学术思想存在差别。日本学者广松涉认为，恩格斯才是创立历史唯物主义的"第一小提琴手"。依对立论的基本论点来看，这一看法只是一致论的极端表现，即两人都是经验的（广松涉的视野其实也是经验的），尽管在经验性上恩格斯似乎领先于马克思。当然，马克思哲学有经验性维度，他本人在多处场合努力把人们引向经验和现实，但这并不说明其哲学没有超验性维度。恩格斯对经验的推崇在某种意义上恰来自于马克思哲学的鼓舞。广松涉认为，恩格斯在经验之路上比马克思走得更远。这可能是因为，恩格斯没有意识到超验性维度因而少了一些顾虑和犹豫，马克思的思想则更深刻复杂。反过来，如果没有超验性维度，经验之路就不可能长远深入，会因缺失方向和能动性而停滞。

国内关于马克思与恩格斯学术思想关系的研究始于 20 世纪 80 年代。为了避免语气的强烈，学者们采用"差异论"而不用"对立论"来描述两人学术思想的不同。差异论最早来自西方马克思主义的影响，这种影响可以追溯到卢卡奇。国内学者对西方马克思主义的态度经历了三个阶段，最初把它看做是马克思主义的"异端"，后来看做是马克思主义的一个"流派"，最后认为它具有"独有价值"。① 尽管如此，一致论在关于马克思与恩格斯学术思想关系的争论中仍然是主流。差异论的主要代表是俞吾金教授和何中华教授，其基本判断与国外对立论相似，认为马克思哲学具有超验性维度，恩格斯却不幸染上经验主义色彩。毋庸置疑，恩格斯具有共产主义理想，其经验性的研究方法上给予马克思很大启发。在具有超验理想并且与马克思能够终生合作的意义上，他并不能被称为经验主义者。况且他也自觉抵制纯粹经验，例如他反驳经济决定论，尽管他的历史合力论的解释并不能使人满意，因为它只是经验性描述，最终没有指出到底是什么因素在决定着历史合力的方向。他的问题在于，由于没有把理想看作哲学的内部因素，他意识不到自己在理论上到底出现了什么样的"漏洞"。

纪玉祥先生在《哲学研究》1982 年第 10 期上发表了《关于恩格斯对〈费尔巴哈论纲〉的若干修改》，② 这大概是国内最早论述恩格斯区别于马克思的文章。文章注意到恩格斯对《关于费尔巴哈的提纲》的修改超出了技术性修改，如恩格斯的修改使人无法确定"实践到底是主观的还是客观

---

① 梁树发、黄刚：《改革开放 30 年来我国学者关于马克思主义认识的发展——从"西方马克思主义"与马克思主义关系的认识谈起》，《学术研究》2009 年第 4 期。

② 《费尔巴哈论纲》即马克思：《关于费尔巴哈的提纲》，见《马克思恩格斯选集》第 1 卷，人民出版社 2012 年版，第 133—136 页。

的"① 等根本性问题。如果实践是主观的，那么能动性和超验性就有了空间，反之实践就只能是纯粹经验性事物。

俞吾金教授对马克思与恩格斯差异的考察主要集中在实践、辩证法，以及马克思与费尔巴哈的关系、马克思与黑格尔的关系等方面。他比较了恩格斯 1888 年出版的《路德维希·费尔巴哈和德国古典哲学的终结》与马克思写于 1845 年的《关于费尔巴哈的提纲》，并指出两者的差异："一是哲学研究应当从实践出发，还是从自然界出发；二是实践概念应该首要地被理解为本体论概念，还是认识论概念；三是马克思哲学究竟把'现实的人'作为核心问题，还是把'纯粹思想'作为核心问题。"②

这三点差异都涉及马克思哲学的超验性维度。其一，哲学研究从实践出发就不可能排除人和主观性因素，因而就承认了其中的超验性维度。超验的基本含义是超出经验的范围，人和主观性因素就精神性的内在性和自足性而言，超出外在经验知识的彻底把握。从自然界出发是把抽象物质预设为哲学原初点，超验性作为研究主体会被遮蔽，经验性会扩展到整体。其二，关于马克思的本体论，俞教授认为马克思哲学有本体，他把"社会存在本体论"看做是马克思的"基本本体论，因为'社会存在'是看不见摸不着的，所以'社会存在本体论'是超验的，其宗旨是研究者在从事任何研究活动之前，必须以逻辑在先的方式，先行地澄清自己的历史性。"③俞教授把"实践本体论"看做是以"社会存在本体论"为基础的一般本体论。他认为，马克思的实践是本体论意义上的。在俞教授看来，如果把实践理解为认识论概念，那么作为检验认识正确性的实践就只是纯粹经验性事物。在这样的实践中，主观能动性和超验性将无处藏身，因为实践成为抽象对象而作为主体的研究者和创造者已黯然退场。其三，哲学研究把核心问题设定为"现实的人"还是"纯粹思想"，这同样具有根本性区别。

---

① 纪玉祥：《关于恩格斯对〈费尔巴哈论纲〉的若干修改》，《哲学研究》1982 年第 10 期。

② 俞吾金：《论恩格斯与马克思哲学思想的差异——从〈终结〉和〈提纲〉的比较看》，《江苏社会科学》2003 年第 4 期。

③ 俞吾金：《重新理解马克思：对马克思哲学的基础理论和当代意义的反思》，北京师范大学出版社 2005 年版，第 207—208 页。

"现实的人"是实践的人，是活动的发起者、推动者和维持者。"纯粹思想"不过是这种活动的结果或前提，因而只是现存的抽象物。"把'纯粹思想'作为核心问题"，会失去主观能动性和超验性维度。

俞教授认为，马克思的辩证法是"社会历史辩证法"而不是"自然辩证法"，"这种撇开人的目的性活动而受到考察的自然只能是抽象的自然。"①"人的目的性活动"在自然中展开就是实践和劳动，而"抽象的自然"却只是认识论概念。在认识论中，自然科学与人类社会相互分离。马克思与恩格斯都从黑格尔那里继承了辩证法，但两人对黑格尔辩证法的改造有所区别。

> 在恩格斯看来，只要去掉黑格尔辩证法的载体——"绝对精神"，代之以"自然"，黑格尔的辩证法就以唯物主义的方式得到了改造。

> 对于马克思说来，在剥掉黑格尔辩证法的载体——"绝对精神"后，应该取而代之的并不是抽象的、与人的实践活动相分离的"自然界"，而是以人类的实践活动为基础和核心的"社会历史"。②

俞教授认为，马克思的"社会历史辩证法"有三个层次：第一，"社会历史辩证法"是"实践辩证法"和"劳动辩证法"，"异化劳动及其扬弃构成了马克思劳动辩证法的核心内容"。③"社会历史"、"实践"和"劳动"都是以人为主体的，这种辩证法无法把由人带来的主体性、主观性和能动性排除在外。人在劳动中证明自己的自由、本质和力量，但劳动结果反过来统治了人，这就是"异化劳动"。在俞教授看来，马克思的辩证法是从人原始地拥有自己的本质，到"异化劳动"再到"异化"扬弃自身的否定之否定过程。第二，承认了"实践辩证法"和"劳动辩证法"就能认识到，"马克思的社会历史辩证法的实质是'人化自然辩证法'。"④"人化自然"

---

① 俞吾金：《自然辩证法，还是社会历史辩证法？》，《社会科学战线》2007年第4期。
② 同上。
③ 同上。
④ 同上。

指自然界在人的对象化活动中不断被改变，其中还包括人自身的改变和实践活动的改变。事实上，自然界与人须臾不可分离，马克思从来不考虑与人无关的自然界，他称之为"无"。第三，"马克思的社会历史辩证法也蕴含着一个'社会形态发展辩证法'。"①马克思把社会历史形态划分为前资本主义、资本主义和后资本主义三个阶段，"社会历史辩证法"就是这三个阶段依次更替的表现形式。综合三个层次，俞教授认为，以实践和生产劳动为基础的社会历史构成马克思辩证法的载体。

恩格斯认为，马克思在费尔巴哈的影响下摆脱了黑格尔的唯心主义，即费尔巴哈"直截了当地使唯物主义重新登上王座"，②这使马克思回到一般唯物主义。于是，诞生了以黑格尔辩证法加费尔巴哈唯物主义为内容的马克思主义哲学。然而，俞教授认为，"马克思在其思想发展的进程中，虽然受到费尔巴哈一定的影响，但归根到底，这种影响不是基本立场上的影响。事实上，对马克思思想造成实质性影响的仍然是黑格尔。"③费尔巴哈"人本主义哲学"启发马克思的地方是，"把黑格尔的绝对精神解读为'以自然为基础的现实的人'"。④就是说，费尔巴哈真正吸引马克思的地方不是一般唯物主义立场，而是他"深刻地揭露了宗教和思辨哲学的本质"、他的"人本主义哲学"和"感性的原则"。⑤事实上，马克思对黑格尔和费尔巴哈的超越，不是从黑格尔那里取出辩证法，从费尔巴哈那里取出唯物主义，然后把两者简单加在一起，而是在实践原初点上同时超越了两人。黑格尔唯心主义发展了能动性，但只是"抽象地发展了"，因为他离开了"现实的、感性的活动本身"；费尔巴哈唯物主义把"感性"当做对象看待，同样离开了"现实的、感性的活动本身"且丢失了能动性。然而，费尔巴哈对感性生活的强调毕竟启发了马克思去超越黑格尔。

---

① 俞吾金：《自然辩证法，还是社会历史辩证法？》，《社会科学战线》2007年第4期。
② 《马克思恩格斯选集》第4卷，人民出版社2012年版，第228页。
③ 俞吾金：《恩格斯如何看待马克思与黑格尔的关系》，《云南大学学报》（社会科学版）2005年第3期。
④ 俞吾金：《重新理解马克思：对马克思哲学的基础理论和当代意义的反思》，北京师范大学出版社2005年版，第85页。
⑤ 同上书，第82页。

何中华教授在《论马克思和恩格斯哲学思想的几点区别》一文中，从五个方面论述两人的区别："1.'超验'视野与'经验'视野的分别；2.'存在决定意识'与'物质决定精神'的不同；3.大写的'真理'与小写的'真理'的距离；4.'彼岸'的'自由王国'与'此岸'的'自由王国'的差异；5.马克思与恩格斯之间个性分野及其影响。"①

其一，从"理想主义"背景出发去梳理马克思寻找其哲学本体的心路历程，我们会发现，马克思哲学具有"超验"视野。马克思年轻时开始在"理想主义"的激情中进行哲学探索，这种激情在某种意义上保持了一生。理想表达的是应然，而实然又是人无法回避的，所以其哲学一开始就建立在应然与实然的矛盾中。"实践永远指向'应当如此'。"②马克思哲学的超验性维度是实践立足于应然对实然的超越。"实践本身的超验性意味着一种超越经验的实然之域的可能性，这种可能性不是一种内容的规定，而是一种纯形式的规定，毋宁说就是超越本身。"③"超越"无论如何无法与"理想主义"分开，否则就不再有"超越"的理由和动力。由"理想主义"发展起来的超验性并没有随着马克思哲学探索的进展而消失。后来在写作《资本论》时，"马克思把'自由王国'作为物质生产领域这一经验世界的'彼岸'规定，充分表明了马克思的社会理想的超验性质。"④

与马克思的"超验"视野不同，恩格斯的哲学视野是"经验"的。他以物质本体论为基础建构哲学体系，所遵循的是自然科学范式。他的"经验"视野主要表现在两个方面：一是具有与常识相符合的"实在论"性质。也正是由于这一原因，他的哲学著作显得通俗易懂，即使一个普通人例如中学生只要认真阅读，其著作的大多数内容都能够较为轻松地得到把握。相对而言，人们在阅读马克思著作时，尤其他早期的著作，会在许多地方感到晦涩。然而，这种晦涩往往并非马克思故意为之，而是哲学思维本身就不同于常识的经验性思维。事实上，许多哲学家的著作都是晦涩

---

① 何中华：《论马克思和恩格斯哲学思想的几点区别》，《东岳论丛》2004年第3期。
② 何中华：《马克思实践本体论新诠》，《学术月刊》2008年第8期。
③ 同上。
④ 何中华：《论马克思和恩格斯哲学思想的几点区别》，《东岳论丛》2004年第3期。

的，然而我们不能否定其中蕴含的真理性。康德拒绝哲学的通俗化，通俗化的思维存在许多不严密的地方，难以接近哲学所需要表达的那种最高存在。二是在哲学与科学的关系上，由于其视野的经验性，恩格斯不把哲学与科学的区别看成质的不同。可以说，哲学区别于科学的地方就在于哲学具有超验性的维度。许多哲学家都意识到了经验语言的局限性。老子开篇就说："道可道，非常道；名可名，非常名。"（《老子·一章》）"道是可以阐述解说的，但是并非完全等同于浑然一体、永恒存在、而又运动不息的那个大道。"[1]维特根斯坦在《逻辑哲学论》的结尾处说："对于不可说的东西我们必须保持沉默。"[2]黑格尔则说："一切理性的真理都可以同时称为神秘的"。[3]不可说性、神秘性所体现的亦即哲学的超验性。意识不到这种超验性，甚至着意去除而不是保全它，哲学将丧失自身。难怪恩格斯提出，当逻辑从哲学中分离出来之后，哲学就要终结了。事实上，作为对人的存在的终极探索，哲学不会终结，除非哲学历史使命得以完成。对于马克思哲学而言，只有在经验历史完成自身，人类实现彻底解放时，哲学才能够寿终正寝。

沿着何教授的思路，承认"理想主义"的合法性也就使人的主观能动性获得了存在空间。在某种意义上，正是"理想"的内在精神力量驱动着社会的发展，而"理想"的获得与本性在根本上却超出经验知识的把握。在马克思哲学的超验性维度中，主观能动性是超验性的实现，即实践"超越经验的实然之域的可能性"。主观能动性和客观规律性在实践中获得和解。在"经验"视野中，主观能动性和客观规律性之间存在非此即彼的对立，前者发挥作用意味着事物自在发展的方向将"以人的意志为转移"，后者最重要特征恰在于事情发展"不以人的意志为转移"。有一种说法是，认识和把握规律是充分发挥主观能动性的前提。这时，规律的地位和性质已经发生改变，规律变成人改造世界的一个工具或环节。水往低处流是规律，但是人可以通过制造抽水机让水从低处往高处流，实现了"以人的意

---

① 《老子》，饶尚宽译注，中华书局 2016 年版，第 2 页。

② ［奥］维特根斯坦：《逻辑哲学论》，贺绍甲译，商务印书馆 1996 年版，第 105 页。

③ ［德］黑格尔：《小逻辑》，贺麟译，商务印书馆 1980 年版，第 184 页。

志为转移"。只有无论人如何做，水最终一定流向低处，这才是"不以人的意志为转移"。规律具有客观实在性，客观实在性所表现的是物质，主观能动性相对而言更是一种意识。按照唯物主义"物质决定意识"、"物质第一性"的原理，客观规律性应是第一位的。当所谓规律降解为人改造世界的工具和环节时，客观规律性"第一"的位置也就瓦解了。可见，这两种规律已经不是同一个规律了，即作为"不以人的意志为转移"的规律，与作为人"认识和把握"的对象的规律不再是同一个概念。把规律分为自然规律和社会历史规律，并说两种规律展现自身的方式不同，这也无济于事。这是因为，只要是从"经验"视野来观察，就无法真正区分自然规律和历史规律，后者其实只能被看作前者的一个特例。恩格斯认为历史规律通过历史合力来实现，这仍然只是一种外在的经验性描述，它没有触及到底是什么力量在维持这种合力的方向。在"经验"视野上，这一内在动力被遮蔽了。这种合力的方向未必与历史规律完全一致，正如"逻辑与历史"并不能完全一致，一致只能是总体的、动态的，并经过理论不断向实际靠拢的一致。在经验事实上，历史有时会在片面发展中为自己开辟道路。这其实也是历史规律所允许的，即历史不排除偶然性。在某种意义上，能够保证历史合力方向的内在动力，恰是马克思在《关于费尔巴哈的提纲》第一条中所强调的"实践"的"能动的方面"。[1] 我们认为，这种能动性与作为"理想"的内在精神密切相关。"一切在地上爬的东西，都是被神的鞭子赶到牧场上去的。"[2] "经验"视野看不到"神的鞭子"。如果有人站在所谓唯物主义立场上说，"神的鞭子"不过是唯心主义的措辞，那么这说明他连"神的鞭子"是什么都没有丝毫的领会，这种唯物主义又何以能够驳倒唯心主义呢？

其二，马克思"存在决定意识"与恩格斯"物质决定精神"具有质的不同，前者致力于旧唯物主义和唯心主义的合题，后者在两者对立的前提下选择了唯物主义。马克思对旧唯物主义与唯心主义之所以产生并对立的

---

① 《马克思恩格斯选集》第 1 卷，人民出版社 2012 年版，第 133 页。
② 北京大学哲学系外国哲学史教研室编译：《西方哲学原著选读》上卷，商务印书馆 1981 年版，第 23 页。

现实前提进行批判，汲取唯心主义抽象发展的能动性，实现彻底化的唯物主义即"新唯物主义"。①恩格斯以两者的对立为前提，只取唯物主义，因而无法获得唯心主义抽象发展的能动性。就是说，在反对唯心主义时，由于遮蔽了超验性，他无法汲取其合理因素，尽管宣布他汲取了诸如黑格尔辩证法的合理性因素。恩格斯在黑格尔辩证法中仅仅看到了"运动"，但这种运动在卢卡奇看来没有"流动"性，即没有运动。就是说，没有主体与客体的相互作用，没有人的能动性的参与，事物自在自为的运动对人而言没有任何意义，正如不运动一样。黑格尔辩证法是指，精神不断异化或外化自身，然后又不断回归自身。精神在这样无数回归自身的圆圈中，最后形成大全，完成自身。设若排除一切精神性因素，那么黑格尔辩证法本身也就不存在了。对于马克思来说，精神性因素仍然存在，只是通过实践剔除了其远离"现实的人"的抽象性。对于从事生产的雇佣工人来说，黑格尔辩证法几乎没有任何意义，马克思正是把这种抽象发展的能动性还给他们。黑格尔的绝对精神走向了神学，彼岸世界的上帝并不能解救人，最多只是降低了人在生存中的痛苦体验。马克思还说："不是意识决定生活，而是生活决定意识。"②"生活"是现实的人的"生活"，现实的人原本具有"改变世界"③的能动性。有了上帝和神学的麻痹作用，这种能动性反而远离了人。在马克思哲学语境中，"生活"和"存在"内在相通，"存在"是人在实践中的具体存在，"物质"却是人非在场的抽象物，既然人不在场其能动性更无从谈起。就马克思哲学作为旧唯物主义与唯心主义的合题而言，马克思哲学具有超验性维度，而恩格斯在理解马克思对经验性的强调时把超验性丢掉了。

其三，马克思的真理是本体论的。一般说来，真理有三重意义："本体论的、认识论的和宗教神学的。本体论的'真'意味着存在本身的敞显和去蔽。"④宗教真理是彼岸的，马克思追求真理的此岸性，它依赖于由人

---

① 《马克思恩格斯选集》第 1 卷，人民出版社 2012 年版，第 136 页。
② 同上书，第 152 页。
③ 同上书，第 136 页。
④ 何中华：《论马克思和恩格斯哲学思想的几点区别》，《东岳论丛》2004 年第 3 期。

类实践成就的历史的"解蔽"。"无论是马克思还是恩格斯，都把实践作为
真理的基础。"①但是在两人那里，实践的作用和地位是不同的。马克思把
实践看做是人的存在方式，实践是"改变世界"的活动，这种活动有别于
"解释世界"的活动。所以，马克思说："哲学家们只是用不同的方式解释
世界，问题在于改变世界。"②俞吾金教授也认为，"改变世界"是本体论的，
"解释世界"是知识论③（即认识论）的。

　　本体论是对人的存在的终极追问。众所周知，本体论（ontology）是
关于 on（英文 to be）的学问，在哲学中处于"终极关怀"的位置之上，
它是关于世界和世界上一切事物之所以成其为自身的"内在理由"的追
问。何教授认为："本体论就是对'所是（者）''是其所是'的内在理由
的追问，亦即揭示事物'是其所是'的学问。Being（译做'在'、'是'或
'有'）含'肯定'之义，它构成使 beings（译做'在者'、'所是'、'是者'）
成为可能的内在理由。"④

　　作为一种"终极关怀"的哲学追问，本体论追问所追问的对象不是
"各个具体的所是者'是其所是'的内在理由"，而是"一切可能的所是者
构成的总体'是其所是'的内在理由"，追问"必须由'是其所能是'过
渡到'是其所当是'。""'是其所能是'和'是其所当是'恰恰对应于人的
存在的二重化。"⑤"人的存在的二重化"是指，人同时具有肉体存在和精神
存在。"'能是'属自然律，规定着经验存在，'当是'属道德律，决定着
人的超验存在。本体论所追问的一切可能的'所是（者）''是其所是'内
含的'能是'与'当是'之间的张力结构意味着：一是只有超越经验立
场，才能充分展现本体论的全部内涵。……二是本体论在逻辑意义上内在
地蕴含着人学立场。"⑥

---

① 何中华：《论马克思和恩格斯哲学思想的几点区别》，《东岳论丛》2004 年第 3 期。
② 《马克思恩格斯选集》第 1 卷，人民出版社 2012 年版，第 136 页。
③ 俞吾金：《超越知识论——论西方哲学主导精神的根本转向》，《复旦学报》（社
会科学版）1989 年第 4 期。
④ 何中华：《试论马克思的本体论思想及其特征》，《学习与探索》2004 年第 1 期。
⑤ 同上。
⑥ 同上。

马克思哲学是本体论的，其真理也是本体论的。本体论真理意味着它有两个特征："超越经验立场"和"内在地蕴含着人学立场"。马克思在《关于费尔巴哈的提纲》第二条中说道："人的思维是否具有客观的 [gegenständliche] 真理性，这不是一个理论的问题，而是一个实践的问题。人应该在实践中证明自己思维的真理性，即自己思维的现实性和力量，自己思维的此岸性。关于思维——离开实践的思维——的现实性或非现实性的争论，是一个纯粹经院哲学的问题。"①

马克思这里"思维"的"真理性"不是"认识世界"意义上的真理，而是对人到底能否"改变世界"以掌握自己历史命运的追问。因此，他说"这不是一个理论的问题"，局限于"认识世界"即"解释世界"的知识和理论仍然是"纯粹经院哲学的"，即知识论或认识论的。他说这"是一个实践的问题"，是在说"改变世界"。在《关于费尔巴哈的提纲》的语境中，"改变世界"与实践内在相通。实践是人发挥主观能动性改变事物自在自为运动的活动，是人在事物运动中搽入自己主观意志的过程。这正是马克思所说的"能动的方面"，②我们通常称之为主观能动性。在实践中，人的主观能动性不仅不是可有可无的，而且是实践能够成其为自身，能够保持"流动"性并使自身不断绽开并不断完成的精神因素。当然，为避免在对实践进行思辨时重新陷入抽象，我们还要保持实践的经验性维度，使其不被抽象思辨吸干有机性或生命性。一方面，能动性在超出经验的彻底把握上走向超验性维度，另一方面，能动性是人的主观能动性，因而绝对不能缺失人的在场性。人的在场性还有一层意思，实践以自身为目的，更确切地说，实践的目的是人。在恩格斯语境中，真理无非是对世界的正确认识，认识本身就是目的。在认识过程和结果中，人们关注的是认识对象，认识主体有意无意被遮蔽了。即使有时关注认识主体，也主要是为保障认识结果的客观、中立和精确。"哲学起于惊诧"、"兴趣推动认识"的说法其实仍然没有充分关照主体性和能动性。在认识过程中，人不能"改

---

① 《马克思恩格斯选集》第 1 卷，人民出版社 2012 年版，第 134 页。
② 同上书，第 133 页。

变世界"，因为这会影响认识结果的客观中立。在恩格斯看来，实践很重要。但这种实践仍然是为了说明认识机制而设定的，如认识在实践中检验自身是否正确。就此而言，经验的科学知识是最与人无关的。正确认识的结果体现主体认识与认识客体之间的符合。尽管真理符合论受到批评，恩格斯的认识论真理仍无法彻底摆脱真理符合论阴影。可见，恩格斯关于真理的观点是认识论的，其突出特点是经验性立场。

其四，马克思和恩格斯都使用"自由王国"概念，但两人之间存在差异。"马克思所谓的'自由王国'具有'彼岸'的性质，从而进入了人的存在的本体论的层面；而恩格斯所谓的'自由王国'则是'此岸'的，亦即是认识论意义的。"①

"彼岸"性质是说，"自由王国"要超出作为物质生产领域的"必然王国"的"此岸"性。马克思的"自由王国""通过人的实践基础上的历史矛盾的充分绽开及其完成实现"，它"只能是人的存在的本体论的"。②这种"彼岸"显然不是基督教意义上神所居世界的"彼岸"，神的世界永远无法在人类社会历史领域中经验地出现，而共产主义理想作为人类的社会理想，可以在这个世界实现。在某种意义上，科学社会主义（在马克思恩格斯看来，社会主义和共产主义是相通的）之"科学"指的就是这种可以实现的现实性得到逻辑上的证明。"必然王国"是"此岸"的，作为经验的既存事实，它对人构成某种限制，因而是"必然"。"自由王国"作为未来才能实现的社会理想超出"必然"。同时，在实现"自由王国"的过程中，人朝向这一理想前进的目的性和意识性同样是对"必然"的超越。"感性的人"对自己"现实的、感性的活动"③进行操持，必然具有超出经验的维度和"人学立场"，因而马克思的自由和"自由王国"是本体论的。相反，恩格斯的"自由王国"则是认识论的，他说："自由是对必然的认识。'必然只有在它没有被理解时才是盲目的。'自由不在于幻想中摆脱自然规律而独立，而在于认识这些规律，从而能够有计划地使自然规律为一定的

---

① 何中华：《论马克思和恩格斯哲学思想的几点区别》，《东岳论丛》2004 年第 3 期。
② 同上。
③ 《马克思恩格斯选集》第 1 卷，人民出版社 2012 年版，第 133 页。

目的服务。这无论对外部自然的规律，或对支配人本身的肉体存在和精神存在的规律来说，都是一样的。"①

这种自由的主要内容是对自然科学式的规律的认识和利用，如人可以利用自然规律改变水往低处流的本性，把水从地下抽出来。显然，这种自由并没有摆脱认识论以认识世界为目的的诉求，没有触及"人的存在的本体论"意义。虽然提及人的目的性，但在根本上，这是一种技术上的自由与进步，是科学技术自我发展的逻辑，与人掌握自身命运，朝向理想社会前进的能动性没有太多关系。最多这种目的仅是手段而丝毫没有接触到人的生存的根本目的。

其五，马克思具有浪漫主义情怀和诗人气质，青年时期的马克思写出大量诗歌，他一度想成为一名诗人。他带着诗意的眼光批判和反省现代性。"谁能够怀疑《1844 年经济学哲学手稿》隐藏着席勒《美育书简》的影子呢？超越实证的视野、追求超验的理想，恰恰是浪漫主义的一个突出特征。"② 恩格斯缺少马克思的浪漫情怀和诗人气质，"同马克思相比，恩格斯的禀赋和气质更接近科学家"。③ 与此相应，马克思主义哲学史关于马克思文本的研究往往具有歧义，而恩格斯的语言则严谨清晰，更接近于自然科学语言。关于马克思和恩格斯个人气质的不同，美国学者莱文说："可以明确的是，马克思既是一个教授也是一个学者。青年马克思具有一个学者的全部特质，具有穿透力，周密，关注细节，具有分析能力，谨慎。这种思辨力与热情的、易变的青年恩格斯不同。"④

马克思曾经想做一名大学教授，但这一愿望没有实现。尽管如此，他的学者气质尤其哲学思辨能力是一般学者无法企及的。莱文注意到赫斯对马克思热情洋溢的赞美："马克思博士，这就是我所崇拜的人的名字，他还是十分年轻的人，至多不过 24 岁左右；但他将给中世纪的宗教和政治

---

① 《马克思恩格斯选集》第 3 卷，人民出版社 2012 年版，第 491—492 页。
② 何中华：《论马克思和恩格斯哲学思想的几点区别》，《东岳论丛》2004 年第 3 期。
③ 同上。
④ ［美］莱文：《不同的路径：马克思主义与恩格斯主义中的黑格尔》，臧峰宇译，北京师范大学出版社 2009 年版，第 186 页。

以致命的打击。他既有深思熟虑、冷静、严肃的态度，又有最敏锐的机智。你能这样设想吗？如果把卢梭、伏尔泰、霍尔巴赫、莱辛、海涅和黑格尔结合为一个人——我说的是结合，而不是凑合，那么结果就是马克思博士。"①

莱文认为恩格斯在哲学素养上远落后于马克思，莱文这样评价恩格斯：

> 他（指恩格斯——引者注）从未使自己以必要的时间从事认真的哲学研究，从未获得对主体的精深理解，而毕生在哲学思想上都是幼稚的。
>
> 他从未在高中毕业，从未进入大学，没有获得博士学位，而青年恩格斯承认，这些差距使他对哲学或普遍文化研究的把握仅仅是肤浅的。②

莱文评论恩格斯的言辞过于激烈。我们看到，恩格斯坚定的共产主义理想、对马克思精神上和物质上的支持、为工人运动做出的不朽功绩都证明了他的伟大。即使在哲学上，恩格斯仍具有深刻而广泛的影响。这里我们意在指出，马克思与恩格斯有无对哲学超验性的自觉。

何教授在《如何看待马克思和恩格斯的思想差别》一文中，从四个方面论述两人的差别。其一，"分工说"和"情境说"并不能真正解释两人的差别。"分工说"认为，两人的差别源于两人在理论上分工的不同，因而所谓差别没有实质性意义，整合两人的思想就会得到完整的马克思主义。"情境说"是说：两人的不一致源自恩格斯的特殊历史处境，他要处理唯心主义的挑战以维护唯物主义。然而，两说不能解释两人的实质性

---

① Avineri, Schlomo, *Moses Hess: Prophet of Communism and Zionism,* New York, 1985, pp.14–15. 转引自［美］莱文：《不同的路径：马克思主义与恩格斯主义中的黑格尔》，臧峰宇译，北京师范大学出版社 2009 年版，第 186 页。

② ［美］莱文：《不同的路径：马克思主义与恩格斯主义中的黑格尔》，臧峰宇译，北京师范大学出版社 2009 年版，第 191 页。

差别，这些差别"直接涉及哲学视野和逻辑预设。"① 马克思实践唯物主义与旧唯物主义在"哲学视野和逻辑预设"上有根本性不同。他在"世俗基础"上找到了旧唯物主义与唯心主义对垒的根源，把哲学建立在更源始的出发点上。或者说，马克思哲学与旧唯物主义之间是断裂关系。在恩格斯那里却不是这样，他认为，马克思的唯物主义与费尔巴哈所恢复的唯物主义没有本质的不同，只是前者加入了辩证法（卢卡奇认为恩格斯的辩证法没有流动性）。这种唯物主义加上辩证法的理论体系后来被称为辩证唯物主义。

其二，马克思是创立历史唯物主义的"第一小提琴手"。日本学者广松涉提出恩格斯才是"第一小提琴手"，何教授认为这难以成立。首先，广松涉在《青年恩格斯的思想形成》中重点辨析究竟谁拉响"第一小提琴"，但在文中未曾正面提及马克思《关于费尔巴哈的提纲》的思想贡献，恩格斯却把它称作"包含着新世界观的天才萌芽的第一个文献"，② 其中马克思的原创思想削弱了广松涉的提法。其次，马克思《关于费尔巴哈的提纲》与《德意志意识形态》"费尔巴哈"章具有"内在一致性"。揭示出这种"一致性"，"就能够表明后者的思想主要来自马克思而非恩格斯，进而说明强调实践的本体论地位的立场不是属于恩格斯的。由此就不难理解马克思与恩格斯在思想上的距离。"③ 两部著作中都有对费尔巴哈的批判，马克思的批判显而易见，如《关于费尔巴哈的提纲》第一条明确提出，费尔巴哈唯物主义陷入"直观"而缺乏"能动的方面"。④ 恩格斯对费尔巴哈的批判却值得进一步考量。直到1886年恩格斯写作《路德维希·费尔巴哈和德国古典哲学的终结》，我们看到的仍然是他对费尔巴哈唯物主义总体上的接受，只是认为这种唯物主义缺少了辩证法，且没有在历史领域中得到贯彻。最后，广松涉的直接证据是《德意志意识形态》手稿的笔迹是恩格斯的，但是这无法有效回应"誊抄说"和"口述笔记说"。广松涉也承

---

① 何中华：《如何看待马克思和恩格斯的思想差别》，《现代哲学》2007年第3期。
② 《马克思恩格斯选集》第4卷，人民出版社2012年版，第219页。
③ 何中华：《如何看待马克思和恩格斯的思想差别》，《现代哲学》2007年第3期。
④ 《马克思恩格斯选集》第1卷，人民出版社2012年版，第133页。

认，"马克思笔迹""难以判读"，而"恩格斯的笔迹像钢笔习字帖那样一目了然"。① 既然如此，"誊抄说"更合乎情理。梁赞诺夫提出"口述笔记说"，"第一章尽管是两人共同的劳作，但给人留下的是马克思让恩格斯将口述笔记（in die Feder diktierte）下来了的印象。"② 显然，两说的猜测比单凭笔迹就断定其中的思想属于恩格斯更合情理些。依对立论和差异论的基本论点，广松涉抑马扬恩的做法出自其经验性视野，他认为，马克思与恩格斯的哲学同是经验的，只是由于马克思的迟钝而落后于恩格斯。就此而言，广松涉是极端一致论而非对立论或差异论。

其三，马克思与恩格斯对待自然辩证法的态度不同。"主张马克思、恩格斯思想完全一致的人，一般都强调自然辩证法是马克思和恩格斯共同坚持的立场。主张马克思、恩格斯思想有原则区别的人，则强调自然辩证法仅仅属于恩格斯的思想。"③ 何教授从两方面考察了这一问题，一是文本证据，二是马克思学说与达尔文进化论的比较。从文本看，"马克思……对'自然辩证法'这种'人''不在场'的叙述不感兴趣"。④ 关于达尔文进化论与马克思辩证法的比较，马克思和恩格斯具有不同的认识。"恩格斯拿马克思和达尔文加以类比，其合法性归根到底乃是基于他的自然辩证法信念。"⑤ 显然，马克思辩证法具有"人"的"在场性"，并以"人－非人－人"⑥为形式展开，这些都在提撕马克思哲学的超验性维度，而恩格斯自然辩证法的哲学立场却仍然只是经验的。

其四，合作不排除误解。从公开文献来看，马克思和恩格斯之间没有学术思想上的对立和差异。恩格斯在整理马克思遗稿时，应该没有意识到

① ［日］广松涉：《文献学语境中的〈德意志意识形态〉》，彭曦译，南京大学出版社 2005 年版，第 337 页。
② 同上书，第 372、373 页。
③ 何中华：《如何看待马克思和恩格斯的思想差别》，《现代哲学》2007 年第 3 期。
④ 同上。
⑤ 同上。
⑥ 当然，"非人"状态中的人仍然具有超验性和主观性，只是这一维度被遮蔽了。正是由于仍然具有且无法被真正剥夺超验性，人才能够在必然性意义上打破自己本质被遮蔽的虚幻状态。

他与马克思的思想距离，于是对马克思原稿的修改和增删也不加注释。莱文却从这些修改和增删中看到两人的差别。马克思没有公开表达两人的不一致。"马克思在经济上对恩格斯的过分依赖等"① 因素，在多大程度上影响了马克思，这值得我们注意，况且即使存在误解未必不能很好地合作。

从在著作中表现出的哲学敏锐性来看，马克思应该看到了恩格斯的哲学立场，只是没有明确指出来，起码没有从根本上影响两人之间的伟大友谊。恩格斯应该没有意识到他与马克思的差别到底在哪里，他自觉做"第二小提琴手"，努力与马克思保持一致，尽管事实上他缺乏对哲学超验性的自觉。马克思对经验性的强调与恩格斯的经验性哲学视野之间具有某种一致性，而且恩格斯与马克思一样决不缺乏超验的共产主义理想，也许这是两人能够终身合作的精神原因吧？马克思把超验与经验统一在实践中，恩格斯则在二者的"分裂"中只取经验，并最终"在理论问题上"出现了"漏洞"。②

纵观国外对立论和国内差异论，马克思与恩格斯的根本区别在于，马克思哲学具有超验性维度，恩格斯的哲学视野却是纯粹经验的。马克思哲学的超验性维度不同于思辨哲学意识建构的超验性，也不同于神学超验性，而是对经验的超越本身。③ 其超验性维度与经验性维度在实践中结合为一体。恩格斯在经验性视野中无法完成对经验的超越，卢卡奇批评他在辩证法上失去"流动"性。反过来，马克思对经验的强调与恩格斯的经验性视野具有某种一致性，这是一致论立场的深层次根据，一致论的哲学视野是经验的。可见，在本质上，马克思与恩格斯之间存在对立或差异，但是我们能否就此完全否定一致论？要回答这一问题，我们需要在进一步考察一致论的基础上，来考察马克思本人的态度。

（二）一致论

一致论可以分为完全一致论和根本一致论。前者认为马克思与恩格斯没有任何差别，但这只是抽象想象，世界尚不存在两片完全相同的树叶，

① 何中华：《如何看待马克思和恩格斯的思想差别》，《现代哲学》2007 年第 3 期。
② 《马克思恩格斯选集》第 4 卷，人民出版社 2012 年版，第 572 页。
③ 参见何中华：《马克思实践本体论新诠》，《学术月刊》2008 第 8 期。

马克思与恩格斯也不可能完全一致。后者认为，两人在本质上没有差别，差别只是由于"分工"、"情境"（即"分工说"和"情境说"）等不同而造成的不同。在两种一致论出现之前，我们还可以增加一个"绝对一致论"，即对立论出现之前，主流的观点是马克思与恩格斯绝对一致，尽管这个时期没有独立的一致论学派。不过，即使在这个时期，对马克思与恩格斯不一致的怀疑就已经存在了。绝对一致论主要来自恩格斯本人，他断然否定他与马克思有任何不同。从他对待马克思学术思想的态度看，如果他意识到自己与马克思有不同，他会主动改变自己，以保持与马克思的一致，他称自己为"第二小提琴手"。

一致论作为独立的学派粉墨登场是在对立论兴盛之后才发生的。换言之，正是为了对对立论做出回应，才形成了这个学派，它是"'对立论'思潮'物极必反'的产物"。[①]因此，作为一个独立的哲学流派，一致论正式登上学术舞台的时间相对较晚。

不过，国外一致论的源头最早可以追溯到第二国际的"正统马克思主义"者，如考茨基、普列汉诺夫等。针对有人怀疑马克思与恩格斯的一致，这些学者们开始论述两人的一致，如重申他们共同创立了科学社会主义，强调他们之间"分工合作，优势互补，每一个重要理论观点的提出都是经过两人充分讨论的，因而表达了他们的'共同见解。'"[②]这个时期，尽管出现对两人之间存在差异或对立的怀疑，但学术界总体上仍然坚持两人学术思想上的一致。即使那些持怀疑态度的学者们也没有明确提出对立论，而是接受两人一致的基本立场。例如，柯尔施在《马克思主义和哲学》一书中承认"共同创始人"说法，这是一致论的立场。但他的论述对马克思与恩格斯的差异有所体现，当然他基本上把两人看做是一致的，他的批判矛头主要指向第二国际"正统马克思主义"者而不是恩格斯。这个时期没有明确的一致论学派，第二国际"正统马克思主义"之后，主张两人一致的声音几近消失。

---

① 鲁克俭：《国外马克思学研究的热点问题》，中央编译出版社 2006 年版，第 62 页。
② 吴家华：《国外学者关于马克思恩格斯比较研究诸范式简评》，《高校理论战线》2004 年第 10 期。

对立论的兴盛催生了一致论学派的产生，其开端可以追溯到 20 世纪 80 年代古尔德纳的《两种马克思主义》。古尔德纳、亨利和里格比是这一学派的代表人物。他们的主要观点是：两人的思想是一致的，却都包含着矛盾因而都需要被解构；在实证主义、实践概念、人道主义、决定论、唯物主义、唯物史观、共产主义、两人与黑格尔的关系等问题上，马克思与恩格斯在本质上是一致的。① 从总体上看，国外对立论自诞生以来就在学术界占据了优势地位，一致论作为逆流存在，其力量相对弱小。

与国外一致论被对立论催生相似，国内一致论也主要是在反驳对立论和差异论的过程中壮大起来的。与国外对立论的兴盛不同，国内则是一致论占据优势地位。国内一致论与差异论的争论可以追溯到 20 世纪 80 年代初期。纪玉祥先生发表文章《关于恩格斯对〈费尔巴哈论纲〉的若干修改》（1982 年 10 月），认为恩格斯的修改违背了马克思的原义，开启了国内差异论。此后不久，周敦耀先生发表了《也谈恩格斯对〈关于费尔巴哈的提纲〉的修改》（1983 年 7 月）与其商榷。此后，一致论与差异论的争论层出不穷。纪玉祥先生在文中评论了恩格斯对马克思原稿的修改后，提出一个建议："俄文第 2 版《马克思恩格斯全集》只编入了恩格斯的修改稿；依照俄文第 2 版译出的中文版《马克思恩格斯全集》第 3 卷虽然收入了马克思《论纲》原稿，但只是作为附录放在恩格斯的修改稿后边。将来新版《马克思恩格斯全集》应该改变这种编排顺序。其实，象 1969 年柏林狄茨德文版《马克思恩格斯全集》第 3 卷等版本，都已经把马克思的《论纲》原稿作为正文放在前边了。"② 我们注意到，中文版《马克思恩格斯选集》第 1 卷 1972 年版正文中只收入了恩格斯的修改稿，1995 年版和 2012 年版马克思原稿和恩格斯修改稿都收入了正文，且原稿在前边。

从总体上看，国内一致论的代表学者和论文数量远远超出差异论，黄楠森、朱传棨、赵家祥、刘森林、段忠桥、马拥军、王昌英等教授都主张马克思与恩格斯的一致。一致论者一般站在传统马克思主义观点上，反对

① 参见吴家华：《国外学者关于马克思恩格斯比较研究诸范式简评》，《高校理论战线》2004 年第 10 期。

② 纪玉祥：《关于恩格斯对〈费尔巴哈论纲〉的若干修改》，《哲学研究》1982 年第 10 期。

马克思主义具有超验性的看法。与国外一致论者一样，他们在若干概念和问题上论证两人的一致。他们一般根据对立论和差异论的论据，提出相反的论证。例如，针对差异论提出马克思主张人类社会与自然界的统一，恩格斯的思想则体现两者的对立，一致论反驳说，两人都主张两者的统一。再如，针对差异论提出马克思强调人的活动的重要性，恩格斯则片面强调遵循客观规律的重要性，一致论提出，两人对人的活动和客观规律都同样重视。[①] 又如，差异论认为马克思的辩证法是社会历史辩证法，而恩格斯的辩证法是与人无关的自然界的辩证法，一致论则提出，二人的辩证法都共同覆盖了两个领域，甚至恩格斯以扩展了马克思辩证法的范围而对马克思主义做出独特贡献。[②]

尽管从文本中寻找两人一致性的证据比寻找差异性的证据容易得多，但问题在于，这些证据要经得起对立论和差异论的检验。从是否自觉意识到哲学超验性这一视角来看，我们认为差异论更具合理性，即马克思自觉意识到了这种超验性，恩格斯则没有意识到这一点。在超验与经验的统一中，人的主观能动性和事情的客观规律性在马克思哲学中同时得以保全，并合二为一。确切地说，两者是在实践中得以保全的。实践是主体通过中介对客体发生作用的过程，三者构成实践的基本结构。因此，实践既有时间上的过程性也有空间上的结构性，这样，实践就形成一个有机统一的动态整体。在这一整体内部，作为实践主体的人在观察实践过程时，其中蕴含主观能动性因素，缺乏这一因素实践将失去流动性。在实践之外观察实践，能动性和流动性必然导向一个特定目标，由此构成客观规律性。假如作为主体的人不去发挥主观能动性，那么实践也将异化为外在于人的抽象物的自我运动。这样，实践的流动性将不复存在，客观规律也将消亡。在恩格斯的思想中，主观能动性与客观规律性只能非此即彼地存在，在思辨两者的关系中想要同时保留两者，便成为"水多了加面，面多了加水"

---

① 参见赵家祥：《质疑"马恩对立论"》，《教学与研究》2005 年第 5 期。

② 参见刘森林：《恩格斯与辩证法：误解的澄清》，《南京大学学报》（哲学・人文科学・社会科学版）2005 年第 1 期。

式 ① 的解释，强调一方另一方则无处立足。客观规律的根本特征在于，事情发展的过程和结果"不以人的意志为转移"，也就是说，无论人发挥能动性还是不发挥能动性，过程结果都是一样的，否则就是"以人的意志为转移"。主观能动性在发挥作用恰在于，发挥作用是一种结果，不发挥作用则是另外一种结果，因而事物发展是"以人的意志为转移"的。人们通常认为，认识和把握客观规律能够更好地发挥主观能动性。这种规律和前面的规律已经不是同一个概念了，因为这种规律仅是人发挥能动性的一种工具或手段。恩格斯显然想要同时保留主观能动性和客观规律性，这时他没有明确区分何者第一性何者第二性。然而，就唯物主义"物质决定意识"、"物质第一性，意识第二性"的原理来看，应是客观规律性第一性，主观能动性第二性。规律具有"不以人的意志为转移"的客观实在性，因而更偏重于物质，主观能动性相对而言更具有意识性或精神性。另外，对立论和差异论强调马克思哲学的人学意义，一致论认为恩格斯同样重视人。但恩格斯从经验性视野中观察人，对人的主观能动性的关照是不够的。在"物质第一性"意义上，能动性的空间基本上被排除了。如果说恩格斯同马克思一样具备了超验性视野，这也难以成立，因为恩格斯晚年三部著作所表现出的经验论倾向是显而易见的。如果说恩格斯在某些观点上似乎体现出超验性，例如他本人反对"经验主义者"，② 提出"劳动创造了人本身"③ 的著名论断。但是，从恩格斯的语境来看，他仍然主要从经验性视野上来理解劳动对人的创造作用。他的物质概念、"物质第一性"等说法，更是明显具有经验性色彩。他也许受到马克思的影响，但这里所体现的超验性，至多说明恩格斯在一定意义和程度上具备了超验性视野的萌芽。然而，即使萌芽也与其经验性视野不相伴。

但是，我们不能就此否定一致论，它至少提醒我们去考察这样一个问题：马克思和恩格斯到底为什么能够在具有"实质性差异"的情况下，仍

---

① 何中华：《重读马克思：一种哲学观的当代诠释》，山东人民出版社 2009 年版，第 298 页。

② 《马克思恩格斯选集》第 3 卷，人民出版社 2012 年版，第 890 页。

③ 同上书，第 988 页。

然保持了伟大友谊和亲密合作？马克思既反对纯粹超验的理想①又反对纯粹经验的实在，而是始终在扬弃两者对立的实践中，寻求它们现实的合一。纯粹超验的理想没有经验实现的可能，只能是空想，马克思反对这种理想。但是他没有抛弃理想，而是让理想化为道德和内在动力隐藏在哲学运思的后台，并构成实践的能动性。理想的超验本性与经验实现之间存在矛盾，马克思自觉以这一矛盾为坐标去衡量世界，并致力于矛盾在现实中的解决。恩格斯同样具有共产主义理想，这种理想仍然内在蕴含着超验性，只是他没有自觉意识到它。由于没有在哲学层面上意识到这种无法排除的超验性，理想和现实世界之间就产生了无法调和的矛盾：如果坚持理想，世界自身的运动将不再是自在自为的，而成为人的主观意志的产物，这会陷入唯心主义的泥潭；如果坚持世界自在自为的运动，那么理想便会失去地盘，这样会退回到机械唯物主义中去。马克思说："任何极端都是它自己的另一极端。抽象唯灵论是抽象唯物主义；抽象唯物主义是物质的抽象唯灵论。"②

正如中国人所谓"物极必反"、"两极相通"，在经验性视野中解释二者的对立统一，会失去理论的前后一贯性，成为"水多了加面，面多了加水"式的循环。然而，就具有理想并为理想而奋斗来说，恩格斯不能被简单地归入经验主义者，上述矛盾只是说明恩格斯在"理论问题上"出了"漏洞"。他在1884年（马克思逝世后）致约翰·菲力浦·贝克尔的信中说："当现在突然要我在理论问题上代替马克思的地位去拉第一小提琴时，就不免要出漏洞，这一点没有人比我自己更强烈地感觉到。"③

就超验与经验的关系而言，他的"漏洞"就在于没有自觉意识到哲学的超验性维度。这一维度始终存在，当它被遮蔽后，理论必定会出现逻辑

---

①　在康德哲学中，超验的基本含义是超出经验，先验的意思是既先行于经验又使经验成为可能。理想在引领人的感性活动的意义上，其性质更接近先验。不过，我们为了强调理想超出经验的维度仍然称之为超验，而非先验。而理想的先验性通过道德（我们把道德也称为超验的），最终在实践中得到实现。

②　《马克思恩格斯全集》第3卷，人民出版社2002年版，第111页。

③　《马克思恩格斯选集》第4卷，人民出版社2012年版，第572页。

上无法自洽的问题。就恩格斯不缺乏共产主义理想而言，超验性没有被完全排斥掉。他的经验性视野与马克思的经验性诉求具有某种契合，就是说，马克思致力于道德实现的经验性诉求与恩格斯的经验性视野有某种一致。我们认为，这才是一致论的合法性根据之所在。那么，马克思哲学又何以能够既保留超验性又深入到经验世界中去？简言之，马克思把一切都置于实践之中，在实践中理解和解决一切。

另外，在一致论与对立论（差异论）之间还有一种观点，不妨叫作解释学差异论。这种观点认为，理解具有相对性，不可能达到绝对的统一，马克思与恩格斯在这种意义上具有差异。这一观点的主要代表学者有英国的卡维尔、国内的王金福教授和孙荣副教授。在卡维尔看来，"'恩格斯—马克思问题是一个解释学问题'，是研究者解读马克思和恩格斯之间的文本和思想关系过程中产生的问题。而任何解释或解读都是一种对话，即评论者与文本之间以及评论者与听众之间的对话。"[①]对话无法达到绝对统一，因而差异是必然的。这种做法把差异绝对化，而且把马克思与恩格斯在超验与经验关系上所具有的差异也一并掩盖了。

二 关于马克思与康德的学术思想关系

这个领域的讨论不如前一领域热烈。就哲学超验性而言，这个领域的讨论是前一讨论的深入。如果不承认马克思与恩格斯之间存在差异，即不承认马克思哲学具有超验性维度，那么就没有必要再去研究马克思的道德，因为经验条文式的道德作为观念上层建筑的一部分似乎已经被说清楚了。进而，如果不承认马克思的道德概念具有超验性，那么马克思与康德的关系也没有必要被提出。康德的道德是超验的，只有他们的道德都具有超验性，才有可能讨论马克思对康德的继承和超越。

国外最早在道德上把马克思和康德联系起来的人应当是伯恩施坦。他认为，马克思哲学是二元论，即其道德因素与科学因素之间存在无法调和的矛盾，而恩格斯对马克思的修正才使马克思主义成熟起来。他在新康德主义

---

① 吴家华：《"马克思—恩格斯问题"论析》，《中国人民大学学报》2002 年第 6 期。

中最终陷入二元论和唯心主义。"国外已经有不少学者如阿德勒、鲍尔、沃兰德、科莱蒂、阿尔都塞、哈贝马斯等人注意到康德对青年马克思思想的影响，但他们大都没有展开论述。卡因在《马克思与伦理学》一书第一、二章详细考察了康德对马克思早期伦理思想的影响"。① 吕贝尔认为，马克思把科学性和伦理学统一在实践中，吕贝尔说："工人阶级争取有利于自身的立法改革，不过是在履行他们对自己的一种基本义务罢了"。② 沃尔佩和科莱蒂试图依据康德，把黑格尔主义从马克思主义中清除出去。柄谷行人在《跨越性批判：康德与马克思》一书中专门研究马克思与康德的关系。柄谷行人认为，"《纯粹理性批判》能与《资本论》互见"，③ 且康德哲学和马克思哲学都是"跨越性批判"。"不断以经验论对抗武断的理性主义，同时又以理性主义对抗武断的经验论。正是在这种移动中有康德的'批判'在。'超越论批判'并非某种安定的第三种立场。如果没有跨越的或者位置的移动，则不可能产生'超越论批判'。在此，我将康德和马克思的跨越而且是位置的移动称之为'跨越性批判'。"④ 在柄谷行人看来，两人的"跨越性批判"均同时避免了理性主义和经验论的独断化。

国内介入这个领域的学者主要有何中华教授、俞吾金教授和王南湜教授。承认马克思哲学的超验性是承认马克思对康德具有继承关系的前提。

何中华教授在《马克思哲学的超验性维度之我见》一文中，依据马克思的中学作文、博士论文、《1844 年经济学哲学手稿》、《德意志意识形态》、《资本论》等著作，从自由、人的本质、消灭劳动、共产主义等思想中论述马克思哲学的超验性维度。何教授关于本体论、马克思恩格斯关系、哲学终结的论义，以及著作《重读马克思：一种哲学观的当代诠释》等，都涉及马克思哲学的超验性维度。俞吾金教授讨论了马克思与康德的关系，

---

① 鲁克俭：《国外马克思学研究的热点问题》，中央编译出版社 2006 年版，第 2 页。

② 曾枝盛编选：《吕贝尔马克思学文集》上，郑吉伟、曾枝盛等译，北京师范大学出版社 2009 年版，第 105 页。

③ ［日］柄谷行人：《〈跨越性批判：康德与马克思〉序言》，林怡静摘译，《国外理论动态》2005 年第 9 期。

④ ［日］柄谷行人：《跨越性批判：康德与马克思》，赵京华译，中央编译出版社 2011 年版，导论第 3—4 页。

其学术论文《论马克思对西方哲学传统的扬弃——兼论马克思的实践、自由概念与康德的关系》、《马克思对康德哲学革命的扬弃》、《论马克思对德国古典哲学遗产的解读》、《康德是通向马克思的桥梁》，以及著作《从康德到马克思——千年之交的哲学思考》、《重新理解马克思：对马克思哲学的基础理论和当代意义的反思》等，讨论康德在实践、自由等概念上给予马克思的影响。王南湜教授撰文阐释马克思与康德的关系、马克思与黑格尔的关系。他认为，马克思主要从康德哲学而非黑格尔哲学中成长起来，对马克思哲学而言，应首先要康德，然后再要黑格尔。[①]

另外，谢遐龄、衣俊卿、程志民等先生也涉足此领域。例如，程志民先生认为，康德先天综合判断何以可能的问题，是自然概念与自由概念何以能够相互一致的问题，这是马克思"人的自由和自然的必然性的关系问题，人和自然的关系及统一的问题"；"马克思的实践观点吸收了康德哲学的某些因素"。[②]程先生还认为，马克思在三个方面"更接近康德的先验论，而不是黑格尔的理性辩证唯心主义"：[③]马克思回到了康德的人而非黑格尔的上帝；马克思反对黑格尔在数学上对康德的批判；马克思更接受康德关于人类理性界限的认识，而非黑格尔思维与存在的绝对一致。

另外，赵仲英的《马克思与康德》一文，从"应有与现实"、"人的目的与历史必然性"之间的矛盾上，说明马克思对康德的继承与发展。康德把道德命令式看作人的行为的必然，但是他无法实现从理论向现实的过渡，马克思恩格斯把道德上"人的全面发展"，"理解为是人类历史发展的必然趋势，共产党人的任务就在于洞察到这一趋势，并为新社会的实现创造条件。"[④]还有，徐长福的《先验的自由与经验的自由——以康德和马克思为讨论对象》、任丑的《康德的义务论辨正——兼论马克思主义伦理学的自由本质》、何建华的《论马克思对德国古典哲学道德自律说的扬弃》、

---

① 参见王南湜：《重提一桩学术公案："要康德，还是要黑格尔？"》，《社会科学文摘》2018 年第 9、10 期。

② 程志民：《康德和马克思》，《马克思主义研究》1997 年第 3 期。

③ 同上。

④ 赵仲英：《马克思与康德》，《云南社会科学》1994 年第 1 期。

王宏宇的《康德：马克思思想发展中不容忽视的重要一环》等文章，从不同方面探讨马克思与康德的关系。国内涉足马克思与康德关系问题的还有李泽厚、邓晓芒等学者。

我们这里重点关注马克思在道德概念上对康德的继承与发展。国内研究马克思道德思想的文献很多，这些研究多以马克思主义道德、社会主义道德、共产主义道德等名称出现。其基本思路是：以马克思主义为指导研究现实中的道德现象，提出道德建设的各种具体建议。这些研究主要以恩格斯的道德思想为根据。恩格斯反对杜林"适用于一切世界"的"道德观和正义观"，以及"最后的终极的真理"。[①]恩格斯提出：

> 人的思维是至上的，同样又是不至上的，它的认识能力是无限的，同样又是有限的。按它的本性、使命、可能和历史的终极目的来说，是至上的和无限的；按它的个别实现情况和每次的现实来说，又是不至上的和有限的。

> 如果我们看到，现代社会的三个阶级即封建贵族、资产阶级和无产阶级都各有自己的特殊的道德，那么我们由此只能得出这样的结论：人们自觉地或不自觉地，归根到底总是从他们的阶级地位所依据的实际关系中——从他们进行生产和交换的经济关系中，获得自己的伦理观念。[②]

沿着恩格斯的思路，结合马克思的说法，形成教科书对道德的认识：道德作为观念上层建筑的一部分与政治法律思想、宗教、艺术和哲学等相并列、被经济基础和政治结构所决定，随着经济基础和政治结构的发展而变化；反过来，道德对它们具有相对独立性和能动的反作用。事实上，道德在经验性上具有可变性，例如具体准则的变化，但在本质上却有不变性，例如好、善、正确等作为形式而非质料的东西是不变的。从根本上

---

① 《马克思恩格斯选集》第 3 卷，人民出版社 2012 年版，第 461 页。
② 同上书，第 463、470 页。

说，当前的研究并未超出恩格斯对道德的判断，也没有令人信服地解决这样一个问题：道德到底以什么机制反作用于政治结构和经济基础？这些研究一方面反对道德"绝对主义、道德本位论"，另一方面也反对"道德相对主义、道德虚无论"，而解决两种反对关系的方案是"适然"。①"适然"似乎只是对二者关系的折中，而不是解决问题。在逻辑上，解决问题应该有两种可能：一是一方降服另一方而达到和谐，这是唯心主义和旧唯物主义的方式；二是两者在更源始的基础上，各自获得自己独特的位置，并相互作用下去，这是马克思实践本体论的解决方式。正确的态度至少是，无论如何都不应以抽象概念来粗暴干涉事情的本来状态，康德的不可知论和二元论虽然没有真正解决问题，但毕竟使二者在各自领域内保持了自己的地盘，尽管是虚幻地保持着。不承认道德的超验性，以及对道德和经济基础之间关系的折中处理，都否认了马克思对康德具有继承关系。

三　关于马克思实践本体论

　　我国学术界关于马克思实践本体论问题的讨论，兴起于 20 世纪 80 年代。检验真理标准的讨论以及西方马克思主义的传入，引起学者们对马克思实践观的深入研究。研究发现，实践在马克思主义哲学体系中具有原初性地位。这时，批判传统教科书物质本体论的实践本体论应运而生。1982年第 1 期《哲学研究》发表了宋士堂、李德茂的文章，文章提出"革命的实践的唯物主义"。后来，"肖前、徐崇温、李淮春、王于等都写文章赞成把马克思主义哲学表述为'实践唯物主义'。"②刘军在《试论实践的本体论性质》（《哲学动态》1987 年第 9 期）一文中论述了实践本体论。最早提出"实践本体论"这一名称的当是刘纲纪的文章《实践本体论》（《武汉大学学报》1988 年第 1 期）。随后，对马克思实践本体论的讨论逐渐热烈。80 年代末的讨论多以"实践唯物主义"为名展开。有人统计过，"从 1982 年 1月到 2009 年 12 月，关于'实践唯物主义'和'实践本体论'的讨论文章

---

① 参见唐凯麟：《伦理学》，高等教育出版社 2001 年版，第十四章。
② 谢维营、蒋文有：《实践与本体关系的反思——关于"实践本体论"的讨论评述》，《烟台大学学报》（哲学社会科学版）2010 年第 4 期。

有2000多篇，光题名为'实践唯物主义'的论文就有393篇，以'实践本体论'为题名的有116篇。"① 实践本体论和物质本体论的对峙把马克思主义教科书改革推到历史前台，但多年的讨论并没有使学者们达成一致。虽然用"实践唯物主义"代称马克思主义哲学的做法在学术界被普遍接受，但各方仍以不同的哲学立场阐发他们对"实践唯物主义"的不同理解。从总体上看，关于马克思本体论的讨论，可以分为三个主要派别：马克思哲学没有本体、马克思哲学的本体是物质、马克思哲学的本体是实践。

第一派认为，马克思否定了传统哲学的核心成分——本体，形而上学作为辩证法的对立物被彻底打碎，马克思主义成为"科学的世界观和方法论"，因而马克思哲学中不再有本体，甚至马克思哲学不再是哲学而是科学。然而，哲学相对于作为"科学的世界观和方法论"到底有何特别之处？这值得讨论。马克思哲学当然不是旧哲学。在教科书体系中，哲学这一概念仍然被保留下来，即哲学是"理论化、系统化的世界观"。马克思哲学显然应该在这种哲学的范围之内。第一，教科书认为，世界观有两种，即唯物主义世界观和唯心主义世界观。既然作为世界观的唯物主义和唯心主义都能被称为哲学，马克思"新唯物主义"② 如果被看作世界观，为何要排除在哲学范围之外？世界观是人们对世界的总体看法和根本观点，哲学是"理论化、系统化的世界观"。因此，马克思主义哲学也是"理论化、系统化的世界观"，我们没有理由把马克思"新唯物主义"排除在哲学的范围之外。况且，马克思哲学有一个其他哲学所难以企及的地方：它通过实践不仅表征了对世界的总体看法，而且强调经验地"改变世界"，从而真正深入到现实世界本身，避免最终沦为抽象的"无"。第二，方法论是人在世界观的框架内考察世界、处理事务的方式。世界观无法与哲学剥离开来，方法论也是一样。马克思的哲学既然是方法（方法论层面的）而不是教条，那么马克思哲学更应该是哲学。第三，如果世界观和方法论是可以拿过来就用的现存体系，正如传统教科书体系，那么这只是知识论

---

① 谢维营、蒋文有：《实践与本体关系的反思——关于"实践本体论"的讨论评述》，《烟台大学学报》（哲学社会科学版）2010年第4期。

② 《马克思恩格斯选集》第1卷，人民出版社2012年版，第136页。

意义上的知识。面对这个体系，人所能做的就是学习和记忆，最多在现实社会中解释一些现象，而解释也被限制在已有的框架中，它剥夺了人独立思考的空间和能动性。对于马克思来说，"能动的方面"[①]的缺失只能导致旧唯物主义。诚然，马克思多次提到自己的学说是科学，但他说的"科学"不是现代自然科学意义上的，而是表达对事情本来面貌的尊重、对世界和国民经济学研究的经验性、其理论的"彻底"性。总之，即使作为"科学的世界观和方法论"，马克思的思想仍然是哲学，只是他改变了以往哲学的性质和面貌，把哲学由局限于意识内部的抽象思辨，改变成经验历史实际绽开自身的过程。

把马克思主义（以马克思哲学为核心内容）定位为哲学，也就无法排除本体，因为本体是哲学之为哲学的外在表征和坚实内核。"所谓本体，乃是指哲学体系达到并保持其逻辑自足性的内在前提和基础。它是逻辑的而非实在的，是功能性的而非实体性的，是关系的而非元素的，是形式的而非质料的。因此，本体范畴并不描述任何自在对象。把它当作某种自在规定，就必然陷入误区。"[②]本体是一个理论体系的逻辑起点，马克思哲学作为体系无法排除本体，否则就无法在理论上前后一贯地展开自身。

确定了马克思哲学具有本体之后，争论便集中在：其本体到底是什么？对这一问题的回答，从根本上说，只有物质本体论和实践本体论两个派别，其他派别处于两者之间。例如，卢卡奇认为，马克思主义的本体是社会存在。社会存在的确表达了人的在场性，但社会存在在表达对世界的能动性时不得不把辩证法和实践请出来，辩证法表达主体与客体的相互作用，实践则是"改变现实"。而实践作为"感性的人的活动"，内在体现辩证法的流动性和对世界的改变。因此，在表述上，实践本体论似乎更恰当些。实践本体论出现之前，人们没有注意到马克思主义（哲学）的本体论问题。当把马克思主义作为哲学进行考察时，人们受到恩格斯列宁的影响，实际上采取的是物质本体论立场。实践本体论出现后，马克思主义哲

---

① 《马克思恩格斯选集》第 1 卷，人民出版社 2012 年版，第 133 页。
② 何中华：《物质本体论的困境与实践本体论的选择》，《南京社会科学》1994 年第 11 期。

学的物质本体论作为一个哲学概念，才被正式提出。其实，物质本体论的滥觞早在马克思主义之前就已经出现了。"严格地说，物质本体论只是属于近代哲学现象。它衍生于近代哲学对人的存在状态的剥离和解析。被黑格尔称为'近代哲学真正始祖'的笛卡儿对心与物的二元划分，使哲学陷入误区，形成了物质本体论和精神本体论的不同解释传统。"①

把马克思主义哲学看做是物质本体论的，就是把物质预设为本体，强调物质是世界本原、世界统一于物质，其主要根据是恩格斯在晚年三大著作中所确立的唯物主义理论。恩格斯认为，自然界由自在物质构成，物质处于普遍联系和永恒发展中，人类社会是物质运动的高级阶段。沿着恩格斯的思路，列宁给出了物质定义："物质是标志客观实在的哲学范畴，这种客观实在是人通过感觉感知的，它不依赖于我们的感觉而存在，为我们的感觉所复写、摄影、反映。"②

主张实践本体论观点的学者主要有何中华教授、王于教授、陈志良教授和杨耕教授。何教授直接论述这一观点的论文主要有：《哲学体系的逻辑基础探析》、《物质本体论的困境与实践本体论的选择》、《实践、辩证法与马克思主义哲学新诠——世纪之交我们对马克思主义哲学应有的态度》、《论马克思实践观的本体论向度——重读〈关于费尔巴哈的提纲〉》、《试论马克思的本体论思想及其特征》、《实践唯物主义的奠基之作——再读马克思〈关于费尔巴哈的提纲〉》、《马克思实践本体论：一个再辩护》、《马克思实践本体论新诠》等，他的专著《哲学：走向本体澄明之境》、《重读马克思——一种哲学观的当代诠释》和《历史地思——马克思哲学新诠》涉及这   内容。王丁教授和陈志良教授明确提出实践本体论概念，只是两位教授同时强调物质的先在性。其实，实践本体论已经扬弃了旧唯物主义的抽象物质，实践作为本体并没有否定自然界的先在性，只是在思考人类生存时，这种物质如果被设定为人类社会出现之前的物质，则会因缺失人的

---

① 何中华：《物质本体论的困境与实践本体论的选择》，《南京社会科学》1994 年第 11 期。

② 中共中央马克思恩格斯列宁斯大林著作编译局编：《列宁专题文集 论辩证唯物主义和历史唯物主义》，人民出版社 2009 年版，第 35 页。

在场性而失去意义。就是说，这种物质不再具有最始源的地位，在人类社会历史领域，精神不能完全还原为物质，否则会退回到旧唯物主义。这样，实践比外在于人的抽象物质更具始源地位。或许站在世界之外，可以看到自然界自在地产生人，如旧唯物主义的认识，或者某种精神力量控制着人，如神学或唯心主义的认识。但这都是抽象想象，没有任何人能够摆脱他的文化境遇。杨耕教授《关于马克思实践本体论的再思考》一文，在"人化自然"和"自然的人化"统一于实践这一意义上来谈实践本体论。2002 年 5 月，上海召开第二届马克思哲学论坛，主题是"马克思的本体论思想及其哲学变革"，论坛成果汇编成书——《马克思的本体论思想》（赵剑英、俞吾金主编）。论坛主题说明，国内学术界基本上认同马克思哲学具有本体，并变革了本体论。只要认同了这种本体及本体论变革，实践也就进入人们的视线。中共中央党校出版社出版的《马克思主义哲学史论》（侯才、阮青、薛广州主编）一书认为，"马克思哲学有自己的'本体论'理论。""马克思实现了本体观的变革，也就创建了一种新的本体论，即以生产力为核心或基础的'实践'本体论。"[①]

实践本体论的基本观点是：物质本体论之"物质"是抽象的，是与人无关的自然界，其抽象性和人的非在场性造成主客二元分裂；把实践预设为本体就在保留物质经验性的同时，保留了人的在场的超验性，从而能够真正"回到事情本身"。"实践不同于一般经验事实的独特性在于它对一切可能的'在者'的开启性，正因如此，实践才有足够的资格成为本体范畴。"[②]主客二元分裂的形成就在于，实践是主体对客体进行规定的前提而不是结果，即只有当实践的"终极的原初性意义上"的"优先性"被颠倒时，才会出现分裂。"当我们把实践作为本体范畴加以确认时，就已经赋予其在终极的原初性意义上所具有的优先性了，而一切可能的分裂都只能从实践这一原初范畴那里内在地引申出来。当然，这一切可能的分裂最终还需要实践的弥合。因为实践一方面生成了、另一方面又

---

① 侯才、阮青、薛广州主编：《马克思主义哲学史论》，中共中央党校出版社 2005 年版，第 125、130 页。

② 何中华：《马克思实践本体论：一个再辩护》，《学习与探索》2007 年第 2 期。

消解了一切可能的分裂和对立。也正因此，它才有资格充当本体角色，从而作为本体论范畴。"①

物质本体论担心实践本体论会走向唯心主义，其理由在于，实践的能动性具有精神性。但是，当物质本体论固守在抽象物质上时，其理论会出现不可避免的困境："说出不能说的东西，寻求没有认识者的认识，把握未曾对象化的对象"。"物质本体论的致命弱点"是"实证化倾向"、"非逻辑性倾向"、"独断化倾向"和"反主体倾向"。②事实上，马克思哲学之所以称得上"新唯物主义"，并不仅仅在于作为其本体的实践同时具有超验性与经验性两个维度，更在于实践能够恰当处理两个维度之间的关系，从而使经验能够真正得到保全。物质本体论之"物质"，在其纯粹经验性上是抽象的。作为世界的构成者、发动者和维持者，它俨然是创世神的代名词。因此，它的经验性不仅没有得到保全，反而在纯粹性上被超验化了，最终与唯心主义两极合一了，正如马克思所批判的，抽象唯物主义和抽象唯灵论是同一事物两个相反的极端。③

除了物质本体论和实践本体论两个派别之外，关于马克思哲学本体论还有一些说法。例如，俞吾金教授把马克思"本体论的思路历程"分为若干阶段，认为在不同阶断马克思哲学呈现为不同的本体论："自我意识本体论"、"情欲本体论"、"实践本体论"、"生产劳动本体论"和"社会存在本体论"。④俞教授在超验性上认同"社会存在本体论"，并称之为"基本本体论"。⑤再如，古尔德把马克思哲学的本体说成"社会本体论"、"劳动本体论"、"自由本体论"和"正义本体论"。⑥另外，郝晓光还提出"马克

① 何中华：《马克思实践本体论新诠》，《学术月刊》2008 第 8 期。

② 何中华：《物质本体论的困境与实践本体论的选择》，《南京社会科学》1994 第 11 期。

③ 参见《马克思恩格斯全集》第 3 卷，人民出版社 2002 年版，第 111 页。

④ 参见俞吾金：《重新理解马克思：对马克思哲学的基础理论和当代意义的反思》，北京师范大学出版社 2005 年版，第 197—208 页。

⑤ 俞吾金：《重新理解马克思：对马克思哲学的基础理论和当代意义的反思》，北京师范大学出版社 2005 年版，第 207 页。

⑥ 参见［美］古尔德：《马克思的社会本体论：马克思社会实在理论中的个性和共同体》，王虎学译，北京师范大学出版社 2009 年版。

思主义剩余价值哲学体系的本体论特征"。①

既然本体是哲学体系中最基础最核心的内容，本体应该是一个。这样，最适合做马克思哲学本体的应是实践。"社会存在"等往往以已经被生成的现存之物来呈现，实践则是生成活动本身。如果说，马克思的本体论经历了从"自我意识本体论"到"社会存在本体论"等一系列阶段，那么只有两种可能：一是马克思的思想发展历程存在断裂，这应该是俞教授不承认的；二是马克思的思想发展经历了从不成熟到不断成熟的过程，这应该是他的判断。然而，不成熟与成熟的标准并不明确，而且成熟时期的思想往往是不成熟时期的承诺或展开。因此，如果把马克思哲学看作一个整体，那么最适合充当其本体的应当是实践。不过，俞教授已经道出了最本质的东西，即本体无法摆脱其超验性的一面，尽管具有经验性，实践仍然具有超出经验的维度，这使它有资格成为马克思哲学的本体。需要说明的是，我们更倾向于把道德表述为超验的，把实践表述为先验的。超验的基本意思是"超出经验"，康德把先验说成"先行于经验"并"使经验成为可能"的性质。在"超出经验"与"先行于经验"意义上，超验与先验有相通之处。因此，我们有时把实践也说成具有超验性维度。

可以说，关于马克思本体论讨论的关键问题，仍然是超验与经验的关系问题。就恰当处理二者关系而言，实践本体论具有其他本体论所无法具有的优越性。马克思实践本体论是西方哲学史上本体论的真正完成。在抽象思辨中，马克思完成了康德关于未来形而上学的构想。但对于马克思来说，真正的目的并不是建立什么新的形而上学体系，相反，他在实践中颠覆一切产生和维持传统形而上学的社会历史根源，包括康德未来形而上学构想的根源。康德构想是为了解决超验与经验、精神与物质、本体与现象的对立。在马克思看来，这些对立来自"世俗基础的自我分裂和自我矛盾"，②它们不过是过去实践的表现和结果。局限于思维领域内部去思辨解决问题的途径，最终将归于毫无现实意义的独断主义或虚无。

---

① 郝晓光：《马克思主义剩余价值哲学体系的本体论特征——从两大难题的破解到两个统一的建立》，《河北学刊》2008 年第 6 期。

② 《马克思恩格斯选集》第 1 卷，人民出版社 2012 年版，第 134 页。

而问题的真正解决，恰是在理论上和现实中均通过实践才有可能实现。因此，实践之所以能够充当马克思哲学的本体就在于，它不仅在逻辑上而且在历史中具有原初性，不仅是一切问题的源泉，而且是一切问题的解决途径。

道德是我们理解马克思的一个切入口。但是，对于实践而言，没有一个站在历史之外的道德，两者都发生在实践内部。或者说，两者在实践的基础上现实地达成和解。当实践的超验性维度与经验性维度完全合一时，没有人能够意识到道德。当两个维度分离后，人们才意识到道德及其缺席。两个维度分离后，超验性虚幻地表达为世俗宗教，而现实的表达则是道德；经验性则化作旧唯物主义的抽象自然界。超验道德具有在经验世界中获得实现的诉求，这使道德能够凝聚马克思哲学的超验性维度。对道德的践行构成马克思实践的深层次内容。反过来，道德又是实践的产物。最初人们在实践中意识不到道德，所谓"百姓日用而不知"（《周易·系辞上传》）。道德产生后，实践又是道德的实现。道德充分实现之时，也是其消亡即回归本位之日，人们将再一次"日用而不知"。

第二章 马、恩学术思想关系与马克思哲学的超验性维度

关于马克思与恩格斯学术思想关系的讨论虽然涉及许多方面，但根本问题可以定位于超验与经验的关系问题。对立论和差异论的依据在于，马克思哲学具有超验性维度，恩格斯则没有自觉意识到这种超验性；一致论则认为，两人的思想都没有超验性因而是一致的。是否承认马克思哲学的超验性维度，对于本书至关重要。如果没有超验性维度，那么超验道德就无法进入马克思哲学，马克思对康德的继承和超越也就无从谈起。因此，我们选取关于马克思与恩格斯学术思想关系的讨论作为切入点，一方面，以超验与经验的关系为坐标，对对立论（差异论）和一致论做一梳理；另一方面，从马克思哲学的超验性维度出发进入超验道德，为讨论超验与经验的关系、超验道德与经验历史的关系铺平道路。

第一节 以超验与经验的坐标衡量马克思恩格斯学术思想关系

以超验与经验的关系为坐标，衡量关于马克思恩格斯学术思想关系的各个学派，我们发现：一致论者不承认马克思哲学的超验性维度，只看到马克思和恩格斯在经验性上的一致，学者们之所以如此得出这种结论的原因应该在于，他们本身所坚持的立场恰是经验性的；相对而言，对立论者和差异论者一般都认为，马克思哲学具有超验性维度。

一　一致论的经验性立场

马克思和恩格斯的哲学视野和逻辑前提不同，看不到这一点就无法恰当理解马克思，我们就只能像恩格斯一样感叹："马克思是天才，我们至多是能手。"①对立论和差异论的基本论点是，尽管马克思强调经验性但是其哲学仍然具有超验性维度，恩格斯在体系的逻辑建构上，却主观地拒绝超验性。卢卡奇把"主体和客体的相互作用"看作马克思辩证法的核心。这里的"主体"拒绝以完全经验的方式被把握，无论怎样彻底地反思自身，你永远无法把握自己为何如此行动的最后的经验理由。在反思的无限性上，思维具有至上性，这种至上性也是超验的。恩格斯认为，劳动使人区别于动物、社会区别于猿群。这与马克思把哲学体系建立在实践之上具有一致性，因为劳动是实践的根本性内容。但恩格斯对"直立行走"、"语言的产生"、"制造工具"，这些人和社会"通过劳动而诞生"过程中的事件，却仍然是从经验性上来描述的。②对于马克思来说，作为"人的本质的对象化活动"的劳动才是人与动物的根本区别。"对象性活动"是经验的，但"人的本质"无法完全经验化，否则"能动的方面"将无处容身。实践是一个不断自我缠绕的过程，人在实践中把自己的本质"对象化"在活动对象和活动过程中，这些活动的结果构成人进一步实践的条件、前提或限制，在进一步的实践中，人在本质上又具有利用条件、突破限制的能动性，即超越经验实然之域的超越性。

同时具有超验性和经验性两个维度，且两维度在逻辑上和历史中得以结合，这是马克思对以往哲学的革命性变革，也是马克思实践本体论的基本意蕴之所在。超验与经验的"分裂"来自超验性维度被遮蔽的片面实践，两者的重新合一必然在同时蕴含两维度的具体实践中才能够完成。发现两个维度的同时存在，并自觉把两者在思维中结合起来，这是在理论上弥合两者的"分裂"。在此基础上，转向"现实的、感性的活动本身"，③并

---

① 《马克思恩格斯选集》第 4 卷，人民出版社 2012 年版，第 248 页注。
② 参见《马克思恩格斯选集》第 3 卷，人民出版社 2012 年版，第 988–1001 页。
③ 《马克思恩格斯选集》第 1 卷，人民出版社 2012 年版，第 133 页。

在"活动"中实际地"改变世界"，①这是在实践中弥合两者的"分裂"。实践在经验历史中实际地弥合"分裂"，这使马克思哲学具有了经验性诉求。正是在领会这一诉求时，恩格斯丢掉了超验性维度。一般说来，一致论者与恩格斯一样也丢掉了这个维度，因而其哲学视野也是经验的。

如果说恩格斯的思想中也具备超验性维度（如马克思和恩格斯思想中都有人道主义因素的说法），因而两人是一致的。这难以讲得通，因为恩格斯在晚年三大著作中所表现出来的经验性是无法轻易抹掉的。相反，我们在马克思的独立著作中，一般都能发掘出超验性。例如，在《资本论》"第一版序言"中描述自己研究经济形式的方法时，马克思写道："分析经济形式，既不能用显微镜，也不能用化学试剂。二者都必须用抽象力来替代。"②他认为，自己对经济学的研究是经验的和实证的，然而这种"抽象力"显然具有超验性和主观性。如果说"抽象力"是自明的、先在的，无法也不必要加以说明，那么这就把它排除在人们所要考察的范围之外了。然而，对于哲学来说，这是最不能被排除的，否则就只能是自然科学或知识论范式的研究方式。只有保留了超验性，才能在思维中保留反思的主动性和能动性。思维转过身来把自身当作思维对象，这是康德"纯粹理性批判"的基本意蕴。人们用理性法庭来审判一切，他把"纯粹理性"置于被告席上对它进行审判。康德这种向内的思维被黑格尔发展成精神返回自身的运动。思维的能动性同时具有对外和对内两个方向，马克思在精神返回自身的基础上又转向外部，达到经验世界。"抽象力"的加工对象当然是外部的，但在说明自己的研究方法时，马克思显然自觉意识到了"抽象力"超出经验的主观性、内在性和精神性。

具体说来，一致论的主要证据有：马克思和恩格斯的合作与友谊、两人学术思想一致的文本。两人一生保持了长达40年的合作和友谊，他们经常面谈和写信，交流思想感受。恩格斯在经济上无私地资助马克思，维持着马克思一家人的生活。他们在共同的理论工作和革命生涯中，创立了

---

① 《马克思恩格斯选集》第1卷，人民出版社2012年版，第136页。
② 《资本论》第1卷，人民出版社2004年版，第8页。

马克思主义，这一理论指导工人运动和社会主义革命取得巨大成就。这些都使人产生两人高度一致的印象。马克思多次称赞他与恩格斯的友谊，且明确表示他们之间学术思想的一致。例如，在致路德维希·库格曼的信（1866 年 10 月 15 日）中，马克思写道："他（指恩格斯——引者注）是我最亲近的朋友。我和他之间没有什么秘密。要不是他，我早已被迫去干某种'有收入的工作'。因此我决不需要任何第三者为我去向他提出请求。"①

再如，"马克思在贫病交加且整理《资本论》第 1 卷书稿进入关键阶段的时刻，曾经写信（1866 年 2 月 20 日）向恩格斯表白"：② "亲爱的朋友，在所有这一切情况下比任何时候更感觉到，我们之间存在的这种友谊是何等的幸福。你要知道，我对任何关系都没有作过这么高的评价。"③

又如，在《〈政治经济学批判〉序言》（1859 年 1 月）中，马克思还这样写道："自从弗里德里希·恩格斯批判经济学范畴的天才大纲（在《德法年鉴》上）发表以后，我同他不断通信交换意见，他从另一条道路（参看他的《英国工人阶级状况》）得出同我一样的结果。"④

恩格斯本人是第一位也是最重要的一致论者。特雷尔·卡弗认为，当两人走到一起后，恩格斯主动放弃自己独立的研究以回应马克思。1845 年后，恩格斯《英国工人阶级状况》的单独附言没有继续写下去，其政治经济学研究由此中断。相反，马克思的理论研究却逐渐控制了他的整个生活，"基本生活本身完全不是他所关心的最重要的事。由此，结出了 19 世纪 40 年代的合著之花的著名合作开始了。在这些合著中，形成了马克思和恩格斯所称的'我们的见解'。"⑤ 恩格斯甘居马克思之下，做他的解释者、传播者和助手。恩格斯在写作《路德维希·费尔巴哈和德国古典哲学的终结》时，加了一个注来说明他和马克思的关系，并把创立马克思主义

---

① 《马克思恩格斯全集》第 31 卷，人民出版社 1972 年版，第 537 页。
② 何中华：《如何看待马克思和恩格斯的思想差别》，《现代哲学》2007 年第 3 期。
③ 《马克思恩格斯全集》第 31 卷，人民出版社 1972 年版，第 185 页。
④ 《马克思恩格斯选集》第 2 卷，人民出版社 2012 年版，第 3—4 页。
⑤ ［美］特雷尔·卡弗：《马克思与恩格斯：学术思想关系》，姜海波、王贵贤等译，中国人民大学出版社 2008 年版，第 51 页。

的主要理论贡献归于马克思，其中提到："我不能否认，我和马克思共同工作40年，在这以前和这个期间，我在一定程度上独立地参加了这一理论的创立，特别是对这一理论的阐发。但是，绝大部分基本指导思想（特别是在经济和历史领域内），尤其是对这些指导思想的最后的明确的表述，都是属于马克思的。我所提供的，马克思没有我也能够做到，至多有几个专门的领域除外。至于马克思所做到的，我却做不到。马克思比我们大家都站得高些，看得远些，观察得多些和快些。马克思是天才，我们至多是能手。没有马克思，我们的理论远不会是现在这个样子。所以，这个理论用他的名字命名是理所当然的。"①

即使马克思逝世以后，恩格斯仍然坚持说，马克思在理论工作上比他的作用更大、能力更强。在致约·菲·贝克尔的信（1884年10月15日）中，恩格斯说："我一生所做的是我被指定做的事，就是拉第二小提琴，而且我想我做得还不错。我高兴我有像马克思这样出色的第一小提琴手。当现在突然要我在理论问题上代替马克思的地位并且去拉第一小提琴时，就不免要出漏洞，这一点没有人比我自己更强烈地感觉到。"②

恩格斯不仅在学术上而且在生活上全力支持马克思，甚至为了支持马克思一家人的生活，他不得不从事"令人讨厌"的商业。一致论者认为，恩格斯的说法出于谦虚。然而，事实好像并非"谦虚"一词所能够完全涵盖的。马克思在致路德维希·库格曼的信（1866年10月15日）中，说了"……我决不需要任何第三者为我去向他提出请求"这句话后，还有一句话是对恩格斯的定位，"当然他所能做的只限于一定的范围。"③马克思为什么说这句话？"一定的范围"又是指什么？似乎马克思在学术思想上早已清晰意识到恩格斯的思想状况，但这没有影响两人的友谊和合作。无论怎样，恩格斯显然极力保持他与马克思学术思想的一致，若有不一致的地方，一定是恩格斯主动放弃独立研究并改正自己。

一致论的这些证据与我们通过超验与经验关系的坐标，对对立论（差

---

① 《马克思恩格斯选集》第4卷，人民出版社2012年版，第248页注。
② 同上书，第572页。
③ 《马克思恩格斯全集》第31卷，人民出版社1972年版，第537页。

异论）和一致论的定位并不构成矛盾，我们关于马克思恩格斯在超验与经验关系问题上的基本结论也没有被推翻。这一基本结论是：马克思哲学具有超验性维度，恩格斯则没有意识到超验性维度是哲学无法排除的内在因素。

需要看到，两人的合作取得重大理论成果，两人的友谊伟大而持久，社会主义革命取得了巨大成就，这些都是我们必须积极加以肯定的，马克思主义的真理性不容置疑。我们研究马克思与恩格斯的学术思想关系，是捍卫马克思主义的必然环节，是把马克思主义理论研究推向深入的必然逻辑，也是把社会主义实践推向未来的必然要求。

客观地说，马克思对两人学术思想一致的评价，并不能涵盖两人关系的全部内容。对立论和差异论仍然能找出他们对立和差异的证据，而且一致论的反驳似乎并没有从根本上驳倒对立论和差异论。马克思对两人一致的说法，在学理上可以理解为：马克思哲学的经验性诉求与恩格斯的经验性视野之间具有某种相通之处，前者在相通意义上容许了后者。或许，马克思在一些场合委婉表达过对恩格斯经验性视野的不满，例如上面"当然他所能做的只限于一定的范围"之类的说法。恩格斯对自己"第二小提琴手"的定位是否与此有关，我们不得而知。

恩格斯曾向马克思写信（1873 年 5 月 30 日于伦敦），兴奋地宣布他发现了自然科学的辩证法，认为这是一个重大发现，在描述了自然科学辩证法的主要内容并署名后，嘱咐马克思保密："如果你们认为这些东西还有点意义，请不要对别人谈论，以免被某个卑鄙的英国人剽窃，对这些东西进行加工总还需要很多时间。"[①]马克思并没有表现出恩格斯所期待的兴趣，他在回信（1873 年 5 月 31 日于曼彻斯特）中只是表示对自然科学了解不多，不能做出评价："刚刚收到你的来信，使我非常高兴。但是，我没有时间对此进行认真思考，并和'权威们'商量，所以我不敢冒昧地发表自己的意见。"[②]马克思在信中提及许多其他事情，如"向穆尔讲"的"价格、

---

① 《马克思恩格斯全集》第 33 卷，人民出版社 1973 年版，第 86 页。
② 同上书，第 86—87 页。

贴现率"、"法国的灾难"等，但对恩格斯辩证法的反应显然有些冷淡。可见，恩格斯本人的认识只能说明他自己的主观看法，并不代表马克思的看法，也不能代替从两人关系之外进行考察得出的结论。

二 对立论（差异论）和一致论者在超验与经验的坐标中

我们试通过分析国外两位重要的一致论者的观点，进一步厘清对立论（差异论）和一致论在超验与经验关系坐标中的位置。

亨利是国外一致论的代表人物之一，他在《弗里德里希·恩格斯的生活和思想：重新解释》一书中，详细论证了马克思和恩格斯的一致。第一，亨利认为，马克思和恩格斯在许多社会问题上的观点和主张是一致的。他对比了马克思的《共产党宣言》（人们普遍认为这是马克思恩格斯合写的）和恩格斯的《共产主义原理》，对比两人对劳动（力）价格、商业危机、废除私有财产、革命后无产阶级采取的措施、共产主义社会中两性关系的论述，"得出了马克思和恩格斯思想基本一致的结论。"① 第二，在认识论上，亨利认为，马克思和恩格斯都区分了本质和现象，且两人都相信本质与现象的区别；在唯物主义立场上，两人都坚持纯粹经验的反映论，两人所坚持的都不是简单、直观机械的反映，而是强调人对客观事物认识过程的复杂性和创造性。第三，亨利认为，两人在与黑格尔的关系上也是一致的，这与我们在教科书中看到的说法基本相同。在亨利看来，两人都承认黑格尔的哲学是唯心主义，他们都宣称自己受惠于黑格尔，在理论研究中，两人都大量使用黑格尔的术语和方法，如马克思宣称对黑格尔辩证法的继承和使用。如果说对黑格尔存在某种误解，那么亨利认为两人都误解了黑格尔，甚至连误解本身也是一致的。第四，关于恩格斯修正马克思的说法，亨利反驳说，两人在论述暴力革命、无产阶级专政等问题上，表现出本质上的一致性，如果说有区别，也只是个别表述等细枝末节上的区别。第五，针对有学者指责恩格斯是实证论者和决定论者，亨利反驳说，恩格斯著作中一点也不缺乏人道主义因素。他说两人的哲学思想都

---

① 鲁克俭：《国外马克思学研究的热点问题》，中央编译出版社 2006 年版，第 55 页。

同时具有实证因素和人道主义因素，且两种因素极其复杂地相互交织在一起。应该说，亨利的说法具有一定的真实性，但问题在于，他没有说明两种因素到底如何复杂地交织的，且没有说明两人是否都意识到了，以及如何意识到两种因素及其关系。第六，在个人性格气质上，亨利认为马克思不轻易容忍与自己观点不同的人，他从马克思一生与许多人的人际关系的变化中，确认两人的一致。马克思与鲍威尔、魏特林、维利希、普鲁东、卢格和巴枯宁，最初都是较为亲密的关系，后来因为学术思想上的分歧，马克思与他们一一决裂，并不容忍地对他们的思想进行了批判。亨利由此得出结论，马克思和恩格斯能够终生保持深厚友谊这一情形本身，充分表明两人在学术思想问题上的一致性。除此之外，亨利还认为，对立论者之所以制造两人对立的原因在于，这些对立论者不喜欢苏联式的马克思主义，有意要与其保持距离，才不公平地指责恩格斯。

结合对立论和差异论的论述，尤其用超验与经验的坐标来衡量，亨利许多说法有其独到的价值和意义，但仍有一些没有挠到痒处的地方。他在根本上仍然是以纯粹经验性视野来衡量马克思与恩格斯的学术思想关系，看不到马克思哲学所独有的超验性维度，因而不免得出两人一致的结论。他无法领会马克思，只能认为马克思与恩格斯的思想都是一样的，是"复杂的"、"交织在一起"的，甚至是矛盾的。但如何"复杂"、谁和谁"交织"、如何"交织"？他没有说清楚而就此止步。

第一，《共产主义原理》和《共产党宣言》的诸多具体内容，作为经验性事实（已经发生和尚未发生），没有明确体现马克思和恩格斯在超验与经验关系上是否一致，但通过分析仍能窥其一斑。例如，《共产党宣言》中有一句人们耳熟能详的话："代替那存在着阶级和阶级对立的资产阶级旧社会的，将是这样一个联合体，在那里，每个人的自由发展是一切人的自由发展的条件。"①

如果从纯粹经验性视野来理解这句话，将会产生悖论，正如马克思在劳动异化思想中所表达的，人恰恰因为具有自由才失去自由。对"自由人

---

① 《马克思恩格斯选集》第 1 卷，人民出版社 2012 年版，第 422 页。

联合体"，我们只能从超验性视野中去理解。真正的自由不是在经验世界中为所欲为，而是道德意义上的自我约束，恰是这种自我约束形成动机的内在性，才能使人由自己做主，这是能够实现的自由。只有这种自律和自由，才能满足"自由人联合体"精神层次的要求。"自由人联合体"在物质层次上的要求是，消除劳动者与生产资料的分离。物质层次上的要求不是简单的物质财富极大丰富，这种丰富仅仅提供"自由人联合体"的前提而非理由。人在资本主义生产方式中，证明了自己的创造力和自由本质，然后需要做的是向自己本质的回归。在资本主义生产方式中，永远不会出现物质财富极大丰富，因为在人人自私并拼命占有的社会中，资源永远是稀缺的。当生产资料与劳动者合一，虚假需求破灭后，人们才会真正得到物质财富极大丰富，在此基础上才能够建立起"自由人联合体"。

第二，在反映论上，亨利只是在表面上看到两人的一致。他把两人都看作思维上非常精细的思想家，然而他没有说明，马克思和恩格斯是如何处理这样一个简单和复杂之间的矛盾的。如果两人都相信纯粹经验反映的认识论，那么他们的思想都是一种相对简单的体系；如果说两人都不相信思想只是简单地反映存在，那么认识的本质和过程以及两人的思想都将变得复杂。其实，在纯粹经验性视野上，这永远是一个被一致论者有意无意忽略的谜。所谓复杂，不是一致论者主动提出的。在一致论者看来，问题本身应该是简单的，只是对立论者把马克思哲学说成复杂的，把恩格斯的思想看得相对简单。然而，当我们发现，马克思哲学具有超验性维度，恩格斯则没有自觉意识到哲学超验性的不可去除性时，问题就变得清晰起来。马克思哲学的复杂性在于，他自觉处理超验与经验的关系，恩格斯则以纯粹经验性视野来把握世界。

第三，即使承认马克思和恩格斯在学术思想上有对立和差异，仍然不妨碍在他们与黑格尔的关系上，得出与亨利一样的结论，即他们都"受惠于黑格尔"和"误解了黑格尔"。但这并不能说明两人"完全一致"，在如何"受惠"和"误解"上，仍然有进一步研究的空间，而不是像亨利说的那样连误解也是一致的。简言之，恩格斯从黑格尔那里继承来的辩证法丢掉了最核心的东西，即黑格尔所谓精神。卢卡奇认为，马克思主义辩证法是主体和客体之间的相互作用，主体对应黑格尔能动的精神。可以说，黑格尔和马克思都是在论述主体和客体之间的相互作用，然而，黑格尔却最终失去经验而遁入神秘。

第四，"在暴力革命、无产阶级专政、合法斗争等问题上"，其实看不出恩格斯是否区别于马克思。这些很难直接涉及两人的哲学视野和逻辑前提。换言之，这些只是结论，而得到结论的反思和研究过程才可能体现超验性视野，亨利却忽略了得到这些结论的过程。由于没有自觉以超验与经验的关系为坐标来把握世界，恩格斯比马克思思考得慢了些、浅了些，当被迫代替马克思的地位去充当"第一小提琴手"时，恩格斯感到恐慌和不安。他在致约翰·菲力浦·贝克尔的信（1884 年 10 月 15 日）中说："我们之中没有一个人像马克思那样高瞻远瞩，在应当迅速行动的时刻，他总是作出正确的决定，并立即切中要害。诚然，在风平浪静的时期，有时事件证实正确的是我，而不是马克思，但是在革命的时期，他的判断是几乎没有错误的……"①

第五，马克思关注人，甚至其哲学被称作人学，恩格斯诚然也不缺乏对人的重视，但两人对人的理解是有差距的。马克思从主体上理解人，因而人具有超验性和能动性。恩格斯则主要从经验性视野中看待人，没有为超验性和能动性留下多少空间。当然，恩格斯也强调人的主观能动性，但这种主观能动性很难与其经验性哲学视野相统一，主观能动性和客观规律性只是彼此外在地并列在一起。两人都把劳动看作目的性活动，即人在劳动中改造自然界，但他们对"目的性"的理解有差距。恩格斯说："但是我们不要过分陶醉于我们人类对自然界的胜利。对于每一次这样的胜利，自然界都对我们进行报复。每一次胜利，起初确实取得了我们预期的结果，但是往后和再往后却发生完全不同的、出乎预料的影响，常常把最初的结果又消除了。"②

这里，恩格斯对于人的目的性的活动无法乐观，因为胜利的结果是遭

---

① 《马克思恩格斯选集》第 4 卷，人民出版社 2012 年版，第 572 页。
② 《马克思恩格斯选集》第 3 卷，人民出版社 2012 年版，第 998 页。

受报复。他没有说明为什么会有这种报复，也许他自己也不清楚，或者只是把原因定位于人对客观世界的认识不够深刻。但这种定位似乎并没有解决问题，因为科学技术的发展一方面推动人的认识的发展，另一方面却可能让自然对人类的报复更加深刻了。对于马克思来说，事情完全不是这个样子。只有在资本主义的生存和生产方式中，才会出现这种报复和循环。而人的"目的性"本身恰恰在于消灭资本主义制度，这是跳出循环和报复的根本途径。

第六，马克思不轻易容忍与自己观点不同的人，对他们进行激烈批判。这应该是因为，他认为对方的观点会把事情引向歧途，批判这些观点同时也是在构建自己的理论。但这并不能推出马克思不能"容忍"恩格斯。马克思也食人间烟火，为了基本生活，他必须在一定范围内和程度上作出妥协和让步。他无疑是伟大的思想家，但庸常生活的巨大压力有可能使他在理论上做出某种让步。这件事耐人寻味：1845 年 2 月，法国政府驱逐马克思，他从巴黎迁往比利时的布鲁塞尔，3 月 22 日他被迫向布鲁塞尔警察局递交了一份书面保证："为获准在比利时居住，我同意保证自己不在比利时发表任何有关当前政治问题的著作。"[①]

这至少表明，马克思出于现实的压力做出过让步。除了恩格斯对马克思生活上和精神上支持，马克思之所以容忍恩格斯可能还在于，恩格斯的无条件信服使得他不同于马克思的其他朋友，他愿意随时改正自己与马克思不同的地方，他把马克思称为"天才"而自称"至多是能手"。[②] 因此，如果说，马克思和恩格斯能够保持如此长久的和谐关系这件事本身足以说明两人的一致，那么这仍然是对事情从外部进行经验性观察时得出的结论，并没有为两人的内在一致提供必然性根据。

里格比是国外一致论的另一位代表人物，他在《恩格斯与马克思主义的形成：历史、辩证法和革命》一书中，主要围绕辩证唯物主义来论证马克思和恩格斯的一致。关于唯物主义，里格比认为，恩格斯的"唯物主

---

① 《马克思恩格斯全集》第 42 卷，人民出版社 1979 年版，第 418 页。
② 《马克思恩格斯选集》第 4 卷，人民出版社 2012 年版，第 248 页注。

义"与马克思的"自然主义"在本质上是一致的，马克思称自己是唯物主义者时，恩格斯和他一样也是在反对本体论唯心主义；马克思和恩格斯一样，其思想理论中存在着前后不一致的说法，例如，他们在对待自然科学和社会科学是否有区别这一问题上，有时采取肯定态度，有时采取否定态度。里格比还认为，两人都有滑向庸俗唯物主义的倾向；两人都是时而反对时而肯定社会达尔文主义思想。^①可见，里格比也是从经验性视野中看待两人的学术思想关系，他把马克思哲学降低为经验性立场，说其思想内部存在矛盾，恩格斯也是这样，因而他们是一致的。甚至他认为，两人在哲学上均没有多大建树，而是摇摆在各种学派之间。如果说有一种情感支持着国内一致论，即人们担心，提出马克思和恩格斯之间具有差异会有损恩格斯的形象，并最终影响人们对待马克思主义的态度，那么我们看到，里格比有把马克思和恩格斯同时贬为庸俗唯物主义者的倾向。这是国内一致论与国外一致论的重要区别之一。

在辩证法问题上，里格比认为，马克思同意恩格斯的自然辩证法。他说，马克思的思想中蕴含的辩证法同样适用于自然和社会两个领域；马克思为了强化资本主义必然灭亡和社会主义必然胜利，而引入否定之否定的辩证法形式，在《资本论》的研究和写作中，他有意强化对黑格尔辩证法的继承和使用，是为了一种辩证的"快乐目的"；恩格斯通过《反杜林论》阐述自己的自然科学的辩证法的时候，他在主观意识中，确定自己是在忠诚阐释并坚决捍卫他和马克思共同创立的唯物主义辩证法，他真诚地相信，他自己与马克思是一致的。毋庸置疑，恩格斯真诚地相信他是在"捍卫马克思"，但这只能说明恩格斯本人眼中的"一致性"，丝毫不能说明马克思本人如何看待，以及事实上两人的关系究竟怎样。把马克思看做与恩格斯一样，也是自然辩证法的首创者，说明里格比与恩格斯一样，都在使用经验性视野来考察问题。

在认识论问题上，里格比认为，马克思和恩格斯都信奉真理符合论，

① 参见鲁克俭：《国外马克思学研究的热点问题》，中央编译出版社 2006 年版，第 62—64 页。

马克思的政治经济学的研究方法表现了他的认识论思想。事实上，从马克思的文字中寻找真理符合论的影子并不难，例如，马克思说过"理论"与"实际"的关系："事物按照理论应该怎样，实际就是怎样。"① 他还如此描述理论的形成过程："研究必须充分地占有材料，分析它的各种发展形式，探寻这些形式的内在联系。只有这项工作完成以后，现实的运动才能适当地叙述出来。这点一旦做到，材料的生命一旦在观念上反映出来，呈现在我们面前的就好像是一个先验的结构了。"②

从经验性视野看，"生活决定意识"③ 也可以解释为反映论和真理符合论的，即"意识"在反映"生活"，"意识"要符合"生活"。可以说，恩格斯就是在对马克思这些思想进行解读时，形成了自己的真理符合论。但是，这不能证明马克思本人认同真理符合论，因为它无法达到对现状的改变。他说："批判的武器当然不能代替武器的批判，物质力量只能用物质力量来摧毁；但是理论一经掌握群众，也会变成物质力量。"④

"摧毁"现实的资本主义制度，依靠"理论"与"物质"的结合，依靠"理论""掌握群众"，这种"结合"和"掌握"很难在真理符合论的模式中被把握。作为理论，《资本论》只不过揭示了资本主义的自我矛盾，且矛盾指向资本主义的必然灭亡，只不过揭示了资本主义的本质是阶级斗争。但没有人能预料到阶级斗争的每一个细节，理论并不反映这种现实。另外，马克思"探寻这些形式的内在联系"所使用的"抽象力"⑤ 是一个先验概念，先验的是"虽然先行于经验（先天的）、但却注定仅仅使经验成为可能的东西。"⑥ 先验与真理符合论有相当的距离。真理符合论模式是经验的，它排除主观性因素，认为只有完全客观中立的和纯粹经验的事实，才是可以信赖的。马克思的真理是"大写的"，他在《关于费尔巴哈的提

---

① 《资本论》第 1 卷，人民出版社 2004 年版，第 649 页。
② 同上书，第 21—22 页。
③ 《马克思恩格斯选集》第 1 卷，人民出版社 2012 年版，第 152 页。
④ 同上书，第 9 页。
⑤ 《资本论》第 1 卷，人民出版社 2004 年版，第 8 页。
⑥ 《康德著作全集》第 4 卷，中国人民大学出版社 2005 年版，第 379 页注。

纲》中说道："人的思维是否具有客观 [gegenständliche] 的真理性，这不是一个理论的问题，而是一个实践的问题。人们应该在实践中证明自己思维的真理性，即自己思维的现实性和力量，自己思维的此岸性。"①

人们"在实践中证明""自己思维的现实性和力量"，这不是人的主观认识是否符合客观事实意义上的，而是人能够"改变世界"，能够掌握自己历史命运的可能性和"力量"。这种"力量"是"物质力量"，但要依靠与"理论"的结合才能实现，"理论一经掌握群众，也会变成物质力量。"这哪里是简单的头脑中的影像对客观事实的符合？这是人的存在方式即实践本身。马克思"思维的此岸性"说的是"此岸世界的真理"。"真理的彼岸世界"是神学的和旧哲学的，它们只关注"彼岸"和抽象"意识"。马克思指出："真理的彼岸世界消逝以后，历史的任务就是确立此岸世界的真理。"②回归实践，而不是局限于头脑去思辨抽象的"意识"，"意识"是第二位的，"生活"、实践才是第一位的。"'确立此岸世界的真理'也即'哲学的实现'，是'世界的哲学化'或'哲学的世界化'。它有赖于人类实践所造就的全部历史。"③

关于唯物史观，里格比认为，马克思和恩格斯都相信普遍的历史规律，恩格斯谈到"人类历史的发展规律"，也谈到"资产阶级社会的特殊的运动规律"，这与马克思是一致的。其实，说两人同样相信历史规律是可以成立的，但他们对历史规律是什么，以及规律如何运行的理解上，应该存在重大差异。恩格斯从类似于自然科学规律的经验性视野上看待历史规律，提出历史合力论，马克思则把历史看作"人的存在"在实践中的本真状态。前者认为，人类历史的根本规律是自然辩证法，后者"基于人的存在的现象学立场，对'自然辩证法'这种'人''不在场'的叙述不感兴趣是理所当然的。"④整个阶级社会的历史是阶级斗争的历史，但两人对十阶级斗争的理解应该有所不同。恩格斯从自然辩证法出发，认为阶级

① 《马克思恩格斯选集》第 1 卷，人民出版社 2012 年版，第 134 页。
② 同上书，第 2 页。
③ 何中华：《论马克思和恩格斯哲学思想的几点区别》，《东岳论丛》2004 年第 3 期。
④ 何中华：《如何看待马克思和恩格斯的思想差别》，《现代哲学》2007 年第 3 期。

斗争不过是物质运动状态的一种特殊表现罢了；马克思则把阶级斗争看做是劳动异化的扬弃，劳动是"人的本质的对象化活动"，阶级斗争只不过是人把原本属于自己的东西取回来的斗争。换言之，如果说恩格斯把阶级斗争看做是一部分人对另一部分人的斗争，那么马克思则把它看做是两种精神通过"感性的人"所做的斗争。这类似于黑格尔的精神运动，精神"有充分富足的资源来作无限的展览，它大规模地进行它的工作，它有无数的国家，无数的个人供它使用。"① 马克思在《资本论》"第一版序言"中说道："我的观点是把经济的社会形态的发展理解为一种自然史的过程。不管个人在主观上怎样超脱各种关系，他在社会意义上总是这些关系的产物。同其他任何观点比起来，我的观点是更不能要个人对这些关系负责的。"② 显然，"经济的社会形态的发展"离不开阶级斗争，但无产阶级的阶级斗争决不是复仇式的，其目的是解放包括资产阶级在内的人类整体。

需要看到，尽管一致论以经验性视野看待问题，但仍有其独特的价值。问题不在于我们应该站在对立论或差异论的一边，还是站在一致论的一边，而在于我们是否认识到，对立论和差异论所提出的问题具有本质的合理性，并由此出发，进一步探索马克思和恩格斯的学术思想能否在更深层次中达到统一。

第二节　对立论（差异论）和一致论和解的可能性探析

只有认识到对立论和差异论的合理性，才能进入马克思哲学，否则就很难与马克思谋面。我们需要在进入马克思哲学以后，进一步领会马克思何以能够在和恩格斯具有对立或差异的情况下，仍然保持伟大的合作和友谊，从而达到更深层次的一致。这种一致是包含差异的一致，是扬弃对立后的合题。对立首先是马克思哲学超验性视野和恩格斯哲学经验性视野之

---

① ［德］黑格尔：《哲学史讲演录》第1卷，贺麟、王太庆译，商务印书馆1959年版，第39页。

② 《资本论》第1卷，人民出版社2004年版，第10页。

间的对立，然后表现为马克思哲学自身对超验与经验（主观与客观、"改变世界"与"自然史的过程"、批判与科学、伦理与科学等）关系问题的考察与解决。探寻他们能否在更深层次上达成一致，需要考察马克思本人对待两人关系的态度，以及马克思如何处理超验与经验的关系问题。因此，看不到两人之间的本质区别，就难以深入马克思哲学。认识到这种本质区别后，继续探索两人之所以能够终生保持友谊和合作的学理根据，并试图达到更深层次的一致，是我们捍卫马克思主义的必然之责。

一　马克思恩格斯能够保持合作和友谊的学理分析

对于自己与恩格斯的差异，马克思应该有清醒的认识。在致路德维希·库格曼的信（1866 年 10 月 25 日）中，马克思写道："他（指恩格斯——引者注）是我最亲近的朋友。我和他之间没有什么秘密。要不是他，我早已被迫去干某种'有收入的工作'。因此我决不需要任何第三者为我去向他提出请求。当然他所能做的只限于一定的范围。"①

值得注意最后一句话，在表达了他们之间的友谊之后，为什么非要带上这么一个说明？从信中推测，库格曼大概看到马克思生活的困苦，想帮助一下，于是提到恩格斯。但是马克思回绝了，并表明自己与恩格斯的关系。此前不久，马克思贫病交加，且《资本论》第 1 卷书稿的整理进入关键时刻，他向恩格斯写信（1866 年 2 月 20 日）热情表白："亲爱的朋友，在所有这一切情况下比任何时候更感觉到，我们之间存在的这种友谊是何等的幸福。你要知道，我对任何关系都没有作出过这样高的评价。"②

可见，恩格斯在生活上和精神上的支持使马克思感恩戴德，但同时马克思知道他在学术上的限度。如果不是从学术思想上理解，那么"一定的范围"又能够指什么？从两人哲学素养的区别看，把"一定的范围"理解为学术思想意义上的，显然具有一定的合理性。

马克思应该清晰意识到他与恩格斯经验性哲学视野的差异。马克思

---

①《马克思恩格斯全集》第 31 卷，人民出版社 1972 年版，第 537 页。

② 同上书，第 185 页。

在《关于费尔巴哈的提纲》第一条中批判费尔巴哈唯物主义，在根本上是批判他失去"能动的方面"的抽象性。"从前的一切唯物主义（包括费尔巴哈的唯物主义）的主要缺点是：对对象、现实、感性，只是从客体的或者直观的形式去理解，而不是把它们当做感性的人的活动，当做实践去理解，不是从主体方面去理解。因此，和唯物主义相反，唯心主义却把能动的方面抽象地发展了，当然，唯心主义是不知道现实的、感性的活动本身的。"①

费尔巴哈失去"能动的方面"即超验性维度，他把超验与经验分开而最终只取经验的一面，把主体的一面丢弃，变成没有观察者的观察，没有活动者的活动，并因此陷入抽象直观。恩格斯对费尔巴哈的批判与马克思的批判"大异其趣"。恩格斯认为费尔巴哈的功绩在于恢复了唯物主义的权威，"费尔巴哈的《基督教的本质》出版了。它直截了当地使唯物主义重新登上王座"。②"与马克思试图从逻辑和历史双重意义上超越'唯物—唯心'之争不同，恩格斯致力于强化这种对峙。"③

恩格斯认为，费尔巴哈的局限性在于丢掉了黑格尔的辩证法即运动本性。马克思提出"生活决定意识"，④要求回归实践与"生活"。恩格斯则批判"费尔巴哈不能找到从他所极端憎恶的抽象王国通向活生生的现实世界的道路"。⑤由此可见，恩格斯与马克思都强调回归现实的感性的世界。然而，两者之间还是有区别的，恩格斯意在通过回归来解决理论中无法解决的矛盾，其目的仍然是认识世界，马克思的目的则是在保持"能动的方面"的基础上，实际地"改变世界"。

如果说唯心主义是纯粹超验的，那么旧唯物主义就是纯粹经验的。在《1844 年经济学哲学手稿》中，马克思批判了黑格尔的抽象思辨，主要是

---

① 《马克思恩格斯选集》第 1 卷，人民出版社 2012 年版，第 133 页。
② 《马克思恩格斯选集》第 4 卷，人民出版社 2012 年版，第 228 页。
③ 何中华：《恩格斯对"唯物—唯心"之争的态度——重读〈路德维希·费尔巴哈和德国古典哲学的终结〉》，《学习与探索》2009 年第 5 期。
④ 《马克思恩格斯选集》第 1 卷，人民出版社 2012 年版，第 152 页。
⑤ 《马克思恩格斯选集》第 4 卷，人民出版社 2012 年版，第 247 页。

对唯心主义的清算。《关于费尔巴哈的提纲》（1845 年春）和《德意志意识形态》（1845 年秋—大约 1846 年 5 月）主要是对以费尔巴哈为代表的旧唯物主义的清算。马克思认为，费尔巴哈"感性直观"对人"不是从主体方面去理解"，从而失去唯心主义"抽象地发展了"的"能动的方面"，"实践"则综合着"感性"和"能动"两个方面。在恩格斯看来，马克思"新唯物主义"①超出费尔巴哈"旧唯物主义"的地方在于，马克思在一般唯物主义基地上加入了辩证法因素。然而，自然辩证法在纯粹经验的意义上，与费尔巴哈哲学到底有何本质差别？马克思既然能够发现，费尔巴哈唯物主义因纯粹经验性而陷入抽象，为什么不能发现恩格斯的这种缺陷呢？尽管恩格斯极力避免这种缺陷。

　　由此，马克思对恩格斯自然辩证法思想的冷淡态度可以得到解释。1873 年 5 月 30 日，恩格斯在写给马克思的信中，提及自然辩证法问题，这就是著名的《自然辩证法》的雏形。他写道："今天早晨躺在床上，我脑子里出现了下面这些关于自然科学的辩证思想"，他粗略描述了这个思想后请马克思来评判："由于你那里（即曼彻斯特——引者注）是自然科学的中心，所以你最有条件判断这里面哪些东西是正确的。"②他显然期待着马克思的积极回应。马克思却表现出不太感兴趣的态度："我没有时间对此进行认真思考，并和'权威们'商量，所以我不敢冒昧地发表自己的意见。"③应该正是由于恩格斯的自然辩证法因缺少了超验性维度而陷入片面，马克思不愿因此断掉或影响他们的友谊，所以没有直接批评恩格斯。甚至马克思在信的结尾处又提到："肖莱马读了你的信以后说，他基本上完全同意你的看法，但暂不发表更详尽的意见。"④可见，尽管表示了对恩格斯观点的尊重，但马克思似乎并不想过多介入自然辩证法思想。

　　既然马克思清楚地认识到他与恩格斯的差异，他为什么仍然能够与恩格斯终其一生保持友谊和合作？其主要原因大概有三个方面，第一，

---

① 《马克思恩格斯选集》第 1 卷，人民出版社 2012 年版，第 136 页。
② 《马克思恩格斯全集》第 33 卷，人民出版社 1973 年版，第 82、86 页。
③ 同上书，第 86—87 页。
④ 同上书，第 89 页。

恩格斯对马克思在生活上和精神上无私帮助，在思想上无条件信服。恩格斯是最早的和最重要的一致论者。特雷尔·卡弗认为，恩格斯放弃自己的独立研究以回应马克思，[①]他小心翼翼地维持着与马克思的一致，一旦出现差异他会努力弥补和改正。因此，他本人并不清楚，他与马克思之间到底是否存在差异，以及在什么性质和程度上存在差异。但是，他也明确表示，在思想上，他与马克思之间存在着距离（可能受到马克思多次温馨的提醒），所以才甘愿做"第二小提琴手"，自觉充当马克思的解释者、传播者和助手。他的这种自我定位并非仅出于谦虚，似乎更是一种自知之明，这使得他在学术思想上的不足得到很大程度的弥补，也成就了他与马克思之间的友谊和合作。他在生活上和精神上给予马克思极大帮助和支持，致使马克思在情感上无法断绝这种联系。马克思一生很少与上流社会交往，有人认为马克思性格孤傲。舒尔茨说："对任何反驳他的人，他都予以极度的蔑视；……对每一个胆敢反对他的人他都谴责为资产阶级。"[②]但是，我们不能据此否认马克思仍然具有普通人的正常情感，神化和妖魔化马克思都不是我们所应采取的态度。他一生大部分时光都是在孤独中从事研究和写作，"高处不胜寒"，他也需要朋友。与朋友关系的破裂几乎都是因为学术观点的分歧。蒲鲁东死后，约·巴·施韦泽写信给马克思，要求对蒲鲁东做出评价。马克思写了《论蒲鲁东》（1865 年 1 月 24 日于伦敦），其中说明了他与蒲鲁东结束友谊的过程："在蒲鲁东的第二部重要著作《贫困的哲学》出版前不久，他自己在一封很详细的信中把这本书的内容告诉了我，信中附带说了这样一句话：'我等待着您的严厉的批评。'不久以后，我果然对他进行了这样的批评（通过我的著作《哲学的贫困》1847 年巴黎版），其严厉的方式竟使我们的友谊永远结束了。"[③]

---

① 参见［美］特雷尔·卡弗：《马克思与恩格斯：学术思想关系》，姜海波、王贵贤等译，中国人民大学出版社 2008 年版，第 51 页。

② ［英］戴维·麦克莱伦：《卡尔·马克思传》，王珍译，中国人民大学出版社 2005 年版，第 426 页。

③ 《马克思恩格斯选集》第 3 卷，人民出版社 2012 年版，第 15 页。

马兊思肯定对蒲鲁东本人并无恶意，只是在思想上的确"严厉"了些，蒲鲁东接受不了这种"严厉"，以至结束了他们的友谊。虽然马克思称蒲鲁东"只是一个地地道道的小资产者"，①但他也说过："不管个人在主观上怎样超脱各种关系，他在社会意义上总是这些关系的产物。同其他任何观点比起来，我的观点是更不能要个人对这些关系负责的。"②

可见，马克思与蒲鲁东之间没有任何私人恩怨，且马克思并没有主动断绝他们之间的友谊。因此，他更不会主动断绝与恩格斯的友谊，而是选择亲近和宽恕。

第二，马克思哲学的经验性诉求和恩格斯的经验性视野之间有某种相通之处。两人的根本区别在于，马克思哲学同时具有超验性与经验性两个维度，先验实践打通两者的对立，根植于超验的实践具有在世界中绽开的经验性诉求；恩格斯在领会这种经验性诉求时，没有看到哲学不可去除的超验性维度，从而走向了纯粹的经验。马克思哲学的超验性维度是隐形的，在强调"改变世界"的实际发生的意义上，他极力强调感性和经验性。这种强调的语气使恩格斯产生错觉，即马克思的思想也是纯粹经验的。对于马克思来说，在实践的经验性绽开中，经验性视野虽然是片面的，但对于纯粹超验的唯心论有某种纠正作用。普通人作为人民群众的成员也往往无法自觉领悟事情本身所具有的超验性维度，而是自发地进行着创造历史的活动。马克思通过理论"掌握群众"，来启发群众的超验性和能动性，但他知道这一工作还没有充分展开。即使群众还没有领悟超验性和能动性，他们的劳动同样具有深刻意义。劳动的异化在加深，资本主义的社会矛盾随之加深，这为工人在更大范围内更深程度上的联合和斗争创造了条件。他所要做的就是揭示这种异化，"应当让受现实压迫的人意识到压迫，从而使现实的压迫更加沉重；应当公开耻辱，从而使耻辱更加耻辱。……为了激起人民的勇气，必须使他们对自己大吃一惊。"③

面对现实的"压迫"和"耻辱"，他一边"公开耻辱"，一边等待人民

---

① 《马克思恩格斯选集》第3卷，人民出版社2012年版，第20页。
② 《资本论》第1卷，人民出版社2004年版，第10页。
③ 《马克思恩格斯选集》第1卷，人民出版社2012年版，第5页。

的觉醒。他能够容忍别人包括恩格斯的不理解，当然有时也会无奈地说："我播下的是龙种，而收获的却是跳蚤。"[1]

更为重要的是，恩格斯完全经验的方法最初曾给马克思以极大启发。当马克思在费尔巴哈的影响下批判黑格尔的抽象思辨，并开始对政治经济学进行实证研究时，恩格斯对国民经济学的研究显然与马克思转向政治经济学的研究不谋而合。卡弗认为，"恩格斯对挑选出来的政治经济学家——斯密、李嘉图、麦克库洛赫、马尔萨斯及其他人——的批判正好与马克思的研究思路合拍。"[2] 例如，恩格斯的《国民经济学批判大纲》对马克思就有极大启发。"这种资料丰富却无情的批判性方法一定大大地吸引了马克思，而此时马克思以典型的彻底性，刚刚开始以长篇阅读甚至翻译的方式补习当代政治经济学这个科目。"[3]

后来，"政治经济学批判"成了《资本论》的副标题。如果说恩格斯的《国民经济学批判大纲》主要在研究方法上启发了马克思，那么他的《英国工人阶级状况》则成为马克思清算哲学信仰的见证。马克思在《〈政治经济学批判〉序言》（1859年1月）中说道："自从弗里德里希·恩格斯批判经济学范畴的天才大纲（在《德法年鉴》上）发表以后，我同他不断通信交换意见，他从另一条道路（参看他的《英国工人阶级状况》）得出同我一样的结果。当1845年春他也住在布鲁塞尔时，我们决定共同阐明我们的见解与德国哲学的意识形态的见解的对立，实际上是把我们从前的哲学信仰清算一下。这个心愿是以批判黑格尔以后的哲学的形式来实现的。"[4]

马克思的"道路"是：在黑格尔抽象思辨的基础上，受到费尔巴哈"感性"和"经验性"的启发（当然也有恩格斯的影响和启发）而转向经验性研究。后来政治经济学成为马克思一生主要的研究领域。"另一条道

---

① 《马克思恩格斯选集》第4卷，人民出版社2012年版，第603页。

② ［美］特雷尔·卡弗：《马克思与恩格斯：学术思想关系》，姜海波、王贵贤等译，中国人民大学出版社2008年版，第36页。

③ 同上书，第39页。

④ 《马克思恩格斯选集》第2卷，人民出版社2012年版，第3—4页。

路"应当是指，恩格斯根据对现实社会的观察取得经验材料，描述英国工人阶级状况，批判资本主义。这条"道路"与马克思的转向相比，缺失了从超验向经验的下降过程，但与马克思在《1844 年经济学哲学手稿》中宣称的"完全经验的""批判研究"，① 具有某种一致。这时的马克思大概没有注意到恩格斯超验性视野的缺乏。《英国工人阶级状况》决不缺乏对现状的批判，只是这种批判主要来自自发性质的常识。这不同于马克思通过艰难的思维工作，从抽象思辨下降到现实世界的道路。但对于这时的马克思来说，他们是一致的，因为他们都既是经验的又是批判的。或许还有一种可能：马克思已经发现了恩格斯的经验性视野，但在恩格斯的批判性上，马克思忽略了它。马克思既然能够发现并批判费尔巴哈因缺少主体性、能动性和超验性而陷入抽象，应该对恩格斯的经验性视野有所觉察，因此才使用"另一条道路"的说法。"一样的结果"显然是指，马克思在《〈政治经济学批判〉序言》中得到的社会存在决定社会意识的结论。"人们在自己生活的社会生产中发生一定的、必然的、不以他们的意志为转移的关系，即同他们的物质生产力的一定发展阶段相适合的生产关系。这些生产关系的总和构成社会的经济结构，即有法律的和政治的上层建筑竖立其上并有一定的社会意识形式与之相适应的现实基础。物质生活的生产方式制约着整个社会生活、政治生活和精神生活的过程。不是人们的意识决定人们的存在，相反，是人们是社会存在决定人们的意识。社会的物质生产力发展到一定阶段，便同它们一直在其中运动的现存生产关系或财产关系（这只是生产关系的法律用语）发生矛盾。于是这些关系便由生产力的发展形式变成生产力的桎梏。那时社会革命的时代就到来了。随着经济基础的变更，全部庞大的上层建筑也或慢或快地发生变革。"②

　　社会制度的变革和发展是"社会存在"和"社会意识"、"生产力"和"生产关系"、"经济基础"和"上层建筑"之间矛盾运动的结果。在这种矛盾运动中，马克思更看重"社会存在"这一端。这时他可能认为，恩格

---

① 《马克思恩格斯全集》第 3 卷，人民出版社 2002 年版，第 219 页。
② 《马克思恩格斯选集》第 2 卷，人民出版社 2012 年版，第 2—3 页。

斯也是从经验世界出发去研究经验世界，得出与他"一样的结果"。恩格斯《国民经济学批判大纲》第一句话就说："国民经济学的产生是商业扩展的自然结果"，① "商业扩展"显然更接近"社会存在"而不是"社会意识"。这对于马克思来说是新鲜的，因为它改变了黑格尔从精神出发考察事物的方向（当然，黑格尔并非仅有从精神下降入现实的方向，而且有从现实上升入精神的方向，只是在抽象思辨中，现实本身作为概念也是精神的）。马克思把问题归于"社会存在"，恩格斯在《英国工人阶级状况》中，则把问题归结为自由竞争和"自由贸易"，他在这本书"1892年德文第二版序言"中说道："让自由贸易这个万应灵丹回答吧！"② 他说自己的研究是"根据亲身观察和可靠材料"进行的。他的书是献给工人阶级的，他在"致大不列颠工人阶级"（1845年3月15日于巴门）中说：

> 工人们！
>
> 我谨献给你们一本书。在这本书里，我试图向我的德国同胞真实地描述你们的状况、你们的苦难和斗争、你们的希望和前景。我曾经在你们当中生活过相当长的时间，对你们的境况进行了一些了解。我非常认真地对待所获得的认识，研究过我所能找到的各种官方的和非官方的文件。我不以此为满足，我想要的不限于和我的课题有关的纯粹抽象的知识，我很想在你们家中看到你们，观察你们的日常生活，同你们谈谈你们的状况和你们的疾苦，亲眼看看你们为反抗你们的压迫者的社会统治而进行的斗争。我是这样做的：我放弃了资产阶级的社交活动和宴会、波尔图酒和香槟酒，把自己的空闲时间几乎全部用来和普通工人交往；这样做，我感到既高兴又骄傲。③

马克思在写作《资本论》的过程中，引用大量官方和非官方文献资料，追求理论与实际的契合，进行"完全经验的"、"实证的"研究。他在

---

① 《马克思恩格斯全集》第3卷，人民出版社2002年版，第442页。
② 《马克思恩格斯选集》第1卷，人民出版社2012年版，第76页。
③ 同上书，第81页。

《1844 年经济学哲学手稿》中说道："我用不着向熟悉国民经济学的读者保证，我的结论是通过完全经验的、以对国民经济学进行认真的批判研究为基础的分析得出的。"①

马克思一生与社会精英阶层的交往不多，这与恩格斯所说的"放弃资产阶级的社交活动"极为相似。如果说 1844 年前后的恩格斯为马克思提供了经验的研究方法和研究领域，那么马克思就利用这种方法，在此领域内解析社会矛盾，从商品的自我矛盾出发，分析社会矛盾的产生机理和解决途径。商品价值是"人的本质的对象化活动"的凝结物，具有超验性，商品的使用价值才是经验的。资产阶级把商品价值经验化为货币和资本。工人阶级反抗的机理就在于，把本来属于自己的本质夺回来。

尽管受到恩格斯的影响和启发，马克思的分析比恩格斯更加透彻，而且由于自觉意识到其中的超验性维度，两人站在了不同的层面上。马克思并没有因采用经验方法在经验领域（经济学）内进行经验研究而完全放弃超验。《关于费尔巴哈的提纲》和《德意志意识形态》是在"批判黑格尔以后的哲学"，这主要是指对费尔巴哈哲学的批判。马克思哲学立足于实践，实践在保留唯心主义所发展的"能动的方面"中保留了超验性。对于马克思来说，"社会存在"、"经济结构"与实践或劳动内在相通，与它们相对的"意识"、"上层建筑"也内在于实践，起码它们"都能在人的实践中以及对这种实践的理解中得到合理的解决。"② 对于恩格斯来说，对立双方却难以统一起来，只能互为外在地并列起来，至多只能以辩证法对立统一的模式在形式上统一起来。从对立论和差异论的分析来看，恩格斯并没有领会马克思哲学的超验性维度。在经验性研究中，马克思难以指出恩格斯与他的区别，即使已经意识到这种区别，他也不可能专门阐明它，因为这样做会造成表述的混乱，且削弱对经验性诉求的强调。无论如何，批判费尔巴哈本身已经表明了马克思的立场。

特雷尔·卡弗认为，恩格斯在遇到马克思以后放弃了自己独立的研

---

① 《马克思恩格斯全集》第 3 卷，人民出版社 2002 年版，第 219 页。
② 《马克思恩格斯选集》第 1 卷，人民出版社 2012 年版，第 136 页。

究。但问题或许还可以被理解为，遇到马克思以后，恩格斯不得不放弃自己原来的研究，即由于缺乏马克思的超验性视野，他无法继续深入原来独立的研究。恩格斯在《国民经济学批判大纲》和《英国工人阶级状况》中所表现出的天才能力，或许恰是因为，他没有经过德国哲学的专门训练而没有染上 *sophistication*（掺假或诡辩），因而能够自发而健康地以常识的眼光来分析问题。黑格尔认为常识是健康的，"流驶于常识的平静河床上的这种自然的哲学思维，却最能就平凡的真理创造出一些优美的词令。"①

恩格斯对"自由竞争"和"自由贸易"进行分析时，不再像唯灵论哲学家一样求助于概念，而是求助于常识。但他不知道在分析现实的时候，其实现实已经被概念化了。概念化以后，再纯粹求助于常识，很难保证既保持正确性又走得很远。于是，马克思对黑格尔和康德在超验性上的借鉴，便成为必要和必然。

马克思应该看到了恩格斯的经验性视野与自己的经验性诉求相契合，于是开始了两人长达40年的合作和友谊。比起唯灵论来，恩格斯的经验性加上常识立场，有着巨大优越性。前者在纯粹概念上局限于思维内部，这对于现实毫无触动，后者在自发和常识意义上保持着正确性，且推动着历史的发展。马克思容忍恩格斯哲学上不足的原因，除了恩格斯意识到他与马克思的差距，并无条件服从马克思这个因素之外，大概是因为马克思把恩格斯看作群众的代表。群众几乎不去思辨而直接行动。然而不思辨就无法达到对现实的自觉，因此，必然有人进行哲学思辨。不过，从事思辨的人不必太多，即少数人思辨而多数人行动。思辨和行动要结合起来，亦即"哲学头脑"和"物质心脏"相结合。人民群众作为无产阶级构成"物质心脏"，恩格斯主要充当多数人即群众的代表。马克思说："我们，在我们的那些牧羊人带领下，总是只有一次与自由为伍，那就是在自由被埋葬的那一天。"②

虽然马克思把自己称为"羊"，但是在领悟人的超验本质并自觉引导群

---

① ［德］黑格尔：《精神现象学》上卷，贺麟、王玖兴译，商务印书馆1979年版，第53页。

② 《马克思恩格斯选集》第1卷，人民出版社2012年版，第3页。

众走向自由的意义上，马克思充当着"牧羊人"的角色。如果恩格斯说出这段话，似乎更能体现两人在角色分配上的不同。随着社会发展和思想史变迁，恩格斯经验性视野所暴露的"理论问题上"的"漏洞"[1]也被学术界所认识，社会主义革命的成功和挫折在某种意义上都需要从理论上寻找源头。

第三，只有经验性上的相遇，或许还不能为两人终生的合作和友谊提供充分根据，达到充分还在于，在超验层面上，两人有着共同的理想和道德诉求。马克思把它们看做是哲学内部必然的超验性因素，尽管他很少直接论述这种超验性；恩格斯则把它们看做是哲学之外的事物，且以经验性视野加以审视，把它们看做是被经济基础所决定的产物。表述成"决定"在马克思哲学语境中是合法的，然而在纯粹经验性视野下，"决定"却剥夺了它们的存在空间。尽管对理想和道德在哲学体系中的定位不同，但这没有影响两人对它们的应用，或者说，没有影响它们在两人身上的实现。两人从来不缺乏共同的共产主义理想，理想产生了道德义务。道德义务在他们身上的实现，是他们对共产主义事业的忠诚和奉献、对无产阶级的深厚感情，以及他们之间的伟大友谊。康德哲学说明道德离不开宗教，马克思的无神论反对世俗宗教，因为它只是人在失去自由状态下渴望自由的虚幻表达，"彼岸世界的真理"丝毫不能解决现实问题，只能让人丧失斗志。但是，宗教所体现的超验性对于道德的意义是无法去除的。在某种意义上，这种共同理想充当了两人建立道德义务感的超验基地。就是说，两人的道德建立在共产主义理想之上，这种理想在一定意义上起到了康德哲学中宗教对道德所起的作用。理想通过自由和对自由的追求表现出来，自由构成道德的又一前提和内容。

总之，我们对待两人关系的态度应该是，认识对立论和差异论所揭示的本质问题，然后在更深层次上理解他们的关系。以超验与经验的关系为坐标，我们可以清晰定位各派的本质。两人在经验性上的相遇产生一致

---

① 恩格斯在致约翰·菲力浦·贝克尔的信（1884年10月15日于伦敦）中说道："我很高兴我有像马克思这样出色的第一小提琴手。当现在突然要我在理论问题上代替马克思的地位去拉第一小提琴时，就不免要出漏洞，这一点没有人比我自己更强烈地感觉到。"（《马克思恩格斯选集》第4卷，人民出版社2012年版，第572页。）

论；马克思具有超验性视野而恩格斯具有经验性视野，这是两人本质的不同。尽管超验性在其哲学视野之外，恩格斯事实上并没有摆脱它，只是没有自觉意识到，并主动处理超验与经验的关系罢了。

事实上，国内差异论都承认，两人在合作和友谊上具有一致性，只是不止于此，而继续深入到两人哲学思想的内部。国外许多主张两人有区别的学者也看到了两人的一致。卢卡奇认为，在辩证法问题之外的"绝大多数方面马克思和恩格斯彼此是一致的……柯尔施也不赞同马克思与恩格斯思想截然对立的看法。"[①] 可以说，看不到马克思和恩格斯的本质区别，就无法获得对马克思哲学更深层次的认识。在认识到这种本质区别后，继续探索两人之所以能够保持友谊和合作的学理根据，以达到更深层次的一致，是捍卫马克思主义的必然之责。

二 马克思哲学具有超验性与经验性两个维度

通过对马克思与恩格斯学术思想关系讨论的分析，我们看到，马克思哲学具有超验性维度，恩格斯却只有经验性视野。进而我们发现，两人之所以能够终生保持友谊和合作的学理基础在于，他们在经验性上相遇且具有共同的共产主义理想和道德。但由于"哲学视野和逻辑预设"的不同，两人对道德本性的看法不同。恩格斯认为，不存在永恒的道德。[②] 这种看法其实只是看到了道德准则在经验内容上的可变性，道德在本性上还有不变的一面，否则道德将失去内在自足性而异化为自身的对立面，成为法律的补充或不成熟状态。法律是经验的，因为其哲学基础是经验主义，其制定依据、实施过程和主要目标都是经验性事实。马克思哲学的道德概念是超验的，这种超验性构成马克思哲学超验性维度的坚实基地。换言之，道德是马克思哲学超验性维度的承担者。在其超验性上，道德的根本动机能摆脱一切经验性束缚。摆脱束缚意味着自由，因而只有道德意义上自由才是可能的，理性的任性自由是经验的，无法

① 鲁克俭：《国外马克思学研究的热点问题》，中央编译出版社 2006 年版，第 46 页。
② 参见恩格斯《反杜林论》"第一编 哲学"之"九 道德和法之永恒真理"（《马克思恩格斯选集》第 3 卷，人民出版社 2012 年版，第 460—472 页）。

彻底实现。自由不能永远囿于自身，它要在经验世界中展现，展现即为人履行道德义务的过程。道德最终要表现为人的经验行为，这样才能让道德在内容上获得客观实在性。获得实在性的过程已不再是超验的而是先验的，这种先验性落实于实践。通过实践，道德最终获得经验性实现，这使它避免了在纯粹超验的遁词中再次与人分离开来。

可见，一方面，道德的超验性是纯粹的（这在康德哲学中得到了充分说明），它不允许任何经验的渗入，否则道德将因超验性失去纯粹性而从自律衰变成他律，从而造成道德本身的瓦解。另一方面，道德不可能完全脱离经验，因为它要在经验世界中实现，以获得实在性并成其为自身，否则就只能是可望而不可即的空洞理想。因此，马克思哲学追求超验道德在经验历史中的实现。正是这种经验性诉求造成了恩格斯的误解，道德的超验性维度被排除了。就此而言，马克思和恩格斯的本质区别就在于，是真正把握超验与经验的矛盾，还是片面进入纯粹经验而陷入抽象。

总之，马克思哲学内在蕴含超验与经验两个方面。理想、道德等概念在马克思哲学中具有超验性。这种超验性还体现在马克思的其他表述中，例如，《资本论》研究中使用的"抽象力"（严格说来，"抽象力"加工感性材料的功能更接近康德的先验性，但先验在"先行于经验"的意义上也是超验）、《1844 年经济学哲学手稿》中人是"类存在物"的说法、《关于费尔巴哈的提纲》第一条中"能动的方面"，这些都体现超出经验的维度。另外，马克思关于商品的分析也不乏超验性因素，例如，他在《资本论》中说道："使用价值或财物具有价值，只是因为有抽象人类劳动对象化或物化在里面。"[①]"抽象人类劳动"体现人的自由本质或类本质，"对象化或物化"的过程是劳动，劳动作为实践是人内在发起的能动性活动，体现人的意识性、目的性和创造性。在保持超验性维度的同时，马克思哲学具有经验性维度。两维度是同一个整体的两个不同方面，不是互为外在的并列，而是内在的有机统一。缺失超验性提供的能动性和形式，就不会有经验性实现的诉求；缺失经验性实现提供实在性，超验性则空洞无物，从而使整个哲学体系沦为虚

---

① 《资本论》第 1 卷，人民出版社 2004 年版，第 51 页。

无。马克思哲学经验性实现的诉求是指，在保持世界偶然性和经验性永恒存在的前提下，去"改变世界"。恩格斯把理想、道德和自由看做是观念，看做是经验生活的产物，并可以被完全还原为物质。然而，当它们充当奋斗的动力、目的和手段的时候，他又不得不把它们看做是不言自明的哲学之外的神秘事物。这种矛盾在他的思想体系内部无法得到解决，马克思哲学则不存在这种矛盾。实践作为马克思哲学的本体，不允许有事物游离于实践的范围之外。人们通常把实践看作"以物质力量改造物质力量"的活动，但它不缺失人的意识做指导，不缺失"主体"的"能动的"因素，这也正是他在《关于费尔巴哈的提纲》中，对费尔巴哈批判的核心。现实生活中出现的一切问题，"都能在人的实践中以及对这种实践的理解中得到合理的解决"（《关于费尔巴哈的提纲》第八条），因而没有事物能超出实践范围之外。即使所谓神无非也是"世俗基础的自我分裂和自我矛盾"[①]的产物，仍然是实践的结果。弥合"分裂"、解决"矛盾"更需要在进一步的实践中实现。揭示出"分裂"和"矛盾"，在"理论上"解决问题的任务就完成了，问题在"实践中"的解决则依赖于实践充分绽开和完成自身，依赖于人类历史走完它应当走过的全部历程。对于马克思来说，超验（如理想）与经验（如现实）之间的矛盾是哲学内部的矛盾，哲学依靠两者在哲学内和历史中的相互作用，让矛盾自我解决。在恩格斯那里，超验与经验的矛盾却表现为超验性事物和哲学之间的对立，表现为神和经验自然的矛盾。

马克思把超验与经验的矛盾纳入哲学的做法有着深刻的思想史渊源。对这一矛盾的关注发端于希腊哲学。当巴门尼德凭"是者"（或译为"存在者"）[②]建立形而上学时，就是在追问那个与人密切相关的超验性事物。

---

① 《马克思恩格斯选集》第 1 卷，人民出版社 2012 年版，第 134 页。

② "是者"即存在（being）来自希腊文 on（［英］尼古拉斯·布宁、余纪元：《西方哲学英汉对照辞典》，人民出版社 2001 年版，第 112 页；Nicholas Bunnin and Jiyuan Yu, *The Blackwell dictionary of Western philosophy*, Blackwell Publishing Ltd, 2004, p.76.）（复数 onta）。赵敦华教授把 being 译为"是者"并认为它"来自希腊文的'是'（*einai*）动词"（赵敦华：《西方哲学简史》，北京大学出版社 2001 年版，第 19 页）。也有学者译为"存在者"（参见北京大学哲学系外国哲学史教研室编译：《西方哲学原著选读》上卷，商务印书馆 1981 年版，第 31 页）。海德格尔又区分了"存在"（Sein）和"存在者"（Das Seiende）。

"是者"的"性质包括：不生不灭、连续性和完满性"。①针对经验世界万事万物有生有灭的现象，巴门尼德通过理性思辨，设计出"不生不灭"且"不动的"的"是者"，他说：

> 存在者（即是者——引者注）也是不可分的，因为它全部都是一样的，没有那个地方比另一个地方多些，妨碍它的连续，也没有哪里少些。因此它是整个连续的；因为存在者是与存在者连接的。
>
> ……
>
> 存在者之外，绝没有、也绝不会有任何别的东西，因为命运已经用锁链把它捆在那不可分割的、不动的整体上。②

这种"是者"只能是理性思辨的产物，且一定是超验的，因为经验世界中没有事物能够具备这些性质。巴门尼德所谈论的"是者"与现实中的经验事物毫无瓜葛，他意在捍卫其超验性的纯粹性，避免超验性受到经验的侵蚀而消灭。为此，他拒绝超验与经验的混合，只有纯粹的超验才是真正的超验。他区分"真理"和"意见"两条路，前者是超验的后者是经验的，他引导人走前一条路。"要使你的思想远离这种研究途径，别让习惯用经验的力量把你逼上这条路，只是以茫然的眼睛、轰鸣的耳朵或舌头为准绳，而要用你的理智来解决纷争的辩论"；"要用你的心灵牢牢地注视那遥远的东西，一如近在目前。"③

与巴门尼德"存在者""不动"、"不生不灭、连续性和完满性"等说法不同，赫拉克利特认为，"世界是一团不断转化的活火"，"这个世界，对于一切存在物都是一样的，它不是任何神所创造的，也不是任何人所创造的；它过去、现在、未来永远是一团永恒的活火，在一定的分寸上燃烧，在一定的分寸上熄灭。"他还说："一切皆流，万物常新"，"我们不能

---

① 赵敦华：《西方哲学简史》，北京大学出版社 2001 年版，第 20 页。
② 北京大学哲学系外国哲学史教研室编译：《西方哲学原著选读》上卷，商务印书馆 1981 年版，第 33 页。
③ 同上书，第 31 页。

两次踏进同一条河，""踏进同一条河的人，不断遇到新的水流。"他还认为，"相反的东西结合在一起，不同的音调造成最美的和谐，一切都是通过斗争而产生的。"① 这些说法并不表明赫拉克利特和巴门尼德相互冲突。其实，两位先哲所谈论的是同一个事物，只是着眼点略有区别罢了。巴门尼德致力于区分超验与经验，不让超验受到经验的任何污染，否则会破坏超验本身。然而，正是由于超验是从经验世界中抽象出来的本质，它永远不可能脱离经验，捍卫超验不受经验的污染也只是在意识中用"心灵"来捍卫。正如老子所说："无"和"有""此两者，同出而异名"（《老子·一章》）。"无""看不见摸不着"，它只能存在于意识中因而是超验的，"有"是经验的；但是"无"和"有"、超验和经验又出自于（甚至就是）同一个事物。赫拉克利特着眼于超验与经验的统一以及两者的相互作用来考察世界，并没有丢掉超验。他说："神是昼又是夜，是冬又是夏，是战又是和，是盈又是亏。他流转变化，同火一样，火混和着香料时，就按照各自发出的气味得到不同的名称。"②

从经验性视野来看，昼夜、冬夏、战和、盈亏都是完全不同的；从超验性视野来看，不同的经验性事物又同属于"神"。"神"就像"火"，"火"是超验形式，它混合着经验质料即"香料"，产生不同的具体事物即"气味"和"名称"。"神"是相反事物的相互转化，是转化的动力，又是它们组合而成的生命整体，这整体与巴门尼德的"是者"具有相通之处，巴门尼德为捍卫其超验性的一面才强调其"不生不灭、连续性和完满性"。

当苏格拉底苦苦追问"是什么"的时候，他所追问的仍然是那个与人密切相关的超验性事物。由于其超验性本质，一切经验性回答都不入苏格拉底的法眼。他的"无知"不是经验知识上的，他因无法从经验知识上升到超验本质而困惑。或者说，他自己已进入超验领域，想通过"追问"引导人们进入此领域。就接近或进入超验而言，他的"无知"的确是一种智慧，因为他领悟到了一种超验。"无知"一方面体现他关注这种超验性事

---

① 北京大学哲学系外国哲学史教研室编译：《西方哲学原著选读》上卷，商务印书馆1981年版，第21、23页。

② 同上书，第21—22页。

物本身，另一方面又为人们的继续追问开辟了空间。苏格拉底追问"什么是德性？"他想为人的经验生活寻求一个最高的超验原则，因而他也是在处理超验与经验的矛盾。

柏拉图用理念和至善来回答苏格拉底"是什么"的问题。至善与巴门尼德的"是者"相似，也是纯粹超验的。至善超出"是者"的地方在于，它从天上降临到人间。至善是人生存的最高原则，柏拉图用"洞穴比喻"来说明至善之于人的最高意义。柏拉图令人信服地说明了至善的性质。但是，由于其超验性是纯粹的，他无法让至善在经验世界中实现，"哲学家王"只是一个无法实现的空洞理想。这就产生了一个致命危险：超验与经验的彻底分裂。分裂不会造成超验消失，人的意识从来不缺少超验性事物的地盘，人天生是形而上学动物，否则西方哲学史就不会成为形而上学的战场了。但分裂会造成超验作为可望而不可即的空洞理想而化为虚无，或在宗教中虚幻地表达在彼岸世界中。

伽达默尔认为，亚里士多德是第一位柏拉图主义者。[①] 他批判柏拉图的理念论，提出实体论，其目的是探索柏拉图的至善在经验世界中的实现途径。就此而言，亚氏哲学同时具有超验性与经验性两个维度。与希腊多数哲学家一样，亚氏是有神论者，这为其哲学的超验性维度进一步提供了证据。他在灵魂的真理问题上讲"科学"："我们全都认为，科学地认识的东西是不可改变的，而可改变的东西既处于考察之外，那也就无法知道它们是存在还是不存在。凡是出于必然的东西，当然能被科学地认识，当然是永恒的东西。而凡是出于必然而存在，当然完全无条件是永恒的。而永恒的东西既不生成也不灭亡。"[②]

他认为，人们可以"科学地认识"这种"必然的"、"永恒的"、"既不生成也不灭亡"的东西。这种东西与巴门尼德的"是者"相似。亚里士多德"把全部思想分为实践的、创制的和思辨的"，并认为"思辨的哲学有

---

① 参见［德］汉斯－格奥尔格·伽达默尔：《诠释学Ⅱ：真理与方法》，洪汉鼎译，商务印书馆 2010 年版，第 15 页。

② ［古希腊］亚里士多德：《尼各马科伦理学》，苗力田译，中国人民大学出版社 2003 年版，第 121 页。

三种，数学、物理学和神学"，他还说："思辨科学比其他学科更受重视，神学比其他思辨科学更受重视。"①他把"思辨的哲学"看得高于实践，把最高幸福规定为对实体的思辨而非实践。他没有把哲学的本体定位于实践，由于这种值得怀疑的"本体论基础"，②最终导致超验性维度的遮蔽。他的老师柏拉图确立了超验性事物独立无上的地位，最后因无法在感性世界中实现而陷入抽象和虚无。在对老师的缺陷进行补救时，他却埋下了经验主义的种子。当然，他自身不是经验主义的，但思辨过程及结果却是经验的。思辨在逻辑推理意义上所把握的对象必然是经验性事物，只有这样才能保证得到的知识是确定可靠的，它对于超验性事物无能为力。康德认为知性范畴超出经验的应用只能导致二律背反。亚里士多德思辨出来的实体是矛盾的，他没有说明"第一实体"究竟是个别还是普遍的。③康德说："吾人虽不能认知'所视为物自身（邓晓芒教授译为自在之物——引者注）之对象'，但吾人自必亦能思维此等'视为物自身之对象'"。④人对超出经验的事物尽管不能"认知"但能够"思维"，但这种"思维"其实不再是通常所谓"思辨"，而更是一种猜想、体悟或直觉。亚里士多德没有成功建立起形而上学，仅为人们提供了一个朦胧的方向，但后世的自然科学却在他的"物理学"原则上发扬光大。他的原则主要有两方面：一是用逻辑推理构建体系，二是注重感性和经验。现代自然科学继承了这两点：亦即所谓"大胆假设"和"拿证据来"。人的思辨能力在来源和本性上先行于经验，但人们在从事科学研究时，这一点往往被排除在视野之外，造成超验性维度的遮蔽和经验主义的兴盛。

希腊哲学在亚里士多德那里得以完成后迅速衰落，超验性事物化为上帝飞升入彼岸世界，留在人间的只有纯粹经验性事物。如果说在文艺复兴

---

① ［古希腊］亚里士多德：《形而上学》，苗力田译，中国人民大学出版社 2003 年版，第 120、121 页。

② 参见［德］汉斯－格奥尔格·伽达默尔：《诠释学Ⅱ：真理与方法》，洪汉鼎译，商务印书馆 2010 年版，第 533 页。

③ 参见赵敦华：《西方哲学简史》，北京大学出版社 2001 年版，第 81 页。

④ ［德］康德：《纯粹理性批判》，蓝公武译，商务印书馆 1960 年版，第 19 页。

和启蒙运动之前，超验上帝仍然能够通过教会等中介影响世人，那么两大运动表达的是经验战胜超验，资本主义战胜封建主义。超验的形而上学战败了，尽管人们还在谈论它。当经验主义（或经验论）战胜唯理论时，在怀疑论的攻击下，"号称一切科学的女王"的形而上学失去了往日风采，成为"备受谴责，惨遭遗弃"的老乞婆。[1]

康德哲学的目标是：为建立科学的形而上学（即未来形而上学）清理战场。他把超验与经验、自由与自然、道德与自然科学分开，从而使两者同时得以保全。他认为，相互对立的双方在世界中并存，但他在不可知论和二元论框架内拒绝回答两者何以能够并存。对他来说，人的经验知识只对经验事物有效，纯粹超验的事物是不可知的。他在清理战场时，推翻了思想史上一切关于上帝存在的证明，把超验事物排除在人的认识能力之外，没有建立新的形而上学。但他规定了未来形而上学的根本特征，即一定要同时满足超验和经验两方面的要求。

黑格尔立足于超验与经验的矛盾，放弃了康德的不可知论和二元论，让精神外化自身以形成现实世界，同时让经验世界的"有限之物"不断自我扬弃进入精神，这是他辩证法的基本内容。他依靠这种辩证运动建立起包罗万象的形而上学体系。"有限之物"在"扬弃自己"[2]的过程中，不断摆脱经验性、个体性、偶然性和有限性，最终升华为超验的概念、理念和精神；反过来精神外化自身的过程又使超验转化为经验。这样，超验与经验的隔阂被打通。然而，黑格尔形而上学仅在形式上打通了这种隔阂，"有限之物"并没有意识到自己来源于超验的精神，也不知道自己的未来归宿是精神，它只是在自己的有限性上知道自身，它没有因黑格尔的形而上学而被解救到无限的精神中来。同时，这种精神不过是意识中的抽象，它不知道自己怎样外化自身，最多只知道自己一定会、也一定是在外化着自身。所以，与其说黑格尔建立了形而上学，毋宁说他仅指出了经验世界的最终归宿，即在保持自身经验性的同时，与超验性事物有机统一起来。因

---

[1] 北京大学哲学系外国哲学史教研室编译：《西方哲学原著选读》下卷，商务印书馆 1982 年版，第 238 页。

[2] ［德］黑格尔：《小逻辑》，贺麟译，商务印书馆 1980 年版，第 177 页。

此，他仍然没有成功建立起真正的形而上学。他建立形而上学是通过"思维和存在的统一"进行的。"统一"的最终结果是，"思维"吞并了"存在"，精神淹没了物质，在绝对精神的纯粹超验性中，事情的经验性维度已荡然无存。这种形而上学显然不是康德心目中的形而上学，因而这是一次有意义（"抽象地发展了""能动的方面"）但最终失败的尝试。如果说亚里士多德试图在经验性上建立形而上学，那么黑格尔就是试图在超验性上建立形而上学。前者最终失去了超验性，导致了后来的经验主义传统，后者最终失去了经验性而沦为虚无。

可以说，超验与经验的关系问题是西方哲学史的一条红线，它是一部形而上学与反形而上学、超验形而上学与经验形而上学、柏拉图主义与亚里士多德主义的斗争史，海德格尔称之为"在的遗忘史"。把马克思和恩格斯的学术思想关系放在这一哲学史背景中，我们发现，马克思立足于超验与经验的矛盾，展开对传统哲学史中真问题的探索；恩格斯则不幸被反形而上学的经验主义传统所毒害，最终"在理论问题上"出现"漏洞"，[①]尽管他在主观上努力避免之。所以，从西方哲学史角度审视马克思与恩格斯的学术思想关系，两人的差异还是比较清晰的。

相对于黑格尔让超验淹没经验而言，马克思没有被纯粹超验所禁锢，而是致力于超验与经验的和解。就是说，他立足于超验与经验的矛盾，进而从这一矛盾出发考察世界，探索超验与经验的真正和解，和解亦即全人类的解放。马克思早期和晚期所研究的领域、语言风格和一些说法有很大不同，但他从来没有离开过超验与经验的矛盾，始终探索超验的道德在经验的历史中的可能。不同的是，早期他更多是在保留超验的前提下，从超验走向经验，后期则主要以超验与经验为坐标，构建资本主义世界的"先验结构"及其总体发展趋向。道德在本性上是超验的，但经验主义不承认任何超验性事物和事物的超验性维度，因而也不承认道德具有超验性。道德因超验性被剥夺而产生问题。问题的存在恰是马克思哲学存在的理由，他致力于在经验历史中实际地解决问题。

---

① 《马克思恩格斯选集》第 4 卷，人民出版社 2012 年版，第 572 页。

超验与经验本来一体，对于马克思来说，一体是实践中的一体。如果说，超验与经验的有机统一体现为实践的具体性，那么两者的分离便造成了抽象。抽象不仅是思维中的抽象，如纯粹超验的神学和经验主义，而且经验世界本身也存在抽象，即"世俗基础的自我分裂和自我矛盾"。[①]这种由抽象的实践造成的"世俗基础"是宗教的经验性起源，同时也是道德产生的根源，正如老子所说："大道废，有仁义；智慧出，有大伪；六亲不和，有孝慈；国家昏暗，有忠臣。"（《老子·十八章》）我们所看到的道德恰是道德异化后产生的经验性行为规范，这种规范更接近法律，因而我们可以把法律看做是道德异化后的结果。对于康德来说，宗教、道德是自在的，它不生不灭，人只能仰望着它们而生存于经验自然中，人无法突破二元论的框架。对于马克思的实践来说，康德二元论本身具有现实根源，即超验与经验相分离的"世俗基础"。超验性维度被遮蔽的抽象实践产生了宗教、道德和劳动异化，而超验与经验相统一的具体实践则是解决问题的根本途径。

第三节　道德及其现代性遭遇

道德一经产生，就面临尴尬：它既是人和社会所不可缺少的，却又没有存在地盘。实践中的超验与经验原本有机统一，但超验性被遮蔽的抽象实践却产生了"世俗基础的自我分裂和自我矛盾"。"分裂"和"矛盾"意味着超验与经验的分离，超验一方面产生彼岸世界的宗教，另一方面在人世间产生道德；经验纯粹化以后形成"与人无关"的，或只能"从客体的或者直观的形式去理解"[②]的抽象自然界。道德是超验的，但在抽象自然界中，不存在任何超验性事物和事物的超验性维度。于是，道德被剥夺超验性并失去地盘，即道德发生异化并产生道德的缺席。异化和缺席来自超验

---

① 《马克思恩格斯选集》第 1 卷，人民出版社 2012 年版，第 134 页。
② 同上书，第 133 页。

与经验的分离，但两者在实践中是无法真正分离开来的。两者在实践中的相互作用和重新统一是扬弃异化，实现道德回归的根本途径。道德被剥夺超验性与超验性不可剥夺之间，即超验性被剥夺与道德重新夺回它之间存在激烈斗争。问题的解决不仅在于反对经验主义而阐明道德的超验性，这一工作在康德那里已经完成了，更在于实现超验与经验在逻辑上和历史中的统一，即由具体实践代替抽象实践，批判和消灭"世俗基础的自我分裂和自我矛盾"，实现道德的回归。道德的缺席与回归使社会历史呈现为否定之否定的辩证过程。

一 道德被剥夺超验性

自由是由自己和自律。康德哲学说明，作为自律的道德是超验的。第一，道德行为出于意志，"意志的真正规定原因……如果说的是道德价值，那么，问题并不在于人们看到的行为，而是在于行为的那些不为人们看到的内在原则。"[①] "内在原则"的超验性在于，即使我们严厉省察自己，也无法以纯粹的经验事实来确定自己的道德动机。一个人在特定境遇中的道德行为超出任何家庭、教育、知识结构等背景事件的彻底把握，人的这种选择在根本上是内在的。正是在此意义上，我们认为，只有道德意义上的自由才是真正的自由，在必然性因果链条中人没有自由。

第二，道德行为出于"善的意志"，这种"善"是自足的。它不因其他任何事物而具有价值，它自身就是"善"的，在这一点上它超出经验。"善的意志并不因为它造成或者达到的东西而善，并不因为它适宜于达到任何一个预定的目的而善，而是仅仅因意欲而善，也就是说，它就自身而言是善的；……它也像一颗宝石那样，作为自身就具有其全部价值的东西，独自就闪耀光芒。"[②]

第三，道德行为出于一种不依赖于经验的"义务"。康德举例说："即便直到如今也可能没有过真诚的朋友，也还是能够毫不减弱地要求每一个

---

① 《康德著作全集》第4卷，中国人民大学出版社2005年版，第414页。
② 同上书，第401页。

人在友谊中有纯粹的真诚，因为这种义务作为一般而言的义务，先行于一切经验，存在于通过先天根据来规定意志的理性的理念之中。"①

第四，道德行为超出功利，功利之于人是外在的和经验的。道德行为超出功利的根据在于"善的意志"的内在性和自足性。内在性意味着，自由和自律不需要任何外在经验事实来规定一个人做，还是不做这种行为。自足性则是人在内在性的基础上所达到的一种圆满境界。道德行为出于"善的意志"和道德义务，这种义务不以任何其他经验事实为动机和目的，它以自身为目的就能实现其全部价值。一个人做慈善事业如果是为了好的名声，或者是为了给自己的商品做广告，那么无论他拿出的钱是多少，都不能称为道德行为。只有为了慈善而慈善，没有任何其他目的，才能够称作道德。因此，康德把道德动机规定为定言命令而非假言命令。功利表达的是假言命令，因为"行为并不是绝对被要求的，而只是作为另一个意图的手段被要求的"，定言命令则"无须以通过某个行为要达成的任何别的意图为基础，就直接要求这个行为。"②

超验的道德同时具有经验性维度，因为它必须在经验世界中实现以获得实在性，否则就只能是可望而不可即的空洞理想而走向虚无。康德把哲学建立于"经验的肥沃洼地"，③马克思关注"所有一切实际的经验"。④他在继承康德的基础上，进一步深入经验来解决超验与经验的"分裂"和"矛盾"。在深入经验时，人们往往会丢掉超验，从一个极端走向另一个极端。然而，"哲学归根到底就是为人的存在立法。"⑤对于"人的存在"而言，只有经验是不够的，只有超验也是不够的，两者必须同时存在。哲学在"立法"中，必须同时容纳两者才是合法的。面对经验主义对道德超验性的剥夺，卢梭强调自由和道德对于"人的存在"来说具有不可放弃性："放弃自己的自由，就是放弃自己做人的资格，就是放弃人类的权利，甚

---

① 《康德著作全集》第 4 卷，中国人民大学出版社 2005 年版，第 415 页。
② 同上书，第 423 页。
③ 同上书，第 379 页注。
④ 《马克思恩格斯全集》第 2 卷，人民出版社 1957 年版，第 26 页。
⑤ 何中华：《哲学：走向本体澄明之境》，山东人民出版社 2002 年版，第 201 页。

至就是放弃自己的义务。对于一个放弃了一切的人，是无法加以任何补偿的。这样一种弃权是不合人性的；而且取消了自己意志的一切自由，也就是取消了自己行为的一切道德性。"①

自由和道德的不可放弃性体现的是对经验的超越。自由一旦变成理性任性自由，其本身也就不存在了。在某种意义上，自由是人通过"应当"之内在理由超越经验实然之域的可能性。在超越经验时，经验同时得以保全，否则超验和经验都将沦为抽象而失去自身。可以说，正是在自觉意识到道德的超验性，并以此为目标和动力的前提下，才能真正保全和深入经验。就此而言，自由和道德都同时具有超验性和经验性两个维度。我们强调道德超验性的纯粹性的原因在于，经验的渗入会导致超验性的纯粹性被破坏，最终会导致超验性乃至道德本身的瓦解。因此，我们把道德和自由"使经验成为可能"意义上的先验性主要表述在实践之上。

只承认经验不承认在超验，会走向经验主义。康德哲学中的经验自然和超验自由在二元论框架内同时存在。他在不可知论意义上，拒绝回答自由与自然何以能够同时存在。他的贡献在于厘清了自由在先验基础上所具有的纯粹超验性。就其实在性而言，或者从自然概念看上去，自由并不存在，因为自然概念可以被经验知识所证明，自由却不能够被证明。他说："如果经验亦即感官对象依照普遍法则联系起来的知识应当是可能的，这一概念（指自然概念——引者注）就甚至不可避免地必须被预设。因此，自由只是理性的一个理念，其客观实在性就自身而言是可疑的，但自然却是一个知性概念，它借经验的实例证明、且必须必然地证明自己的实在性。"②以这种能够通过"经验的实例证明"的自然概念，排挤不能被证明的自由概念，就会导致经验主义。

经验主义发端于希腊哲学，光大于西方近代哲学。文艺复兴的两大主题是"人的发现"和"自然的发现"。两大"发现"体现的是，人从超验向经验、从精神向肉体、从自由向自然的坠落过程。"人的发现"体现人

---

① ［法］卢梭：《社会契约论》，何兆武译，商务印书馆 2003 年版，第 12 页。
② 《康德著作全集》第 4 卷，中国人民大学出版社 2005 年版，第 463—464 页。

把注意力从精神存在转移到肉体存在上去，结果使物质和肉体欲望合法化并无限膨胀起来。所谓世俗化的过程证明了这一点，一切事物包括上帝都失去了神圣的光环，绘画、雕塑和文学作品把人的物质需求和生理特征尽力渲染。人们相信经验，不再相信没有经验根据的神学，要把这些投到火里去。"自然的发现"是在强调自然界的经验物质性。人的物质欲望合法化且膨胀起来以后，带来的结果是对自然界物质财富的掠夺和占有，于是私有制迅速发展起来。恩格斯说："私有制产生的最直接的结果就是商业"。① 资本主义是私有财产和商业社会的发达状态，同时也是经验主义对思想界统治的完成。

私有制是人行使理性任性自由权利的结果，拥有同样自由权利的人展开激烈竞争，"在平等的权利之间，力量就起决定作用。"② 当强者剥夺弱者时，不自由和不平等就出现了。正是由于具有自由，人才失去自由，这一悖论之所以产生的学理原因就在于，经验主义对自由做抽象的理解和应用。它把自由理解为在经验世界中为所欲为，结果导致自由的丧失，丧失进而导致道德异化成为自己的对立物。

异化（alienation）也叫外化，在黑格尔哲学中是指绝对精神在完成自身过程中，把自己外化为经验世界的环节。作为精神的自我意识，面对精神外化而成的现实世界时感到陌生，"世界具有作为一种外在的东西、自我意识的否定物的规定或特征。然而这个世界是精神的东西，它本身是存在与个体性两者溶合而成的东西。它的这种特定存在既是自我意识的作品，又同样是一种直接的现成的、对自我意识来说是异己的陌生的现实，这种陌生的现实有其独特的存在，并且自我意识在其中认识不出自己。"③

马克思把异化概念用于政治经济学研究，形成异化劳动理论。人的自由本质的对象化活动是劳动，劳动成果反过来把人纳入自己的统治之下并

---

① 《马克思恩格斯全集》第 3 卷，人民出版社 2002 年版，第 446 页。
② 《资本论》第 1 卷，人民出版社 2004 年版，第 272 页。
③ ［德］黑格尔：《精神现象学》下卷，贺麟、王玖兴译，商务印书馆 1979 年版，第 38 页。

取消自由，这是自由的悖论。劳动成果是人的自由本质的"作品"，由劳动成果构成的世界，对于人的自由本质而言，却是"异己的陌生的现实"。劳动异化在精神层面上表现为道德异化，即经验主义剥夺道德的超验性，并使之异化成为经验性法律。

经验性是法律区别于道德的根本特征。法律的经验性主要表现为：其哲学基础是经验主义，其制定依据、实施过程以及所要达到的目标都是经验性事实。虽然法律对于道德"来说是异己的陌生的现实"，但是法律仍然是道德的"作品"。第一，就调节社会关系的外在功能而言，道德和法律是同一个事物。第二，就来源而言，法律最早由原始习俗和习惯法演变而来，而原始习俗和习惯法在很大程度上就是社会已有的道德准则，现代社会中许多道德准则仍然可以直接上升为法律条文。第三，道德异化为法律的过程就是私有财产发展壮大，以及道德被排挤的过程。事实上，这种排挤只是对道德超验性的拒绝，并没有消灭道德，道德被迫外化为经验法律，且外化之后总是还有剩余。这种剩余所体现的恰是道德的不可放弃性和超验性，剩余还使道德与法律之间的演变过程能够持续进行。如果有人认为，法律和道德是两个完全不相干的事物，或者道德只是法律的补充和不成熟状态，那么这只能说明，此人仍然处在经验主义思维方式的统治之下。经验主义还造成一种假象，道德是一种靠舆论力量来执行的社会规范。现代社会是法治社会，舆论作为外在的力量是软弱的，道德的存在本身甚至都被怀疑。其实，道德力量最终来自人内在精神上的道德义务感，这种力量才是根本的。舆论如果能够引发这种内在力量，则是强大的，否则就没有力量。

道德被剥夺超验性的过程，也就是法律代替道德成为调节社会关系主要手段的过程，这一过程表现为诸多转化和对立。其一，从内在向外在的转化。道德之于人是内在的和自足的。从产生主体上看，道德规范的制定者和适用者是同一个主体。人们在长期共同的生活中形成善恶、对错等观念，以此为基础，形成各种在具体事务中所应遵循的道德规范。每一个具有正常思维的人都参与了这一制定过程，道德规范的适用者和制定者是同一个人群。法律的创制和适用却不是这样，创制者和适用者不再是同一个群体。在阶级社会中，总是统治阶级制定法律，人民群众是法律的主要适用者。这种法律对于人民群众而言，明显具有外在性。其二，从自律向他律的转化。法律之于人的外在性必然带来执行上的强制性，于是，他律取代自律、强制取代自觉。道德是自由和自律，其动力来自个人自觉和社会舆论，而法律是他律，其实施依靠国家强制力。社会舆论和国家强制力对人来说都是外在的，但前者是柔性的而后者是刚性的。就其柔性而言，社会舆论的规范力仍然来自个人内在的善恶观念和道德情感。其三，从应当向是的转化。道德只关心人应当怎样，道德准则往往是模糊的，且随着时空境遇的变化而变化。它要求人们对自己的行为做出选择，不管选择利他还是利己都是内在的道德选择，人在选择的权利和义务上毕竟是自由的，不同的结果只是一念之差，善恶分明。法律只关心经验事实，即公民从事着什么样的经验活动、产生什么样的经验结果。道德从动机论向效果论的转换，体现从应当向是的转化，法律显然是效果论的。其四，从事先调节向事后调节的转化。道德人为维护心灵的自由宁静而选择利他行为。人们尽可能防患于未然，摒除恶念，即使已经出现恶的事实，人们会引以为戒，防止它再次发生。与此不同，由于只关心经验事实，法律的事先调节能力是很弱的，它只惩处具有违法犯罪事实的人。其五，从调节人向调节利益的转化。表面上看，道德和法律都是在调节人与人之间的关系，事实上只有道德在做这件事，法律的对象是物质利益。公民以财产主体的身份在法律上出现的次数，远高于他作为一个自然人出现的次数，即使作为自然人出现，也多半是以肉体存在的形式出现的。法律视野下的人只是手段而利益才是目的，"人的利益"是表面的，"利益的人"才是实质的。其六，从人性善向人性恶的转化。道德人在根本上是就人的精神存在而言的。在精神上，人与人结合成为一个整体。人着眼于整体会忘记作为肉体存在的小我，而采取利他态度，因而道德意义上的人性必然是善的。人的肉体存在是经验的，而法律在其经验性上承认物质和肉体欲望，当欲望合法化并膨胀起来以后，人必然利用理性来谋取最大利益，这就是性恶的理性经济人。在不涉及利益时人都是善的，只是在利益参与进来时人才变恶了。当经验法律替代超验道德成为调节社会关系的主要手段时，经验主义对道德超验性的剥夺也就完成了。从此，道德缺席了。[①]

二 超验道德从未真正离开人

经验主义剥夺道德的超验性，使道德被法律所替代，这是问题的一个方面。另一方面，道德从未真正失去其超验性，且人也从未真正失去道德，卢梭所谓自由和道德的不可放弃性也正是强调这一点。道德作为人的自由本质的现实性表现永远无法与人完全剥离，人永远无法完全放弃道德。虽然异化成为法律，但社会总还有一些道德因素保留下来。异化不能彻底消除道德，不管你是否承认，道德总是存在的。我们对这一问题的思考本身，其实就在一定意义上证明了道德的存在。保留下来的道德并非像经验主义者所认为的那样，只是法律的补充和不成熟状态。相反，法律像一个狂傲少年，他以为自己无所不能，却不知道离开父母（道德）他将寸步难行。不仅传统社会需要道德，发达的商品社会同样须臾不可离开道德。不管理性经济人是否承认，他们希望所有人都是道德人，只有他们自己不是，这样他们就能迅速聚敛财富。需要说明的是，道德之于人的不可放弃性与道德缺席之间并不构成逻辑上的对立，前者说的是道德的超验性，后者说的是超验性（不可放弃性）被遮蔽（遮蔽不是消亡）时的经验性表现。反过来，两者又确有矛盾，即遮蔽与解蔽、放弃与不可放弃的斗争，这不仅是理论上的矛盾，而且是经验世界自身的矛盾。在某种意义上，哲学家们都是在探索和解决这一矛盾。

毋庸置疑，现代社会是法治时代，然而单纯依靠法律并不能完成调节社会关系的任务，社会需要道德与法律共同发挥作用。没有法律，理性经济人将如洪水猛兽不可约束；没有道德，法律也将成为一纸空文。相对而言，道德因超验性获得法律所无法具有的独特功能，这些功能也是道德及其超验性存在的证据。

第一，只有在道德的配合下，法律才能得以顺利实施。"概念法学视

---

① 参见何中华：《道德缺席的时代？》，《书屋》2002 年第 11 期；或何中华：《社会发展与现代性批判》，社会科学文献出版社 2007 年版，第 196—210 页。

国家制定的成文法为唯一的法源，强调法律体系具有逻辑自足性，认为无论社会生活中发生了什么案件，均可以依逻辑方法在现在的法律体系中获得解决，不承认法律有漏洞。"① 事实上，法律漏洞必然存在。法律的固定条文作为现存之物，相对于无限生动丰富的社会生活来说，总是有限的和抽象的。如果当事人想钻法律的空子，那么这种空子总是或大或小或多或少地存在的，比如一些人靠打所谓擦边球成为暴发户。法律的这种空隙只能由道德来补充。那种认为随着法治的健全，社会的有序化程度会越来越高的看法是站不住脚的，因为它没有看到，单纯依靠法律无法完成对人的规范。只有当当事人认为遵守法律符合自己的道德要求时，法律的漏洞和不足才可能被弥补。换一个角度看，违法犯罪是被制造出来的。商业把自私合法化并加以推广，从而人们千方百计为自己谋利益，千方百计就没有止境，但是法律偏偏设一个止境，这就如同商业放下了诱饵，法律的钩就一定能钓到鱼。

　　一个社会如果没有了道德，那么法律就可能会只有形式的合理性，不再有实质的合理性。法律本身会因此变得不合法，因为立法者所追求的理念在根本上仍是实质的合理性。实质的合理性其实已经进入了道德的范围，因为只有道德的超验性才能保证这种合理性，纯粹的经验性事例所导致的只是形式的合理性。在现实社会生活中，法律与道德必须相互结合才能完成调节社会关系的任务。有学者认为，现代社会"应该存在两种基本的社会调节手段，一是法律规范，另一个是伦理规范"。② 例如，即使具有浓郁法律色彩的公共行政领域也离不开道德，张康之把公共权力分为"抽象权力和具体权力"两个类型。

　　　　抽象权力是具体权力的形式，决定着具体权力的性质；具体权力是抽象权力的内容，是抽象权力发挥作用的现实途径；抽象权力代表某种原则，而具体权力则使这些原则付诸实施。

---

　　① 魏胜强：《道德对法律漏洞的补充：构建和谐社会的必然选择》，《河南大学学报》（社会科学版）2010年第6期。

　　② 曹沛霖：《西方政治制度》，高等教育出版社2000年版，第131页。

> 法律制度是一种适用于抽象权力的制约机制，而对具体权力的制约力量只能来自于伦理精神。[①]

就是说，法律只是抽象规定而不是具体实施，抽象规定只能提供原则，具体实施要求原则上的严格与执行上的灵活相结合，这一结合最终要依靠权力执行者的道德素养。所以，强调依法行政的同时必须强调官德。十八大以来，党和国家进行了一系列与道德相关的教育活动，说明道德在现代行政领域中的地位和作用。

第二，道德能够满足人的精神需求。马斯洛认为，人的精神需求是物质无法满足的高级需求，包括社会交往、被尊重以及自我实现等需要。在这些需要得到满足后，人才能消除孤独感，获得幸福感，实现人生的价值和意义。道德人在自律的行为中拥有自由，他们由于行善利他，且领会到与他人的一体性而消除孤独感。道德氛围直接影响居民的幸福指数。单靠法律永远无法消除精神层面上的问题：法律的外在性破坏心灵内在的自由宁静，违法犯罪的人会因远离自由宁静而丧心病狂，守法的人会因守法失去发财机会而怨恨，善良的人则为这个社会充满恶而愤懑。

第三，道德指示社会发展的终极方向。如果说法律的对象是利益，那么法律的功能就是经济的。法律所维持的社会基本秩序无非是自由竞争所需要的环境，竞争的目的和结果都是促进物质财富的增加，商业社会的终极目的是财富无限扩大。就此而言，法律的目的是保障经济的平稳增长。当法律带着这一目的在人身上实施时，物质利益也就成了人的目的。但是，物质利益不应是人的终极目的，人的终极目的是人自身，物质财富和经济发展只是人和社会实现终极目的的手段。人"无论如何也天生是社会动物"，[②] 道德把人联合成为一个有机的社会整体。在资本主义社会，物质利益在人身上凝集成一个个独立实体，并通过法律固定下来，人被孤立化为原子，从而出现兄弟反目、父子成仇。如果一个社会的经济高度发展，

[①] 张康之、李传军、张璋：《公共行政学》，经济科学出版社 2002 年版，第 175、179 页。
[②] 《资本论》第 1 卷，人民出版社 2004 年版，第 379 页。

而道德状况却极度恶化，那么生活在其中的人必然因精神匮乏而远离幸福，并使人是目的的理念落空。所以，在设定社会发展的长远目标中，道德目的应该与经济目的放在一起被考虑，且前者应该成为首要目的，这也正是马克思共产主义理想的精神实质。

三　超验与经验在实践中相互作用

道德的超验性与法律的经验性构成矛盾。经验主义不承认一切超验性事物和事物的超验性维度。其实，超验在某种意义上是普遍存在的，即使经验主义本身也具有超验性因素。经验主义追求自由却导致自由的丧失，追求本身恰在证明人具有先验自由，只是在追求中它又忘记了这一点。从道德视角看，甚至法律本身也没有完全摆脱超验性，正如没有道德，法律就无法独立存在和发挥功能。虽然道德异化成为法律，但是它从未失去超验性，不管在法律本身上，还是在法律之外剩余部分上。于是，超验与经验之间出现对立和斗争，即超验道德被经验化为法律，与经验法律又不断被赋予道德超验性之间的斗争。道德是人的自由本质的现实化表现，道德超验性被剥夺是人的自由本质对象化之后对人的统治。马克思说："对象性的本质在我身上的统治，我的本质活动的感性爆发，是激情，从而激情在这里就成了我的本质的活动。""激情、热情是人强烈追求自己对象的本质力量。"① "我的本质的活动"在精神层面上是"激情"力量的展现，是人捍卫道德超验性，反对法律经验性的斗争。"激情"源自道德崇高感，道德越是被边缘化，道德意识和行为也就越是显得崇高。道德被边缘化经验化，与道德超验性不可剥夺性之间的差距是"激情"势能得以增长的根据。社会越是缺乏道德，人民生活越困苦，"激情"越深沉厚重。马克思要揭示困苦以唤醒人民："应当让受现实压迫的人意识到压迫，从而使现实的压迫更加沉重；应当公开耻辱，从而使耻辱更加耻辱。应当把德国社会的每个领域作为德国社会的羞耻部分 [partie honteuse] 加以描述，应当对这些僵化了的关系唱一唱它们自己的曲调，迫使它们跳起舞来！为了激起

---

① 《马克思恩格斯全集》第 3 卷，人民出版社 2002 年版，第 309、326 页。

人民的勇气，必须使他们对自己大吃一惊。"①

"激情"是马克思早期著作中一个较为重要的概念，俞吾金教授提出"情欲本体论"，②即马克思从"激情"出发展开自己的哲学。道德反对法律的胜利，依靠所有人领会道德的超验性以消灭经验主义，且践行道德以"改变世界"，这也正是马克思实践观的本来意蕴。

然而，在马克思看来，经验主义的生存方式和思维方式同样也是实践，只是其超验性维度被遮蔽，人屈从于自己"对象性的本质"对自己的统治，亦即其"能动的方面"被遮蔽。不过，这种片面的实践也具有必然性。实践的自我运动和自我绽开在其内部表现为超验与经验的相互作用。人受制于自然和自己的"对象性的本质"，同时，具有超验自由本质的人又有突破限制的能动性。超验与经验在实践中的结合和斗争是问题产生的根源，也是其解决的最终途径。

结合和斗争发生在实践内部，从外部观察，它表现为历史按照必然性规律展开和完成自身，即经验世界在实践中产生"自我分裂和自我矛盾"，然后在意识到"分裂"和"矛盾"后，又开始在实践中消除它们。然而，马克思的"激情"概念和黑格尔"有限之物"的自我扬弃一样都是精神层面的，物质层面上经验性事物的运动不会一蹴而就，因为"在世界历史里，进步是很迟缓的"，③它依赖于人类社会走完它需要经历的全部过程。

超验与经验的相互作用使道德与法律在历史中此消彼长。在进入文明社会之后，道德在维护社会秩序中的主导地位让渡过给法律。马克思把社会历史发展分成三个阶段："人的依赖关系（起初完全是自然发生的），是最初的社会形态……以物的依赖性为基础的人的独立性，是第二大形态……建立在个人全面发展和他们共同的社会生产能力成为他们的社会财

---

① 《马克思恩格斯选集》第 1 卷，人民出版社 2012 年版，第 5 页。

② 俞吾金：《重新理解马克思：对马克思哲学的基础理论和当代意义的反思》，北京师范大学出版社 2005 年版，第 199 页。

③ ［德］黑格尔：《哲学史讲演录》第 1 卷，贺麟、王太庆译，商务印书馆 1959 年版，第 40 页。

富这一基础上的自由个性,是第三个阶段。"①

与此对应,道德与法律的关系要经历三个阶断:从两者原始统一的"最初的社会形态",到两者分裂的"第二大形态",再到重新统一的"第三个阶段"。第一个阶段是漫长的原始社会,这时没有独立的法律存在,人们在共同生活中靠习俗处理事务,宗教和道德是维持社会秩序的根本力量。人们在作为一个大家庭的氏族范围内共同劳动、共同占有和享有生活资料。"人的依赖关系"体现人与人之间和谐,人生活在温暖的道德氛围中。由于"起初完全是自然发生的",这种关系是朴素的、尚未展开的。当然,这个时期物资比较匮乏,几乎没有什么现代社会中盛行的奢侈品。奢侈品不是必需品,现代社会奢侈品的盛行其实正是道德衰落的一个表征,因为奢侈品表达的是欲望的膨胀和精神的空虚。人类社会进入文明时代也就进入了第二个阶段。"物的依赖性"是人对经验物质即私有财产的依赖。私有财产制度使社会分裂为阶级,统治阶级把法律作为强迫被统治阶级就范的工具。原始社会末期的习惯法,随着阶级矛盾的尖锐化而演变为成文法。成文法的出现标志着法律的诞生,也是法律与道德分庭抗礼的开始。资本主义使法律与道德的对立达到极致,道德的地盘被法律所侵占。其结果是,法律只追求形式的合理性而丢掉实质的合理性。比如,平等是现代法治的一个重要原则,法律禁止穷人也禁止富人在桥下过夜、在商店偷面包,这种禁止实质上只是在限制穷人而不是富人,富人不需要在桥下过夜、在商店偷面包。道德失去地盘激起超验对经验的反抗,即道德反抗法律,阶级斗争是反抗的表现。面对道德的异化和经验主义的兴盛,人们依靠道德超验性促使道德的回归,于是开始进入第三个阶段。"自由个性""阶段"的社会不仅要有极大丰富的物质,更要有高度发达的道德。那时,仍会有法律式的条文去调节人的行为,但这种条文将失去阶级统治功能,而成为管理公共事务的手段。这种法律和道德相统一的格局与原始社会相似,只是在经历了否定之否定的循环后,道德的内涵和范围将会有根本的改变。道德在原始社会只局限在氏族或家庭内部,在现代社会,真

---

① 《马克思恩格斯全集》第 46 卷上,人民出版社 1979 年版,第 104 页。

正的道德仍然主要局限于家庭内部，在其普遍性上，只有父母对孩子的付出没有功利因素在内，因而是超验的。未来社会，道德范围将会扩展到人类整体。

道德及其现代性遭遇是我们从超验与经验关系的角度对马克思哲学的初步考察。这是问题的提出，我们还没有充分说明道德的异化及其扬弃。对此，我们需要首先探析道德与马克思哲学超验性维度的关系，进而考察马克思哲学的经验性诉求，以及马克思对康德未来形而上学的批判和完成。

第三章　道德与马克思哲学的超验性维度

马克思哲学的超验性维度只有落实在道德上才能具有实在性。通过实践，超验道德与经验历史联系起来，这避免了超验在神学和逻辑建构意义上再次被抽象化。我们需要首先厘清马克思哲学的超验性维度，然后探讨此维度与道德的关联。一旦建立了这种关联，康德哲学的超验道德就成为一个无法回避的领域。可以说，马克思的道德概念是从康德那里继承来的，只是马克思转换了问题视域，从而使在康德看来无法解决的问题得到了解决。

第一节　超验概念辨析

上一章通过对马克思与恩格斯学术思想关系争论的分析，我们得到马克思哲学具有超验性维度的结论。然而，不少人仍然难以接受这一结论。这里我们对超验概念做一辨析，然后继续探索马克思哲学到底有没有，或者在何种意义上具有超验性维度。

一　超验概念简史

何谓超验（transzendent/transcendent，transcendence）？简言之，"超验的基本意思就是超越经验的范围"，[①] 经验（Erfahrung/empirical，ex-

① 韩水法：《康德物自身学说研究》，商务印书馆 2007 年版，第 109 页。

penence, experience）主要是指感觉经验，事物和现象在能够被感觉感知、被量化处理等意义上是经验的。在康德看来，通常所谓知识也是经验的。

超验概念的源头可以追溯到希腊哲学。巴门尼德的是者、柏拉图的至善、亚里士多德的理神和实体，在不能被感官感知，只能被理性思维所把握的意义上都是超验的。当然，从另一视角看，亚氏实体在仅仅适用于经验性事物的意义上又是经验的。中世纪的上帝在"超越经验的范围"的意义上是超验的。18世纪法国唯物主义认为，世界上的一切，包括精神现象都能用物理和生理原理来把握，最终都可以还原到物质即"自然"上去。例如，拉美特里说："人体是一架……机器：……体温推动它，食料支持它"；"人脑这个器官的构造产生了思想的功能"；"人和动物是自然用同样的面粉团子捏成的"。[①]爱尔维修说："肉体的感受性和记忆是产生我们一切观念的原因"；"所谓灵魂无非就是感觉能力"。[②]这些哲学家把一切背后的根源都规定为自然，这个自然其实已经被抽象化了，因为任何一个可见的经验性事物都无法涵盖自然的范围。就此而言，自然概念也具有超出经验的维度，只是他们不承认这种维度的存在罢了。

（一）康德的超验概念

超验概念被明确提出并上升为哲学概念的转折点是康德哲学。我们可以通过康德对超验（transzendent / transcendent，transcendence）和先验（transzendental / transcendental）的区分来领会其超验的内涵。除了超验和先验，还有一个概念需要被置于我们的视野之内，即先天（a priori）。国内学术界对于三个概念的中文翻译存在较大争论。关于译名源流，有人做过考证，"在汉译康德著作中最早采用'先验'、'超验'、'先天'的应是蓝公武翻译的《纯粹理性批判》。"[③]此后，蓝公武先生的翻译被学术界普遍接受。与这种翻译不同，熊伟先生于1933年7月20日在《天津大公报》上

---

① 北京大学哲学系外国哲学史教研室编译：《西方哲学原著选读》下卷，商务印书馆1982年版，第107、111、115页。

② 同上书，第167、173页。

③ 文炳、陈嘉映：《"先天"、"先验"、"超验"译名源流考》，《云南大学学报》（社会科学版）2011年第3期。

发表文章，讨论"先验与超验"。他认为，a priori 应译作"先验"即先于经验的，transzendental 应译作"超验"，因为"transzendental 是比 a priori 更深一层，更为根本。"① 他还认为，康德的 transzendental 的确是"先验"，但又不止于"先验"，因为它的确是"超"，"但又决不够做'超然'。"② 不够"超然"是因为它既超出和不依赖于经验，又与经验混合一体。

关于三个词翻译的争论延绵至今。例如，倪梁康把 transzendent 和 transzendental 分别译为"超越的"和"超越论的"；③ 赵汀阳把 transcendent 译为"超越的"。④ 他们之间有更细致的争论：倪梁康针对赵汀阳在《先验论证》一文中把"先验论证"看作方法的观点，提出"先验论证"不是方法。倪梁康认为，虽然康德在许多方法前面加上"先验"一词，但是他没有说过"先验方法"，即使偶尔提到，也只是在"'先验主义'（transzendentalistisch）的意义上"提到的；"Transcendental（超越论的）是并且仅仅是一种对 transcendent（超越的）何以可能的询问，仅此而已。它意味着'内向的'、'反思的'，以及在此两者意义上'认识批判的'，如此等等。"⑤

问题仍然是：这三个概念的含义到底是什么？康德在何种意义上使用它们？赵汀阳认为，tran-scendent 指超越经验界限的东西，tran-scendental 指经验知识的普遍可能的条件，a priori 指独立于任何经验而成立的知识，相反，"如果一种知识是基于经验的并且需要经验证实，则是 a posteriori。"⑥ 倪梁康认为，transzendent 指超越的状态，而 transzendental 指超越如何可能。⑦ 且看康德自己的说法："'先验的'……这个词指的并不是某种超越一切经验的东西，而是虽然先行于经验（先天的）、但却注定仅仅使

---

① 熊伟：《自由的真谛——熊伟文选》，中央编译出版社 1997 年版，第 18—19 页。
② 同上书，第 19 页。
③ 倪梁康：《再次被误解的 transzendental——赵汀阳"先验论证"读后记》，《世界哲学》2005 年第 5 期。
④ 赵汀阳：《先验论证》，《世界哲学》2005 年第 3 期。
⑤ 倪梁康：《再次被误解的 transzendental——赵汀阳"先验论证"读后记》，《世界哲学》2005 年第 5 期。
⑥ 赵汀阳：《再论先验论证》，《世界哲学》2006 年第 3 期。
⑦ 倪梁康：《TRANSZENDENTAL：含义与中译》，《南京大学学报》（哲学·人文科学·社会科学版）2004 年第 3 期。

经验成为可能的东西。如果这些概念超越了经验，那么，它们的应用就叫做超验的。"①

可见，康德把超验（transzendent）与先验（transzendental）都看作超出（或先行于）经验，只是在存在和应用上，先验的永远不能脱离经验，即"为了经验"、"使经验成为可能"。这就是熊伟先生所谓不够"超然"的意思，它既超出经验，即先行于或不依赖于经验，又与经验混合一体。章自承先生说："在康德看来，所谓先验，就是先于经验，先于经验的形式就是先天范畴，它们是使经验知识成为可能的东西，换言之，只是由于先天形式才可能使数学与自然知识成为科学知识。"②

"使经验知识成为可能的东西"是知性范畴，知性范畴与经验不可分。熊伟先生说："范畴正是先验而有，但又同时为造成经验的必不可缺的条件；在经验成立之后，一检查之，便见其中寓有范畴；故可称 transzendental。"③

在中文与外文无法完全对应的翻译学困境中，在理清概念在原作者语境中含义的前提之下，采用"约定俗成"的译法是相对较好的选择。蓝公武译法因被普遍接受而成为"约定俗成"的，因此我们这里采用蓝氏译法。

在区分超验（transzendent）与先验（transzendental）时，超验（transzendent）与先天（a priori）似乎没有得到区分，即它们都是超出或先行于经验的。它们的区分大致有：第一，先天主要是就范畴、概念、理念和形式等先行于经验而言的，先天概念与经验结合，于是进入先验。而超验则主要说明，知性概念的应用是不能超出经验界限的，超验应用是非法僭越，超验应用导致二律背反，故康德说超验的自在之物不可知。第二，先天与后天相对，超验与经验相对。休谟区分了分析命题和综合命题，前者是关于观念的必然知识，后者是关于经验事实的偶然知识。康德区分了本体界和现象界。作为超验本体的自在之物在认识论上"基本有三层意思：一是

---

① 《康德著作全集》第 4 卷，中国人民大学出版社 2005 年版，第 379 页注。
② 章自承：《简论"先验"与"超验"》，《四川大学学报》（哲学社会科学版）1989 年第 3 期。
③ 熊伟：《自由的真谛——熊伟文选》，中央编译出版社 1997 年版，第 20 页。

感性的源泉，二是认识的界限，三是理性的理念；最后由此通向'道德实体'的伦理学领域。"① 对于康德来说，"真正积极的'本体'乃是由上帝、自由，灵魂不朽等理性理念构成的道德实体世界。"② 以物质世界为内容的现象界是经验的。康德本体的超验性主要是一个神学概念，自在之物包括上帝、灵魂和意志等，不仅上帝是神学的，而且灵魂和意志的超验性同样具有神学意味。对于马克思来说，超验性是道德之内在本性，对道德的践行是实践，超验与经验在实践中统一。因此，他不再追溯到彼岸世界神的王国，这样，超验性就成为实践超越经验实然之域的超越性本身。同时，超验性也不再是抽象思辨的逻辑建构，"而是实践之生产性的生成活动这一现实的创造领域所固有的内在本性。"③

康德先验概念的用意在于处理超验与经验的关系，换言之，先验是超验与经验的桥梁。先天知性概念使知识成为可能的应用是先验的，结果产生经验知识。自然科学知识是经验的，"科学在本质上是关于经验现象的理性解释，它始于经验观察，最终亦须返回经验层面上诉诸经验证实。因此，它在本质上只能是经验性的而非超验的。"④ 知性概念的超验应用会产生二律背反，因而只有把经验性事物作为对象的先验应用才是稳固的。但是，理性本身有超出经验而上升到超验的本性，这在某种意义上体现人的意志自由，由此开始从知识论向本体论过渡。康德的最终目的不在于经验知识，而在于为知识划定界限，并进入本体界的道德。

道德在本性上是超验的，任何经验的渗入都会因造成超验性的纯粹性的破坏，最终失去超验性，这意味着道德因丧失自律和自由而丧失自身。当然，道德不能永远囿于超验领域，它要在经验世界中实现以获得实在性，否则就只能是可望而不可即的空洞理想。

康德一般不把道德所具有超验性表述为先验性。道德之为道德就是要在经验世界中实现，康德称自己的哲学立足于"经验的肥沃洼地"。在经

---

① 李泽厚：《批判哲学的批判——康德述评》，人民出版社1984年版，第239—240页。
② 周建漳：《论"超验"》，《厦门大学学报》（哲学社会科学版）1993年第2期。
③ 何中华：《马克思实践本体论新诠》，《学术月刊》2008年第8期。
④ 周建漳：《论"超验"》，《厦门大学学报》（哲学社会科学版）1993年第2期。

验世界中实现已然接近了先验，且道德本来就是世界的标准，它应该是经验世界"是其所是"的原因。当道德异化或缺席时，世界的样子恰恰不是它的本来应有面貌。这样，道德在使经验世界成为可能的意义上，似乎就是先验的。但康德不在道德上使用先验概念，其原因主要有三：首先，康德强调道德超验性的神学意味，以及超验性上道德的自律和自由。这种超验性必须是纯粹的，不允许任何经验混杂进来，否则就失去了神圣性，也不再是自律和自由了。其次，对于康德而言，自由是先验的，自由在自律意义上成为道德的本质内容，这样就不必再去强调道德的先验性，因为道德为世界立法并经验性实现的任务已被自由的先验性所承担。最后，对道德的践行——实践，相对于道德和自由来说，具有更加浓厚的经验性色彩，实践作为连接超验与经验的桥梁是先验的。这样，道德的先验性便转移给了实践，它自己只保留超验性。不过，在康德哲学中，实践本身却难以实现。连接超验与经验的先天综合判断在知识论意义上成立，自然科学的兴盛证明了这一点；超验道德在经验世界中的实现即实践，在二元论框架中却没有实在性根据，它只停留在理念中。因此，康德道德的超验性确有完全脱离经验而飞升入云霄的危险。

毋庸讳言，康德的超验概念是思辨的产物，但这不能说明超验性事物或事物的超验性维度不存在。"与经验有联系的超验东西的存在，却是毋庸置疑的。不能被直接感觉到却能被思维所把握的东西的存在，难道不是客观事实吗"？"这种只能为思维所把握的东西就是超验的。"①

虽然"康德在使用这两个词（超验与先验——引者注）的时候有些混乱，有时也把两者混同起来"，②但这并不说明康德不够严谨。首先，两者是在抽象思辨中区分的，语言在表达存在的时候，总是不能完全达到事情本身。由积极本体（上帝、灵魂和意志）组成的超验领域，也一定有超出理性和语言所能把握的范围的地方。因此，只要能够正确地传达作者的意

---

① 章自承：《简论"先验"与"超验"》，《四川大学学报》（哲学社会科学版）1989年第3期。
② 同上。

思就可以了。① 其次，超验与先验有相通之处。它们都与经验相对，先验的在"先行于经验"意义上也是超验的，"先验的东西，因其自身不能被经验到，在一定意义上也可以看作是超验的。"② 这种超验在应用于经验时就是先验的，康德捍卫道德的超验性，但是超验道德在经验世界中的实现又是先验的。为强调道德在本性上完全拒绝外在的和经验的束缚，康德才使用了超验。最后，道德的实践承接了其经验性维度，这也是道德能够守得住其超验性的纯粹性的原因之一。

（二）康德之后的超验概念

黑格尔的超验是神秘的大全或上帝，其中一切事物都融化了其经验性。事物本身在精神层面上似乎都存在，但由于其神秘性，最终一切都走向了虚无。

恩格斯把世界本原规定为物质，这与 18 世纪法国唯物主义的自然概念相似。物质是抽象掉一切事物的经验性差别之后的纯粹物，在其抽象性和纯粹性上，物质也是超验的，尽管恩格斯不把它说成是超验的。不过，他有时也似乎意识到自己接近了超验，他说："经验论者深深地陷入了体会经验的习惯之中，甚至在研究抽象的东西的时候，还以为自己是在感性认识的领域内。"③

康德和黑格尔之后，对超验做深入研究的主要有胡塞尔、海德格尔和伽达默尔等。胡塞尔关于超验的思想主要集中在他对现象学还原的论述中。现象学还原就是要排除"自然"、"纯粹自我"、"超验者上帝"、"作为普遍科学的纯粹逻辑"、"实质－本质性学科"等。我们可以从这种排除中接近其超验概念。排除的目的地是"先验纯粹的一般意识"，"排除自然是使我们能够将目光转向先验纯粹的一般意识的方法手段。"④ 对"纯粹自我"

---

① 依伽达默尔看来，正确、比较正确或无限接近正确都是不可能的，因为正确本身是无法确定的，不同文化背景下的正确观有很大区别。这里暂不考虑这种解释学问题。

② 陈本益：《经验、先验与超验》，《东岳论丛》1989 年第 3 期。

③ 《马克思恩格斯全集》第 20 卷，人民出版社 1971 年版，第 578 页。

④ ［德］胡塞尔：《纯粹现象学通论——纯粹现象学和现象学哲学的观念（Ⅰ）》，李幼蒸译，中国人民大学出版社 2004 年版，第 89 页。

进行排除时，总是还会有某种东西剩下来。"如果在对世界和属于世界的经验主体实行了现象学还原之后留下了作为排除作用之剩余的纯粹自我（而且对每一体验流来说都有本质上不同的自我），那么在该自我处就呈现出一种独特的——非被构成的——超验性"。①

自然世界是经验的，胡塞尔在排除了自然世界这一极端以后，要排除另一个极端即纯粹超验的上帝，它不仅居于世界之外，而且"显然也是超越于'绝对意识'的"。②虽然超越于纯粹意识的其他超验性事物也在被排除的范围之内，然而，排除超验性事物也要适可而止，"因为否则的话，尽管有余留下来的纯粹意识，却不可能余留下来一门纯粹意识科学"。③可见，胡塞尔的目的是建立"一门纯粹意识科学"。他想利用抽象思辨达到"事情本身"，这仍然是一种科学情结，即试图在"事情本身"上达到自然科学式的清晰和确定。"纯粹意识科学"当然不能排除"纯粹意识"本身，这是先验现象学中最根本的超验性。在这一点上，现象学与自然科学划清了界限。胡塞尔将还原扩大到本体论领域，这也是现象学能够与自然科学划清界限的地方。因此，胡塞尔现象学是哲学而非科学，尽管他仍然有科学情结。另外，现象学还原是方法而不是科学方法，因为它具备了反思性和流动性，从而阻止了独断论。

如果说康德区分了超验、先验和经验，那么胡塞尔则继续捍卫着这种区分，并试图在此基础上，达到超验与经验的有机统一，但是他始终在途中。

海德格尔通过在"存在"中引入时间，想达到超验与经验的统一，但他仍然没有达到经验历史，在很大程度上，他仍然囿于意识和思辨领域内部。伽达默尔通过"真正的对谈"④进一步实现了向经验的前进。他的中心问题是："理解何以可能？"但对于马克思而言，"理解"只是准备而不是

① ［德］胡塞尔：《纯粹现象学通论——纯粹现象学和现象学哲学的观念（Ⅰ）》，李幼蒸译，中国人民大学出版社 2004 年版，第 90 页。

② 同上书，第 91—92 页。

③ 同上书，第 92 页。

④ ［德］伽达默尔、杜特：《解释学 美学 实践哲学：伽达默尔与杜特对谈录》，金惠敏译，商务印书馆 2005 年版，第 38 页。

目的，目的是"改变世界"。①

　　马克思虽然出现在胡塞尔、海德格尔和伽达默尔之前，但可以说，马克思哲学是对他们哲学的超越和完成。通过实践把超验与经验融为一体，马克思不仅使用了胡塞尔的现象学方法，达到了海德格尔的"存在"，而且在"改变世界"的意义上，超出伽达默尔"理解"的目的本身。第一，马克思的实践具有唯心主义"抽象地发展了"的"能动的方面"，②这体现了一种超验性。同时，作为"感性的人的活动"，③实践又是经验的。第二，马克思对国民经济学的研究本身就是一种具体实践。由实践带来的超验性不再是神学的和抽象思维的，而是对经验实然之域的超越本身。超验道德在实践中构建超越的理由和动力。第三，"在马克思看来，商品在本质上是一种超验存在物。"④劳动是实践的本质内容，是人的自由本质的对象化活动。由于人对自己自由本质的抽象理解和应用，劳动出现了异化。异化劳动反映超验与经验的分离。商品是异化劳动的结果，商品价值是超验的，使用价值是经验的，但两者是分离的，占有者在同一时空内只能占有其中的一个。商品的内在矛盾在人的维度上表现为无产阶级和资产阶级的矛盾，于是阶级斗争获得哲学上的根据。

二　哲学与超验概念

　　从上一章关于马克思与恩格斯学术思想关系的讨论中，我们得到结论：马克思哲学具有超验性维度，恩格斯在理论建构上拒绝超验性因素的参与。现在的问题是：恩格斯这一做法在客观上能否行得通？这一做法在法国唯物主义和英国经验论中已经出现过。"人是机器"的说法完全排除超验性因素，认为精神活动不过是物质运动的特殊表现罢了。英国经验论把感觉经验看作认识的唯一来源。经验论为科学家提供的哲学根据是因果概念。因果概念产生自然规律概念，而陈述自然规律的命题又必须通过经

---

① 《马克思恩格斯选集》第 1 卷，人民出版社 2012 年版，第 133 页。

② 同上。

③ 同上。

④ 周建漳：《论"超验"》，《厦门大学学报》（哲学社会科学版）1993 年第 2 期。

验的充分验证才能成立。然而，"自然规律的验证并不等于因果性的存在的验证，我们只能概然地说，在自然界中一个同类的验证又将出现。因此，我们认为，培根和休谟关于因果性的观点是正确的，根据这种观点，因果性的存在问题只有实践意义，而不可能是理论上的事情。"①

"不可能是理论上的事情"就无法使必然性成立，没有必然性，因果概念本身也就瓦解了。其实，经验论使因果概念完成从偶然性向必然性关键性一跃所依靠的还是超验意识。经过贝克莱"存在就是被感知"的著名论断，以及休谟把因果性归结为习惯的怀疑论的打击，经验论难以自圆其说，于是分崩离析，走向唯心主义、不可知论和常识派。经验论的矛盾说明经验主义在逻辑上难以自洽。

哲学作为理论体系要求逻辑上的自洽。如果经验论因自相矛盾"而不可能是理论上的事情"，那么经验论能不能称得上哲学理论？如果称不上，那么就没有讨论的必要，因为哲学体系要求逻辑上的自洽。一般说来，只要是离开具体实践在谈论世界，就已经是在做理论工作了。就此而言，经验论仍然是理论。经验论之所以不承认自己背后还有先验性前提是因为，这样做会导致经验性失去纯粹性，不纯粹性会导致经验论本身的坍塌，经验论之为经验论就在于它只相信经验。其实，经验论无法排除其先验性前提上的超验性，它不承认自身还有前提，但是不承认本身没有充分的经验性理由。它出于这样一个先验性预设：一切都要付诸经验才是正确的。但是，没有任何经验性证据能充分证明这个预设的正确性。另外，经验主义（彻底的经验论是经验主义）对自由做抽象理解和抽象应用，它看不到它追求自由却导致自由丧失的追求本身，就已经在某种意义上证明了先验自由的存在。这也说明经验论无法完全排除超验性。因此，经验论完全依靠经验并不能保证它具有逻辑自洽上的必然性。就此而言，它不是成功的哲学理论。当然，对于休谟来说，本来就不存在因果联系的必然性，"'必然联系'这一观念只是心灵的习惯"。②因此，他把自己的思想称作主要具有

---

① 洪谦：《论逻辑经验主义》，商务印书馆 1999 年版，第 24 页。
② 北京大学哲学系外国哲学史教研室编译：《西方哲学原著选读》上卷，商务印书馆1981 年版，第 528 页。

"实践意义"，而不具有"理论意义"。

后来，经验论传统发展出实证主义和分析哲学。实证主义试图通过纯粹的经验为自然科学提供基础。伽达默尔说："维也纳学派曾有一种认识论试图，想把记录陈述（protokollsatz）作为无可怀疑的确信的语句，因为在这种语句中观察者和观察对象具有直接同时性，从而企图在此基础上建立自然科学，但这种试图早在维也纳学派的最早阶段（1934 年）就遭到莫里茨·石里克的反对。"①

这种做法注定要失败，因为它完全否认超验性事物及事物的超验性维度。事实上，超验是哲学不可去除的内在因素，无论你"见与不见"，它"就在那里"。"相信记录语句是所有认识的基础，这甚至在维也纳学派中也未能持续多久。甚至在自然科学范围内，认识的证明也无法避免诠释学这一结论，即所谓的所与物根本无法与解释相分离。"②事实与理论、客观与主观、经验与超验需要结合，伽达默尔的诠释学空间就在两者之间。

分析哲学家维特根斯坦通过《逻辑哲学论》和《哲学研究》两部著作，颠覆了语言"基于单义性"的精确性，"那种基于单义性理想的语言规范化概念现在被语言游戏理论所替代。"③语言的非精确性是对哲学超验性的证明，尽管他本人认为这是哲学没有出路的表现。

抽象唯物主义是经验论，它难以自圆其说，因而需要引入超验性以消灭自身。上帝原本是纯粹超验的，费尔巴哈把上帝看作人的感性生活，这"直截了当地使唯物主义重新登上王座"。④但是，费尔巴哈唯物主义与"人是机器"的说法到底有何本质区别？它不过是对人作为"机器"如何运动的一点补充罢了。就此而言，它仍然没有超出经验主义的范围。当费尔巴哈引入"爱的宗教"时，他实际上在后台又偷偷复活了原来上帝身上的抽象超验性。

---

① ［德］汉斯 – 格奥尔格·伽达默尔：《诠释学Ⅱ：真理与方法》，洪汉鼎译，商务印书馆 2010 年版，第 404 页。

② 同上书，第 425—426 页。

③ 同上书，第 541 页。

④ 《马克思恩格斯选集》第 4 卷，人民出版社 2012 年版，第 228 页。

恩格斯把辩证唯物主义规定为费尔巴哈唯物主义加上黑格尔辩证法。但实际上，恩格斯只是继承了前者，后者在失去超验性维度（即失去同时包含主观性和客观性的整体）的意义上，已经不再是有生命的辩证法了，正如黑格尔手尸的比喻，"譬如一只手，如果从身体上割下来，按照名称虽仍然可叫做手，但按照实质来说，已不是手了。"① 恩格斯并没有意识到他退回到费尔巴哈那里去，他在努力追随马克思，却在"理论问题上"出现了"漏洞"。恩格斯的"漏洞"其实仍然是经验论的自我矛盾，即经验主义的悖论。

那么，如果引入超验性维度是否问题就会迎刃而解？答案是否定的。虽然唯心主义和二元论哲学自觉显示超验性，但是这种超验性并没有使事情出现多少好转。相反，在一定意义上，正是由于唯心主义和二元论的存在，才有了经验论和抽象唯物主义与它们相对立。② 唯心主义和抽象唯物主义之间的矛盾是超验与经验的矛盾，其历史根据是"世俗基础的自我分裂和自我矛盾"。③ 马克思把矛盾纳入哲学，同时把哲学转向世界。一些学者认为，马克思哲学存在断裂，有两个马克思：青年的和老年的、伦理的和科学的、批判的和科学的等等。诚然，马克思哲学内在蕴含相互矛盾的超验与经验，但两者不是机械地组合在一起，而是有机统一于活生生的具体实践。这些学者仍然把矛盾看作哲学内部的，他们只看到马克思哲学内部存在矛盾，却看不到通过实践把矛盾纳入哲学的合法性。他们仍然在经验性视野中进行抽象思辨，没有领会马克思哲学超验性维度的真实内涵。对于马克思来说，矛盾不是哲学的缺点，而是"世界的缺点"，④ 哲学的任务恰恰是走出自身去解决矛盾。马克思哲学为了经验而具有超验（因此又是先验的）。超验与经验在实践中相互作用不仅产生出矛盾，而且是矛盾的解决途径。实践的超验性只能在具体实践中被理解，它拒绝抽象思辨的

---

① ［德］黑格尔：《小逻辑》，贺麟译，商务印书馆 1980 年版，第 405 页。
② 唯心主义和抽象唯物主义产生自同一个"世俗基础"，它们在马克思哲学的实践概念中同时被扬弃。
③ 《马克思恩格斯选集》第 1 卷，人民出版社 2012 年版，第 134 页。
④ 《马克思恩格斯全集》第 1 卷，人民出版社 1995 年版，第 77 页。

把握，否则矛盾将继续存在下去。超验与经验的矛盾是哲学尤其马克思哲学之所以存在的理由。内在蕴含超验与经验矛盾的实践，以及"世俗基础的自我分裂和自我矛盾"，比唯心主义、抽象唯物主义和二元论等旧哲学具有更加始源的地位。通过实践，我们能够把握旧哲学，并解决旧哲学的问题，旧哲学却不能把握更无法解决"世俗基础的自我分裂和自我矛盾"。

唯心主义和二元论无法解决问题的原因在于，它们的超验性因离开经验而陷入抽象；经验论、实证主义和分析哲学试图立足于纯粹经验的做法被证明是失败的，因而需要引入或承认超验。马克思哲学自觉以超验与经验的矛盾为坐标，来把握世界和"改变世界"，超验性维度因此成为马克思哲学不可或缺的两大要素之一。事实上，超验是哲学无法排除的内在要素，哲学只有立足于超验，才可能展开对世界的理论把握和现实改造。

三　马克思哲学的超验性维度

既然超验是哲学无法排除的内在要素，马克思哲学作为哲学同样具有超验性维度。然而，这主要是一种外部说明，我们需要从马克思哲学内部发掘证据，来领会这一维度。何中华教授在《马克思哲学的超验性维度之我见》一文中，专门分析了马克思哲学的超验性维度。我们试从宗教视角，从真理、自由、共产主义和实践等概念上来考察这一维度。

（一）从宗教视角的考察

宗教是西方哲学尤其德国哲学中一个极其重要的因素，康德、黑格尔都把上帝作为其哲学的重要概念加以阐述。"德国哲学一诞生，就处于政权与教权，帝国与教皇的冲突中"；"德国哲学脱胎于神学"。[①] 因此，了解德国哲学就必须注意其宗教背景，对于马克思哲学来说也不例外。按照血统来划分，马克思是犹太人，但是他不承认自己是犹太人，因为"1824 年亨利希·马克思（卡尔·马克思的父亲——引者注）给他的孩子们施了洗礼；他本人则是在 1816 年，他的妻子是在 1825 年加入路德派教会的。"[②]

---

① 张汝伦：《德国哲学十论》，复旦大学出版社 2004 年版，自序第 8 页。
② ［德］弗·梅林：《马克思传》，樊集译，人民出版社 1965 年版，第 8 页注。

青少年时期的马克思没有接受传统犹太教教育，而接受了基督教教育。他不可能完全摆脱宗教的影响，即使提出无神论，也只能说明他对世俗宗教的不满。年仅17岁的马克思在中学作文《青年在选择职业时的考虑》（1835年8月12日）中写道："自然本身给动物规定了它应该遵循的活动范围，动物也就安分地在这个范围内活动，而不试图越出这个范围，甚至不考虑有其他范围存在。神也给人指定了共同的目标——使人类和他自己趋于高尚，但是，神要人自己去寻找可以达到这个目标的手段；神让人在社会上选择一个最适合于他、最能使他和社会变得高尚的地位。"①

我们可以这样来理解这段话：第一，这时马克思还没有提出无神论，我们可以设想他承认有神。他受神的精神的鼓舞，决心献身于"使人类和他自己趋于高尚的"的职业。后来，他通过哲学探索人类解放道路的事业，无论如何是符合这一职业要求的。在神的意义上，马克思肯定不排除他思想中的超验性维度。第二，退一步说，我们可以把这里的"神"，理解为一个年轻人内在激情的措辞。世俗人自私而狭隘，神却无私而高尚，马克思因此采用了"神"的说法，以此抒发他无私奉献人类幸福事业的理想和抱负。那么，马克思这种激情保持了多久？是否随着岁月的流逝、人生阅历的增长，以及对神的态度的改变而衰退殆尽？事实证明，马克思一生都保持着这种激情，而且有愈磨愈坚之势。因此，即使马克思这里所谓"神"只是表达理想的措辞，而理想本身仍然具有超验性维度。第三，这里体现马克思对超验与经验关系的态度。这一点又有这样几层意思：首先，神只是"给人指定了共同的目标"，却并不主动在经验世界中与人一起去实现这个目标。就是说，在其超验性上，神并不干预人的经验生活，"神要人自己去寻找可以达到这个目标的手段"，手段是经验的。这样，超验的神和经验的人各自保持在自己的领域内，并且通过各自独特的职责和活动相互联系。其次，神与自然的分别也体现超验与经验的关系。经验的自然为经验的动物"规定了……范围"，动物便安于这个范围。相反，神与人之间的关系却不再是纯粹经验的。在写作《青年在选择职业时的考

---

① 《马克思恩格斯全集》第1卷，人民出版社1995年版，第455页。

虑》两天前，马克思写了一篇宗教作文，《根据〈约翰福音〉第 15 章第 1 至 14 节论信徒同基督结合为一体，这种结合的原因和实质，它的绝对必要性和作用》。基督是超验的，信徒是经验的，基督同信徒的结合表征着超验与经验的结合。人（信徒）本身不能超越自己的经验性存在，他要通过与基督的结合来实现超越。最后，马克思在《青年在选择职业时的考虑》中还提出，"我们的一生"就是"一场精神原则和肉体原则之间不幸的斗争"。[①] "精神原则"是神指示人去完成高尚事业，"肉体原则"则是人在"完成"过程中受到肉体承受力的限制。"肉体原则"应该还有一层意思，马克思这里没有明确说出来，即人的吃喝生殖等需要，如果把这些需要变成人的终极追求，那就是异化，即人向动物的沉沦。显然，"精神原则"是超验的，"肉体原则"是经验的。

马克思在博士论文中借普罗米修斯之口说出："总而言之，我痛恨所有的神"，[②] 这是他较早表达的无神论思想。我们不难从中发现其哲学所蕴含的超验性维度。马克思对神有双重态度，一是对神的否定（"痛恨所有的神"）；二是对以神为载体的超验存在（被"痛恨"的是神，"痛恨"者普罗米修斯也是神）的肯定。马克思没有关闭其思想向着以神为表述载体的超验的敞开，敞开本身证明了其哲学的超验性维度。退而言之，即使马克思这里的表达只是一种修辞手法，其中仍然具有超验性维度。一般来说，哲学语言介于自然科学（数学）语言和诗性语言之间，西方哲学追求逻辑和精确，刻意模仿自然科学（数学）语言。马克思这一用法说明，他充满激情的思想突破了传统刻板的哲学语言。即使我们把普罗米修斯的出场看作一种修辞手段，即普罗米修斯不是神，这不过是一种形象化的比喻，但它所代表的解放人类的精神意愿仍然是超验的，它表达的是马克思的理想，亦即普罗米修斯盗天火以救人间的精神。再退一步，即使我们把这种表达看做仅仅是思想的表述，其中仍然具有超验性因素。思想本身无论粗糙与精细，都是对经验世界的抽象。在这种抽象性上，思想是超验的，因为它

---

① 《马克思恩格斯全集》第 1 卷，人民出版社 1995 年版，第 457 页。
② 同上书，第 12 页。

最终无法排除作为形式的纯粹意识。相对而言，思想是超验的而语言是思想的经验性载体。语言是对话，对话发生在人与人、人与灵魂、灵魂与自身之间，在对话中流动着的是思想。当然，马克思说过，思想"不外是移入人的头脑并在人的头脑中改造过的物质的东西而已。"① 但这种说法并不妨碍我们把"物质的东西"也看做是具有超验性维度的。

如果说，康德以不可知论拒绝回答关于神的问题，那么马克思则进一步消解了问题本身。马克思否定了世俗世界中由人创造的宗教和神。在实践的具体性② 中，人永远达不到去追问纯粹超验神的地步，只要去追问就离开了经验和具体实践。同时，传统宗教把希望推到彼岸，因而阻碍了人对当下世界的正确把握和改造，这样就剥夺了人的能动性。针对这种剥夺，马克思提出："宗教是人民的鸦片。"③ 在《资本论》中，他把原罪与资本主义的原始积累相提并论，"这种原始积累在政治经济学中所起的作用，同原罪在神学中所起的作用几乎是一样的。"④ 他对这个世俗的上帝做了调侃，上帝甚至成为资本剥削劳动的依据。他引用了《论手工业和商业》的话："假如每周的第七天休息是上帝的安排，那就是说，其余 6 天属于劳动〈……他的意思是说属于资本〉，所以强制实行上帝的这一诫命，决不能说是残忍的行为…… 人一般说来是天生好逸恶劳的……"⑤

马克思的无神论思想主要是在《1844 年经济学哲学手稿》中提出的，其根本用意在于，让人回归超验与经验相统一的具体实践。人通过"抽象思维"直观纯粹超验的上帝，而"抽象思维本身是无"。⑥ "抽象思维"之所以"抽象"，是由于它脱离了经验和具体实践。马克思拒绝对神进行追问，因为只有仅仅关注纯粹超验时，人才有机会提问神，或者说，在经验

---

① 《资本论》第 1 卷，人民出版社 2004 年版，第 22 页。
② 超验与经验在实践中相互作用构成实践的具体性。把两者分离开来，只取超验的一面是神学和唯心主义，只取经验的一面就是经验主义和抽象唯物主义。黑格尔唯心主义和费尔巴哈唯物主义都被马克思批判为抽象。
③ 《马克思恩格斯选集》第 1 卷，人民出版社 2012 年版，第 2 页。
④ 《资本论》第 1 卷，人民出版社 2004 年版，第 820 页。
⑤ 同上书，第 317 页。
⑥ 《马克思恩格斯全集》第 3 卷，人民出版社 2002 年版，第 334 页。

与超验相统一的实践基地上，人无法追问到纯粹超验的神，因为一旦追问就会失去经验。马克思这时的注意力集中在人上，这是费尔巴哈的痕迹。但是在实践的具体性上，他与费尔巴哈有着本质上的不同，费尔巴哈唯物主义在超验与经验相分离的抽象性上与唯心主义殊途同归。人之所以对神进行追问，是因为社会历史具有如此追问的根据，即追问本身来自"世俗基础的自我分裂和自我矛盾"。而拒绝追问神并回归具体实践，恰是弥合"分裂"和解决"矛盾"的开始。

马克思本人决不会同意在其哲学中引入一个纯粹超验的神，否则，哲学会再次脱离具体实践而跌回唯心主义。马克思对神的态度应该是：既然已经到达理想和道德，就不必再去讨论纯粹超验的神了，康德已经把这个问题说清楚了。我们需要做的就是探讨理想和道德的实现途径，并实际地实行之。况且，理想、道德甚至神"都能在人的实践中以及对这种实践的理解中得到合理的解决。"[①]这里的"解决"有两个含义：一是它们的产生、消亡以及本性都能得到理解，二是实践实际地产生、实现和消灭它们。神在其纯粹超验性上拒绝经验性的参与，马克思在《青年在选择职业时的考虑》中说道："神也给人指定了共同的目标——使人类和他自己趋于高尚，但是，神要人自己去寻找可以达到这个目标的手段；神让人在社会上选择一个最适合于他、最能使他和社会变得高尚的地位。"[②]因此，"神"仅仅在超验层面"给人指定""共同的目标"，但如何实现"目标"的实践则完全是人自己的事务。对于马克思来说，我们不必追问到神，且人所追问的神本身恰是人所创造出来的，它的存在值得怀疑，而实践及道德则是真实的。

马克思不去抽象地追问人为什么会具有超验性（马克思哲学的超验性维度最终也是人的超验性维度，正如人的主观能动性），是神赋予的吗？如果抽象地追问人的超验性，即离开超验与经验相统一的具体实践去追问，那么一定会追到神那里。抽象追问有两个方向：一是循着纯粹超验的

---

① 《马克思恩格斯选集》第 1 卷，人民出版社 2012 年版，第 136 页。
② 《马克思恩格斯全集》第 1 卷，人民出版社 1995 年版，第 455 页。

方向追出纯粹超验的神，二是循着纯粹经验的方向追出纯粹经验的自然界。然而，自然界在经验性的纯粹性上，以及能够创造这个世界的意义上其实就是神，只不过与神的名称不同罢了。马克思不追问到神，只要人和自然界是感性直观地存在着的，人通过实践就已经证明了自己和自然界的存在，也就证明了人自身的超验性维度。唯心主义在纯粹超验性上追问神和旧唯物主义在纯粹经验性上否定神，都没有正确处理人的超验性维度。只要承认超验性维度并正确地在实践中对待它就够了，即只要能够在实践中理解实践并主动实践就够了。

面对通常把马克思哲学看做是完全经验的认识，重新揭示其原本具有的超验性维度成为必要。如果失去超验性维度，那么马克思的理想就会成为空中楼阁，最终会使其哲学失去超验性维度。失去这一维度，马克思哲学会沦为经验论，会和恩格斯一样出现"理论问题上"的"漏洞"。如果马克思哲学缺失了超验性维度，其哲学视野中的世界就会成为纯粹经验的，这样存在着的就只有人的肉体和自然物质。在肉体死亡和物质变化的意义上，存在就是虚无。这样的话，马克思也就没有理由苦苦寻求人类解放的道路，因为一切本来如此。然而，存在的本来状态恰是超验与经验相统一的具体实践。

揭示马克思哲学的超验性维度是在具体实践中进行的。如果仍然在抽象思辨中矫枉过正，就会回到唯心主义。马克思向着以"神"为载体的超验的敞开，并没有给世界引入一个经验意义上的神，一旦引入，就会造成超验与经验的相互越位。超验与经验在实践中各自获得自己合理的位置，然后进行正常的相互作用。作为"感性的活动本身"，实践吸收唯心主义"抽象地发展了"的"能动的方面"。[①] 唯心主义承认神，被唯心主义发展的能动性似乎不能断绝与神的关联，而马克思在具体实践上不再关注神，只关心人在实践中已经具有超验性即"能动的方面"。马克思批判宗教时，唯心主义一并遭到批判。在他看来，唯心主义的存在本身就是超验性维度被遮蔽的抽象实践的产物，唯心主义的可取之处仅在于，它发展和保存了

---

① 《马克思恩格斯选集》第 1 卷，人民出版社 2012 年版，第 133 页。

人超验的主观能动性（尽管是抽象的）。宗教和唯心主义中的超验性在实践中只属于人。从神和唯心主义那里取回超验性，是人取回本来属于自己的财产。

（二）马克思哲学体现在真理、自由、共产主义等概念中的超验性维度

超验性是哲学不可或缺的因素，在马克思哲学中谈论真理、自由、共产主义等概念，其中无不浸染了超验性色彩。马克思说："人的思维是否具有客观的［gegenständliche］真理性，这不是一个理论的问题，而是一个实践的问题。人应该在实践中证明自己思维的真理性，即自己思维的现实性和力量，自己思维的此岸性。关于思维——离开实践的思维——的现实性或非现实性的争论，是一个纯粹经院哲学的问题。"①

显然，马克思的真理观不是认识论真理符合论的，而"离开实践的思维"才可能属于这种符合论。"经院哲学"脱离实践后陷入了抽象。马克思的真理是人"在实践中证明"的"自己思维的真理性，即自己思维的现实性和力量，自己思维的此岸性。""此岸性"说的是实践和"现实性"，真理则是"力量"。人具有自主性，人在实践中把主观意志搛入外在物的自在运动，使之成为属于人的活动。即使人被动地服从外在物的役使，这也是人事先选择的结果。然而，经验世界总有个人意志之外的偶然性，人不得不在一定意义上服从由偶然性带来的经验性。于是，自主性和服从性构成矛盾。在一定意义上，恰是偶然性和经验性为人的自由提供空间，因而自主性和服从性又是统一的。两者的相互作用使历史表现为，实践不断做自我缠绕的辩证运动。

自主性源自自由。马克思的自由是先验的，它一方面拒绝一切外在约束，另一方面又有在世界中实现的经验性诉求。先验自由的地基上矗立着道德大厦，这是在康德哲学中建立起来的，但同样适用于马克思哲学，尽管马克思很少直接谈论道德。关于自由与道德关系的分析主要放在第二节，这里意在说明，马克思的自由在先验性上具有超验性维度，因为先验的在超出或"先行于"经验的意义上也是超验的。

---

① 《马克思恩格斯选集》第1卷，人民出版社2012年版，第134页。

　　马克思在《1844年经济学哲学手稿》中说道："共产主义是扬弃了的私有财产的积极表现；起先它是作为普遍的私有财产出现的。"[1] 他的共产主义概念有三层依次递进的含义：第一，它是私有财产关系的"普遍化和完成"。[2] 资本主义对人的本质的剥夺造成人的片面性发展，这一剥夺要达到"普遍化和完成"。剥夺在抽象的和反面的意义上证明，人"作为个人的存在在何种程度上同时又是社会存在物"，[3] 即"正是在改造对象世界中，人才真正地证明自己是类存在物"，[4] 尽管异化劳动使人失去自由，把"自由活动贬低为手段"。[5] 只有当人意识到自己是"社会存在物"时，真正有效的反抗私有财产关系的运动才可能开始，因而只有当它达到"普遍化和完成"时，才能让所有人都意识到这一点并联合起来行动。

　　第二，共产主义"具有政治性质"，它"是废除国家的，但同时是还未完成的，总还是处于私有财产即人的异化的影响下。这两种形式的共产主义都已经认识到自己是人向自身的还原或复归，是人的自我异化的扬弃；但是，因为它还没有理解私有财产的积极的本质，也还不了解需要所具有的人的本性，所以它还受私有财产的束缚和感染。"[6] 工人反抗资本一开始总是盲目的。"私有财产的积极的本质"是先让它充分发展，然后才能消灭它，否则只能导致失败。"人的本性"是人的本质和自由，这也是道德的内容。但是由于"不了解""人的本性"，人在消灭资本的时候又被资本所统治。工人推翻资本统治的目的不是得到被资本家占有的财产，而是解放包括资产阶级在内的人类全体，实现道德，回归"人的本性"。有人只是关注共产主义社会物质财产极大丰富，却不理解道德极大发展是什么意思。这种对共产主义的理解仍然是资本主义的，马克思说它"还受私有财产的束缚和感染"。

---

[1] 《马克思恩格斯全集》第3卷，人民出版社2002年版，第295页。
[2] 同上。
[3] 同上书，第297页。
[4] 同上书，第274页。
[5] 同上。
[6] 同上书，第297页。

第三，共产主义是私有财产的"积极的扬弃"，是超验与经验对立的彻底和解，是具体实践在经验历史中的自我绽开，是经验性斗争的最后结果，是道德的回归和实现。马克思说："共产主义是私有财产即人的自我异化的积极的扬弃，因而是通过人并且为了人而对人的本质的真正占有；因此，它是人向自身、向社会的即合乎人性的人的复归，这种复归是完全的，自觉的和在以往发展的全部财富的范围内生成的。这种共产主义，作为完成了的自然主义＝人道主义，而作为完成了人道主义＝自然主义，它是人和自然界之间、人和人之间的矛盾的真正解决，是存在和本质、对象化和自我确证、自由和必然、个体和类之间的斗争的真正解决。它是历史之谜的解答，而且知道自己就是这种解答。"①

"扬弃"是人与自己超验本质的合一。"人道主义"在"人性"上是超验的，"自然主义"外在于人时是经验的，而"人的自我异化的积极的扬弃"则是超验与经验对立的和解，"是人向自身、向社会的即合乎人性的人复归"。"复归"过程是经验的，它要以"存在和本质、对象化和自我确证、自由和必然、个体和类之间的斗争"为实在性内容。因此，共产主义是超验与经验合一的过程与结果。作为过程，它是经验的；作为结果即应该达到的状态，它是超验理想的实现。"历史之谜"在根本上是超验与经验的关系问题，即人到底是否具有超验性和能动性以打破资本主义对自由的封杀？人到底能不能掌握自己历史命运？在马克思看来，问题很明确，超验与经验在实践中的对立统一，工人阶级和资产阶级斗争的结果都指向资本主义的灭亡。如果这是假的，那么人就没有自由和自主性，也就没有什么超验本质。但人在自己的劳动和实践中已经发现了自己的本质，尽管是以异化的形式表现出来的。

（三）从实践角度领会马克思哲学的超验性维度

马克思哲学具有超验性维度，②它与经验性维度同时存在，甚至两者就是同一个事物的两种不同表现。马克思在《关于费尔巴哈的提纲》第一条中说道："从前的一切唯物主义（包括费尔巴哈的唯物主义）的主要缺点

---

① 《马克思恩格斯全集》第 3 卷，人民出版社 2002 年版，第 297 页。
② 参见何中华：《马克思哲学的超验性维度之我见》，《山东社会科学》2003 年第 4 期。

是：对对象、现实、感性，只是从客体的或者直观的形式去理解，而不是把它们当做感性的人的活动，当做实践去理解，不是从主体方面去理解。因此，和唯物主义相反，唯心主义却把能动的方面抽象地发展了，当然，唯心主义是不知道现实的、感性的活动本身的。"①

"从主体方面去理解"，使"对象、现实、感性"不再仅仅作为人的活动对象或加工客体而存在，而是主体与客体在相互作用中结合而成的有机整体。这个整体具有"能动的方面"，人可以作为客体参与其中，这种客体同样具有"能动的方面"。主体与客体相互作用的有机整体是"实践"，因而"当做实践去理解"同样彰显了其中的超验性和能动性因素。"在传统哲学特别是思辨哲学中，超验规定不过是思维的逻辑建构"，②马克思哲学的超验性维度则表现为实践能够超越经验的超越性本身。在超越中，实践突破纯粹意识领域，"超验性便不再是神性的（彼岸世界的属性）或逻辑的（思辨领域的属性）规定了，而是实践之生产性的生成活动这一现实的创造领域所固有的内在本性。"③在超越中，马克思的"新唯物主义"④真正深入了经验，避免在思考对象时再一次陷入抽象。

那么，实践之所以能够超越经验的理由究竟何在？简言之，理由仍然是超验性和能动性，是由自由和道德所表征的超验性和能动性。能动性依据自由而成立，自由在其先验性上具有绝对性；当神作为纯粹超验性事物被具体实践排除以后，现实地承管超验的是道德。

自由和能动性使实践获得对经验进行超越的能力。马克思的自由是先验的，它摆脱一切经验性约束，同时它和能动性是为了经验的，使经验活动即实践成为可能。但是，人在异化劳动中失去自由，或者说自由的先验性与超验性在异化中被遮蔽。在异化劳动中，自由在先验性上的超验性无法深入经验（比如表现在康德二元论中），于是现实化为超验道德，如果纯粹化则进入彼岸世界神的王国。从此，实践获得新的任务——实现道

---

① 《马克思恩格斯选集》第 1 卷，人民出版社 2012 年版，第 133 页。
② 何中华：《马克思实践本体论新诠》，《学术月刊》2008 年第 8 期。
③ 同上。
④ 《马克思恩格斯选集》第 1 卷，人民出版社 2012 年版，第 136 页。

德。反过来，道德充当了实践的动力和目的。有人认为，道德无法充当实践和历史的动力和目的。但是，当纯粹超验的神退出经验世界后，能够承管超验的就是自由和道德。自由既是道德的前提又是道德的内容，因此两者是统一的。如果说实践和历史不需要道德和超验，那么人的存在就成为纯粹经验的了。纯粹经验的似乎进入不了人的存在，单纯自然科学和物质财富总是达不到人的存在的根本处。除去道德，人的存在将变得无聊和空虚。除去神、自由和道德，人似乎再没有真正值得孜孜以求的事物。这样，实践的超验性动力和目的又是什么？当我们把道德看做是实践的动力和目的时，也就理解了实践何以能够超越经验实然之域的内在理由。

第二节　马克思哲学的超验性维度集中在道德上

马克思以无神论否定了世俗宗教，他把上帝看做是人的本质的虚幻表达。他说人是"类存在物"①和"社会动物"，②"人是人的最高本质"。③"类"和"社会"把人连接成为整体，由宗教连接成的整体是虚幻的。道德是去除虚幻的开始，因为超验道德开始与经验世界相接触，它必须经验地实现才能成其为自身，道德在实践中完成与经验的接轨。在道德中，超验与经验被同时提出。宗教仅仅具备超验性而没有经验性，它没有与经验接触的机会。人的存在包括超验的精神存在和经验的肉体存在，两种存在之间的对立恰是道德存在的理由。总之，马克思哲学的超验性维度通过实践要居住在道德中而非宗教中。

马克思哲学的超验性维度能够与道德联系起来需要一个前提，即道德必须是超验的。我们通常认为，马克思的道德是社会主义或共产主义道德，它以为人民服务为价值核心、以集体主义为基本原则、以爱祖国爱人

---

① 《马克思恩格斯全集》第 3 卷，人民出版社 2002 年版，第 273 页。
② 《资本论》第 1 卷，人民出版社 2004 年版，第 379 页。
③ 《马克思恩格斯选集》第 1 卷，人民出版社 2012 年版，第 10 页。

民爱劳动等为主要道德规范。① 这些表述是正确的，但没有触及问题的实质，因为它拒绝承认或模糊化道德的超验性本质。缺少了对道德超验性的阐述，这些表述就成为外在的经验性描述。马克思的道德概念在本质上是超验的。他之所以不直接论述道德的原因在于，面对资本主义的恶，他致力于道德的实现而非道德的谴责。

然而，道德具有超验性并不说明它独立于历史之外，道德与实践（实践过程构成历史）内在贯通。在马克思哲学语境中，超验性转化为实践对经验进行超越的超越性本身。因此，马克思在根本上只关注实践，甚至在实践看来，道德不过是片面实践的历史产物，正是由于没有了道德，道德才引起人们关注。康德把实践看作道德实践，因而道德始终先于实践。与此不同，在马克思看来，道德是实践的产物因而实践先于道德。然而，马克思也接受康德的观点，即道德的实现是实践。就超验性和绝对性而言，道德所代表的人的精神本质是永恒不变的；就超验性在片面实践中被遮蔽而言，道德有生有灭且经验性内容不断变化。我们试从自由概念、实践概念和道德分类上，来讨论马克思哲学超验性维度与道德之间的关联。

一 从先验自由到超验道德

马克思的自由观有两个层次：人的自由本性和主观能动性。两层次之间的关系体现自由的先验性。人的自由本性先行于一切经验，主观能动性则是人在经验中揳入主观意志的能力。先验自由基础上的道德是超验的，能动性是自由在经验世界中的实现，也是道德的经验性实现。

（一）人的自由本性与主观能动性

马克思在博士论文中，通过对伊壁鸠鲁和德谟克利特原子论区别的讨论，确立起人的自由本性。两种原子论的区别是："伊壁鸠鲁认为原子在虚空中有三种运动。一种运动是直线式的下落；另一种运动起因于原子偏离直线；第三种运动是由于许多原子的互相排斥而引起的。承认第一种和第三种运动是德谟克里特和伊壁鸠鲁共同的；可是，原子脱离直线而偏斜

---

① 参见唐凯麟：《伦理学》，高等教育出版社 2001 年版。

却把伊壁鸠鲁同德谟克里特区别开来了。"①

原子偏斜运动使原子摆脱了直线运动的必然性，由此具备了偶然性，偶然性为原子的自由运动提供了空间。原子是由思维构建出来的世界组成元素或基质，原子抽象地表达着人的活动和意识。原子运动具有偶然性和自由，表明人的活动和意识具有自由。这种自由是绝对的，它摆脱一切外在束缚，没有任何事物能够对人构成限制，也没有任何事物是永恒的。就连"众神也避开世界，……居住在世界之外。"②众神"处于幸福的宁静之中，不听任何祈求，不关心我们，不关心世界，人们崇敬它们是由于它们的美丽，它们的威严和完美的本性"。③人们一般认为宇宙是永恒的，"宇宙过去一直是现在这样，而且将来也永远是这样"，"不会变成任何别的东西。"④永恒的宇宙并不必然对人构成限制，而像"众神"一样远离世界。对人来说宇宙也是虚无，它永恒与否与人没有必然联系。

诚然，在现实生活中，众神和宇宙直接或间接制约着人。但马克思和伊壁鸠鲁意在说明，人的自由本性是超出经验的。如果以经验事实为例说宇宙对人有限制，从而否定自由，那么偶然性将再次被必然性淹没，原子偏斜说将不再成立。众神仅仅在超验领域对人的控制恰恰是自由的表现，人对它们的崇敬"是由于它们的美丽，它们的威严和完美的本性"。神的本性就是自由宁静，伊壁鸠鲁的哲学旨趣也是人心灵的自由宁静，他"在哲学中感到满足和幸福"。⑤与伊壁鸠鲁不同，德谟克利特追求必然性，"一方面求知欲使他不能平静，另一方面对真实的即哲学的知识的不满足，迫使他外出远行。"⑥他"发现一个新的因果联系比获得波斯国的王位还要高兴！"⑦据说，为了逃避感性的十扰，他还弄瞎了自己的眼睛。他被必然性所统治，困惑迷茫，心灵得不到自由和宁静。

---

① 《马克思恩格斯全集》第 1 卷，人民出版社 1995 年版，第 30 页。
② 同上书，第 35 页。
③ 同上书，第 35—36 页。
④ 同上书，第 78 页。
⑤ 同上书，第 24 页。
⑥ 同上书，第 23 页。
⑦ 同上书，第 27 页。

　　马克思超出伊壁鸠鲁的地方在于，他不让自由囿于超验内部，而致力于自由在经验世界中实现，以避免成为可望而不可即的空洞理想。经验性实现使自由化为主观能动性。它表现为一种内在必然，即人在"感性活动"中必然受制于一种内在精神力量的驱动。人听从内在必然力量的驱使，赴汤蹈火也在所不辞。尽管这样做会失去许多其他利益，甚至，"虽然国人皆曰可杀，他仍正义凛然，鞠躬殉道，死而后已；他甘冒天下之大不韪，坚持正义，终生不渝。"①社会舆论力量作为一种内在必然起作用的机理在于，它引发了人对内在精神力量的敬畏和服从。一个人不在乎他思想和行为的另类，却以另类为荣，那么社会舆论对他便失去了效力。人之所以追求另类，是因为肉体和物质欲望合法化并膨胀起来以后，人的追求必然随着欲望的多样而多样，追求另类于是成为合理的。很多人都追求另类，这本身就形成了一种社会潮流或舆论。听从这种舆论就会人人自私，进而社会在整体上失去超验性而成为虚幻的共同体，亦即所谓市民社会。内在必然即自律已经不能维系社会成员之间的关系，于是需要外在必然即经验法律来维系。

　　创作博士论文时期，马克思的自由概念在绝对性上具有黑格尔色彩。但是，马克思没有像黑格尔一样把思维和存在看成是绝对统一的。哲学是思维及其体系，"当哲学作为意志面向现象世界的时候，体系便被降低为一个抽象的总体，就是说，它成为世界的一个方面，世界的另一个方面与它相对立。"②于是，哲学要"转向外部"，③以实现"世界的哲学化"、"哲学的世界化"，从而"实现""哲学"并促使哲学"丧失"。④哲学的"丧失"与黑格尔实际上造成的"世界"本身的"丧失"有本质区别。马克思在《关于费尔巴哈的提纲》中提出"实践"、"能动的方面"和"感性"，说明其自由概念更接近康德的先验自由，而不是黑格尔精神运动的绝对自由。先验自由同时具有超验性和经验性两个维度。在《1844年经济学哲学手稿》

---

　① ［古希腊］柏拉图：《理想国》，郭斌和、张竹明译，商务印书馆1986年版，第49页。
　② 《马克思恩格斯全集》第1卷，人民出版社1995年版，第75页。
　③ 同上书，第76页。
　④ 同上。

中，马克思对自由的思考仍然以黑格尔的方式来表达，即人和社会的发展要经历从自由到不自由（异化），再到自由（共产主义）三个阶段。"后来马克思放弃了这种通过自由来理解自由的叙述方式，试图真正通过不自由来理解自由。在这个过程中，我们看到康德逐渐成为马克思的一个尽管常常是隐匿的，但却越来越重要的对话者。"①

在商品价值和使用价值的分裂中，人是不自由的，不自由其实仍然源自超验与经验的分离。正是这种分离引起康德对自由先验性的讨论。反过来，康德在根本上也是在探索超验与经验的和解，即实践先验性的实现，但其二元论决定这种先验性不可能实现。马克思把矛盾引入"世俗基础"和实践，让实践的绽开即社会历史的自我运动来解决问题。

有学者认为，康德的自由是先验的，而马克思的自由是经验的。"用经验的理由证成经验的自由，这是马克思对经验自由的理论逻辑的完成，是一个巨大的贡献。不过，这种独到性的获得也有其重大的代价，即对先验自由或自由的先验性的彻底否定。"② 这种看法否定了马克思自由的超验性维度，把马克思哲学与超验道德的关联剪断了。事实上，马克思强调经验性的原因在于，自由和道德实现的途径不在于它们自身，而要凭借经验历史的自我完成来实现。这决不说明马克思放弃了自由的先验性（或超验性维度）。作者针对"先验自由"与"经验自由"的鸿沟，提出"一令三式"解决方案：让每一行为都遵守"要有道德"的绝对命令，对行为要有三层问责。"首先是先验层次的元问题：这样做对吗？应该吗？恰当吗？一句话，道德吗？这是绝对命令的疑问式。其次是从先验层次过渡到经验层次的对象性问题：为什么？亦即行为的经验情况如何？这是绝对命令的扩展式。第三是在经验层次开放给所有其他道德立场和道德原则的他者性问题：诸他者怎么看？这是绝对命令的补充式。这一令三式缺一不可。有了这样的问责结构，行动但不负道德责任的理论漏洞就堵上了。"③

---

① 谢永康：《自由观念：从康德、黑格尔到马克思》，《学海》2009 年第 6 期。
② 徐长福：《先验的自由与经验的自由——以康德和马克思为讨论对象》，《天津社会科学》2006 年第 4 期。
③ 同上。

但是，这样的道德与行为仍然只是彼此外在地被放在一起，不能统一成一个有机整体。这仍然有些抽象，很难回答这一问题：既然经验自由的理由和实现都在经验中，那么到底什么力量促使我非要上升到经验之上的先验？事实上，人的自由本性和主观能动性组合成统一的先验自由，它一方面是人不可放弃的超验本质，另一方面是人实现自由、打破不自由现状的根据，也是缺席的道德回归人的内在根据之所在。

（二）先验自由是超验道德的根据

康德把超验道德建立在先验自由的基础之上，如果说马克思的自由概念也是先验的，那么马克思就有可能与康德一样由此进入超验道德。自由通过全部实践能力证明自己的实在性，"如果它（全部实践能力——引者注）作为纯粹理性是现实地实践的，那么它就通过事实证明了它的实在性和它的概念的实在性，而反驳它有可能具有实在性的一切诡辩便是徒然的了。""凭借这种能力，先验自由从现在起也就确立了起来"。①先验是超出经验却为了经验的，在超出经验上也可以说是超验的，这是从先验自由到超验道德的过渡。凭借先验自由，超验道德建立起来。康德的道德学说建立在意志自由、上帝存在和灵魂不朽三个公设之上，其中自由概念是根本的。"自由概念的实在性既然已由实践理性的一条无可争辩的法则证明，它就构成了所有纯粹的、甚至思辨的理性体系的整个建筑的拱顶石，而所有其他概念（上帝的概念和不朽的概念）作为单纯的理念原来在思辨理性里面是没有居停的，现在依附于自由概念，与它一起并通过它得到安定和客观实在性，这就是说，这些概念的可能性已由自由是现实的这个事实得到了证明，因为这个理念通过道德法则展现了自己。"②

自由概念为其他两个概念提供了"安定和客观实在性"，因此可以说，自由概念是道德的最终依据。道德在本性上是超验的，它不允许任何经验的渗入，否则其超验性就面临着瓦解。但是同时，道德又必须在经验世界中展现自身，否则就会因缺少实在性而遁入虚无，因而它又无法摆脱经验

---

① ［德］康德：《实践理性批判》，韩水法译，商务印书馆 1999 年版，第 1 页。
② 同上书，第 1—2 页。

性维度。康德把超验道德的经验性实现称作实践，因此实践成为先验的，只是在其二元论框架内这一先验性无法获得实在性。

我们认为，康德的超验道德同样适用于马克思。第一，康德认为，"终极目的无非是人类的全部使命，而有关这种使命的哲学就是道德学。为了道德哲学对于一切其他理性追求的优越地位之故，我们自古以来也一直都把哲学家这个名称同时理解为、并且首先理解为道德学家"。①作为"哲学家"，马克思对自由和人类解放事业的追求同样出于道德义务感和使命感。由于他很少直接论述道德且强调自己哲学的经验性，不少人认为，马克思哲学与道德的关系没有这里说得这么密切，甚至马克思根本就把道德看作"生活"的决定物，因而无关紧要。马克思之所以很少谈道德的原因是：面对资本主义的恶，他致力于道德的实现而不是道德的谴责。他不再讨论道德的本性，而关心道德的实现。对他来说，道德的超验性与实践的超验性内在相通。实践不仅是超验道德在经验历史中的实现，而且在这之前，实践还是道德产生的原因。在实践本体一元论中，在康德二元论中无法实现的实践的先验性得到实现的可能。

第二，康德认为，道德只能建立在先验自由的基础之上。马克思在博士论文中确立的人的自由本性也是先验的。他不像伊壁鸠鲁一样只满足于自己心灵的自由宁静，而追求自由能够在"哲学转向外部"②中，使"人类社会"的经验历史成为可能。在康德看来，先验自由的自律构成道德的根本内容，类似地，马克思说过："道德的基础是人类精神的自律"。③自律是精神性的，因此，马克思的道德概念与康德一样具有超验性（维度）。

第三，马克思很少直接谈论道德，却有不少对自由的论述。有人据此认为，马克思不关注道德。这说明此人仍然局限于经验性视野看问题，认为道德是被经济基础和政治上层建筑所决定的纯粹经验性事物，因而是可变的和次要的。诚然，道德具有可变性的一面，但同时也有不变的超验性的一面。从道德在实践中产生和实现来看，道德是实践的附属物。然而，

① ［德］康德：《纯粹理性批判》，邓晓芒译，人民出版社2004年版，第634页。
② 《马克思恩格斯全集》第1卷，人民出版社1995年版，第76页。
③ 同上书，第119页。

一旦道德在先验自由和实践超验性维度上获得超验性，它就有了绝对性。当然，反过来也可以说，实践因道德而获得超验性维度。

在马克思哲学语境中，自由与道德的关联有两方面：其一，先验自由是超验道德的根据。只要马克思的自由是先验的，它就能以康德的方式进入超验道德。虽然在文本上马克思这样做的证据不多，起码这样一种逻辑关联是无法否定的。其二，自由是道德的一个不可或缺的要素。道德必须把自由的经验性实现作为实在性内容，否则作为道德前提的自由的先验性就会遭到破坏，道德也会由自律衰变成他律。尼采之所以激烈地批评基督教道德就在于，他认为这种道德摧残人的自由本性，是人抽象的外在束缚，他推崇经验性是渴望自由的经验性实现。良好的道德秩序必须保证自由的经验性实现。资本主义是人抽象行使自由权利的结果，这种自由只是自由竞争、自由贸易和自由欺压无产者。马克思说："我们，在我们的那些牧羊人带领下，总是只有一次与自由为伍，那就是在自由被埋葬的那一天。"[①]前一个"自由"是具体的、真正的、道德自律的"自由"，后一个"自由"则是抽象的、虚假的、他律的"自由"。

（三）道德作为意识形态被"物质生活"所决定

我们把马克思的道德思想看成是从康德那里继承来的，就是说，他与康德一样把道德看成是超验的。这时，会出现一个问题：这如何与马克思把"道德"说成"物质活动"的产物、说成"意识形态"而被"生活决定"相协调？马克思在《德意志意识形态》中说道：

> 思想、观念、意识的生产最初是直接与人们的物质活动，与人们的物质交往，与现实生活的语言交织在一起的。人们的想象、思维、精神交往在这里还是人们物质行动的直接产物。表现在某一民族的政治、法律、道德、宗教、形而上学等的语言中的精神生产也是这样。
>
> 我们的出发点是从事实际活动的人，而且从他们的现实生活过程中还可以描绘出这一生活过程在意识形态上的反射和反响的发展。甚

---

① 《马克思恩格斯选集》第 1 卷，人民出版社 2012 年版，第 3 页。

至人们头脑中的模糊幻象也是他们的可以通过经验来确认的、与物质前提相联系的物质生活过程的必然升华物。因此，道德、宗教、形而上学和其他意识形态，以及与它们相适应的意识形式便不再保留独立性的外观了。它们没有历史，没有发展，而发展着自己的物质生产和物质交往的人们，在改变自己的这个现实的同时也改变着自己的思维和思维的产物。不是意识决定生活，而是生活决定意识。[①]

这里"意识"是被"决定"的，其产生和发展受制于"物质活动"、"物质生活过程"、"物质生产和物质交往"。"它们没有历史，没有发展"是指它们没有"完全独立"的历史和发展。然而，被"决定"并不能说明马克思把道德看作纯粹经验性事物加以抛弃。第一，前面说过，在康德道德的普遍性上马克思是"道德学家"，而他把道德置于被"决定"的位置上，只是由于他认为道德的实现途径不在道德自身，而在经验历史和"生活"中。"生活决定意识"只能说明，他致力于道德的实现而非道德的谴责。事实上，有文本证据显示马克思对道德的重视，他在《国际工人协会共同章程》中说道："加入协会的一切团体和个人，承认真理、正义和道德是他们彼此间和对一切人的关系的基础，而不分肤色、信仰或民族"。[②]"真理"是事情的真相，对于工人来说，最大的真相就是通过斗争实现"道德"。"正义"也是"道德"的内容。他在《给工人议会的信》中说，在资本和劳动彻底分离的英国，工人阶级"清楚地认识到自己的地位，自己在数量上的极大优势，自己过去的惨痛斗争和现在的道义力量"。[③]显然，"道义的力量"就是在道德的感召下，通过斗争达到解放劳动的伟大目标，道德既充当了目的又充当了动力和手段。

一个真实的道德判断需要尽可能严格地去检验相关的事实。在这种意义上，马克思本人是一个地地道道的亚里士多德传统上的道德学

---

① 《马克思恩格斯选集》第1卷，人民出版社2012年版，第151—152、152页。
② 《马克思恩格斯选集》第3卷，人民出版社2012年版，第172页。
③ 《马克思恩格斯全集》第13卷，人民出版社1998年版，第134页。

家，尽管他自己并不是一直都知道这一点。

同时，他属于亚里士多德传统，因为道德主要不是一个关于法律、义务、守则和禁忌的问题，而是一个关于如何能够以自由、充实和最大程度自我实现的方式来生活的问题。①

所谓"亚里士多德传统"，指的是他在对实践智慧超验性体认的基础上，探索超验道德的经验性实现。马克思像亚里士多德一样经验地考察道德的经验性实现，但亚里士多德最终丢失了超验，构成后来经验主义的滥觞，这是两人的区别。

第二，"意识"和"生活"都同时具有超验性和经验性两个维度。"意识"作为自主的能够加工经验性内容的纯粹意识是超验的，但在内容上是经验的，如果不凭借其经验性内容，我们便无法捕捉到它。另外，"意识"属于同时具有超验精神和经验肉体的人。"生活"是"感性的人的活动"，是"实践"，②是有意识的人的活动。因此，经验"生活"同时具有超验性维度。

马克思"生活决定意识"说法的用意在于，从现实出发理解观念。观念是意识作为形式加在质料上形成的。在其现存性上，观念是抽象的，而流动的现实生活是具体的。流动性和具体性是超验和经验相统一的具体实践的内在本性。人在生活中实践时的感受、体验等构成质料。意识对质料进行加工，产生观念。观念相对于"生活"来说是现存的、抽象的。"生活决定意识"不是经验性事物决定超验性事物，而是具体性事物决定抽象性事物。马克思强调在具体实践中而非抽象意识中追问和解决问题。

第三，"意识"和"生活"不可分开。其一，"生活决定意识"与马克思把宗教归结为"世俗基础的自我分裂和自我矛盾"③是一致的。"意识"和"生活"都可以统一到实践中来，实践的超验性维度能够容纳"意识"，经验性维度能够容纳"生活"。两者不能分开，一旦分开就又回到了

① Terry Eagleton, *Why Marx Was Right*, Yale University Press, 2011, p.159.
② 《马克思恩格斯选集》第 1 卷，人民出版社 2012 年版，第 133 页。
③ 同上书，第 134 页。

"世俗基础的自我分裂和自我矛盾"，宗教和唯心主义会重新统治人，成为"意识决定生活"。其二，"意识"是"人"的"意识"，"生活"是"人"的"生活"。"人"是"现实的、从事活动的人们"、"发展着自己的物质生产和物质交往的人们"，以及"现实的、有生命的个人本身"。"意识"和"生活"共同归属于这种"人"。更能表达"人"的现实性和本质的不是"意识"而是"生活"。总之，具有"意识"的"人"在"生活"，从而使三者在实践中结合成一个有机整体。其三，与"生活"和"意识"一样，实践和道德之间也不是彼此外在的，它们内在结合为一个有机整体。在实践看来，它们之间的关系和相互作用全都发生在实践内部。"生活决定意识"可以翻译为"实践决定道德"。道德从实践中产生并依靠实践来实现，道德在实践中的地位和运动最终都是实践自身的运动。反过来，为更好地理解实践的超验性维度，并探讨实践的具体性，道德进入我们的视野。马克思并非否定康德道德的超验性，而是在更始源的历史根据上为道德及其超验性找到一个安居之所。就实践和道德在超验性上的绝对性而言，道德所代表的人的精神本质是永恒不变的；就超验性在片面实践中被遮蔽而言，道德有生有灭且经验性内容也不断变化。

二　实践与道德之内在贯通

道德自打诞生就是一个矛盾体。实践内在蕴含超验性与经验性两个维度。当两个维度自发地浑然一体时，社会中没有道德概念只有道德实质（实践在超验性上所代表的东西）。这时，人们意识不到道德，正如水中的鱼意识不到水。当超验与经验分离后，道德所表达的实质飞升入云霄构成彼岸世界神的王国，道德概念却闯入人们的视线，即在异化中，人正因为失去它才发现了它。或者说，道德在场时没有道德，道德缺席时道德却出现了。矛盾仍然是超验与经验的矛盾，道德从超验与经验相分离的片面实践中产生，还要在超验与经验重新合一的全面实践中实现并消亡。

道德的矛盾在康德二元论中表现为，超验道德无法深入经验世界，实践的先验性只能停留在理念中。康德的目的是道德，但他的先天综合判断只是在自然科学上获得了成功。他想为知识划定界限，结果却为自然科提供了必然性根据。他提出了问题，却没有给出问题的解决之道。他在资本主义的恶中编制了一个善的、没法实现的故事。他的道德哲学在二元论中的遭遇，反映了道德在超验与经验分离的现实中的矛盾。探索超验道德在经验历史中实现道路的任务留给了马克思。可以说，道德和实践都同时具有超验性和经验性两个维度。在康德哲学中，两个维度被凝固化为彼此隔离的二元，马克思则通过哲学转向外部，把两者统一于实践。

实践概念（Praxis/practice）来自亚里士多德，他在《尼各马科伦理学》中区分了三种概念：知识（Episteme）、技术（Techne）和实践智慧（Phronesis）。实践智慧有三个特征：第一，人考虑对自己整个生活有益的事；第二，人从实践自身出发考虑事物，"良好的实践本身就是目的"；[①] 第三，人考虑生活中可变的事物。[②] 前两个特征体现实践的超验性维度。"整个生活"在其绝对性上只能是超验精神的，在经验物质上永远达不到整体。"从实践自身出发"考虑事情，要求外部服从内部，是以"应当"为标准的选择。实践哲学就"是对人类生活形式所必须是什么的反思"。[③] 第三个特征体现实践的经验性维度。"生活中可变的"是经验的。然而，经验性维度与超验性维度是结合在一起的。"实践的态度从思维即从自我自身开始。它首先显得跟思想是对立的，因为说起来它自始表示一种分离。在我是实践的或能动的时候，就是说，在我做一件事情的时候，我就规定着我自己。而规定自己就等于设定差别。但是我所设定的这些差别，那时依然是我的，各种规定属于我的，而我所追求的目的也属于我的。即使我把这些规定和差别释放在外，即把它们设定在外部世界中，它们照旧还是我的，因为它们经过了我的手，是我所造成的，它们带有我的精神的痕迹。"[④]

"设定在外部世界中"的"规定和差别"主要是经验的，而"我的精

---

① ［古希腊］亚里士多德：《尼各马科伦理学》，苗力田译，中国人民大学出版社2003年版，第123页。

② 参见汪子嵩、范明生、陈村富、姚介厚：《希腊哲学史》第3卷，人民出版社2003年版，第1002 1004页。

③ ［德］汉斯-格奥尔格·伽达默尔：《诠释学Ⅱ：真理与方法》，洪汉鼎译，商务印书馆2010年版，第29页。

④ ［德］黑格尔：《法哲学原理》，范扬、张企泰译，商务印书馆1961年版，第13页。

神"则是超验的。两维度相结合表达的是实践的先验性。亚里士多德的实践是道德的实践，他书的名称是《尼各马科伦理学》（这里对伦理和道德不做严格区分）。

亚里士多德重视实践智慧，但他同时认为，人在实践中没有自由，因为人在社会生活中受到社会习俗等限制，只有思辨才是真正的自由和幸福。于是，他把思辨活动置于实践之上。这种安排说明他放弃在实践中实现自由。其实，把思辨活动置于实践之上的做法本身仍然出于一种自由的选择。在经验世界中实现的自由是具体的，因为它是超验与经验的有机统一，亚里士多德选择了思辨自由就是选择了抽象。他在思辨中感到自由和幸福，但离开道德义务的自由和幸福毫无重量，就像悬离路面的车轮的空转没有使车前进分毫。不过，正是在这种抽象自由中，发展出当今世界发达的科学技术。

与亚里士多德相似，康德区分了理论理性和实践理性。他在理论理性中限制自由，却在实践理性中无限张扬了它。当他把自由赋予实践理性时，理论理性产生的知识的经验应用不能被称为实践，因为它仍然属于亚里士多德所谓"知识"或"技术"。所以，康德"真正的实践概念乃是'道德地实践的'，是'遵循自由概念的实践'。"[1]他的实践是先验的，即作为道德实现的实践，把超验道德当做经验世界的形式。他把这种超验（先天所体现的）与经验的结合，称作"先天综合命题"，但他没有给出这一命题的实在性。他说："这样一个实践的先天综合命题是如何可能的，以及这个命题为什么是必然的？这是一个其解答不再在道德形而上学界限之内的课题，我们在这里也没有断言这个命题的真实性，更没有伪称有能力证明它的真实性。"[2]他认为，他对这一命题的论述"纯然是分析的"。就此可以说，实践的先验性在康德哲学中没有得到实现。

马克思继承了亚里士多德和康德的实践概念。然而，他不像亚里士多德那样把思辨置于实践之上，也不像康德那样撕扯在道德与科学之间，而

---

① 俞吾金：《从康德到马克思：千年之交的哲学沉思》，广西师范大学出版社 2004 年版，第 32 页。

② 《康德著作全集》第 4 卷，中国人民大学出版社 2005 年版，第 453 页。

是把实践置于哲学原初点上。从马克思的实践看来，亚里士多德的"知识"和康德的理论理性，都不过是超验性被遮蔽的片面实践的产物。

马克思的实践是先验的，一方面，它先行于经验，摆脱一切外在经验的束缚；另一方面，它追求超验道德的经验性实现（人类解放）。先验自由在康德意义上连接着实践和道德，这一关联在马克思哲学中同样成立。实践是人的自由本性的经验性实现，实现动力表现为主观能动性，即人在事物运动中揳入自己的主观意志，从而使运动保持流动性。流动与否的标准在道德中，人发现道德"应当"与世界"是"之间的差距，差距为人提供改变现状的理由。人抽象运用自由导致自由的丧失和道德的缺席，但这只是道德在相反的形式上展现自己。在黑格尔和马克思看来，自由被抽象地理解和运用是历史的必然，是精神和历史在完成自身过程中必然经历的环节或阶段。只有在这一基础上扬弃异化，才能达到自由和道德的真正实现，这依赖于实践在经验历史中绽开和完成自身。

马克思哲学的超验性维度表现为实践超越经验实然之域的超越性本身。道德在片面实践中产生以后，实践超越经验的理由、动力和目的都可以归入道德。实践的"能动的方面"①来自先验自由，先验自由产生道德，道德来自实践，因此，自由也是实践的内部事务。人在自由中对经验性内容进行反思，正如马克思通过"抽象力"②做政治经济学研究，这其实也是一种思辨。在亚里士多德看来，思辨是最高的幸福，因为思辨是自由的，他的思辨建立在衣食无忧的前提下，所以才有"闲暇出智慧"的说法。但他的思辨仍然是不自由的，因为他没有继续思辨他之所以能够自由思辨的社会历史条件。就是说，他把闲暇看作哲学的条件，而没有进一步思辨为什么有人闲暇有人不闲暇。突破闲暇的窠臼，人会追问人生和世界的意义，追问"在者之在"本身。这时，作为人的"终极目的"③的道德便进入哲学。在道德的终极性上，实践本应在抽象思辨之上。实践之为实践，不是亚里士多德所谓人在社会中不自由，相反，只有在社会历史中人能够把

---

① 《马克思恩格斯选集》第 1 卷，人民出版社 2012 年版，第 133 页。
② 《资本论》第 1 卷，人民出版社 2004 年版，第 8 页。
③ ［德］康德：《纯粹理性批判》，邓晓芒译，人民出版社 2004 年版，第 634 页。

主观意志揳入经验事实以改变现状，才是自由的真正实现，这正是实践的内在真义。否则，"人的存在"本身就会被遮蔽，历史将失去原有规律，沦为外在于人的抽象物（如现代社会的资本）的抽象运动。

三　道德分类与马克思哲学的超验性维度

现代社会是多元化时代，道德分类也多元复杂、相互冲突，如动机论与效果论、性善论与性恶论的对立。道德分类的方式多种多样。有学者把它分为三大类："描述伦理学、规范伦理学和元伦理学"[①]（这里对伦理和道德不做明确区分）。三大类之下又有细分：描述伦理学分为"道德社会学、道德心理学、道德人类学、道德民俗学等"。元伦理学分为"直觉主义元伦理学和新实证主义元伦理学两大类型。直觉主义元伦理学又分为价值论直觉主义和义务论直觉主义……新实证主义元伦理学包括感情主义和语言分析学派"。"规范伦理学分为价值论、义务论和德性论（或叫美德论）"三类。[②]这些分类主要着眼于经验性描述。在与经验的"描述伦理学"、"规范伦理学"相并列时，"元伦理学"的超验性维度其实已经被遮蔽了。现代社会的多元化只是一个虚假名称：如果多元不能容纳一元，则有东西被排除在外而不是真正的多元；如果多元容纳了一元，则有可能因一元的发展而最终消解多元，因而仍不是多元。事实上，两者是可以统一的。就人的存在而言，如果说一元对应人超验的精神存在，那么多元则对应人经验的物质和肉体存在。动机论与效果论、性善论与性恶论的关系，体现超验与经验、精神与肉体的关系。动机论、性善论基于超验性和精神性理由而成立，效果论、性恶论则建立在经验性和物质性的基础上。

康德道德哲学是动机论的，动机来自超验精神。对于内在动机来说，一切外在臆度和言语表达都可能产生偏差，甚至行为人自己也无法以完全经验的方式来把握它。相反，效果论却只看重行为的经验性结果。效果论的哲学立场是经验主义，它不承认任何超验性事物和事物的超验性维度，

[①]　魏英敏：《新伦理学教程》，北京大学出版社2003年版，第1页。
[②]　同上书，第3、9、25页。

认为一切都必须在经验性立场上才能得到解决。它推崇经验性证据、强调量化的物质过程。经验主义和效果论的盛行是道德失去超验性的表现。在现实社会生活中，动机论和效果论往往被同时使用，如法律进行判决时，也要考虑行为人有无故意的因素。在另一种意义上，没有经验主义就没有效果论，否则所谓动机论和效果论的区别就只是道德实践上的技术问题，而不再是根本性问题。

性善论和性恶论的分野也彰示着超验和经验的裂隙。性善论把人看做是道德人，所谓"人之初，性本善"。善来自人的精神存在，道德人把人际关系看做是一个不可分割的整体，精神性和整体性是超验的。性恶论着眼于人的肉体存在，承认肉体欲望无限膨胀的合法性，在利用理性争取利益最大化的理性经济人假设中，人是自私的。性恶论的立场是经验主义，没有经验性证据能够充分证明人为什么需要无私。在经验主义看来，精神无非是物质的运动状态，最终可以还原为物质。经验主义认为整体性只是虚无，正如黑格尔所说："用分析方法来研究对象就好象剥葱一样，将葱皮一层又一层地剥掉，但原葱已不在了。"①经验主义只看到了"葱皮"，却看不到"原葱"。

性善论之"善"不是手段善，不是犯罪活动的周密计划在能够达到目的意义上的善。这里的善也不考察恶作为善的一个环节而具有善的性质。我们重点考察性善论之人性所具有的超验性。超验的精神性和整体性使人无私利他。性恶论不承认任何超验性，其视野下的人性必然是自私的。"为了他人"比"为了自己"更善，"为了更远的他人"比"为了更近的他人"更善，这样推导下去，会得出"为了猪"比"为了人"更善的荒谬结论。之所以会得出这种结论的原因在于，推导者不是从超验的整体性上看问题。在超验整体上，人"为了自己"也是"为了他人"；在经验个体上，人无论为了多大集体的利益都是为了小团体的私利。

我们可以通过自由来考察善恶。在其本性上，自由是先验的，因而同时具有超验性和经验性两个维度。承认自由的超验性维度，认为自己是整

---

① ［德］黑格尔：《小逻辑》，贺麟译，商务印书馆 1980 年版，第 413 页。

体的一部分，在整体中他（她）在精神上会感到自由、宁静和幸福，并在自由之下自律地处理事务，其人性是善的。反之，认为自由是纯粹经验的，即认为在经验世界中为所欲为才是自由的，这只能导致自由丧失和劳动异化。法律为人设定范围，其实就是在剥夺先验自由：因为自由就是束缚的去除，而法律是外在限制；即使在法律范围内活动，在经济运行中出现的贫富分化、生态危机等问题也为人设定了限制；即使假设法律能够不断加大控制力度并最终处理了这些问题，但它无法阻止人感到人生和世界的虚无、无聊和荒诞，无法给人以心灵的自由宁静。如果说，心灵的自由宁静在自由范畴之外，那么什么才能让人感到充实和有意义呢？例如死亡本身就把一切经验物质和肉体的意义全部无情地粉碎了。

经验主义和性恶论最终导致道德被剥夺超验性，而异化为经验法律。道德被异化后还有剩余，人们普遍承认，作为与法律不同的道德总还是或多或少地存在着，尽管经验主义把它看作法律的补充和不成熟状态。现实社会生活中，道德人和理性经济人同时存在，同一个人在不同时空内也会选择充当不同的人。不管如何选择，在选择时人总还是自由的和自主的，性善和性恶只是人的选择不同，任何人在一念之差都可能弃恶从善。当然，要想使社会在整体上是善的，则要通过经验历史完成自身的运动来实现。

虽然体现马克思性善论或性恶论立场的文本证据不多，但在根本上，马克思应该和康德一样持性善论立场。有人认为，康德在道德上持性恶论立场。从经验自然视角看，这种认识能够成立。但是从先验自由视角看，康德仍然是性善论，其性善论立场主要体现为善良意志的动机上。考虑到康德哲学的用意主要在自由和道德上（当然，客观上，他为自然科学奠定了哲学基础，即知性概念在经验界限内的应用），这里说康德持性善论立场应该成立。马克思说："共产主义""是私有财产即人的自我异化的积极的扬弃，因而是通过人并且为了人而对人的本质的真正占有；因此，它是人向自身、向社会的即合乎人性的人的复归"。[①] "人的本质"是"社会的"、"合乎人性的"，这些都应该是善的，只是在异

---

① 《马克思恩格斯全集》第 3 卷，人民出版社 2002 年版，第 297 页。

化状态中人失去了"本质"和"人性"，而不是说它们是恶的。

人具有精神存在和肉体存在两个层次，完整的人性是两者的统一，而且精神存在一定要能够掌控肉体存在，这样才能避免人向动物的沉沦。但是，资本主义使人的肉体存在凌驾于精神存在之上，从而使欲望的膨胀得到合法化，"殖民制度宣布，赚钱是人类最终的和惟一的目的。"①这样，自私和人性恶就成为必然。马克思说过人性是变化的，②但是变化不是什么神秘的复杂过程，而是从人性善变成人性恶（严格说来，不是人性由善变恶，而是人失去"人性"）、从公而忘私到自私自利、从超验到经验的转变。当然，在历史中这种变化是经验的、漫长的和复杂的。资本主义战胜封建主义在人性学说上就是人们把注意力从精神存在转移到肉体存在上来，表现为性恶论战胜性善论。希腊悲剧向人们展示了一个可怕的情景，潘多拉之盒一旦打开便很难合上，各种各样的魔鬼都跑出来兴风作浪。这预示着人性一旦变恶，便很难变回来，只有等各种欲望得到满足，等资本主义带来的严重灾难来临时，人才有可能收敛起性恶的一面，重新关怀自己的精神存在。这里不是说封建主义因人性善而优越于资本主义，而是说在人性意义上，资本主义的灭亡具有某种回归意味。马克思社会历史观的"三形态"说和"五形态"说"与进步论"具有"本质区别"，③其哲学视野下的社会发展不是线性的和单方向的进化论。资本主义把人类推到灭亡的边缘，但它同时为道德在更深层次上、更广范围内的实现创造了条件。只有在这种意义上，才能把资本主义的恶看作善。

资本主义社会是一个道德缺席的时代。④资本天然反对道德，衡量一个人，"道德用一种尺度，而国民经济学又用另一种尺度"。⑤马克思在《资

---

① 《资本论》第1卷，人民出版社2004年版，第864页。
② 参见《马克思恩格斯全集》第4卷，人民出版社1958年版，第174页。
③ 何中华：《"进步"的神话及其危机——兼谈马克思哲学同进步论的区别》，《山东科技大学学报》（社会科学版）2007年第5期。
④ 参见何中华：《社会发展与现代性批判》，社会科学文献出版社2007年版，第196—210页；或何中华：《道德缺席的时代？》，《书屋》2002年第11期。
⑤ 《马克思恩格斯全集》第3卷，人民出版社2002年版，第344页。

本论》中记录了大量资本压榨、欺压劳动的事实。

> 工人和工厂视察员从卫生和道德的角度提出抗议。但资本回答说：
> "我的行为没有越轨，我要求我的权利！
> 那就是我的契约上规定的罚金和抵押品！"①

在资本的肆意压榨中，工人处境悲惨，生存的压力必然造成道德的败坏。马克思这样记述了田庄工人的生活状况："破落的小屋，只有一间卧室，没有火炉，没有厕所，没有可以开关的窗户，除了水沟而外没有任何供水设备，没有园圃，但工人对这种不公正也无可奈何。……农村生活本来对健康有许多好处，但是由于居民过于密集，不仅传染病蔓延大大加快，而且非传染性疾病也很容易发生。……已婚的和未婚的成年男女常常挤住在一间狭小的屋子里，这必定使人相信，在这种情况下羞耻心和庄重感被最粗暴地伤害了，道德的败坏几乎是必然的……"②

当资本和劳动同时失去道德时，道德必然缺席。但是，缺席并不是消亡，相反，只有这时人们才更清楚地认识道德，在渴望道德中道德凸显起来。"国民经济学和道德之间的对立也只是一种外观，它既是对立，又不是对立。"③就是说，资本的恶无非是道德以异化的形式展示自身罢了。

资本主义的产生具有历史必然性，必然性是指它在普遍可能性上能够被理解，而不是在经验历史中必然要发生的。在资本主义产生之前，有可能永远不会出现资本主义，但它一旦产生并在一个地方站稳了脚跟，就必然通过殖民制度和贸易活动向外扩张，世界市场和世界历史于是成为必然。在资本主义的发展还不太充分时，"英国女王驻外使节"就"坦率地说，在德国，在法国，一句话，在欧洲大陆的一切文明国家，现有的劳资

---

① 《资本论》第 1 卷，人民出版社 2004 年版，第 331 页。
② 同上书，第 788—789 页。
③ 《马克思恩格斯全集》第 3 卷，人民出版社 2002 年版，第 345 页。

关系的变化同英国一样明显，一样不可避免。"①

需要看到，中国历史上虽然经济发达且出现了资本主义萌芽，比如宋代就有了世界上最早的纸币——交子，但中国没有发展出现代西方社会的经济运行体制，这是由文化中"重道轻技"、"重义轻利"等精神因素决定的。其实，西方自然科学和经济的迅速发展也是启蒙运动之后的事，在历史上他们能够做到，但由于受到神学和道德的压制才没有得到发展。正如伽达默尔所说："从十七世纪开始得到贯彻的新的科学思想一开始只能很犹豫地、逐步地扩展它所内含的普遍可能性。……从科学上看这一切发展在当时就已经可能。然而只要基督教的和道德的传统规范立场竭力反对，即使自由的十九世纪在利用科学发现中也是很犹豫的。我想起了达尔文主义所必须克服的反抗。如今这一类的障碍似乎已经消除，由此，我们科学发现的技术应用可能性得到了释放。"②

正是由于资本主义产生过程的可理解性，马克思才能建立理论以剖析资本主义的内在矛盾，进而宣布资本主义必然灭亡。在马克思看来，尽管资本主义的产生和灭亡具有必然性，但是它仍然是历史的变态而非常态。资本主义导致道德的沦丧，资本主义的灭亡必然带来道德的回归。

道德的回归要以人们对其超验性的领会为前提。因此，资本主义的必然灭亡不仅是社会历史发展的自在过程，而且是人们摆脱经验主义和资本统治的过程，这需要人主动的醒悟和争取，这是超验的和能动的。认为社会历史的发展与自己毫无关系，社会自身的发展规律会把人自动带入共产主义，或者认为自己的力量微不足道而放弃对道德的践行，这些都会导致资本主义的永恒化。就此而言，马克思所谓生产力的充分发展，③不是单纯指物质财富的增加，而必须包括这些内容：资本主义生产关系发展到使人能够看清资本主义的发展脉络和内在矛盾，并且创造出消灭自身的物质力量——无产阶级，进而无产阶级联合起来，在偶然性的参与下消灭资本

① 《资本论》第1卷，人民出版社2004年版，第10页。
② ［德］汉斯－格奥尔格·伽达默尔：《诠释学Ⅱ：真理与方法》，洪汉鼎译，商务印书馆2010年版，第198—199页。
③ 参见《马克思恩格斯选集》第2卷，人民出版社2012年版，第3页。

主义。

在其经验性和偶然性上，我们无法把历史描述成一个道德遗失与回归的循环。历史之为历史，在某种意义上就在于它不是任何人的想象物，不会完全遵循逻辑来发展。但是，我们可以把马克思哲学看成是对超验道德在经验历史中如何实现的探索，马克思的研究就是要为盲目的历史寻找逻辑的出路，即自由如何在社会发展的"自然史的过程"[①]中实现。历史是超验与经验的统一，是实践的绽开。在超验性被遮蔽的片面实践中，道德成为问题凸显出来，于是实践超验性的解蔽成为历史的必然目的，否则历史将不再是实践的绽开，因而也不再是人的历史，而衰变成外在于人的神秘事物。说人具有自由和历史具有规律都是对的，说两者之间存在对立和统一也是对的。在同时蕴含超验与经验的具体实践中，对立和统一将全部获得理解和解决。在具体实践中，历史的规律性恰恰表现为人的因素的参与。只有在人的参与下，历史才能在人的本质的失而复得的否定之否定过程中，表现出可以被理解和把握的规律性。

第三节　从思想史资源看马克思的超验道德

我们还可以从马克思哲学的思想史资源上，窥其道德概念的超验性维度。通常认为，马克思主义有三个来源：德国古典哲学、空想社会主义和古典政治经济学。这一说法主要体现经验性视野。在超验性视野上考察马克思哲学的思想史资源，则会看到更多来源：希腊哲学、浪漫主义和基督教传统。只要承认马克思哲学具有超验性维度，康德哲学对于马克思哲学的意义便凸显出来。事实上，马克思首先继承了康德，然后在更始源的基础上超越了康德。马克思转换了问题视域，从而使在康德看来无法解决的问题获得解决的可能。

---

① 《资本论》第 1 卷，人民出版社 2004 年版，第 10 页。

一 关于马克思思想史资源的两种说法

通常认为，马克思主义有三个来源：德国古典哲学、空想社会主义和古典政治经济学。这三个来源分别对应马克思主义的三方面内容：马克思主义哲学、科学社会主义和马克思主义政治经济学。马克思主义哲学主要体现在恩格斯晚年三大著作中，即《反杜林论》、《路德维希·费尔巴哈和德国古典哲学的终结》、《自然辩证法》，科学社会主义主要体现在马克思和恩格斯合写的《共产党宣言》中，马克思主义政治经济学则主要体现在马克思的《资本论》中。

这种条块式划分对社会现象有一定的解释力。但是，马克思明确说过："哲学家们只是用不同的方式解释世界，问题在于改变世界。"①把马克思主义定位于"解释世界"显然是对马克思的倒退。事实上，马克思不是在"解释世界"的基础上去"改变世界"，而是直接越过"解释"去"改变"。"解释"一定要保留对象未被触动，这样才能得到客观、中立和精确的认识，而"改变"则一定是对象"被改变"。马克思关注的是，理论是否彻底，能否说服群众从而掌握群众以"改变世界"。马克思哲学是具有鲜活生命的思考过程，学习马克思哲学也是学习思考，并与马克思一起思考。条块分割的形式肢解了马克思主义，使之衰变成封闭的科学知识的总汇，剥夺了学习者继续思考的空间。

局限于关于马克思主义思想史来源的通常说法，无法体现马克思思想的另外三个来源：希腊哲学、浪漫主义和基督教传统。如果说，通常三个来源的说法主要体现一种经验性视野，那么这三个来源更多凸显的是马克思哲学的超验性维度。只有全面考察其思想史来源，才能使马克思一生的研究和思想转向统一起来，使马克思哲学呈现出整体性和生命力。

古希腊对马克思产生重大影响的人物是伊壁鸠鲁和亚里士多德。马克思的博士论文（《德谟克利特的自然哲学和伊壁鸠鲁的自然哲学的差别》）是对伊壁鸠鲁研究的集中表达。伊壁鸠鲁对自由的理解启发了马克思，使

---

① 《马克思恩格斯选集》第 1 卷，人民出版社 2012 年版，第 136 页。

他由此确立了人的自由本性。

　　如果说，伊壁鸠鲁使马克思确立起先验自由，那么亚里士多德就是马克思探索先验自由如何经验性实现的一个桥梁。超验与经验之间有一条鸿沟，马克思不放弃超验，而探索超验与经验统一的可能性，这也是亚里士多德面临的任务。伽达默尔认为亚里士多德是柏拉图主义者，① 正是说他致力于柏拉图超验至善的经验性实现，但是亚里士多德值得怀疑的"本体论基础"② 使他最终丢掉了超验。尽管如此，亚里士多德的经验性立场和研究方法启发了马克思。如果说费尔巴哈在经验性方向上启发了马克思，那么亚里士多德则直接为马克思提供了经验性方法。马克思称亚里士多德是"思想巨人"、"古代最伟大的思想家"。③ 马克思在《资本论》中表露他从亚里士多德那里获得启发，例如提到亚里士多德对"价值形式"、④ "奴隶劳动"⑤ 和"货殖"⑥ 的分析，提到亚里士多德的说法："每种货物都有两种用途。……例如鞋，既用来穿，又可以用来交换。"⑦亚里士多德"人天生是城市的市民"⑧ 的说法，更是启发了马克思把人说成"社会动物"。亚里士多德认为实践智慧是不同于技术的超验性事物，却又认为人在实践中没有自由，于是把思辨说成最高幸福。思辨对现实没有改变因而没有主动性，这是向经验的堕落。他从超验中分离出经验（他相信理神），但没有完成超验与经验的统一。其形而上学不是完备的体系，只是如何建立形而上学的一些构想；其实体是自我矛盾的，他最终没有说明它是"个别的还是普遍的"。⑨ 马克思继承了亚里士多德的实践概念，并把它作为哲学的原初点，从而同时保全了超验与经验。在亚

----

① 参见［德］汉斯－格奥尔格·伽达默尔：《诠释学Ⅱ：真理与方法》，洪汉鼎译，商务印书馆 2010 年版，第 15 页。

② 同上书，第 533 页。

③ 《资本论》第 1 卷，人民出版社 2004 年版，第 100 页注、469 页。

④ 同上书，第 74—75 页。

⑤ 同上书，第 100 页注。

⑥ 同上书，第 178 页注、第 192 页。

⑦ 同上书，第 104 页注 39。

⑧ 同上书，第 379 页注。

⑨ 赵敦华：《西方哲学简史》，北京大学出版社 2001 年版，第 81 页。

里士多德的经验性上，马克思还得出社会历史发展是"自然史的过程"①的结论。

浪漫主义传统是马克思哲学的又一思想史来源。在这一来源上，对马克思构成重大影响的人物主要包括卢梭、海涅、席勒、歌德等。浪漫主义的一大特点是对现实进行道德批判。文艺复兴和启蒙运动以后，资本主义迅速发展，给社会带来许多问题和矛盾，尤其当宗教和道德的约束力被解除后发生了一系列问题。面对这些问题，卢梭最早开始了对文明和资本主义的批判。"在其他启蒙学者为文明、科学和进步唱赞歌时，卢梭却敏锐地觉察到其中蕴含的危险"和"弊端。"②

卢梭关于自由和道德的思想影响了康德，进而通过康德影响了马克思。如果说卢梭让人关注自由和道德之于人的意义，那么康德就是在分析自由和道德的本性，马克思则进一步致力于自由和道德的实现。

浪漫主义的表现形式涉及哲学、文学、历史学、伦理学和美学，其中文学尤其诗歌是最重要的形式。作为非理性主义，诗性语言是浪漫主义最适合的表达手段。对马克思产生重要影响的诗人当属海涅和歌德。马克思和海涅相互影响："马克思同亨利希·海涅来往很密切；1844 年之所以成为诗人制作生活的高峰，多少是应该归功于马克思的。"③

马克思对莎士比亚的欢喜无与伦比，据说他能大段大段地背诵其剧作中的话，并熟悉其中每一个人物。与浪漫主义诗人的密切交往，以及对诗歌和剧作的热爱，足以说明浪漫主义对他的影响。他在青年时期具有浓厚的浪漫主义情结。麦克莱伦研究了他在波恩学生时代的生活。"马克思由冯·威斯特华伦激发的对浪漫主义的热情——这在一定程度上代替了家庭和原来学校的启蒙运动的理性主义精神——随着在波恩的一年而增加了。波恩城市本身并不比特利尔大多少，但是这所有 700 名学生的大学却是莱茵地区的思想中心，那里的主流思想是彻底的浪漫主义，最受欢迎的讲座

---

① 《资本论》第 1 卷，人民出版社 2004 年版，第 10 页。
② 赵敦华：《西方哲学简史》，北京大学出版社 2001 年版，第 284—285 页。
③ ［德］弗·梅林：《马克思传》，樊集译，人民出版社 1972 年版，第 103 页。

（马克思参加了）是由奥·威·施勒格尔所做的有关哲学和文学方面的。"①
浪漫主义使马克思产生对诗歌的爱好，他曾有志成为一名诗人。后来他放弃
了写诗，但这并不意味着他放弃了浪漫主义的激情和对人类拯救的情结。

宗教对马克思的影响值得考量。由于父亲受洗改宗，马克思从小接受的
是基督教教育，这是理解马克思过程中的一个无法回避的环节。"马克思对
宗教的态度似乎是人所尽知的，至少在他因着伊壁鸠鲁的原子偏斜而引述卢
克莱修时，他已经是一个相当彻底的无神论者了。然而，也许人们还值得留
心另一个耐人寻味的事实：那对基督教的痛切批判中，正涵贯着曾为基督的
福音所熏炙的人格的真诚。"②

马克思批判宗教是虚幻的，它不能为人的自由和幸福开辟道路。他
说："宗教是人民的鸦片。"③鸦片有镇痛作用，人之所以需要镇痛是因为有
痛苦，而一旦镇痛，又使人忘记了痛苦，从而阻止人去治疗痛苦。马克思
说："废除作为人民的虚幻幸福的宗教，就是要求人民的现实幸福。"④因
此，我们需要仔细考量宗教背景在马克思哲学思想中的位置。

二　康德与马克思

在德国古典哲学中，对马克思具有重大影响的哲学家是康德和黑格
尔。通常认为，黑格尔比康德对马克思的影响更大，甚至马克思完全抛弃
了康德。在《资本论》"第二版跋"中，马克思说："我公开承认我是这位
大思想家（指黑格尔——引者注）的学生"。⑤他之所以如此评价黑格尔的
原因之一在于，当时学术界把黑格尔当做"死狗"来批判是不公正的。虽
然马克思本人也批判过黑格尔的"抽象思维"，但黑格尔毕竟触及了问题
的实质，尽管是以抽象的方式做到的。然而，深入考察我们会发现，康德

① ［英］戴维·麦克莱伦：《卡尔·马克思传》，王珍译，中国人民大学出版社2005年版，
第13页。

② 黄克剑：《人韵——一种对马克思的读解》，东方出版社1996年版，第76页。

③ 《马克思恩格斯选集》第1卷，人民出版社2012年版，第2页。

④ 同上。

⑤ 《资本论》第1卷，人民出版社2004年版，第22页。

对马克思的影响是在更深层次上发生的，马克思只有在接受了康德哲学以后，才可能接受黑格尔的影响。

马克思的辩证法主要来源于黑格尔。马克思反对黑格尔辩证法的神秘，亦即所谓真理的神秘，黑格尔说："一切理性的真理均可以同时称为神秘的，但这只是说，这种真理是超出知性范围的，但这决不是说，理性真理完全非思维所能接近和掌握。"①

"神秘的"但可以被"思维所能接近和掌握"的"真理"指的是上帝。在神秘性上，他最终走向神学，绝对精神和上帝是其哲学的归宿。黑格尔曾批评斯宾诺莎眼中只有神没有世界，造成世界的枯萎，斯宾诺莎得肺痨而死。黑格尔认为自己同时保全了神（上帝）和世界。但实际上，他最后在绝对精神和上帝中也丢掉了世界。因此，他的哲学里也仍然是只有上帝而没有世界，他最后死于霍乱。

世界由经验的有限之物构成。马克思"对现存事物的必然灭亡的理解"，②是说有限之物能够在经验与超验的相互作用中改变自身。黑格尔把它看作从经验向超验的运动："凡有限之物都是自相矛盾的，并且由于自相矛盾而自己扬弃自己。"③扬弃运动最终进入完全超验的神，经验于是被丢掉，即进入概念和理念的时候，世界本身与在斯宾诺莎那里一样被丢掉了。有限之物的自我矛盾是无限与有限之间的矛盾，即主观思维与客观存在之间的矛盾。当事物失去经验性而化作概念时，矛盾就转化为思维内部的矛盾，矛盾最终在黑格尔"思维与存在"绝对统一的预设中消失。黑格尔丢掉世界，是在从物质向精神的辩证运动中丢掉的，而斯宾诺莎从来就没有承认过世界。黑格尔以为自己留住了经验，但这只是幻想。

辩证法的核心在于超验与经验的相互作用，当有限之物失去经验性而成为超验的概念和理念时，运动其实已经停止了，粗糙概念与精细精神之间没有本质区别。黑格尔没有意识到，真正的辩证法只存在于"有限之物……扬弃自己"，以及精神外化自身产生现实世界的过程中，纯粹经验

---

① ［德］黑格尔：《小逻辑》，贺麟译，商务印书馆 1980 年版，第 184 页。
② 《资本论》第 1 卷，人民出版社 2004 年版，第 22 页。
③ ［德］黑格尔：《小逻辑》，贺麟译，商务印书馆 1980 年版，第 177 页。

领域内的和纯粹超验领域内的运动，都无法使辩证法成为"批判的和革命的"。同时，他不知道，超验与经验并不是静止地并列在一起，也不是从经验中提取出纯粹超验，或者从超验中产生出经验世界。事实是，超验与经验须臾不可分离，它们现实地在实践中相互作用，甚至在现实中，它们本来就是同一个事物，只是在抽象思辨中两者才分离出来。

马克思把哲学从天上转入人间，把辩证法建立在对世界的经验性研究和实际地改变中。世界的偶然性在马克思哲学中永恒存在，偶然性带来经验性。马克思肯定"一切有生命的东西、一切直接的东西、一切感性的经验"和"所有一切实际的经验，而关于这种经验，我们是决不会预先知道它'来自何处'和'走向何方'的。"① "实际的经验"是偶然的，只有对它进行研究且改变之后，才能在必然性上确定它"来自何处"和"走向何方"。

如果说，黑格尔为马克思提供了以超验与经验相互作用为内容的辩证法，马克思以此作为研究和"改变世界"的方法，②那么康德则为马克思提供了研究和"改变"的必要性。马克思中学时期的理想未必来自康德，但是当他考察自己理想的本质时，康德道德哲学为他规定了问题域：超验道德在经验历史中何以可能？康德只是提出了问题而没有解答问题，他让超验与经验、自由与自然、道德与科学同时存在，其不可知论拒绝回答相互对立的双方何以能够并存。黑格尔去除康德的经验性和主观性，最后求助于超验的客观精神，通过直观上帝去除不可知性。这是从超验层面对康德问题的一次解答。这种解答的机理在于，把相互对立的双方通过辩证运动联系起来，使对立最终消融在神秘的大全中。依黑格尔的思路，双方之所以对立的原因就在于，观察者是站在知性的经验性立场上的，在理性的超验性立场上看，经验、自然、自然科学不过是精神完成自身运动的低级阶段，当它们作为"有限之物……扬弃自己"后，便不再有超验与经验对立，扬弃之后它们并没有变成另外的事物，只是因获得"无限"而回归了

---

①　《马克思恩格斯全集》第 2 卷，人民出版社 1957 年版，第 26 页。
②　亚里士多德提供了经验层面的方法，经验方法和超验方法对马克思来说是同一个方法，只是从不同视角来领会时才产生这种分别。

自己的本质。黑格尔从整体性上观察事情，把个体看作精神的工具，精神"有充分富足的资源来作无限的展览，它大规模地进行它的工作，它有无数的国家（在黑格尔看来国家也是具有偶然性的个体——引者注），无数的个人供它使用。"①从外部和整体性上看，黑格尔是正确的。但从个体的主观角度看，黑格尔是错误的，因为最终失去了经验性的一面，失去了世界。马克思改变了黑格尔的做法，不再采取从经验到超验的方向（当然，黑格尔的精神外化过程是从超验到经验的，但面对已经存在的经验世界，从经验到超验的方向是主要的），而采取从超验到经验的"改变世界"的方向（当然，马克思也采用从经验到超验的实证研究方向，但它服务于前一方向）。作为被改变的对象，世界是经验的马克思同时保全了超验与经验，这是他与黑格尔最终失去经验性做法的根本区别。

就此而言，马克思更接近康德而非黑格尔。我们可以从以下几方面来探讨马克思对康德的继承：

第一，马克思在道德概念上继承了康德。哲学界流传着一句名言，说的是康德哲学是绕不过去的，绕过它只能有坏哲学，只有通过并超越它才可能有好哲学。马克思没有绕过康德，而是在继承的基础上进一步超越了他。康德提出超验与经验的关系问题，这是一个关乎"人的存在"的真问题，"哲学归根到底就是为人的存在立法。"②马克思在吸取黑格尔的经验与教训的基础上，对康德问题进行了解答。康德哲学的核心和目的是与"人的存在"密切相关的道德。有学者"认为康德的所作所为，如其说是'为信仰留地盘'，还不如说是'为科学争地盘'。"③这种认识有一定的合理性，即康德哲学为科学知识提供了必然性基础，避免了因休谟消解必然性因果链条后，整个知识大厦的崩塌。但是，即使没有康德哲学，自然科学一样发展得很好，甚至因为有了康德哲学，科学就有了界限而不能肆意发展。康德的目的与其哲学产生的结果之间有一定背离，他没有令人信服地

---

① ［德］黑格尔：《哲学史讲演录》第 1 卷，贺麟、王太庆译，商务印书馆 1959 年版，第 39 页。

② 何中华：《哲学：走向本体澄明之境》，山东人民出版社 2002 年版，第 201 页。

③ 杨一之：《康德黑格尔哲学讲稿》，商务印书馆 1996 年版，序言第 4 页。

说明超验道德如何经验地实现，相反却成功地说明了自然科学意义上超验与经验的统一。或者说，康德哲学的本来目的在某种意义上被遮蔽了。他的目的是建立形而上学，结果却似乎摧毁了一切形而上学；他的目的是使上帝获得实在性而巩固，结果却好像杀死了上帝，他推翻了历史上所有上帝存在的证明；他的目的是为自然科学划定界限，防止知性范畴做超验性运用，结果却为知识提供了必然性基础。然而，深入研究，我们不难发现康德的目的仍然是信仰和道德。在《纯粹理性批判》"第二版序"中，他直接道出了此书的用意："悬置知识，以便给信仰腾出位置"；[①]《实践理性批判》直接论述道德；《判断力批判》意在以目的论统一自由与自然（必然）、道德与科学，对人何以做出道德选择的超验因素进行分析。甚至他认为，理性的目的就是道德："在人们称之为纯粹哲学的这种探究中，理性的全部装备实际上都是针对所提到的这三个问题的（指意志、灵魂和上帝——引者注）。但这三个问题本身又有其更深远的意图，即：如果意志自由，如果有上帝和来世，那么应该做什么。既然这涉及到我们与最高目的相关的行为，那么，明智地为我们着想的大自然在安排我们的理性时，其最后意图本来就只是放在道德上的。"[②]

如果说康德哲学是道德哲学，也许没有人反对，但如果说马克思哲学也是道德哲学，会有很多人不同意。但是，我们应该从更宽泛的意义上看待道德，不能局限于狭义的、被异化后的经验性规范条文意义上的道德。毫无疑问，马克思对自由和人类解放事业的探索本身就出自于一种道德义务。康德认为道德是超验的，在道德上，马克思与康德具有一致性，马克思沿着康德的道路继续前进。康德提出超验与经验、自由与自然、道德与科学的矛盾，在其二元论上他没有解决矛盾，黑格尔做了一次不成功的解决，真正解决矛盾的任务历史地留给了马克思。

马克思很少直接讨论道德，因为康德已经把它的本性说清楚了。马克思对道德本性的认识与康德内在一致。例如，马克思把国民经济学与道德

---

① ［德］康德:《纯粹理性批判》，邓晓芒译，人民出版社 2004 年版，第二版序第 22 页。
② 同上书，第 609 页。

相比较："道德姨妈和宗教姨妈"的说法与国民经济学的说法不一样，当"我"违背道德而赚取金钱（"像征兵买卖等等的直接贩卖人口"）时，国民经济学认为这是对的。"国民经济学的道德是谋生、劳动和节约、节制……道德的国民经济学就是富有良心、美德等等；但是，如果我根本不存在，我又怎么能有美德呢？如果我什么都不知道，我又怎么会富有良心呢？……每一个领域都用不同的和相反的尺度来衡量我：道德用一种尺度，而国民经济学又用另一种尺度。这是以异化的本质为根据的，……国民经济学和道德之间的对立也只是一种外观，它既是对立，又不是对立。"①

这里至少表明：其一，道德与宗教在马克思看来是一体的。为了保证至善的完满和德福的一致，康德在意志自由之外，又引入了上帝存在和灵魂不朽。这样，道德就与宗教结合起来。而且，宗教还是道德的最终根基。尽管在二元论和不可知论意义上，康德拒绝回答自然和自由何以能够并存，但他只要引入了上帝，其全知全能的性质也跟着进来了，这就潜在地预设了上帝出面解决问题。正是在这一预设下，才有了黑格尔把经验提升入超验的解决问题方案。就此而言，黑格尔并没有超出康德的框架。其二，宗教是超验的，当马克思把宗教和道德捆在一起时也就承认了道德的超验性。这与康德的超验道德相吻合。其三，道德与国民经济学是对立的。但这种对立是静态的、异化意义上的，在社会历史发展进程中，两者"又不是对立"的。"我"的"存在"和"我"的"知道"是"美德"和"良心"的经验性基础，国民经济学的恶是走向道德善普遍实现的必要环节。

马克思不直接谈论道德的根本原因在于，面对资本主义的恶，他致力于道德的实现而非道德的谴责。前者的目的是推翻资本主义以彻底解决问题，后者却是对资本主义的肯定，因为它想保留资本主义好的一面而抛弃其坏的一面即道德沦丧的一面；前者是共产主义者的态度，后者是小资产阶级的幻想。蒲鲁东把事物分出好的一面和坏的一面，并在观念上让好的一面保留下来，让坏的一面消失。其实，两方面是同一个事物的两种表现，想抛弃一个保留一个，只能是妄想。真正的解决办法必然是：对事

---

① 《马克思恩格斯全集》第 3 卷，人民出版社 2002 年版，第 344—345 页。

物进行彻底性、整体性改变。马克思说："劳动阶级解放的条件就是要消灭一切阶级"，就是"全面革命"。① 思想界对资本主义的道德谴责已经非常普遍，但因为没有从经验历史发展的视角，没有从实践上把握事情的根本，所以无法做到"理论"的"彻底"和"说服人"，无法真正实现道德。谁能否认，马克思对未来社会的论证有一种道德情怀充当了内在动力？

第二，马克思在批判概念上继承了康德。批判（kritik/critique）是启蒙运动的产物，即一切都要放在理性法庭上来审判。批判最初是把一切理性之外的事物拿来审判，并形成科学知识，这种审判的视野是经验的。休谟在对经验的科学知识进行审判时，发现这根本就是一个骗局，因为知识所赖以成立的必然性根据不存在，它只是习惯。在休谟基础上，康德把理性审判外在事物的批判用于理性自身，即把理性变成审判对象。他从主观性上为科学找到了必然性，却发现这种必然性的应用不能超越经验界限。于是，他"否认了理论理性的自由自决的能力，而彰明显著地在实践理性中去予以保证。"② 一般说来，批判就是分析和判断，把对的保留下来，把错的抛弃掉，这就是扬弃（aufheben）。

康德和黑格尔都重视批判和扬弃这两个概念。只是黑格尔较多使用扬弃，意指在辩证运动中，后一个环节抛弃前一个环节中坏的因素而保留好的因素，并产生新事物。他使用扬弃概念是要完成从经验向超验的龙门一跃。康德较多使用批判概念，他的哲学称作批判哲学。与辩证法相比，批判似乎缺乏运动，只是静态地观察事物。然而，在康德的二元论中，本来就不存在超验与经验之间的相互过渡，而超验的知性概念在经验界限内的应用，也没有改变概念的超验性和感性杂多的经验性。道德更要保持其超验性的纯粹，任何经验的渗入都会使超验性面临崩溃，从而引起道德丧失自身。虽然康德哲学无法消除二元分裂，但至少能够使超验与经验同时得以保全。他平息了经验论和唯理论的战争并为未来开辟道路，这足以成为不朽的贡献。

---

① 《马克思恩格斯选集》第 1 卷，人民出版社 2012 年版，第 275 页。
② ［德］黑格尔：《小逻辑》，贺麟译，商务印书馆 1980 年版，第 143 页。

马克思虽然明确赞扬了黑格尔的辩证法和扬弃概念，但他似乎更看重康德的批判概念。马克思的文本较多使用了"批判"这一称呼，例如，《资本论》（第 1 卷）（只有这一卷是马克思自己编订的）的副标题就是"政治经济学批判"。在马克思哲学语境中，批判俨然就是哲学的代名词，他说："我有可能随自己的兴趣今天干这事，明天干那事，上午打猎，下午捕鱼，傍晚从事畜牧，晚饭后从事批判，这样就不会使我老是一个猎人、渔夫、牧人或批判者。"① 这里的"批判"显然是指哲学研究。

对于马克思而言，批判的含义接近于胡塞尔的现象学还原，即"回到事情本身"的诉求。胡塞尔着眼于超验对经验进行还原，他的还原没有最后的边界，马克思的《资本论》也似乎没有结尾。同时，马克思的批判与康德一样都同时保全了超验与经验，但马克思不满足于两者的保全，他要完成两者的合体，即超验道德在经验历史中的实现。

第三，康德的先验自由与马克思人的自由本性内在相通。康德认为，先验自由就其自身的实践性证明自身。凭借自由概念，上帝和灵魂概念获得客观实在性。在意志自由、上帝存在和灵魂不朽的三大悬设之上，康德建立起道德学说。意志自由使道德成为内在自律，自律是自我约束，它听从绝对命令。绝对命令是定言命令，"它无须以通过某个行为要达成的任何别的意图为基础，就直接要求这个行为。这种命令式就是定言的。它不涉及行为的质料及其应有的结果，而是涉及行为由以产生的形式和原则，行为的根本善在于意念，而不管其结果如何。这种命令式可以叫做道德的命令式。"② 道德完全拒绝功利的参与。动机论着眼于超验的道德命令，而效果论则有了功利色彩。好的效果有功有利、坏的效果无功无利，这就会使人为了好的效果而行为，这一效果作为目的就使行为不再出于那个行为本身，而出于"别的意图"。功利作为经验性事物不能渗入道德之中，否则会破坏整个道德大厦，这是道德超验性的纯粹性，正如柏拉图所说善是单纯的。但是，道德情感是感性的和经验的，而道德情感在道德选择中具

① 《马克思恩格斯选集》第 1 卷，人民出版社 2012 年版，第 165 页。

② 《康德著作全集》第 4 卷，中国人民大学出版社 2005 年版，第 423—424 页。

有举足轻重的地位，道德崇高感是道德无法回避的内容。于是，康德在两大批判之上，继续批判判断力。他着力论证内在情感支配下的判断力是超出经验的，它不依赖经验却对经验做出评判。在超出经验的意义上，人仍然具有自主性和自由。

马克思在博士论文中确立了人的自由本性，它是绝对的和先验的，它摆脱一切外在的经验性事物的干扰。同时，这种自由也只是为了经验的，人必须在"感性活动"中揳入自己的主观意志。马克思探索自由的实现道路，提出"世界的哲学化"和"哲学的世界化"。① 这种自由接近道德，超验道德必须在经验世界中实现以实在化自身，否则就会失去自身。马克思在论述自由时不提及道德，这并不妨碍我们把自由理解为道德，而且在更加纯粹的意义上，自由比道德更能说明道德的超验本性，因为道德在经验世界中展现自身时往往使人们忽略其超验性。

通常认为，马克思在博士论文中所阐述的自由概念来自黑格尔自我意识的自由。诚然，这里具有黑格尔色彩，且的确具有黑格尔自由概念的内容。然而，马克思超出黑格尔的地方在于，黑格尔的自由从来没有超出过意识的范围，马克思则致力于自由的经验性实现，提出消灭哲学，"哲学转向外部"。② 因此，马克思的自由概念，不仅在绝对性上具有超验性即超出经验，而且更具有先验性，即先行于经验却是为了经验的。

一旦定位为先验，马克思人的自由本性便更接近康德的先验自由。康德在先验自由的基础上建立道德学说。马克思不再关注上帝和灵魂，也不再直接论述道德。不去论述并不说明马克思完全撇开了道德，毋宁说，他扬弃了康德的道德，因为道德的实现是人类解放的必然内容。在二元论框架内，康德尽可以直说道德的超验本性，而在实践本体一元论中，道德的超验性化作实践的超验性维度。只有在同时蕴含超验与经验的实践中，道德才能从康德的空洞理想变成现实的历史运动。因此，只有从康德的道德哲学视角来考察马克思，才能得出马克思哲学的基本问题，即超验的道德在经验的历史中何

---

① 《马克思恩格斯全集》第 1 卷，人民出版社 1995 年版，第 76 页。
② 同上。

以可能。可见，马克思是接着康德和黑格尔讲的。

第四，马克思的基本命题，超验的道德在经验的历史中何以可能，对应于康德先天综合判断何以可能的基本命题。先天的就是超出或先行于经验的，就此而言，超验的和先验的都具有先天因素。综合，既有经验与经验的综合，又有超验与经验的综合，先天综合判断指后一种。先天综合判断在康德哲学中有两方面应用，一是在经验自然上，二是在先验自由即道德上。在前一方面，康德完成了对科学知识形成机制的说明，即知性概念加在感性杂多上形成知识（因而知识是经验的，知性超出经验界限的应用是无效的）。由此，康德给出了自然科学知识的必然性根据。在后一方面，先天综合判断的意思是，先天的自由如何与感性活动的杂多相结合，这是道德的实践问题。然而，只要先天综合判断在前一方面能够成立，康德"给信仰腾出位置"以满足道德需要的意图便遭到威胁。这是因为，在逻辑上，科学和道德面对着同一个世界，它们不能对半地分割世界，世界只能非此即彼地属于一方。当自然科学知识在主观性上获得必然性，在经验性上获得实在性时，自由和道德的存亡的确令人担忧。好在康德牢固地守在二元论上，这样它们才能暂且蜷局篱下。康德没有在道德（对他而言也是"最后意图"）和实践问题上完成先天综合判断的可能性探索。他说："实践的先天综合命题是如何可能的，以及这个命题为什么是必然的？这是一个其解答不再在道德形而上学界限之内的课题，我们在这里也没有断言这个命题的真实性，更没有伪称有能力证明它的真实性。"①

康德在二元论框架内仍然希望两者和平相处。他认为，两者是通过不同角度观察同一个事物时得出的不同结论，因而它们之间不存在对立。但是"这一义务仅仅属于思辨哲学"，②在现实生活中它们仍然是对立的。一个人面对既定的事情，他的行为选择只能有一个。康德对没有解决这个问题感到不安，于是他向上追溯，想用目的论来统一自由与自然、道德与科学。但统一本身有使其哲学偏向超验一元论的危险。因此，他没有走更

① 《康德著作全集》第 4 卷，中国人民大学出版社 2005 年版，第 453 页。
② 同上书，第 464—465 页。

远，仅仅指明了判断力在其根据上具有超验性，如此而已。况且，他本来就不是在建立最终的形而上学，只不过是在为未来形而上学打地基。于是，解决先天综合判断在道德和实践中如何可能的任务，就历史地落在了马克思肩上。

第五，康德的世界公民和马克思的世界市场（世界历史）是未来道德实现的范围。康德心目中有一个理想的社会，这与马克思的共产主义理想有某种相通。康德认为，人在合目的性与合规律性的发展中，能够最终走向"一种出自世界公民意图的普遍历史"，走向这一理想的动力仍然是这一社会中没有充分实现的自由和道德，即"非社会的社会性（die ungesell-ige Geselligkeit）"。[1]然而在康德看来，这种对未来的展望面临着一个困难：人在自由意义上是自己的主人，但"人肯定会滥用他相对于自己的同类所拥有的自由"，[2]为限制"滥用"他需要一个主人，但这个主人也一定是人且会"滥用"自由。他还从国家之间的关系，国家与道德的结合等方面，设想了"世界公民"社会。马克思世界市场和世界历史的思想显然受到康德的影响，只是马克思进一步把它们看做是资产阶级生产方式发展和殖民扩张的结果。因此，两人的不同是，康德的世界公民是思辨的产物，马克思的世界市场和世界历史却是现实地存在的。当今世界的经济全球化历史地证明了马克思的理论。

总之，马克思继承了康德的道德思想，并承接了探索道德实现的任务。马克思站在思想巨人的肩上，开始更加艰难而伟大的探索。康德不知道如何改变经验世界中的恶，但他必须把它设定为一个道德的美好故事。马克思要把故事变成现实，他转换了问题视域，从而使在康德看来无法解决的问题获得解决的可能。在马克思哲学视野下，康德二元论是实践超验性维度被遮蔽的片面实践的产物，在二元论框架内，无论偏向超验还是偏向经验都会造成另一方的缺失，从而退回到经验论或唯理论，这种困境在同时蕴含超验与经验的具体实践中获得解决。

---

① 李秋零编译：《康德书信百封》，上海人民出版社 2006 年版，第 256 页。
② 同上书，第 259 页。

第四章　历史与道德经验性实现的诉求

　　道德的超验性是纯粹的，任何经验性因素的渗入都会引起道德大厦的坍塌。但是，道德又必须在经验世界中实现，否则就只是可望而不可即的空洞理想。马克思致力于超验道德在经验历史中的实现，因此其哲学具有经验性诉求。

　　历史在其抽象形式上就是时间的延续。亚里士多德把时间解释为现在，过去是过去了的现在、未来是还没有发生的现在。海德格尔批判这种"流俗"的时间观，"流俗的时间概念渊源于源始时间的敉平。"① 在"源始时间"概念上，时间是人创造的，它与人的生存和存在密切相关，"须看此在如何相应于当下的生存而'具有'其时间。"② 因此，历史和时间虽然是经验的，但是这种经验是具体的，它离不开因人的主观性而具有的超验性维度。

　　马克思把实践（劳动是实践的重要内容）当做理解世界的根本出发点，他在《1844 年经济学哲学手稿》中说道："对社会主义的人来说，整个所谓世界历史不外是人通过人的劳动而诞生的过程，是自然界对人来说的生成过程，所以关于他通过自身而诞生、关于他的形成过程，他有直观的、无可辩驳的证明。"③ 就是说，通过劳动，人与自然界在"生成过程"中构成"世界历史"，同时，人的存在因劳动而恢复了时间性。劳动与实

---

　　① ［德］马丁·海德格尔：《存在与时间》，陈嘉映、王庆节合译，生活·读书·新知三联书店 2006 年版，第 458 页。
　　② 同上书，第 463 页。
　　③ 《马克思恩格斯全集》第 3 卷，人民出版社 2002 年版，第 310 页。

践相通，实践同时蕴含主观能动性和经验事实性。在马克思看来，客观的经验历史同时具有超验的主观性，时间也不是均匀流逝的与人无关的抽象物，而是人的自由本质的经验性绽露的形式。劳动是人的本质的外化活动，或者说，劳动把人的自由本质对象化在劳动成果里。在资本主义的生产方式中，劳动成果是商品，商品价值就是人的自由本质的对象化活动的结果。商品价值的计量尺度是时间。这样，时间因人的自由本质的参与而获得超验性维度。实践的主观能动性和时间的超验性维度具有某种契合之处，这为道德的超验性开辟了空间。同时，实践和时间的经验性维度又内在于经验历史中。于是，超验道德与经验历史得到结合的可能。

第一节　哲学在康德以后发生经验性转向

在解释超验概念时，我们涉及经验概念（Erfahrung/empirical, experience，experience）的含义。经验首先与人的感官相联系，然后扩展到科学知识，进而，人在思维中进行的逻辑思辨推理就其经验性内容而言也是经验的。"所谓'经验'，在心理学上通常指'感官经验'，即人类以感觉、知觉、表象为内容的感性意识状态及其产物。哲学中引申到对象与思维的意义上，与人的感官感知相对应的外部存在即为'经验对象'或'经验实在'（这实际上包括了全部自然界与人的血肉之躯及社会存在的自然物质载体），而凡以各种原则上可感的经验存在为自身研究对象的理论、学说则为'经验科学'。"①

康德在二元论框架内等价齐观地对待超验和经验，他既不想失去超验又宣称其哲学立足于"经验的肥沃洼地"，②他称两者是从不同角度得出的不同结论，因此并不冲突。然而，他的二元论只是权宜之计，他自己也清醒地认识到这不是最终体系，他渴望找到一个坚实的一元论哲学出发点以

---

① 周建漳：《论"超验"》，《厦门大学学报》（哲学社会科学版）1993年第2期。
② 《康德著作全集》第4卷，中国人民大学出版社2005年版，第379页注。

获得安定。探索抽象思辨中超验与经验的矛盾，只有两个方向可以选择：超验一元论和经验一元论。康德暗中相中了前者，他希望上帝和合目的性能够帮他趋于一元，并因此使自己的理性思辨得到宁静与和平。他曾说，如果有人真的知道鬼神的事，这正是他寻找的人。希望这种人存在，说明他想把超验上帝与经验世界结合起来。但是在经验世界中不可能建立这种一元论，这与知性概念不能超越经验界限的应用相违背。

如果说超验一元论对康德来说是不可能的，那么经验一元论就是他被迫要走的路。但他不会走这条路，先验哲学的庞大体系耗尽了他的心力，他无力另外开辟一个体系，哪怕是在自己原有的基础上。更为严重的是，一旦向经验倾斜，其道德超验性的纯粹性就可能被破坏，从而引起整个先验哲学体系的坍塌。哲学的发展要求找到新的立足点以平衡二者。

然而，康德以后的哲学真的发生了经验性转向。转向通过两条路线进行，一条路线的代表人物是黑格尔和马克思，另一条路线上站着叔本华、尼采、胡塞尔、海德格尔和伽达默尔。两者的共同特点是，在保留超验的前提下走向经验。纯粹的经验之路被抛弃，这条路在康德之前的经验主义中遭受的失败使康德之后的哲学不会再去试探。但这只是大陆哲学的传统，大陆传统似乎从来没有真正离开过超验。在英美哲学中，实证主义和分析哲学在某种意义上正是由经验论发展出来的。

在前一条路线上，黑格尔通过有限之物向精神的过渡，即经验向超验的过渡，建立起唯心主义的超验一元论，但因为最终丢掉经验而沦入纯粹抽象思辨，经验仅仅成为超验的一个环节或部分。马克思通过新的哲学立足点即实践，在保留超验的前提下进入经验。

后一条路线不再是从经验到超验再到经验的模式，而是从超验一步步下降入经验。叔本华哲学称为唯意志论。他在《作为意志和表象的世界》"第一版序"中，说明了他的哲学的三个来源：康德哲学、柏拉图哲学和印度著作《吠陀》。[1] 据说他的墙上挂着康德的画像，桌子上放着释迦牟

---

① 参见［德］叔本华：《作为意志和表象的世界》，石冲白译，商务印书馆1982年版，第5—6页。

尼的雕像。叔本华不再像康德一样同时保留超验与经验，他直接进入超验的意志而完全不顾及经验，尽管他承认康德对现象和自在之物（或译为物自体、物自身）的区分。他把意志看作惟一的自在之物，它不再是不可知的，而是可以通过直观和体验去认识的。他是悲观主义者，他说人生的根本体验就是痛苦。意志连接着愿望和欲望，欲望的满足是幸福，不满足是痛苦，满足是相对的，不满足是绝对的。在死亡问题上，人没有出路，人一出生就一步步向死亡迈进，尽管人每时每刻都在逃避死亡，但最终必然还是要投入死亡的怀抱。叔本华甚至说，人天生是罪恶的，而最大的罪恶是他诞生了。意志产生生命，生命最本质的体验是痛苦。认识到生命的痛苦，去除意志就成为没有出路的出路。去除意志后只剩下虚无。在虚无中，叔本华接近了道德。其道德不再依赖遥远的上帝和死后的灵魂，而是建立在去除生命的意志和打破人生的执着上。

叔本华的道德虽然摒弃了康德有神论的内容，但丝毫没有减少超验性色彩。意志作为自在之物本身就是超验的，它独立于时空和经验世界之外；生命意志被否定后的虚无更是超验的。经验世界仅仅作为道德经验性实现的潜在空间而存在。其哲学的超验性是第一位的，经验性是第二位的，甚至世界本身只是"我"的"意志和表象"，最具根本性的是"我"而不是"世界"。

尼采继承并超出了叔本华的唯意志论，但是他要让超验意志的活力在经验世界中实现。他以冲天豪气和惊人的语言痛斥传统基督教道德对人性的摧残。理想是超验的，但他的超人理想是经验化的，他一心追求能够经验地实现的超人。尼采与叔本华一样采取了无神论立场，他宣布"上帝死了"，要重估一切传统道德文化并建立新的道德体系。新道德要符合超人理想。超人之为超人就在于他能够充分主宰自己、充分实现自由且具有完整的人格，是生活的强者。尼采的贵族风范和超人气象宣扬了人格的尊严。他的超验体验超出冰冷的、客观的逻辑框架。一方面，他在自己心灵深处发掘超验而绝对的自由，捕捉他生命意志中那激动人心的体验；另一方面，他让自由的激情与世俗的经验世界相搏击以经验化其超验理想。传统哲学语言的逻辑清晰、语义单一和推理思辨等特点无法满足他对激情的表达，他转向文学或诗学语言，大量使用隐喻、夸张、拟人、象征等手法。他的作品在表现形式上更接近文学而非通常所谓哲学。西方使用文学手法来表达思想的哲学家也有不少，如柏拉图、卢梭，但尼采在给人以出乎意料的用语和气势上，却是无与伦比的，其中蕴含的深刻思想令人惊愕。

假如尼采的超人理想完全囿于超验领域内部，那么这就是彻头彻尾的叔本华哲学。而尼采要的是超验在经验中的实现，但是他没有找到合适的立足点来统一两者。这样，他必然在两者之间奔波和撕扯。他在清晨不断把刚刚从黑夜采摘来的露珠一样的梦晾晒在阳光下，他怎么能够让自己平静下来？他狂热的头脑经历了多年奔波和撕扯的折磨，他强忍痛苦，通过写作来展示他的心灵世界，最终还是因不堪重负而疯掉了。他在写给乔治·勃兰兑斯的信中有时署名"尼采——凯撒"，有时署名"钉在十字架上的人"。"这说明，在致命的自大狂的重重迷雾笼罩之下，这个伟大的头脑曾经徘徊于历史上两个最伟大、然而又极端对立的名字之间，难以确定自己的归宿。"① "尽管他没有完成对一切价值的重估，但他当时驰驱的战场景象却十分壮观。……他毕竟不是自诩的'太阳'，他疯了。就像一颗堕入浓密大气层的天外流星，陨灭前留给世人那夺目的一闪：——神奇、瑰丽、可怖……"②

胡塞尔的现象学口号是"回到事情本身"。"事情"是经验的，但"回到"却需要超验的力量，且"事情本身"一定是在超验与经验两因素同时存在的情况下发生的。所谓"回到事情本身"就是按"事情""是其所是"的样子来考察"事情"，以实现哲学的科学化。这里的科学不是现代自然科学意义上的科学，而是以诚实的态度获取"事情"可理解的真相。胡塞尔不再像叔本华和尼采一样对道德耿耿于怀，这样他在精神上承担的超验性压力就少了许多，他一心想要"还原"事情本身的样子。

胡塞尔带着超验不断向经验进发。语言是众多事情中一个重要事件，胡氏研究语言意义何以可能。康德知性概念与感性杂多的结合形成知识，

---

① ［丹麦］乔治·勃兰兑斯：《尼采》，安延明译，工人出版社1985年版，第195页。
② ［德］弗里德里希·尼采：《权力意志——重估一切价值的尝试》，张念东、凌素心译，商务印书馆1991年版，译者说明第5—6页。

但他没有说明这一结合的过程，可以说胡氏是在探索这一结合本身。他不满意康德把超验与经验分开的做法，他不关注与经验无关的超验性事物，他想在经验中呈现出主观和超验。

由于向"事情本身"还原的过程是无限的，他不可能得到终极的经验性真理。还原过程的无限性使语言永远不能与事情完全吻合，语言和逻辑只是众多事件中的一个（或两个），它们相对于世界整体来说仍是有限的，涵盖不了整个世界。也许，他的用意本来就不是求得最后的真理，而是为人们提供一个能够通向"事情本身"的原则，尽管他试图建立一门关于"纯粹意识"的现象学学科，"即通过现象学方法，弄清科学认识的活动以及生活中的意识活动的结构，以先验还原得到'纯粹意识'、'纯粹自我'，为一切知识提供先验的基础。"① 这一基础是超验与经验的某种合一。毫无疑问，胡氏的超验概念（包括先验概念）来自康德。康德并没有否定自然科学的范式，尽管他提出知性概念经验性应用的界限。胡氏则反对西方科学主义和客观主义传统，他说他的"现象学绝对独立于实质的 – 本质的科学以及一切其他科学。"② 他的现象学有助于人们从知识论中摆脱出来，从而关注"人的存在"本身。他的原则启发了海德格尔，促成从现象学到存在哲学的转变。

海德格尔不喜欢自己的哲学被称为存在哲学，其原因大概是：一方面，存在一词容易被人当做现成之物即存在者来看待，这会使经验再一次挤占超验的地盘，造成新的"在的遗忘"；另一方面，如果把存在理解为纯粹超验性事物，那么就会出现超验与经验的再次分离。促使超验与经验的合一或许是他把存在与时间结合在一起的原因。他要把经验引入超验的形而上学，他关注生存论存在论更源始的前提。在这一前提中，超验与经验浑然一体。事实上，超验与经验本来一体，只是在抽象思辨中两者才分开了，并最终造成"在的遗忘"。反过来也可以说（在马克思哲学看来），是超验与经验相分离的社会历史基础，造成存在与存在者相分离且存在被

① 张志伟、欧阳谦主编：《西方哲学智慧》，中国人民大学出版社 2000 年版，第 157 页。
② ［德］胡塞尔：《纯粹现象学通论——纯粹现象学和现象学哲学的观念（Ⅰ）》，李幼蒸译，中国人民大学出版社 2004 年版，第 95 页。

遗忘。海氏看不到这一点，他只看到了分离和分离后存在被遗忘这一结果。我们可以把海氏的存在理解为其哲学的本体，这种存在在某种意义上接近老子同时蕴含有和无的道。但这种存在仍然达不到马克思的实践，因为实践既是世俗世界"自我分裂"的原因，又是"分裂"弥合的原因，而海氏的存在却没有实践的这种革命性。但是，既然经验世界已经被抽象化了，海氏就不得不借助对超验与经验分离的分析，以及对两者事实上从未真正分离的分析，来促成两者的统一。我们可以从如下几方面来探析海氏如何把超验与经验融为一体：

第一，真理是遮蔽与去蔽的统一。在知识论的符合论真理观中，真理只能是去蔽而不能是遮蔽，即去除假相以显露真相从而达到认识与客观事物的符合，所谓"真理是观念和对象的符合"。①海氏把遮蔽和去蔽结合起来，首先，遮蔽是真理显露过程中无法去除的环节，他赋予遮蔽以合法地位。其实知识论真理中的遮蔽同样不可去除，只是没有得到合法性承认。其次，真理的显露过程是一个循环着的整体，即遮蔽与去蔽组成一个不断相互代替的循环。在循环着的整体中，真理自己站出来。

在真理显露过程中，超验与经验统一起来。我们或许勉强可以说，存在是超验的，时间是经验的（严格说来，这种表述不正确，因为海氏的存在是两者的合体），但我们却很难说遮蔽是经验的而去蔽是超验的。在人的生存和存在中，两者几乎并驾齐驱，没有遮蔽就没有去蔽，反之亦然。如果说遮蔽是生存和存在的过程，那么去蔽就是对这一过程即"事情本身"的显露。同时，这两个过程又可以说是同一个过程。人的生存和存在本身无所谓遮蔽与去蔽，只有在对生存和存在进行考察时才产生了两者的循环。生存和存在着的人主观而超验地活动着，而考察生存和存在的活动同样是主观而超验的。遮蔽与去蔽都需要精神动力来推动以实现两者的循环，从而真理从名词转化为动词。知识论的符合论所得到的科学知识作为现成事物只能是静态的和抽象的。

① ［德］黑格尔：《哲学史讲演录》第 2 卷，贺麟、王太庆译，商务印书馆 1960 年版，第 301 页。

第二，领会和解释只有在"此在"的生存论的"'先'结构"中才成为可能。"领会，作为此在的绽开状态，一向涉及在世的整体。……一切解释都活动在前已指出的'先'结构中。对领会有所助益的任何解释无不已经对有待解释的东西有所领会。"① 就是说，在领会和解释之前，就已经领会和解释了。知识论符合论真理的范围想达到的对客观事实真相的领会，却永远只能囿于一种"恶性循环"。但是，这一循环在海德格尔看来并不是"恶"的，而是认识真正得以可能的契机。他说："决定性的事情不是从循环中脱身，而是依照正确的方式进入这个循环。领会的循环不是一个由任意的认识方式活动于其间的圆圈，这个用语表达的乃是此在本身的生存论上的'先'结构。……在这一循环中包藏着最源始的认识的一种积极的可能性。"②

显然，"此在本身的生存论上的'先'结构"是无法以经验性视野来考察的整体。海德格尔不说这是一个超验的或先验的结构，因为他反对超验与经验的分离。相对而言，生存着的此在更具有经验性。因此，他宁可都称之为经验，而不再提超验，尽管他的目的是从经验主义中拯救出超验来。存在和此在尤其此在是具体的，即超验与经验有机统一。

马克思以另一种方式拒绝抽象。人是他的父亲所生，父亲是祖父所生，由此推衍，无限循环。马克思说："你还应该紧紧盯住这个无限过程中的那个可以通过感觉直观的循环运动，由于这个运动，人通过生儿育女使自身重复出现，因而人始终是主体。"如果只坚持"这个无限过程"，你最终会"提出问题：谁生出了第一个人和整个自然界？"③ 马克思回答说："你的问题本身就是抽象的产物"，人和自然界本来感性地存在着，"你设定它们是不存在的，你却希望我向你证明它们是存在的。那我就对你说：放弃你的抽象，你也就会放弃你的问题，或者，你想坚持自己的抽象，你就要贯彻到底，如果你设想人和自然界是不存在的，那么你就要设想你自

---

① ［德］马丁·海德格尔：《存在与时间》，陈嘉映、王庆节合译，生活·读书·新知三联书店 2006 年版，第 178 页。

② 同上书，第 179 页。

③ 《马克思恩格斯全集》第 3 卷，人民出版社 2002 年版，第 310 页。

己也是不存在的，因为你自己也是自然界和人。"① 这种具体的感性整体同时包藏超验与经验，它与海氏的"'先'结构"有某种相通之处。

第三，"上手状态"（Zuhandenheit）和"在手状态"（Vorhandenheit）的区分体现超验与经验的关系。在"上手状态"中，事物不再是客观对象，而与主观、主体融为一体。海德格尔以锤子的存在来说明"上手状态"，它在"使用着打交道中"显示自身。"对锤子这物越少瞠目凝视，用它用的越起劲，对它的关系也就越源始，它也就越发昭然若揭地作为它所是的东西来照面，作为用具来照面。锤本身揭示了锤子特有的'称手'，我们称用具的这种存在方式为上手状态。"②

敲打的越起劲，敲打者越是忘记锤子而敲打，锤子越能显示自身。当忘记锤子时，人在哪儿意识到锤子呢？这大概是真理遮蔽与去蔽关系的另一个版本。当人把锤子当做对象审视时，锤子的真理被遮蔽了；当人在使用锤子却把锤子忘记了的时候，锤子的真理显露了。但是由于"忘记"了，人没有接收到锤子的信息，这何尝不是另一种遮蔽？而反思中的去蔽又有把锤子看成现成"在手状态"的事物的嫌疑。海德格尔大概想把人置于存在之中让人去存在，即此在。

伽达默尔的基本问题是：理解何以可能？人与人通过理解联系起来，形成一个文化统一体。在不同文化的人之间，相互理解是困难的，但是也只有发生在不同文化之间的对话才真正具有建树。理解在对话中进行，阅读文本也是一种对话，即作者与读者的对话，或文字与读者的对话。理解并不是回到作者或说话者的本来意义上去，而是在读者或听者原有精神背景中重建意义的成功。因此，理解的前见或前提就无法去除，而且它是理解得以可能的基础。伽达默尔要恢复传统和权威的合法性。传统左右着人的理解，任何人都无法摆脱自己的传统，而且传统恰是人的理解得以可能的基础。人无法左右传统，不是人在改变传统，是传统自己在运动，是传统在改变人。在他看来，承认并服从权威，是人认识到权威者的权威性以

---

① 《马克思恩格斯全集》第 3 卷，人民出版社 2002 年版，第 310 页。
② ［德］马丁·海德格尔：《存在与时间》，陈嘉映、王庆节合译，生活·读书·新知三联书店 2006 年版，第 81 页。

后做出的理性选择，而不是通常所谓盲从和迷信。

在理解问题上，伽达默尔与哈贝马斯的分歧是：前者承认前见、前提、传统和权威的必然存在及合法性，"如果我们想正确地对待人类的有限的历史的存在方式，那么我们就必须为前见概念根本恢复名誉，并承认有合理的前见存在。"① 后者则认为，这些都是需要被去除的、对人构成禁锢的意识形态，其合理交往行为不受任何意识形态控制。伽达默尔指出，哈贝马斯的这种理想注定是无法达到的，因为这一理想的产生本身就受到一种特定前见和传统的支配。就是说，追求完全没有先验预设作为前见的理想，这本身只能出自一个特定的先验预设。伽达默尔还批判说，整个现代科学技术方法论是幼稚和天真的客观主义。

显然，前见、前提、传统和权威对人的理解而言是超验的。人无法描述自己前见的形成和变化，无法确切把握传统和权威是如何发挥作用的。伽达默尔的小女儿有一次对他说，当她使用一个语词时她没有意识到它，当她忘了这个词的时候，她想起来它。伽达默尔不是在纯粹超验领域内部探索（胡塞尔却有这种倾向），而是引导人们领会前见、前提、传统和权威等事物的超验性。人能够得以认识自己前见的契机是"真正的对谈"，它发生在具有不同前见的人之间。"一个对谈就是我们陷入其中、我们卷进其中、我们无法事先就知道其'结果'会如何地活动，我们也不能随便就中止它，除非使用强力，因为它总是有话要说。这是一个真正的对谈的标准。"② 只有在"真正的对谈"中，对谈者才可能意识到自己的前见和传统。对谈能够进行的一个条件是，对谈者准备接受对方不同于自己的观点，并在自己的前见与前提所提供的范式中理解对方，甚至在必要时改变自己的前见与前提。只有在非单义性语言（如"语言游戏"）中，"真正的对谈"才是可能的。"真正的对谈"是伽达默尔找到的解决理解何以可能问题的经验性事件。

---

① ［德］汉斯—格奥尔格·伽达默尔：《诠释学 I：真理与方法》，洪汉鼎译，商务印书馆 2010 年版，第 392 页。

② ［德］伽达默尔、杜特：《解释学 美学 实践哲学：伽达默尔与杜特对谈录》，金惠敏译，商务印书馆 2005 年版，第 38 页。

伽达默尔说黑格尔哲学局限于个人意识内，因而囿于超验领域，而他"真正的对谈"发生在两个相互独立的意识之间。在经验的对谈中，超验同时得以保持。这与哈贝马斯的主体间性有些相似。虽然超出了意识哲学，但是伽达默尔并没有把意识哲学的超验性丢掉。与马克思一样，他不再进行抽象思辨，而走向实践哲学，只是马克思的实践在根本上是"改变世界"，他的实践则主要是指"真正的对谈"。

伽达默尔年轻时曾处于迷茫中，一本关于东方文化的书《欧洲和亚洲》启发了他的哲学研究。"该书用东方的智慧对整个欧洲的思想成果提出了疑问，这本书使我第一次对自己通过出生、教养、学校和周围世界而在其中成长的全部境域感到怀疑。于是我开始了自己的思考。"[①]

伽达默尔称中国文明高度发达，羡慕和迷惑为什么中国能够几千年控制着不发展现代自然科学，而西方也有宗教但却控制不住。如此说来，他所要求的对谈在很大程度上就是西方要与东方平等对谈。对谈也叫对话，是当今国际政治中较常用的一个词，经过哲学反思后，对话概念显示出更深刻的意义。但是，这只能是准备性工作，也许哲学本身就只能是准备性的，于是才有马克思消灭哲学、哲学现实化等说法。

第二节　经验的才是有生命的

我们回到黑格尔和马克思这条路线上去。在经历了黑格尔从经验到超验并失去经验的历程之后，马克思否定了这一做法，在接受黑格尔辩证法的基础上，开辟全新的经验之路。

一　抽象思维是无：批判黑格尔

马克思在 1841 年的博士论文中区分了"自由派"和"实证哲学"，除

---

① ［德］汉斯—格奥尔格·伽达默尔：《诠释学Ⅱ：真理与方法》，洪汉鼎译，商务印书馆 2010 年版，第 608 页。

此之外没有第三个派别。马克思明确站在"自由派"一边。"自由派"之自由是先验的。虽然这时的马克思还没有批判黑格尔，但是显然他致力于先验自由的经验性实现，提出了"世界的哲学化"和"哲学的世界化"。①后来，在费尔巴哈的启发下，马克思完成了关注重心从超验到经验的过渡，开始对国民经济学进行实证研究，并批判黑格尔的"抽象思维"。马克思在《1844 年经济学哲学手稿》中说道："把自我理解为抽象的抽象，知道自己是无；它必须放弃自身，放弃抽象，从而达到那恰恰是它的对立面的本质，达到自然界。因此，全部逻辑学都证明，抽象思维本身是无，抽象思辨是无，绝对观念本身是无，只有自然界才是某物。"②

超验与经验在实践中的统一构成马克思哲学的具体性。二者相互分离后，超验成为"抽象思维"，它是能动的，但只是抽象的能动，就像妄想离开空气以摆脱阻力的鸽子，因为失去空气它将失去托浮它的力量，最终无所前进。在二者相互分离中，经验化作"抽象自然界"，这是费尔巴哈唯物主义的自然界。在黑格尔那里，"自然界的目的就在于对抽象的确证"，③这种自然界也是抽象的。两种抽象自然界都不再是那个活生生地运动于个人之外的整体境遇。马克思要"达到"的"自然界"要保持对于个人而言的外在性。如果一切都进入精神，那么情况就是斯宾诺莎的只有神而没有世界的状态，黑格尔虽然批判斯宾诺莎但最终还是没有超出他，两人或许是五十步和百步的区别吧。

马克思说："被抽象地理解的，自为的，被确定为与人分隔开来的自然界，对人来说也是无。"④这种自然界之所以抽象，是由于人失去自由和能动性，自然界只是在自在自为地运动。只有承认自由在其先验上具有超验性维度，并且知道先验性的本来意义就是超验与经验的桥梁，自然界才能摆脱抽象性而"与人相关"。如果没有先验自由，人所能做的就只是认识自然界，改造它将成为空话，为保证认识的客观、中立和精确而不能改变它。

---

① 《马克思恩格斯全集》第 1 卷，人民出版社 1995 年版，第 76 页。
② 《马克思恩格斯全集》第 3 卷，人民出版社 2002 年版，第 334 页。
③ 同上书，第 337 页。
④ 同上书，第 335 页。

马克思"达到自然界"并研究国民经济学，是否意味着他完全放弃博士论文时期的"自由派"立场而走向"实证哲学"？答案是否定的。"放弃抽象"指的是，意识把关注点从自身转移到"自然界"，而不是像经验主义那样排除超验性，因为"纯粹意识"本身是永远无法完全排除的。马克思深知这一点，而且这不仅是批判黑格尔的要点，同时也是批判费尔巴哈的要点，他把抽象唯物主义和抽象唯灵论说成同一个事物的两个相反的极端。① 在强调经验性的意义上，马克思不再直接谈论先验自由，而是把它经验化为"能动的方面"（《关于费尔巴哈的提纲》）和"抽象力"（《资本论》"第一版序言"）。

从道德视角看，自由是道德的根据和内容。只要自由存在，道德就存在。正是为了作为道德内容的自由即人类解放，马克思才有必要"达到自然界"并研究国民经济学。如果自由不存在，自律和道德也将不存在；反过来，如果道德不存在，马克思也就没有必要去探求作为道德实现的人类解放。甚至，如果没有作为道德根据的自由，人类解放本身就是不可能的。如果"实证哲学"是正确的，而"自由派"是错误的，那么"实证哲学"本身也是多余的。对于马克思来说，自由不再局限于个人心灵的自由宁静，而是人改造自然界（不是破坏自然界）的能力。如果人没有这种能力，那么认识自然界也将失去必要性，因为无论人如何认识，自然界还是按照它既定的轨迹运动。如果没有自由，那么人类的悲剧将比叔本华的悲观主义更加悲惨。叔本华哲学在去除意志和破除生命执着的意义上归向了无，在无的意义上道德出现了，只要存在道德，人的生存总还是有意义的。无作为道德的根据，是自由充当道德根据的表现。无是无所牵挂，当人体验到世界和人生都是虚无的时候，他在精神上就开始进入物我两忘的自由了。黑格尔认为无具有道德意义，他的大全和绝对精神在消除一切经验性事物差异的意义上也是无。这与佛教的空相似，"妙有"和"真空"都主张"空"是有内容的，佛教讲求待人接物慈悲为怀，显然具有道德意蕴。海德格尔与叔本华都认为死亡是唯一必然的事件。思考死亡也是在体

---

① 参见《马克思恩格斯全集》第 3 卷，人民出版社 2002 年版，第 111 页。

验自由，在死亡面前，没有任何经验性事物能够对人构成必然限制。想到死亡的不可避免，人会离开常人的思维和生活方式而进入另外的精神状态——"向死而生"，这同样具有道德内涵。

道德既有超验性的一面，又有在经验世界中实现的经验性维度。正是因为站在道德立场上，马克思才能突破黑格尔绝对精神的纯粹意识领域，即超出"抽象思辨"并对"抽象思辨"本身进行批判。当然，批判不能只停留在批判自身，否则这种批判只能重新回到它所批判的事物中去，因为对"抽象思辨"的批判本身也是"抽象思辨"，哲学"所反对的东西，总是跟它相同的东西，只不过具有相反的因素罢了。"① 于是，马克思在实践中批判"抽象思辨"，在政治经济学的实证研究中，写出巨著《资本论》，这是对"抽象思辨"批判的无可辩驳的证明。总之，他不满足局限于头脑中的革命，而要求实际地改变一切现存事物。

沿着转向经验的路线，马克思批判黑格尔的《法哲学》，改变黑格尔从意识到存在的方向，得出"生活决定意识"、② "人们的社会存在决定人们的意识"③ 等结论。

二　从观念出发还是从现实出发：批判蒲鲁东

马克思时代很多人都在研究政治经济学，蒲鲁东就是其中一位。他写了《贫困的哲学》并写信给马克思，要求给予"严厉的批评"。马克思这样做了，其结果却永远地结束了他们之间的友谊。表面上看，蒲鲁东采用了和马克思一样的方法，都是把德国哲学的思辨和辩证法应用于经验的经济学现象。但是，马克思指出了他们之间在研究方法、出发点和结论上的不同，即从观念出发还是从现实出发，资本主义是永恒存在的还是必然灭亡的。

第一，马克思在用思辨来加工经验性材料时，严格遵循一个原则，即保持超验思辨与经验材料之间的界限，决不让概念在思维运动中对经验事实造成丝毫损害。这个原则接近胡塞尔和海德格尔的现象学方法，即探索

---

① 《马克思恩格斯全集》第 1 卷，人民出版社 1995 年版，第 76 页。
② 《马克思恩格斯选集》第 1 卷，人民出版社 2012 年版，第 152 页。
③ 《马克思恩格斯选集》第 2 卷，人民出版社 2012 年版，第 2 页。

"事情本身"，而不是想当然地把自己的抽象概念强加给客观经验事实。马克思说："给资产阶级的所有权下定义不外是把资产阶级生产的全部社会关系描述一番。"① "描述"并没有加入描述者的主观因素，没有把抽象概念强加在"事情本身"上，否则会破坏其本身的原有状况。如果只是理论上的强加，就像蒲鲁东那样，那么危害只是潜在的，它会一时迷惑人，只要有人指出其错误就不会造成新的危害。如果强加不仅是理论上的而且是实际中的，那么危害将是人统治自然界欲望的膨胀。这在西方现代科学技术中正在发生，伽达默尔批判它是幼稚的和狂妄的。

康德把知性概念的应用限制在经验范围内，从而使自然科学在哲学上获得必然性根据。自然界作为现象是经验的，把知性概念应用于其上是合法的，应用得到经验知识。人能够认识的只是现象，自在之物不可知。自然界在其本性上也是自在之物，人无法对不可知的事物进行统治。统治意味着人按照自己的抽象概念去征服自然界。这种征服是自相矛盾的。伽达默尔在批判培根时说道："这位反对空疏的辩证和诡辩的学者本身也总是深深地陷入在他所攻击的形而上学传统及其辩证的论证形式中。他那种通过服从自然而达到征服自然的目的，那种攻击和强迫自然的新态度，以及所有那些使他成为现代科学先驱的一切，只是他的工作的一个纲领性的方面，而在这方面他的贡献很难说是不朽的。"②

康德二元论区分了自然和自由。他认为，两者是从不同角度考察同一个世界时得到的不同结论，因而它们并不构成必然冲突。他《纯粹理性批判》"为信仰腾出地盘"的目的是自由和道德，但自然和自由的地盘是同一个世界，人在同一时空内只能归属于其中一方。可以说，在康德二元论中，抽象概念没有侵犯现实本身，尽管它只是虚幻地（宗教意义上）表达着人的超验本质，他也没有解决二元之间的矛盾。蒲鲁东却犯下以抽象概念侵犯经验事实的错误，这种错误加深了现实中的异化。

第二，蒲鲁东在范畴（抽象概念）和现实历史的关系中出现混乱。他

---

① 《马克思恩格斯全集》第 4 卷，人民出版社 1958 年版，第 180 页。
② ［德］汉斯—格奥尔格·伽达默尔：《诠释学 I：真理与方法》，洪汉鼎译，商务印书馆 2010 年版，第 493 页。

想用黑格尔的辩证法把握世界，他从范畴中机械地分出好的方面和坏的方面，进而想"保存这个经济范畴的好的方面，消除其坏的方面。"① 黑格尔只关心辩证法中的世界而不关心现实世界，就是说，他关心的是概念而非世界，蒲鲁东的辩证法却试图同时占有两者。他不知道，对于现实的事物而言，"好的方面"和"坏的方面"是同一事物的两种不同表现，想只保留"好的"而抛弃"坏的"，只能是妄想。这说明，蒲鲁东的立足点是既想保留资本主义又想排除资本主义的恶。马克思称之为"小资产者"的立场。关于蒲鲁东如何处理范畴与现实历史的关系，马克思说道：

> 蒲鲁东先生给了我们什么呢？是现实的历史，即蒲鲁东先生所认为的范畴在时间次序中出现的那种顺序吗？不是。是在观念本身中进行的历史吗？更不是。……到底他给了我们什么历史呢？是他本身矛盾的历史。
>
> 蒲鲁东……假定被当做不变规律、永恒原理、观念范畴的经济关系先于生动活跃的人而存在；再假定这些规律、这些原理、这些范畴自古以来就睡在"无人身的人类理性"的怀抱里。
>
> 自身起作用并且使蒲鲁东先生本人也起作用的矛盾的创造力竟大到这样程度，以至他本想说明历史，但却不得不否定历史；本想说明社会关系的顺次出现，但却根本否定某种东西可以出现；本想说明生产及其一切阶段，但却否定某种东西可以生产出来。②

蒲鲁东从永恒观念出发以及对辩证法的混乱应用，说明他无法完成"说明历史"的任务。马克思的研究则说明了历史，现实历史处于永恒变动状态中，变动来自超验与经验、主体与客体、能动性与被动性之间在实践中的相互作用。

第三，蒲鲁东之所以用概念侵犯现实，造成范畴和历史关系的混乱就在

---

① 《马克思恩格斯选集》第 1 卷，人民出版社 2012 年版，第 224 页。
② 同上书，第 226、227、228 页。

于，他的思辨、概念和范畴是抽象的。例如，在供求关系上，马克思说："蒲鲁东……使抽象达到极端，把一切生产者化为一个唯一的生产者，把一切消费者化为一个唯一的消费者，然后使这两个虚构的人物互相斗争。"①

蒲鲁东把经济学范畴永恒化并把它们套用在社会经济生活中，这显然行不通。"单凭运动、顺序和时间的逻辑公式怎能向我们说明一切关系同时存在而又互相依存的社会机体呢？"②范畴的抽象性源自它离开经验，被纯粹化和永恒化，马克思称蒲鲁东的书几乎是永恒不变的圣经。观念随着生产力和生产关系的发展而变化，不存在永恒的经济范畴。范畴的变化在于其内涵的某种变化。例如，分工是资产阶级社会的一个普遍概念，马克思提出"消灭分工"，他的意思是，未来的分工将不再是阶级剥削的手段而只是劳动者之间的协作。他还提出"消灭劳动"，显然，生产生活必需品的活动永远不会消失，"消灭劳动"无非是指扬弃劳动的异化，去除劳动作为谋生手段的性质。与此类似，马克思也说不存在永恒的道德和真理，这里发生的变化主要是指异化及其扬弃，异化剥夺了道德和真理的超验性，异化的扬弃则是它们超验性的回归和道德的充分实现。

第四，蒲鲁东之所以出现混乱还在于他的立场是"小资产者"。资产阶级思想必然存在二律背反，因为资产阶级的哲学视野是经验主义的，他们只看到事情经验性的一面，完全否认超验性事物和事物的超验性维度。启蒙运动和资本主义把理性置于最高地位，它们"试图创立这样一种理性的关系体系，它能把合理化了的存在的全部形式上的可能性、所有的比例和关系都包括在内，藉助它能把所有现象——不论它们客观的、物质的差别如何——都变成为精确计算的对象。"③这种做法只有经验主义才去尝试，妄图"精确计算"一切的做法说明它们只承认纯粹的经验性。事实上，理性本身具有超验性的一面，但如果它不像康一样把批判的矛头指向自身，那么结果就是超验性被遮蔽，"事情本身"被抽象地表达。资产阶级思想

---

① 《马克思恩格斯全集》第 4 卷，人民出版社 1958 年版，第 87 页。
② 同上书，第 145 页。
③ ［匈］卢卡奇：《历史与阶级意识——关于马克思主义辩证法的研究》，杜章智、任立、燕宏远译，商务印书馆 1999 年版，第 205 页。

不承认超验，于是二律背反出现了。背反来自超验与经验、自由与自然、道德与科学的矛盾。在马克思用实践把超验与经验有机统一起来之前，流行的学派几乎都属于资产阶级思想。难怪马克思把每一个反对他的人都称为资产阶级，^①甚至对他来说，"全部哲学等同于资产阶级哲学"。^②康德二元论固守着超验与经验的对立，这就把二律背反客观化和明朗化了，这是康德哲学的伟大功绩之所在。只有在揭示出超验与经验对立的基础上，才能进一步找到消除对立的道路，这是埋葬资产阶级思想的两个步骤。前一步由康德完成了，后一步则是由马克思完成的。因此可以说，马克思虽然批判了康德，但其哲学仍然是康德哲学问题的完成。就此而言，马克思成就了康德。在处理超验与经验的关系问题上，黑格尔走向纯粹超验的做法是对康德的倒退，因为回到神学就是回到超验与经验的彻底分离。

资产阶级思想的二律背反使资本扩张的本能变得不可理解。马克思剩余价值说揭示，正是由于人的超验性本质对象化在商品中，才形成了商品的价值。人的本质在根本上具有不可量化性（但是为了说明问题，马克思以社会必要劳动时间为尺度，对价值量进行衡量，劳动可以创造大于它自身价值的价值），资产阶级利用这一点，制造了资本能够自我增殖的神话。从人的本质的超验性以及超验与经验的关系中看问题，神话及其表达的二律背反就会消逝。但是，资产阶级不会自己去主动去揭示和接受超验的，因为这意味着自身的消灭。理论揭示的任务主要由马克思来承担，而实际消灭二律背反的任务则历史地落在无产阶级肩上。无产阶级和资产阶级的斗争于是成为超验与经验相互作用的最现实的形式。

三 变化的道德和变化的人性

（一）变化的道德

道德在本性上是超验的和绝对的，因而是不变的。马克思继承了康德道

---

① 参见［英］戴维·麦克莱伦：《卡尔·马克思传》，王珍译，中国人民大学出版社2005年版，第426页。

② ［德］卡尔·柯尔施：《马克思主义和哲学》，王南湜、荣新海译，重庆出版社1989年版，第15页。

德的超验性，因而马克思的道德概念也应该是超验的、绝对的和不变的。然而从经验历史角度看上去，道德又是可变的。道德的可变性不是说道德在改变本性，而是说它从在社会上占强势地位到被边缘化，再到回归这样一个否定之否定的过程。同时，道德是历史的产物。在前资本主义社会中，人们几乎意识不到道德，只是在超验与经验分离，"世俗基础"发生"自我分裂"①后，道德才正式登上世界和哲学的舞台。在未来社会中，由于自由的充分实现，人们不再关注道德本身，道德也就退回去"在丛中笑"了。

毋庸置疑，道德变化的说法来自马克思。他把道德和宗教看做是被"生活"和现实所决定的意识形态，"符合现实生活的考察方法则从现实的、有生命的个人本身出发，把意识仅仅看做是他们的意识。"②道德作为"意识""意识形态"和"意识形式"是被决定的。那么，我们应当如何理解马克思的说法，才能把道德的不变性和可变性统一起来？

其一，相对而言，道德在本性上是超验的，在实践上是经验的。"现实生活"是经验性活动，同时也是具有主观超验性的人在活动。因此，决定和被决定都不能在经验主义立场上被理解，决定者和被决定者之间并非机械的关系，而是从不同角度观察同一事情时得到的不同结论。在道德实现而非道德谴责的经验性诉求上，马克思批判一切离开经验的抽象思维。离开经验就要进入抽象神学，但神学可以在"世俗基础的自我分裂和自我矛盾"中获得解释。因此，神学即宗教是被决定的。同理，道德、形而上学也是被决定的。在其超验性上，宗教、道德、形而上学都具有独立性，马克思并没有否定这种独立性，只是它们"不再保留独立性的外观了"。然而，事实的本真状态既不是纯粹超验的，也不是纯粹经验的，而是超验与经验有机统一在"感性的人的活动"即实践中。

其二，在逻辑上和时间上，决定与被决定不分先后。"现实"的"改变"与"思维和思维的产物"的"改变"同时发生，而"改变"的主动者或动力是"人们"。于是，"现实""思维和思维的产物"以及"人们"在

---

① 《马克思恩格斯选集》第 1 卷，人民出版社 2012 年版，第 134 页。
② 同上书，第 152—153 页。

实践中三位一体。在抽象思辨中，发生了"意识决定生活"的偏差，针对于此，马克思提出"生活决定意识。"①结合马克思实践同时具有超验性和经验性两个维度的思想，不难理解此处的用意。

其三，马克思之所以说"意识""意识形态"和"意识形式"是变化的，恰是针对当时人性、道德、观念等不可变的说法来说的。不可变性表达的是资本主义永恒存在。针对道德不变与资本主义永恒存在的内在关联，马克思提出道德的可变性。人们认为道德不变的原因大致有三：一是人们通过内在直觉和健全的常识认识到道德的超验性；二是德国哲学尤其康德哲学通过前后一贯的抽象思辨确定了道德的超验性；三是在社会历史中，超验与经验本来一体，只有当两者分离后，道德的超验性才被人注意到，而固守着分离后的超验就是固守着超验与经验的分离，分离是资产阶级思想二律背反的实质。

其四，道德在超验意义上不变，在经验意义上可变。超验外在于人的经验知识，人们无法以经验性视野来判定其内部状况，直观上去它是单纯而静止的。如果看不到超验与经验本来一体，超验就会被抽象地理解和应用，便出现观念决定生活、神决定人的方向。这样，道德的超验性便转化为抽象的静止。因此，道德的可变和不变是在不同的意义上说的，即在超验意义上不变，在经验意义上可变。可变与不变都没有使超验与经验的任何一方被撇开。同时，道德的超验本性和经验实践又必须合二为一，否则就会像康德一样陷入二元分裂。如果只看到其经验性而看不到其超验性本质，则道德本身不存在，完全经验的道德无非是法律的补充和不成熟状态。不承认道德而只承认法律的思想，大概是西方法律制度如此发达的文化根源。他们甚至突破法律的经验性界限，②想要在"自然权利"的超验层次上探索法律的源泉。但是其经验性视野注定他们不会得到完满的结果。只有承认道德的超验性，并认识到法律的经验性，才可能摆脱二律背反并在理论上有所收获。

---

① 《马克思恩格斯选集》第 1 卷，人民出版社 2012 年版，第 152 页。

② 他们不知道法律有这个界限，正如在康德之前，他们不知道自然科学知识的经验性界限一样。

其五，对于持道德不变观点的人，马克思强调道德的可变性，引导他们从经验生活出发去理解道德，从经验世界的改变中解决资本主义的道德问题。既然康德已经把道德的超验性思辨清楚了，就没有必要囿于超验领域重复康德的工作。况且，康德本人的目的也不是去思辨道德，他的目的是实践。他说思辨只是少数人的事。"优美的理智选择一切与美好的感觉密切相关的东西作为自己的对象，而把抽象的思辨或是虽则有用但却枯燥无味的各种知识都留给辛勤的、彻底的和深沉的理智。"①

他表示，女人只需要选择"优美的理智"，不要操心"笛卡尔的旋涡"，她们的智慧"并不在于推理能力，而在于感受能力。"②"笛卡尔的旋涡"是"枯燥无味"的思辨和推理，"感受能力"所"感受"的优美不是所谓纯粹美学的，而必须是综合了道德善的美才是真正的优美。康德尚且如此，马克思更不会囿于思辨内部。他解决道德问题的思路是批判道德的经验历史根源。在道德充分实现时，人们不知道有道德这种事物。当道德缺席而造成工人生活悲惨、人精神空虚、生态环境恶化等问题时，人们才看到道德及其缺席，并渴望道德的复归。然而，道德的产生、发展和实现都有其经验历史根源即实践，故道德复归的进程并不取决于道德本身，而取决于在经验历史中发掘出超验道德，取决于实践自我绽开的客观"自然史的过程"。③因此，马克思让人直接进入历史，让历史在自我完成中解决问题。因此，人与历史也合二为一。如果历史与人是互为外在的，那么历史将不再是人的历史，历史运动也将成为抽象物的自为运动，从而失去其应有的流动性和规律性。

总之，道德的变化是说，道德作为人自由本性的载体从原始与人合一，到在异化中离开人，再到重新复归人的否定之否定运动。道德的复归"是人向自身、向社会的即合乎人性的人的复归"，④"复归"依赖于经验历史在道德和能动性的参与下做自我完成运动。

---

① ［德］康德：《论优美感和崇高感》，何兆武译，商务印书馆2001年版，第30页。
② 同上书，第31页。
③ 《资本论》第1卷，人民出版社2004年版，第10页。
④ 《马克思恩格斯全集》第3卷，人民出版社2002年版，第297页。

（二）变化的人性

我们可以从超验与经验两个层次来谈论人性。与道德相似，从超验层次上看，人性是普遍的和不变的；从经验层次上看，它是变化的。马克思所谓"合乎人性"之"人性"应该具有某种超出经验的品质，因而是不变的。在其现实性上，人性中的超验与经验结合一体，它不是纯粹超验的或纯粹经验的。如果把它理解为只是纯粹超验的，或者理解为只是纯粹经验的，那么它就被抽象化了。马克思在《资本论》中批判边沁用"效用原则"的经验性侵占超验性的地盘。"假如我们想知道什么东西对狗有用，我们就必须探究狗的本性。这种本性本身是不能从'效用原则'中虚构出来的。如果我们想把这一原则运用到人身上来，想根据效用原则来评价人的一切行为、运动和关系等等，就首先要研究人的一般本性，然后要研究在每个时代历史地发生了变化的人的本性。"[①]

在马克思哲学语境中，人性有变与不变两个方面。"狗的本性"和"人的一般本性"是普遍的和不变的。只有在把握这种不变性之后，才能研究"历史地发生了变化的人的本性"。"市侩"仅是人性在特定历史条件下的一种表现，而且其中一定还不能缺少"人的一般本性"的维度，甚至"一般本性"要在"效用原则"之前。关于人性的变化，马克思在《哲学的贫困》中说道："蒲鲁东先生不知道，整个历史也无非是人类本性的不断改变而已。"[②]蒲鲁东及一切资产阶级思想家普遍认为，资本主义是永恒的，人性、自由、道德和竞争等观念都是永恒的。这些"在每个时代历史地发生了变化"的概念都具有历史暂时性，比如在道德充分实现的"时代"就不存在道德概念。[③]

理性经济人假说认为，人具有利用理性追求自己物质利益最大化的本性。这种人性是自私的，这是经验性视野下的结论。有人可能会认为，理性经济人之理性是超验的。的确，它在康德先验范畴意义上具有先行于经

---

① 《资本论》第 1 卷，人民出版社 2004 年版，第 704 页注（63）。

② 《马克思恩格斯选集》第 1 卷，人民出版社 2012 年版，第 252 页。

③ 道德本身存在而道德概念不存在，这只是说人们对道德"日用而不知"（《周易·系辞上传》），它不在人们关注和讨论的范围之内。

验的维度。但是，这种理性放弃人原本具有的自主性，而听从外在必然的控制，尽管这种必然是人的本质的对象化活动的结果。就放弃而言，它更是经验的，正如康德把知识称为经验的一样。如果说自私或着眼于个体是恶，那么利他或着眼于整体是善。在这种界定中可以说，在资本主义之前和之后的人性是善的，资本主义的人性是恶的。就此而言，人性变化是指从善到恶再到善的辩证运动。就"人的一般本性"而言，人应该是善的，因为只要承认人性的超验性和社会的整体性，人就会着眼于整体而利他。超验和整体对应于人的精神存在，经验和个体则对应于人的肉体存在。一般说来，前者是善的而后者是恶的。当然，在现实中，人无法只取善或只取恶，因为人同时具有精神和肉体，因而人性是善恶混合的。这样，问题就变成是把善或精神存在放在首位，还是把恶或肉体存在放在首位。事实上，正是因为人同时具有两种存在，思考善恶才成为必要，否则在诸如伊壁鸠鲁的众神中没有丝毫的恶，也就无所谓善了。"市侩"人性的出现说明人性从善到恶、从善更多些到恶更多些、从人能够实现善的一面到人必须要恶才能生存的变化。"整个历史……是人类本性的不断改变"，可以说指的正是善恶的加减乘除。这是整体性社会变迁，任何个人都无法以主观意愿来左右它，社会意义上的人性变化在个人意志之外。尽管如此，个人意识领域内仍然有超验善的地盘，柏拉图主义和神学等说明善的存在。但是，这很难说明社会的整体制度安排在根本上符合这种善。

（三）道德、人性和人的自由本质

如果说道德和人性是变化的，那么可以说自由也是变化的。资产阶级思想家认为，人拥有他人没有权力剥夺的自然权利：平等权、生命权、自由权以及财产所有权。洛克认为，"人们既毫无差别地生来就享有自然的一切同样的有利条件，能够运用相同的身心能力，就应该人人平等，不存在从属或受制关系"；"人们既然都是平等和独立的，任何人就不得侵害他人的生命、健康、自由或财产。"[①] 但是，在资本主义制度下，自由是抽象的，抽象性造成自由走向其对立面。卢梭说："人是生而自由的，但却无往不在

---

① ［英］洛克：《政府论》下篇，叶启芳、瞿菊农译，商务印书馆1964年版，第3、4页。

枷锁之中。"① 人同时拥有自由权和财产所有权，当自由被经验地抽象理解和应用时，人在"身心能力"的差别下开始产生更大的差别，直到自由平等丧失自身。马克思的异化劳动理论说明，正是因为人拥有自由才导致自由的丧失，商品拜物教说明人被物控制。抽象自由之抽象是由超验与经验分离后又相互越位造成的。自由是先验的，在超验与经验的统一中，它既有在超验性上的绝对性，又有经验性上的相对性，前者为人的"感性活动"提供动力，后者为自由提供实在性和进步。先验自由不是在经验世界中的为所欲为，也不因为不能为所欲为而没有自由。这说明，先验自由既不能被经验化理解和应用，又必须在经验世界中实现才能成其为自身。先验自由被经验化理解和应用的结果是，自由堕落为竞争的自由、贸易的自由、强者压迫弱者的自由。马克思在《关于自由贸易问题的演说》中，呼吁人们看清真相："先生们，不要一听到自由这个抽象字眼就深受感动！这是谁的自由呢？这不是一个人在另一个人面前享有的自由。这是资本所享有的压榨工人的自由。"②

从经验中发掘超验，领会到自己原本一直具有自由，这是无产阶级反对资本主义的精神动力。马克思说："我们，在我们的那些牧羊人带领下，总是只有一次与自由为伍，那就是在自由被埋葬的那一天。"③ 前一个"自由"是先验自由的真正实现，后一个"自由"是超验被经验化理解和应用后发生异化的自由。

自由被抽象化理解应用与道德、人性的变化密切相关，但这些变化从来没有使自由和道德真正离开过人。卢梭说："放弃自己的自由，就是放弃自己做人的资格，就是放弃人类的权利，甚至就是放弃自己的义务。……也就是取消了自己行为的一切道德性。"④

就超出经验而言，"自由""资格""权利""义务"和"道德性"内在相通。正是依靠这种超验性（因先验性而具有的），缺席的道德才有了复

① ［法］卢梭：《社会契约论》，何兆武译，商务印书馆 2003 年版，第 4 页。
② 《马克思恩格斯选集》第 1 卷，人民出版社 2012 年版，第 373 页。
③ 同上书，第 3 页。
④ ［法］卢梭：《社会契约论》，何兆武译，商务印书馆 2003 年版，第 12 页。

归的理由。自由，在其被抽象理解和使用的意义上，已经丧失自身而沦为人类的枷锁。自由在其本性上不是带着枷锁的舞蹈，自由就是自由，只是资本主义给它戴上了枷锁。带着枷锁的舞蹈是无产阶级流着汗和血反对资产阶级的残酷斗争。小资产阶级的道德不过是它既想保留资本主义，又想去除其罪恶面的天真幻想。这种道德当然要成为无产阶级要抛弃的道德，因而它也是变化的。

恩格斯不存在永恒道德的说法，显然受到马克思的影响。遗憾的是，他没有领会到，马克思的道德还有在超验性上不变这层深意。资产阶级和无产阶级都称之为自由和道德，单单名称本身也提示它们有内在相通的一面。人的自由本性是先验的，具有绝对性和超验性维度，因而具有不变的一面。先验自由是道德的前提，因而道德也有不变性的一面。马克思主义者不承认超阶级的道德，这是在经验内容上说的，例如，自由竞争是资产阶级的道德而非无产阶级的道德，这种道德恰是真正道德的反面。

在道德、人性和自由中，超验和经验内在结合一体，仅有超验会走向神学和唯心主义，仅有经验会导致经验主义和抽象唯物主义。超验要与经验结合才能真正获得常态和进步。康德说："柏拉图也因为感官世界对知性设置了这样严格的限制而抛弃了它，并鼓起理念的两翼冒险飞向感官世界的彼岸，进入纯粹知性的真空。他没有发觉，他尽其努力而一无进展，因为他没有任何支撑物可以作为基础，以便他能撑起自己，能够在上面用力，从而使知性发动起来。"①

康德这里是在说知性的经验性应用，但对于道德和实践来说也是适用的。实践和劳动是人的自由本质的外化活动，它是超验（人的本质）与经验（感性活动）的统一，正是在这种统一中，人的劳动和实践才真正从动物活动中独立出来。马克思在考察劳动时说道："劳动过程结束时得到的结果，在这个过程开始时就已经在劳动者的表象中存在着，即已经观念地存在着。他不仅使自然物发生形式变化，同时他还在自然物中实现自己的目的，这个目的是他所知道的，是作为规律决定着他的活动的方式和方法

---

① ［德］康德：《纯粹理性批判》，邓晓芒译，人民出版社2004年版，第7页。

的，他必须使他的意志服从这个目的。"①

人的劳动超出动物活动的地方在于，劳动是有意识有目的的活动。"蜘蛛"和"蜜蜂"靠本能活动，无所谓目的和意识。而人的本能（套用动物本能的说法）恰在于不靠本能（动物的），动物本能无法上升到"专属于人的"超验层次。人的本能是超验与经验的统一，超验的一面体现在自由和道德中，经验的一面体现为"感性活动"。人的自由本质必然要发生外化活动，在活动中劳动和道德发生异化，即所谓人征服自然的表现。然而，一旦人在异化中看到自己是"类存在物"，看到自己原本具有自由本质，他就要利用这种自由本质重新把属于自己的本质从对象物中取回。于是，外化为物质后的精神开始回归自身，在经验层面上，就是工人与生产资料的结合。马克思说"人类活动"有两个方面："一个方面——人改造自然。另一方面，是人改造人……"②他还说："工人阶级征服了自然，而现在它应当去征服人了"。③"人改造人"和"工人阶级……征服人"亦即扬弃异化，向"合乎人性的人的复归"，这是实践的内容，同样是"专属于人的"目的性活动。

第三节 批判"尘世"使道德真正深入经验历史

马克思转向经验是彻底的，这种彻底性不在于排除超验。相反，正是在保留超验的基础上，他才能真正放弃抽象思维而深入经验。他站在抽象思维终止的地方转向经验，发掘问题经验层面上的原因。他引导人们在经验性原因的基础上，以经验性的方式来解决问题。他经验性转向的一个重要表现就是对"尘世"的批判。他说："真理的彼岸世界消逝以后，历史的任务就是确立此岸世界的真理。人的自我异化的神圣形象被揭穿以后，揭露具有非神圣形象的自我异化，就成了为历史服务的哲学的迫切任务。于是，对天国的批判变成对尘世的批判，对宗教的批判变成对法的批判，

① 《资本论》第 1 卷，人民出版社 2004 年版，第 208 页。
② 《马克思恩格斯选集》第 1 卷，人民出版社 2012 年版，第 167—168 页。
③ 《马克思恩格斯全集》第 13 卷，人民出版社 1998 年版，第 134 页。

对神学的批判变成对政治的批判。"①

"真理的彼岸世界"是神的王国，当费尔巴哈把上帝归结为人的感性生活时，对神学的批判就完成了。宗教是"人的自我异化的神圣形象"。虽然对宗教的批判完成了，但是"人的自我异化"仍然存在，只是采取了"非神圣形象"。这就是黑格尔法哲学中国家、市民社会、家庭、道德、伦理、抽象法等概念及其辩证运动对人民的迷惑。这种迷惑在于，黑格尔采取了自上而下的方式"解释世界"。这是在为资本主义的永恒存在做辩护，因为他取消了人民"改变世界"的可能性。当然，我们可以把黑格尔从抽象所有权到世界历史的辩证运动，看做是革命所要达到的状态，或者说，他的概念运动是无产阶级革命的抽象表达。但是抽象毕竟无法达到具体，于是马克思放弃黑格尔的抽象思维，在具体实践中走向经验。

对于马克思本人来说，走向经验表现为他深入经济学领域的研究。他第一部关于经济学的著作是《1844年经济学哲学手稿》。此后不久，在《关于费尔巴哈的提纲》和《德意志意识形态》中，他重新强调被唯心主义抽象发展的主观能动性，并确定实践在哲学中的原初地位。② 至此，他"解决"了自己"苦恼的疑问"。③ 在政治经济学研究中，他写出巨著《资本论》。这是他实证研究的结果，是现实社会生活的现象学描述。商品的内在矛盾是工人阶级与资产阶级矛盾的抽象表达。矛盾运动本身不再是哲学家头脑中的概念运动，而是鲜活的经验历史过程。人的超验本质的外化凝集成商品价值。如果看不到商品价值的超验性，看不到商品的内在矛盾，只看到商品的经验性，就无法认识到资本主义的内在矛盾。如果虽然看到这一矛盾，却看不到这一矛盾只有在无产阶级和资产阶级的斗争中，才能得到真实的表达，就仍然没有恰当认识其中的超验性因素。

---

① 《马克思恩格斯选集》第1卷，人民出版社2012年版，第2页。
② 马克思《〈黑格尔法哲学批判〉导言》写于1843年10月中—12月中，《黑格尔法哲学批判》大约写于1843年夏—1844年秋。这比《1844年经济学哲学手稿》稍早或者同时诞生。《关于费尔巴哈的提纲》写于1845年春，《德意志意识形态》写于1845年秋—1846年5月。
③ 《马克思恩格斯选集》第2卷，人民出版社2012年版，第2页。

超验与经验在实践中统一起来，费尔巴哈把超验与经验分开而只取经验，结果陷入抽象。保持超验并不意味着放弃无神论，马克思的无神论在于"设定人的存在"①本身，而"人的存在"的本真状态是超验与经验相统一的实践。保持超验意味着人具有先验自由，人只有自觉认识到自己原本具有的自由，并以自由为动力改变自身和世界，才能真正深入经验，并把自身变成经验历史的一部分。由此，马克思的唯物史观完成了唯物主义的彻底化。

一　超验性维度：实践深入经验的前提而非障碍

马克思哲学具有超验性维度，②这一维度不是马克思哲学深入经验的障碍，相反，它为深入经验提供前提。通常认为，经验主义哲学立场中的经验性是彻底的。我们认为，这是一个根本性误解。经验主义追求经验的纯粹性，但这是自我矛盾的。经验主义不承认任何超验性事物和事物的超验性维度，而不承认本身却缺乏充分的经验性证据，因而它仍然出于一个先验预设，在预设的先验性上，经验性的纯粹性已然被打破。

经验主义认为自然界与人无关，但是我们又能够认识它，这也是自相矛盾的。如果说自然界与人无关，那么我们就不可能认识它，进而这种自然界是否存在都成了问题，正如许多人认为我们不能认识神，因而神是否存在就成了问题。在不能认识神的情况下，有人选择不承认神存在的态度。即使有人选择有神存在，且认为神能对人产生作用，但因为不能认识神及其作用，所以对我们来说，这个神又好像不存在。相似地，我们不能认识的自然界对我们而言也是无，我们无法和无发生关系。反过来，只要承认自然界是能够认识的，它就与人有关系。宇宙中遥远的天体在经验上似乎与我们毫无关系，但在认识它时，认识活动本身就对人的意识和情感发生了影响，因而它仍然与人有关系。

经验主义认为自然界是可知的，即使当下人无法彻底认识它，所谓人的认识能力具有至上性，最后它总是能够被认识的。但是，这一结果是无

---

① 《马克思恩格斯全集》第 3 卷，人民出版社 2002 年版，第 311 页。
② 参见何中华《马克思哲学的超验性维度之我见》，《山东社会科学》2003 年第 4 期。

限后退的，因为世界永远存在尚未被认识到的事物和层次。在认识永远达不到终点的意义上，很难把这种自然界称作经验的，尽管称作超验的也有些勉强。① 即使承认自然界是可知的，在康德看来，我们能够认识的只是现象而不是自在之物，我们看到的经验自然界无非是现象罢了，我们无法认识作为超验自在之物的自然界。在此意义上，我们最终并没有完全去除自然界的超验性。

在实践中，马克思去除抽象，要求追问超验性事物时不要脱离经验的社会历史条件，追问经验性事物时不要忘了人具有主观超验性的一面。这样，在社会历史条件下，对超验自在之物的追问本身及其答案，全部都在实践中得到了把握。因此，自然界不再是与人无关的抽象物，而是"人的无机的身体"。② 自然界连同"人的有机的身体"即"普遍的因而也是自由的存在物"③ 一起，在实践中组成一个有机统一的整体。实践作为"感性的人的活动"，④ 其经验性是彻底的，它使社会历史获得唯物主义的性质。正是把握了超验与经验的界限和统一，马克思才能彻底深入经验。他肩负着实现超验道德的任务，手持超验的动力和工具（能动性和"抽象力"）向经验进发。在把握超验与经验界限和统一的前提下，马克思不惜把一切都说成是经验的（胡塞尔、海德格尔、伽达默尔在强调经验时也是这样）。恩格斯不明了背后的超验性因素，从而"在理论问题上"出现了"漏洞"。⑤ 马克思转向经验的彻底性具体表现在两个方面：批判费尔巴哈和无神论思想。

二 因抽象半途而废：批判费尔巴哈

前已述及，康德以后的哲学通过两条路线转向经验，其中一条路线的代表人物是黑格尔和马克思。费尔巴哈是从黑格尔到马克思的过渡环节，

---

① 在实践看来，世界的超验性并不在于世界上总是存在着人没有认识到的事物，而在于人在先验自由的本性上具有超出经验实然之域的超越性本身。

② 《马克思恩格斯全集》第 3 卷，人民出版社 2002 年版，第 272 页。

③ 同上。

④ 《马克思恩格斯选集》第 1 卷，人民出版社 2012 年版，第 133 页。

⑤ 《马克思恩格斯选集》第 4 卷，人民出版社 2012 年版，第 572 页。

马克思受费尔巴哈启发而转向经验，但后来发现并批判了其唯物主义的抽象性。这种哲学是半拉子唯物主义，"当费尔巴哈是一个唯物主义者的时候，历史在他的视野之外；当他去探讨历史的时候，他不是一个唯物主义者。"① 在历史领域，他仍然是唯心主义者。其哲学之所以抽象就在于，它失去唯心主义抽象发展的"能动的方面"，② 即超验性的一面。

　　费尔巴哈完成了对宗教的批判，通过把上帝归结为"感性生活"，他基本上达到了"人创造了宗教，而不是宗教创造人"③ 的境界。他认为，"感性生活"是最高的善，人崇拜上帝就是对自己"感性生活"的崇拜。他说："血淋淋的杀人献祭，事实上只是宗教之最内在的秘密之粗鲁的表现。什么地方血淋淋地杀了人来供奉上帝，什么地方就认为这种牺牲是最高牺牲，就把感性生活当作最高的善。"④

　　上帝本来是纯粹超验性事物，他把超验变成经验的"感性生活"。但他就此止步，没有对宗教之所以产生的世俗根源本身进行批判。马克思总结了费尔巴哈的工作及其限度，并由此开创自己的道路："费尔巴哈是从宗教上的自我异化，从世界被二重化为宗教世界和世俗世界这一事实出发的。他做的工作是把宗教世界归结于它的世俗基础。但是，世俗基础使自己从自身中分离出去，并在云霄中固定为一个独立王国，这只能用这个世俗基础的自我分裂和自我矛盾来说明。因此，对于这个世俗基础本身应当在自身中、从它的矛盾中去理解，并在实践中使之革命化。因此，例如，自从发现神圣家族的秘密在于世俗家庭之后，世俗家庭本身就应当在理论上和实践中被消灭。"⑤

　　费尔巴哈"把宗教世界归结于它的世俗基础"之后就停下来，马克思进而对这一"世俗基础"本身进行批判。批判有两个层次：一是继续阐明"世俗基础的自我分裂和自我矛盾"，揭露它造成（或表现为）超验与经验

① 《马克思恩格斯选集》第 1 卷，人民出版社 2012 年版，第 158 页。
② 同上书，第 133 页。
③ 同上书，第 1 页。
④ ［德］费尔巴哈：《基督教的本质》，荣震华译，商务印书馆 1984 年版，第 351 页。
⑤ 《马克思恩格斯选集》第 1 卷，人民出版社 2012 年版，第 134—135 页。

相分离的现实，也就是"发现"宗教的"秘密"。"生活决定意识"① 说明，通过实践把握世界，就要从社会历史根源上理解宗教、道德等意识形态。宗教需要被消灭，因为它是纯粹超验的因而是抽象的，是人的本质的虚幻表达。二是在揭露"秘密"的基础上，"在理论上和实践中""消灭""世俗基础的自我分裂和自我矛盾"，这是人类在历史发展中的必然选择。消灭宗教的同时，道德必须被实现（即复归）。实现了的道德是超验与经验的统一，因而是人的本质的真实表达。马克思对"世俗基础"的理论批判主要是通过批判费尔巴哈哲学的抽象性来进行的。这种抽象性在于，费尔巴哈没有批判超验与经验的分离本身，而是在两者的分离中，只取其中经验的一面，或者说他想把超验描绘成经验。

第一，费尔巴哈失去了事情的超验性维度，其结果是丧失了其中"能动的方面"，因而失去了批判性和革命性。马克思在《关于费尔巴哈的提纲》第一条中开宗明义地说道："从前的一切唯物主义（包括费尔巴哈的唯物主义）的主要缺点是：对对象、现实、感性，只是从客体的或者直观的形式去理解，而不是把它们当做感性的人的活动，当做实践去理解，不是从主体方面去理解。"②

就失去主体性即事情的超验性维度而言，费尔巴哈的哲学视野仍然是经验主义的。经验主义在 18 世纪法国唯物主义（被包括在"从前的一切唯物主义"的范围内）中得到充分表现，如"人是机器"的说法完全否定了人精神存在的超验性维度。把一切付诸经验的做法本身没有充分的经验性证据，因而它出自一个先验预设，而这种先验性本身已经否定了经验主义经验性的纯粹性，因而经验主义是自相矛盾的。经验主义的对象是有限之物，它从一物到另一物的转化只能是"坏的无限"。完全否认超验的经验主义与现代自然科学追求纯粹客观性的做法内在相通，这种客观性建立在经验性上。然而，在一定意义上，哲学之为哲学就在于，它永远无法完全排除超验性或精神性的一面，这是它具有无限反思性的根据。黑格尔哲

---

① 《马克思恩格斯选集》第 1 卷，人民出版社 2012 年版，第 152 页。
② 同上书，第 133 页。

学尽管丢掉了经验和世界，但仍然被公认为哲学。当然，黑格尔哲学也是抽象的，因为它在超验与经验分离的基础上，最终只取超验而丢了经验。与抽象性相对立的是具体性，具体性即为超验与经验的有机统一。

第二，费尔巴哈唯物主义与唯心主义殊途同归。费尔巴哈最终只是在抽象意义上"解释世界，问题在于改变世界。"①"解释世界"就其经验主义立场而言，无非是 18 世纪法国唯物主义的另一个版本。他用上帝表达精神活动，用感性生活表达生理活动，然后用感性生活代替上帝。上帝获得抽象的经验性，这种经验性无法保全自身。上帝原本是超验的，当他用感性生活代替上帝时，他以为上帝得到了完全经验性地把握，其实不然。纯粹的经验性也是超验的，他无非是给上帝换了一个名称。当他用抽象的"爱"建立"爱"的人本学宗教时，上帝回来了，只是这次它的名字叫"爱"。这样，在抽象性上他重新走向唯心主义的纯粹超验性。

第三，费尔巴哈哲学中的人是抽象的。当上帝带着人的超验本质飞升入云霄时，留给世俗世界的就只有抽象的经验，即经验主义眼中的自然界和抽象的孤立的个人。在费尔巴哈哲学中，人是"一种抽象的——孤立的——人的个体"，②这个人只有在鲁滨孙的孤岛上才可能存在。孤立的人构成市民社会，由于缺乏有机联系，这种社会只是一袋马铃薯。人与人之间是狼，"实际需要、利己主义是市民社会的原则"。③市民社会里具有强制力的法律是唯一有效的人际关系调节手段，而道德适用于"人类社会或社会的人类。"④在具体实践中，不仅人具有主观性和超验性，而且自然界也因此获得主观性和超验性。樱桃树不是自在地存在着的，它是人的实践的产物，"樱桃树只是由于一定的社会在一定时期的这种活动才为费尔巴哈的'感性确定性'所感知。"⑤

尽管如此，费尔巴哈毕竟指示了一条经验性道路。马克思在费尔巴哈

---

① 《马克思恩格斯选集》第 1 卷，人民出版社 2012 年版，第 136 页。
② 同上书，第 135 页。
③ 《马克思恩格斯全集》第 3 卷，人民出版社 2002 年版，第 194 页。
④ 《马克思恩格斯选集》第 1 卷，人民出版社 2012 年版，第 136 页。
⑤ 同上书，第 156 页。

用经验解释超验以批判宗教的基础上，在超验与经验相统一的实践中批判"世俗基础的自我分裂和自我矛盾"，批判"分裂"是促成"分裂"的弥合。批判宗教及其"世俗基础"（"尘世"）涉及马克思的无神论思想。

三 无神论："设定人的存在"

费尔巴哈批判宗教，建立无神论。他彻底否定神的做法与经验主义相通，即经验主义不承认任何超验性事物和事物的超验性维度。毋庸置疑，费尔巴哈无神论对马克思产生重大启示。马克思通过费尔巴哈用经验解释超验的方法，建立起在经验中解决超验问题的路径，只是这种经验不再是纯粹的，但它是彻底的。马克思哲学具有超验性维度，即实践能够"超越经验的实然之域的……超越本身。"[1]在实践视野中，超验与经验都不再是抽象的和纯粹的，它们彼此结合，浑而为一。因此，对马克思无神论思想的考察要格外小心，一方面，不要陷入费尔巴哈抽象的无神论，另一方面，不要因超验性维度而滑入神学、唯心主义或二元论。

马克思的祖父和伯父是犹太拉比，祖母和母亲也出身犹太家族，按种族标准他是犹太人。但他父亲受洗改宗成为基督新教教徒。他从小没有接受过犹太教教育，而受过基督教教育。从他的中学作文《根据〈约翰福音〉第 15 章第 1 至 14 节论信徒同基督结合为一体，这种结合的原因和实质，它的绝对必要性和作用》《青年在选择职业时的思考》以及早期的诗作中，可以看出基督教精神对他的影响。

大概在 1839 年关于伊壁鸠鲁的"笔记"中，马克思开始表述自己的无神论思想。从外在因素看，父亲受洗改宗以及接受的教育使他批判犹太教，他批判费尔巴哈把实践理解为"卑污的犹太人的表现形式"。他在《论犹太人问题》中说道："犹太人的神世俗化了，它成了世界的神。票据是犹太人的现实的神。犹太人的神只是幻想的票据。"[2]这种神其实是商品拜物教中人崇拜的对象。

---

① 何中华：《马克思实践本体论新诠》，《学术月刊》2008 年第 8 期。
② 《马克思恩格斯全集》第 3 卷，人民出版社 2002 年版，第 194 页。

　　马克思批判的矛头并不限于犹太教。他说费尔巴哈完成了对宗教的批判，显然，这里的宗教主要是指基督教，因为费尔巴哈的批判矛头指向黑格尔哲学，而黑格尔的上帝主要是基督教意义上的。在《资本论》中，马克思还把资本的原始积累与基督教原罪相提并论。

　　我们说马克思继承了康德的道德，而康德道德的最后根据是上帝。这样，上帝就不会轻易退场。那么，马克思到底如何看待神的存在问题？康德揭示了历史上所有上帝存在证明的虚妄性。但是，否定上帝存在的证明并不是否定上帝存在本身，在道德上他又恢复了上帝的存在。他否定上帝存在的证明仅在于说明上帝的超验性和不可知性，人的知识是经验的（知性概念只能在经验范围内应用），完全超验的上帝无法进入人类知识的范围。如果说康德借不可知论拒绝回答上帝何以存在，那么马克思就进一步拒绝人对上帝进行追问。马克思说："我从理想主义，——顺便提一提，我曾拿它同康德和费希特的理想主义比较，并从中吸取营养，——转而向现实本身寻求思想。如果说神先前是超脱尘世的，那么现在它们已经成为尘世的中心。"[①]马克思把康德在道德意义上的神进一步表述为"理想主义"。"神"所体现的超验没有消失，而是在实践中与经验统一起来。

　　上帝存在之于人的意义在于，它是世界的创造者和管理者，但这只是抽象想象。马克思引用了亚里士多德的例子，你是你父亲和你母亲所生，你父亲又是你祖父所生，向上追溯，无限循环，你应该盯住循环之中仍然"可以通过感觉直观"的一面。如果仅关注无限循环中的抽象的一面，你最终会发问："谁生出了第一个人和整个自然界？"这种追问本身已经预设了追问者想要得到有神存在的答案。

　　　　你的问题本身就是抽象的产物。……既然你提出自然界和人的创造问题，你也就把人和自然界抽象掉了。你设定它们是不存在的，你却希望我向你证明它们是存在的。那我就对你说：放弃你的抽象，你也就会放弃你的问题，或者，你想坚持自己的抽象，你就要贯彻到

　　① 《马克思恩格斯全集》第40卷，人民出版社1982年版，第15页。

底，如果你设想人和自然界是不存在的，那么你就要设想你自己也是不存在的，因为你自己也是自然界和人。……

你可能反驳我：我并不想设定自然界等等不存在；我是问你自然界的形成过程，正像我问解剖学家骨骼如何形成等等一样。

……对社会主义的人来说，整个所谓世界历史不外是人通过人的劳动而诞生的过程，是自然界对人来说的生成过程，所以关于他通过自身而诞生、关于他的形成过程，他有直观的、无可辩驳的证明。[①]

对于马克思来说，"自我分裂和自我矛盾"的"世俗基础"是抽象的，提问者的问题是这一抽象的产物。人对上帝存在的追问本身，无非来自人"世俗"生活的状况。只有在没有自由时，人才追问自由，只有在自由作为人的超验本质在"世俗基础的自我分裂"中飞升入云霄时，人才感到没有自由并追问神。反过来，如果知道自己拥有自由，人就不会去追问那与自己无关的神。人的自由本性的绝对性和超验性本身证明了人的自由，自由基础上的道德也是存在的，人对道德的崇敬感和实践本身证明道德的存在。道德之于人是最实在最切近的超验性事物，同时道德要经验地实现才能实在化自身，因而它又具有经验性诉求。在道德的经验性诉求面前，已经没有必要追问到神，因为超验道德本身就可以提供精神动力。只有在抽象思辨道德本质时才可能进入神，这在康德哲学中发生过。人要做的是领会道德的超验性并践行道德，即"改变世界"。追问神说明他不愿践行道德和改变现实而只是寄希望于彼岸世界，这在客观上造成维护现成状态的保守态度，是对资本主义永恒性的辩护，尽管他在主观上也希望道德能够回归和实现。

马克思的无神论思想类似于孔子对鬼神的存而不论态度。孔子让人关注生而后关注死。例如，"季路问事鬼神。子曰：'未能事人，焉能事鬼？'敢问死。曰：'未知生，焉知死？'"（《论语·先进第十一》）又如，"樊迟问知。子曰：'务民之义，敬鬼神而远之，可谓知矣。'"（《论语·雍也第

---

① 《马克思恩格斯全集》第3卷，人民出版社2002年版，第310页。

六》）不过，马克思与孔子仍有所不同，孔子肯定鬼神的存在，他对祭祀礼仪的倡导证明这一点；在马克思拒绝追问神的意义上，我们无法确定他是否承认神的存在。甚至他禁止我们做这种猜测，因为猜测本身已经开始离开经验而进入纯粹超验，事情已经开始被抽象化了。

马克思的无神论要求我们放弃抽象，直接进入"人的存在"本身。在"人的存在"中，有神论和无神论都将失去意义。"无神论，作为对这种非实在性（指凌驾于自然界和人之上的存在物即神——引者注）的否定，已不再有任何意义，因为无神论是对神的否定，并且通过这种否定而设定人的存在；但是，社会主义作为社会主义已经不再需要这样的中介；它是从把人和自然界看作本质这种理论上和实践上的感性意识开始的。"①"设定人的存在"也就设定了自然界的经验性和实在性，就摆脱了唯灵论的抽象。作为有神论的对立面，无神论与有神论相生相克。在"人的存在"中，有神论和无神论同时失去存在的理由。恩格斯说："无神论单只是作为对宗教的否定，它始终要涉及宗教，没有宗教，它本身也不存在，因此它本身还是一种宗教……"②

马克思把自己的一切考察都放在超验与经验有机结合的前提下。当我们想要追问超验的神时，必须结合经验性生活先追问我们为什么要追问。在研究经验性事物时，必须保证反思和"抽象力"的主观能动性不被遮蔽，否则这些研究对象就是"与人无关的"无。在超验与经验有机统一的实践中，我们不必达到对神进行追问的层次，抽象地追问神是抽象性设下的陷阱。马克思依靠伊壁鸠鲁哲学论述人的自由本性。对于伊壁鸠鲁来说，神的存在与否和人没有任何关系，就此而言，他接近了无神论。当然，他确信神的存在，尽管它们"居住在世界之外"。③如果说黑格尔在人性与神性合一的基础上最终把人归入神，那么可以说，马克思同样承认人性与神性的合一，但神性不是来自神秘的纯粹超验的神，而是人在自由本性上原本具有的超验性，他最终把神性和人性都纳入具体实践之中。

---

① 《马克思恩格斯全集》第 3 卷，人民出版社 2002 年版，第 311 页。
② 《马克思恩格斯选集》第 4 卷，人民出版社 2012 年版，第 569 页。
③ 《马克思恩格斯全集》第 1 卷，人民出版社 1995 年版，第 35 页。

　　"人的存在"方式是实践，实践的绽开构成经验历史。因此，马克思哲学在实践中深入了经验历史，从而使经验历史在实践的主观能动性上获得超验性维度。神和历史都不再是外在于人的神秘物，而是现实的人最切近的活动和表现。马克思哲学的经验性诉求与历史的自我绽开之间不是互为外在的关系。在"人的存在"中，实践打通了两者之间的隔阂。

　　马克思的无神论思想还在唯物史观中得以表达。在同时蕴含超验与经验的具体实践中，马克思哲学深入经验历史意味着，社会历史从此摆脱了唯灵论神秘主义的迷雾。唯物史观是彻底的唯物主义，它使历史获得客观规律性。这种规律之为规律的根本在于超验与经验的相互作用。在这一相互作用的具体实践中，一切被宗教抛入彼岸世界的关于神的抽象冥想、一切被经院哲学和唯心主义神秘化的抽象思维及其产物、一切被经验主义和旧唯物主义弄得自我矛盾的世界观都获得了解决。历史之谜由此开始得到逻辑的和历史的解答。

第五章　论道德的可能性

　　超验与经验原本不可分，但在资本主义的形成和发展中却被迫分离，由此造成道德的缺席，缺席是道德的超验性被遮蔽而非道德本身的消亡。道德的超验性本质与经验性实现之间在超验与经验的分离中形成矛盾，表现为超验道德与经验历史的矛盾。前已述及，马克思哲学的经验性诉求与历史的自我完成在"人的存在"和实践中内在相通。因此，只有超验与经验有机统一的实践才是对待世界的恰当态度。经验主义的思维和生存方式遮蔽了超验，造成劳动和道德的异化，于是需要重新强调事情超验性的一面，并探索超验与经验重新统一的现实道路，即道德的回归。当然，探索道德回归与道德实际的回归仍然有相当远的距离，但这也是探索的内容之一。意识到危机，危机就减少了一半，认识到道德的超验性，就是在意识中消灭了经验主义并实现了道德的回归。

　　康德通过一以贯之的思辨厘清了道德的超验性本质，其代价是超验道德和经验历史在世俗社会中的分离在理论上被固定化，这是他二元论的实质。在二元论框架内，他没有进一步探索超验道德何以在经验历史中实现，如果不能实现它就只能是空洞理想而走向虚无。因此，面对二元论，如何走向稳固的一元论就成为一个必然课题。黑格尔的超验一元论是一次不成功的探索，他让经验自我扬弃而上升到超验，最终进入神学。一旦进入神学，经验便再无立足之地。马克思批判黑格尔辩证法的神秘性以及最终丢掉经验的抽象性。以此为基础，马克思在实践中转向经验和具体。这样，他不仅拒斥了黑格尔的神秘性和抽象性，同时与康德二元论也保持了距离。在吸收黑格尔探索成果和失败教训的基础上，马克思回到康德超验与经验分离的起点上，建立起实践本体一元论哲学，从而使超验道德获得与经验历史和解的理论上和实践中的根据。

第一节　道德可能性问题展现为超验与经验的关系问题

在马克思无神论思想中，当神学和唯灵论神秘主义的迷雾散去以后，超验本身通过神性与人性的合一，进一步表达为人的本质，这一本质在实践中作为"能动的方面"①与先验自由相联系，先验自由构成道德的根据。于是，道德成为能够容纳超验的现实选择。道德可能性问题是道德超验性的解蔽问题，以及超验道德在经验历史中的实现问题。哲学史上对超验与经验关系的讨论，无不直接或间接涉及道德可能性问题。

超验与经验原本一体，只是在经验主义的生存和思维方式中，两者在精神层面和现实层面同时发生分离。在精神层面上，超验化作宗教飞升入云霄，同时在世俗世界中留下经验主义的对待世界的态度；在现实层面上，经验成为外在于人的抽象唯物主义的自然界，同时分裂出纯粹超验的唯心主义与之对立。康德道德哲学向人展示超验与经验分离的现状，马克思则继续探索道德的实现，即消除分离，在逻辑上和历史中重新统一两者。在实践中，马克思把超验性与经验性结合起来，把超验道德与经验历史结合起来，于是，实践成为道德可能性的根据。

一　西方思想史中超验与经验的关系问题

道德可能性问题是超验道德与经验历史的矛盾，矛盾随着社会历史的发展而变化。矛盾双方最初原始统一，人们意识不到两者的区分，甚至意识不到道德这种事物的存在，所谓"百姓日用而不知"（《周易·系辞上传》）。漫长的原始社会依靠宗教和习俗调节社会关系，人们生活在和谐的

---

① 《马克思恩格斯选集》第 1 卷，人民出版社 2012 年版，第 133 页。

道德氛围中。如果说这时的道德只是局限于氏族内部，而氏族之间的斗争是残酷的，那么这与现代国家之间的关系相似，况且现代国家内部与外部同样存在残酷的竞争和斗争。随着人类进入文明时代，道德开始被剥夺超验性而丧失自身。这时，人们开始意识到道德的存在，所谓"大道废，有仁义"（《老子·十八章》）。在向文明社会的演进中，原始习俗不断加入强势集团的意志，最后转变成法律（还有些法律没有经过习俗而直接制定出来）。社会于是分裂为阶级，产生国家，具有强制力的法律成为阶级统治的工具。法律一经产生，就有道德站在其对立面。因此，道德与法律作为显性概念同时产生。道德的产生意味着道德的缺席，未来道德的回归就是道德的消亡。道德的回归和充分实现就是道德与法律对立的扬弃，人们将再次回到"百姓日用而不知"的"相忘于江湖"（《庄子·大宗师》）的状态。亚里士多德的《尼各马科伦理学》是希腊哲学中第一部系统论述伦理道德的著作。文艺复兴和启蒙运动以来，人类历史发生了自文明社会诞生以来最深刻的变化。道德缺席成为严重问题，于是康德道德哲学应运而生，道德的超验性问题首次被明确提出。

在某种意义上，哲学史上对超验与经验关系的讨论总是直接或间接围绕道德进行。例如，对于康德来说，纯粹超验的上帝是道德的根据，讨论上帝也是在讨论道德。再如，对于黑格尔来说，伦理道德要低于绝对精神和上帝，但在上帝与人的经验生活无法发生关系的意义上，道德仍然是最重要的，且上帝和道德作为同一个体系不同的部分而建立起联系。在马克思那里，无神论"设定人的存在"，[①]在神退场的意义上，现实地接管超验的是道德，即马克思通过先验自由把超验集中在道德身上。

希腊哲学关于超验与经验关系的讨论，也直接或间接涉及超验道德与经验历史（或世界）的关系。一般说来，超验往往涉及道德。柏拉图的至善是超验的，他认为世界需要具有道德色彩的至善。亚里士多德形而上学的目的是在经验世界中实现超验的至善，尽管他在客观上造成超验丢失的严重后果。自然哲学家在探索世界本原时，不仅关心物质基质而且关心心

---

① 《马克思恩格斯全集》第 3 卷，人民出版社 2002 年版，第 311 页。

灵动力，相对而言，前者是经验的，后者是超验的。在这些自然哲学家眼中，超验与经验相互结合和转化。赫拉克利特认为，世界是"永远是一团永恒的活火，在一定的分寸上燃烧，在一定的分寸上熄灭"，"一切转为火，火又转为一切，有如黄金换成货物，货物又换成黄金"，①超验的"火"与经验的"一切"处于循环之中。阿那克西美尼提出气本原说，气本原同时具有能动的心灵和被动的物质两个方面，"他认为灵魂就是气"。②需要看到，一旦分出超验的心灵本原和经验的物质本原，超验与经验在理论上的分离也就不远了，或者说，世俗世界已经开始出现两者的分离。

苏格拉底追问"是什么"，显然他在追问那个绝对的超验性事物，他想用经验知识（康德意义上）来规定它。但是，由于经验知识只在经验界限内有效，他对超验性事物的经验性追问注定得不到完满答案。然而，真诚地守住无知进行追问，这本身就是在坚守超验与经验的统一，因为在追问中，人会关注并践行德性。但是，他的追问也有使超验与经验进一步分离的危险。后人不愿悬在无知中，他们或者上升入超验如柏拉图，或者下降入经验如亚里士多德。

柏拉图用纯粹超验的至善来回答苏格拉底"是什么"的追问。至善在形式上回答了追问，但至善作为纯粹超验性事物已经无法容纳经验。虽然苏格拉底所苦苦追问的对象是超验性事物，但是他的追问仍然出于经验性理由，如果不是为了解决经验世界中道德缺席的问题，谁愿意纠缠于无聊、枯燥而艰辛的思辨？换言之，他的目的并不是那个超验性事物本身，而是它在经验世界中的可能性，即德性的命运。他的追问本身说明，超验与经验已经分离，否则他无法意识到这个问题。就是说，追问本身是"世俗基础的自我分裂和自我矛盾"③的产物，由此我们可以猜想当时道德水准下降的事实。正如伽达默尔所说，总是在人的意料与现实发生偏差时，才会引起人对事物的重新考察。

---

① 北京大学哲学系外国哲学史教研室编译：《西方哲学原著选读》上卷，商务印书馆1981年版，第21页。

② 苗力田、李毓章主编：《西方哲学史新编》，人民出版社1990年版，第15页。

③ 《马克思恩格斯选集》第1卷，人民出版社2012年版，第134页。

亚里士多德改变他老师进入纯粹超验的做法，他下降入经验来回答苏格拉底的问题。他认为，至善的纯粹超验性失去了经验，在经验性立场上看，至善和理念是多余的。他提出实践概念和实体概念，前者是人在经验世界中的活动，后者作为事物的本质或根据代替了柏拉图的理念和至善。实践和实体都同时具有超验性和经验性两个维度。实践的超验性维度在于，它不是技术，无法通过学习而获得；实体的超验性维度在于，它是对经验性事物本质的抽象。但亚里士多德最终却丢掉了超验性维度。在实践上，他认为思辨是最高幸福，把思辨置于实践之上从而放弃在实践中实现自由。他认为，人在实践即社会生活中没有自由，因为人受到社会习俗等控制。事实上，人受到控制固然是真实的，但人又有主观能动性的一面，即人能够改变现实，否则马克思在博士论文中确立的人的自由本性就只是空谈。亚里士多德把人在社会生活中的不自由扩大化了，因而就是从超验向经验的投降。他之所以在实践中失去超验性维度，是因为他没有看到经验世界中超验与经验的分离（马克思认为，这是因为当时社会历史的状况没有使矛盾明朗化）。他自己没有生存的压力，认为哲学的前提是清闲，所谓"闲暇出智慧"，最终他把事情的超验性维度有意无意忽略了。在实体上，他在把思辨和经验性事物相结合，遮蔽了事情超验性的一面，即人在感性活动中揳入主观意志的能动性。离开这种超验性的思辨是抽象的，实体只是解释经验的，对现实毫无触动，剩下的只有抽象的经验。实体是亚里士多德形而上学体系的原初点，由于其经验性，这一体系的建立成为超验被遗忘的开始。难怪海德格尔说，西方形而上学史是"在的遗忘史"，"遗忘"始于亚里上多德值得怀疑的"本体论基础"。[①]

漫长中世纪思想界中占统治地位的是基督教神学，神是纯粹超验的，经验被压制着。被称为希腊哲学集大成者的亚里士多德被经院哲学挤出思想阵地。尽管如此，超验与经验的关系问题仍然是哲学不可缺少的内容，唯名论和实在论的争论就是明证。争论的核心是，共相是只表述名称还是

---

① ［德］汉斯–格奥尔格·伽达默尔：《诠释学Ⅱ：真理与方法》，洪汉鼎译，商务印书馆 2010 年版，第 533 页。

具有实在性。"唯名论认为存在的事物都是个别的，心灵之外没有一般的对象；极端的唯名论认为共相只是名词，如果说它们是实在的话，这种实在不过是'声音'而已；温和的唯名论认为共相是一般概念，是心灵对个别事物的个别性质加以概括或抽象而得到的，概念只存在于心灵之中。实在论认为共相既是心灵中的一般概念，又是这些概念所对应的外部实在；极端的实在论认为一般概念所对应的外部实在是与个别事物相分离的、更高级的存在，犹如柏拉图式的理念；温和的实在论则认为，这种实在是存在于个别事物之中的一般本质。"①

显然，唯名论的立场是经验的，因为一旦共相有了实在性内容，就把超验带进来了，正如柏拉图实在的理念是超验的。后来，关于超验与经验关系的探讨转化为唯理论与经验论的争论。一般说来，经验论认为，认识最终来源于感觉经验。经验论与经验主义内在相通，只是经验论在面对超验时感到迷惑，因而在一定程度上认识到自己的内在矛盾，而经验主义却不承认任何超验性事物和事物的超验性维度，认识不到或不顾及自己内部是否存在矛盾。洛克在经验论认识论立场上提出白板说。②白板只是人在最初状态中才可能具有的，在有了一定知识以后，认识的框架就具有了超验性因素，人无法以经验性证据完全把握认识的过程和结果。白板说还无法解释人与动物认识能力的差别。洛克的经验不仅指感觉，也包括心灵的反省。反省是心灵的主动活动，就主动性而言，反省不能用纯粹经验性事实来把握。贝克莱"存在就是被感知"的著名命题和休谟没有必然性的观点，使经验论面临着瓦解。唯理论从超验层次解释一切，虽然它能够在其超验的神秘性上包容世界，但无法真正深入经验。

康德二元论使超验与经验的对立明朗化。他认为，知识的形成是知性概念与感性杂多相结合的产物，概念是超验的（确切地说是先验的），但是其应用不能超出经验的界限；道德和自由是超验的，但是它们的实现是

---

① 赵敦华：《西方哲学简史》，北京大学出版社 2001 年版，第 146—147 页。

② 洛克把经验看作知识的来源："心灵原是一块白板（tabula rasa），上面没有记号。只是通过经验的途径，心灵中才有了观念。因此，经验是观念的惟一来源。"（赵敦华：《西方哲学简史》，北京大学出版社 2001 年版，第 243 页。）理论化、系统化的观念形成知识。

经验的。

在二元论框架内，康德哲学无法平息关于超验与经验关系问题的争论。在唯名论和经验论方向上，发展出实证主义和英美分析哲学。维特根斯坦是一位伟大的分析哲学家，他的研究结果对他以及整个分析哲学而言，都是毁灭性的打击。他说："没有哲学，思想就会模糊不清：哲学应该使思想清晰，并且为思想划定界限。"[1] 通过研究，他发现难以达到完全"使思想清晰"的境界。于是，他退而求其次说："对于不可说的东西我们必须保持沉默。"[2] 但是他的沉默并没有永远保持下去，他后来介入对日常语言的研究，结果却发现，"我不知道出路何在"。[3] 他从另一条道路证明了事情内部存在着的超验性维度，他说："不要企图分析你自己的内在经验。"[4] 他把超验性维度看作哲学（其实是分析哲学）的最大敌人，因为它阻碍了达到精确分析的道路。与英美分析哲学不同，欧洲大陆哲学却把超验性看作哲学最需要揭示和依赖的亲人。

二 马克思哲学中超验与经验的关系问题

在马克思哲学语境中，超验与经验有机统一在实践中。从外在形式上看，马克思与胡塞尔、海德格尔、伽达默尔并无太大区别，即都把超验与经验统一起来。但是，哲学立足点的不同造成实质性区别，马克思立足于实践。胡塞尔关注现象因而其哲学只能提出现象学还原方法。在现象学方法的基础上，海德格尔立足于"此在"向"存在"前进，然而最终他只是达到对"存在"本身的现象学理解，且究竟达到几分仍有讨论的余地。他在晚年求助于诗性语言来表达思想，他在哲学中没有感到落在实处的坦然。伽达默尔的实践在很大程度上是指经验性对话。这些哲学家在根本上仍然是通过思辨来"解释世界"，尽管伽达默尔突破个人意识范围而达到独立意识之间的间性，正如所谓主体间性和文化间性。然而，马克思在实

---

① ［奥］维特根斯坦：《逻辑哲学论》，贺绍甲译，商务印书馆1996年版，第48页。
② 同上书，第105页。
③ ［奥］维特根斯坦：《哲学研究》，李步楼译，商务印书馆1996年版，第75页。
④ 同上书，第311页。

践上却不满足于任何思维内部的理论活动，他的目的是实际地"改变世界"。① 马克思活了 65 岁（1818 年—1883 年），其中有 40 年在写作《资本论》，晚年他放弃《资本论》的写作而转向对原始社会的研究。有人怀疑马克思在思想上又一次出现了困惑（在找到实践和建立唯物史观之前困惑过），即对资本主义必然产生的困惑。不过，即使这种困惑真的出现了，他的实践的哲学原初点也没有因此受到影响，更没有改变，甚至正是这一原初点构成他研究转向的原因。同时，他的唯物史观也没有动摇，"生活决定意识"② 和"人们的社会存在决定人们的意识"③ 的方向没有变，改变的只是对"改变世界"更多可能性的探索。

在马克思哲学语境中，超验与经验的分离既是抽象思辨的又是经验世界的。就字面意思看，超验就是超出经验，如果不与经验分离又如何能够称得上超出呢？就是说，抽象思辨在逻辑预设中先行设定了两者的分离。同时，既然人（如康德）能够提出这两个概念，说明经验世界中已经具有两者分离的现实，因为"生活决定意识"。那么，到底是先有逻辑预设上的分离还是先有现实中的分离？这类似于马克思在《关于费尔巴哈的提纲》中提到的，"环境的改变和人的活动或自我改变"④ 之间的关系。在具体实践中，两者是同一整体的两种不同表现。从主观上看是人改变环境，是逻辑预设上的分离导致现实中的分离；从客观上看是环境改变人，是先有现实中的改变，然后才有意识中观念的改变。正是在主观与客观、超验与经验的矛盾运动中，"改变世界"才成为必要和可能。

经验世界中超验与经验的分离表现为：在"世俗基础的自我分裂和自我矛盾"⑤ 中，一方面，超验化为宗教在云霄中建立起彼岸世界神的王国；另一方面，经验的自然界统治了人，即工人与生产资料相分离，人受到资本的统治。生产资料不仅与工人相分离，而且与资本家也是分离的，因为

① 《马克思恩格斯选集》第 1 卷，人民出版社 2012 年版，第 136 页。
② 同上书，第 152 页。
③ 《马克思恩格斯选集》第 2 卷，人民出版社 2012 年版，第 2 页。
④ 《马克思恩格斯选集》第 1 卷，人民出版社 2012 年版，第 134 页。
⑤ 同上。

资本家对资本的占有是抽象的。资本家在占有货币时无法占有商品，在占有商品时无法占有货币，对于商品的价值和使用价值，他在一定时空内只能占有其一。异化劳动是分离在世俗世界中的表现。异化概念来自黑格尔，指精神外化自身以形成经验世界的运动。异化劳动则是人的自由本质在劳动中外化为劳动产品的过程。劳动产品是人自由创造的结果，但是劳动产品却反过来统治了人，人正是因为拥有自由才失去自由。对于马克思而言，自由是人在"社会"或"类"（即真正的共同体）中的状态，他说："正因为人是类存在物，他才是有意识的存在物，就是说，他自己的生活对他来说是对象。仅仅由于这一点，他的活动才是自由的活动。异化劳动把这种关系颠倒过来，以致人正因为是有意识的存在物，才把自己的生命活动，自己的本质变成仅仅维持自己生存的手段。"①

作为人的本质的对象化活动，异化劳动在人的本质上获得超验性维度，同时它又是"感性活动"，因而又是经验的。因此，它本来就是且一直是超验与经验的统一体。经验主义对自由做抽象的理解和应用，认为自由就是在经验世界中为所欲为。这时，事情的超验性维度被遮蔽，结果造成自由的丧失，人被自己的自由创造物即劳动产品所控制。自由是先验的，在先行于或不依赖于经验的意义上，自由具有绝对性和超验性，超验性的遮蔽不是超验性的消亡，而是离开经验而飞升入云霄建立彼岸世界神的王国，同时留给人的只是一副经验肉体和机械自然界。为满足物质欲望，②人与人展开激烈竞争。"在平等的权利之间，力量就起决定作用。"③竞争和占有产生私有财产制度，这一制度发展的极致是资本主义，资本主义使经验主义登上土座。作为"有意识的存在物"，人能够超出自己的动物本能去改变自然界。个体的人在自发状态下看不到自己是"类存在物"，在运用自由改变外部自然时，会充分使用所有能够使用的经验性手段，直到达到另一个他的界限。于是有了这个说法，我自由挥动拳头的界限是你

---

① 《马克思恩格斯全集》第 3 卷，人民出版社 2002 年版，第 273 页。
② 其实，一味追求肉体欲望满足的精神动力仍然是超出经验的，即卢梭所谓选择放弃自由的选择本身仍然是人的自由选择，这自由不理会任何经验性和外在性压力。
③ 《资本论》第 1 卷，人民出版社 2004 年版，第 272 页。

的鼻尖。达到鼻尖时，人意识到自己与他人的关系，意识到自己是"有意识"的"类存在物"。同时，人开始感到不自由，并思考个体与类、人与自然的关系，被遮蔽的超验性开始获得解蔽的契机。

理论上的和现实中的异化劳动是内在一致的。超越经验主义，人会发现自由在本性上是先验的，因而人是能够超越经验实然之域的"存在物"。超越在可能性上是超出经验的，它与统治人的经验形成对立并相互作用。超验与经验的相互作用既是理论的即逻辑的，又是实践的即现实的。

资产阶级认为，资本主义是自然形成的，封建主义是人为建立的。在他们看来，自然的才是合法的。他们意识不到自己的经验主义立场，只承认完全客观中立的立场，认为除此之外再没有任何其他合法的立场。因此，当建立资本主义时，他们总是不理解为什么那些"封建卫道士"就是不开化，于是，他们在思想领域内对世人进行经验主义启蒙教化。正是由于经验主义立场与其他立场相冲突，资本主义的建立必然要经历革命和战争。就此而言，它的建立仍然不是自然的，也是人为的，是强行建立的。当它一旦建立起来并站稳脚跟，人们在客观上便不得不适应它，即使在主观上能够超越它。它的灭亡一方面依靠更多的人在更大程度上在主观上超越它，另一方面依靠它自身矛盾的发展和激化。当然，这里决不是说封建主义比资本主义优越。从超验与经验的关系上看，相对于资本主义，封建主义仍然处于超验与经验的原始统一中。资本主义的产生是对统一的破坏，同时这一破坏也为在更深程度上、更广范围（世界范围）内的重新统一开辟道路。依黑格尔辩证法来看，资本主义的恶是善完成自身的一个环节。

资本主义的内在矛盾发端于商品的价值和使用价值的矛盾。一般说来，商品的价值是超验的，其使用价值是经验的，因而矛盾仍然发生在超验与经验之间。商品价值是人在劳动中对象化在劳动产品中的本质，在人的本质的意义上，商品价值是超验的。经过人手的物品具有价值，自然存在物没有价值，如阳光、未开采的矿物（但在竞争和私有制中，这些事物也获得了价格）。价值最终反映的是人的自由本质的创造力，所以商品拜物教对资本的崇拜，其实仍然是人对自己本质的崇拜（这与费尔巴哈把上帝当做"感性生活"有些相似）。资本家占有商品的价值，消费者占有其使用价值，两者的分离是超验与经验矛盾的现实性表现。

但是，在经验主义视野下，资产阶级不承认商品价值的超验性，把它转化为可以量化的经验性事物——货币。经验化的做法是自欺欺人，其目的（尽管他们没有意识到或不承认）是阻止人看清资本的本质，马克思把资本的本质说成社会关系。如果说商品价值对应社会劳动，那么商品使用价值就对应私人劳动，前者是抽象而超验的，后者是具体而经验的。两种劳动是同一个过程，私人劳动通过交换转化为社会劳动。具体而经验的私人劳动原本能够承载社会劳动，但在资本主义社会，两种劳动相互分离，即劳动从自身中分离出去。这是超验与经验分离的又一表征。资产阶级既不承认私人劳动在具体性上具有超验性维度（人的本质的外化），又不承认社会劳动在抽象性（商品价值）上具有的超验性，因而陷入二律背反。

二律背反表现为，等价交换不能增殖与资本实际增殖之间的对立。当资产阶级以经验主义视野观察事情时，一切都是经验的、可以量化的。它不把劳动看作人的本质的对象化活动，因而劳动也是完全经验的。资产阶级认为，个人劳动得到了报酬，即按照当时社会的价格付给工资，买卖是自由的，因此这是公平的交换。资本家组织生产的目的是赚钱，他们把所赚的钱看做是原有钱的自然增殖。能够增殖的货币是资本，它处于购买、生产和销售的循环运动中。资本家只知道只要运动停止增殖就会停止，他不知道资本到底是如何增殖的。在资本循环运动的每一个环节上，买卖都是公平的，购买和销售都按照价值规律进行的，因而资本不会增殖。消费更不会增殖。在资本家看来，生产也不会增殖，因为工人劳动应得的工资符合劳动力的价值，因而是公平的。于是，资本不会增殖与实际增殖形成二律背反。一般说来，资产阶级对二律背反视而不见，这并不影响它赚钱，况且一旦看到背反，它离自身的消亡就不远了。其实，资产阶级只要放弃经验主义，只要承认劳动是人的本质的对象化活动，并因此具有超验性，资本增殖的秘密自会揭开。马克思告诉我们，货币转化为资本的转折点是劳动力成为商品，这种商品"的使用价值本身具有成为价值源泉的独特属性"，[①]它能够创造大于自

---

① 《资本论》第 1 卷，人民出版社 2004 年版，第 195 页。

己价值的价值，二者的差额是被资本家无偿占有的剩余价值。

马克思揭露了资本剥削工人的秘密，因而在理论上消灭经验主义的任务就完成了。资产阶级不会主动放弃经验主义立场，因为这意味着钱会生钱的神话会消失，意味着资产阶级自身开始消亡。当经验主义和资产阶级站稳脚跟后，便迅速把这套实际上包含二律背反的社会关系推广到全世界。在马克思看来，"无论哪一个社会形态，在它所能容纳的全部生产力发挥出来以前，是决不会灭亡的；而新的更高的生产关系，在它的物质存在条件在旧社会的胎胞里成熟以前，是决不会出现的。"①

如果在经验主义立场上理解马克思这段话，可能无法得出资本主义必然灭亡的结论。这是因为，生产力的发展是物质财富的增加，虽然马克思在商品上所揭示矛盾仍然存在，但在逻辑上，资本主义总是能够通过扩大投资和增加福利等摆脱危机，进入下一个增长周期。这是可能的，但只是抽象的可能。不过，资本主义的形成和灭亡又的确是一个"自然史的过程"。②它的形成正如潘多拉之盒，一旦打开就很难合上，各种魔鬼都会跑出来兴风作浪。资本主义社会关系一旦形成，任何个人和局部的抗争都注定要失败，因为"不管个人在主观上怎样超脱各种关系，他在社会意义上总是这些关系的产物。"③人无法反对产生他自身的前提，同时，个人在资本面前不过是一个个由物质利益凝固而成的原子，而资本本身却天然联合着。

突破经验主义的樊篱，这段话昭示着真正的道路，让资本主义充分发展以唤醒所有人看清其本性，然后"全世界无产者，联合起来！"一举"改变世界"。显然，马克思所说的"社会形态"的"灭亡"和"出现"，指的是资本主义替代封建主义、社会主义和共产主义替代资本主义。"全部生产力"和"物质存在条件"又是指什么呢？马克思曾把无产阶级说成是哲学的"物质武器"，④而且生产力无论如何都无法排除劳动者的主观因

---

① 《马克思恩格斯选集》第 2 卷，人民出版社 2012 年版，第 3 页。
② 《资本论》第 1 卷，人民出版社 2004 年版，第 10 页。
③ 同上。
④ 《马克思恩格斯选集》第 1 卷，人民出版社 2012 年版，第 16 页。

素。因此，生产力的充分发展并非仅仅指物质财富的增加，而且是指无产阶级在被剥削被压迫的程度上、在对象性本质对人的统治的深刻程度上，所获得的阶级意识的发展程度，还有"联合起来"的物质条件的增加。

异化劳动和商品矛盾都是超验与经验相分离的产物。同时，它们内在矛盾的运动又构成扬弃异化和消除分离的内在根据。超验与经验的分离并没有造成超验的消亡，它只是以异化的形式表现在宗教和资本（商品价值）中。马克思不仅指出超验与经验分离的现状，而且指出两者在实践中不可分离且从来没有真正分离过的真相。因此，实践有资格构成经验世界消除分离的现实道路。一旦揭示出超验的存在，揭示出宗教和资本的秘密，经验主义在理论上就消亡了，于是超验道德在意识中获得了存在空间。接下去需要实际地扬弃异化和消除分离。

马克思哲学的超验性维度为道德准备了地盘。首先，道德是超验的，神也是超验的，在马克思无神论的框架内超验性就落在道德身上。其次，先验自由与道德密切关联，只要人的自由本性是成立的，道德就是成立的，自由的先验性与道德的超验性内在相通。最后，马克思出于道德实现的经验性诉求，把先验自由转化为主观能动性并赋予实践。只有在实践"改变世界"这一本质功能中，超验道德在经验历史中的可能性才能获得实在性保证。超验道德在经验历史中的命运在马克思辩证法中得以展现。

第二节 辩证法：超验与经验在逻辑上和历史中相互作用

马克思对黑格尔辩证法的改造是：去除其神秘性，使它成为研究世界和改造世界的经验过程。马克思辩证法表现在两个层面上，一是研究政治经济学的运思过程，二是超验道德在经验历史中的运动过程。马克思说："在形式上，叙述方法必须与研究方法不同。研究必须充分地占有材料，分析它的各种发展形式，探寻这些形式的内在联系。只有这项工作完成以后，现实的运动才能适当地叙述出来。这点一旦做到，材料的生命一旦在观念上反映出来，呈现在我们面前的就好像是一个先验的结构了。"①

这是马克思研究政治经济学，写作《资本论》的方法。"占有""分析""探寻"是用"抽象力"加工材料的过程。材料本身没有生命，研究一旦完成了，"材料的生命"才能显现，而且表现为"先验的结构"。"先验"只是表现，它的实质仍然是经验的，否则就破坏了"事情本身"的面貌。这说明，作为马克思的运思过程，辩证法是超验主观性与经验客观性之间的相互作用。马克思辩证法作为现实历史的过程同样是超验与经验的相互作用。"'辩证法'的本意，不过是人由经验存在向超验存在过渡的'契机'和'梯子'而已。"②黑格尔在抽象思辨中完成了"过渡"，但他最终失去了经验，进入纯粹超验的神秘神学。马克思批判黑格尔，并致力于在现实中实际地完成"过渡"，他说："辩证法，在其神秘形式上，成了德国的时髦东西，因为它似乎使现存事物显得光彩。辩证法，在其合理形态上，引起资产阶级及其空论主义的代言人的恼怒和恐怖，因为辩证法在对现存事物的肯定的理解中同时包含对现存事物的否定的理解，即对现存事物的必然灭亡的理解；……按其本质来说，它是批判的和革命的。"③

黑格尔的神秘辩证法为现存事物的存在辩护，使之"显得光彩"；马克思的合理辩证法是要推翻一切现存事物的，因而"引起资产阶级……的恼怒和恐怖"。一切事物都处在流动状态中，流动性最终来源于主观超验性与客观经验性之间的相互作用。如果只有超验性的一面，那么这种立场是唯心主义的，这种视野下的世界是静止的，因为世界的变化无关紧要，正如不变化一样。如果世界只是经验的，那么世界的变化对人而言同样没有意义，因为人不能影响变化自身，变化之于人如同没有变化，即使加上运动是绝对的也无济于事。正是在超验与经验的坐标中，人才能发现世界的缺陷，然后经验地完善它即"改变世界"。就是说，超验不断走出自身以深入经验，经验发现自身中原有的超验，并不断向上提升自己。两过程

---

① 《资本论》第 1 卷，人民出版社 2004 年版，第 21—22 页。
② 何中华：《人的历史发展的双重审视——读马克思〈政治经济学批判（1857～1858年草稿〉〉》，《烟台大学学报》（哲学社会科学版）1999 年第 4 期。
③ 《资本论》第 1 卷，人民出版社 2004 年版，第 22 页。

的统一，构成马克思辩证法视野下世界的流动性。黑格尔辩证法之所以神秘就在于，它在运动中最终失去了经验而进入纯粹超验。

一　去除黑格尔辩证法的神秘性

黑格尔辩证法也是超验与经验、主体与客体的相互作用，其辩证法的运动发生在两个过程中："有限之物……扬弃自己"①进入精神以及精神外化自身形成经验世界。"有限之物"是经验的，精神是超验的。所以，辩证法是经验回归超验、"有限之物"回归精神的过程，同时也包括超验进入经验、精神外化为经验世界的过程。主体与客体的相互作用集中体现在《精神现象学》一书中，其中"所贯穿的一条根本原则是主体与客体、自我与对象不断对立又不断统一。"②

黑格尔之所以能够超越以往形而上学的原因就在于他引入了辩证法。发生在超验与经验之间的辩证法把经验世界带入形而上学，以往的形而上学由于是纯粹超验的而无法容纳经验世界。在黑格尔看来，精神与"有限之物"、超验与经验两方面同时存在且相互过渡。③没有"有限之物"和经验，超验精神就不会外化，正如以往形而上学无法完成对世界的解释；没有精神和超验，只有"有限之物"和自然界，就不会有"有限之物……扬弃自己"进入精神，这是经验主义视野下的世界。黑格尔的主要对象似乎是经验主义。当经验主义完全否认精神及其超验性时，精神本身也就消失了，黑格尔哲学也成为多余之物。不少人把黑格尔哲学看作无用的怪物，它自称科学却不能被纳入现代自然科学的谱系。诚然，自然界的先在性是无法否定的，但精神无法彻底还原为经验性物质。即使从世界外部来观察，可能会把精神彻底地还原为物质（或者精神和物质本来就是同一个东西），但没有人能像神一样站在世界之外看世界。

黑格尔体系主要有三部分，逻辑学、自然哲学和精神哲学，逻辑学讲

---

① ［德］黑格尔：《小逻辑》，贺麟译，商务印书馆 1980 年版，第 177 页。

② 张世英：《自我实现的历程——解读黑格尔〈精神现象学〉》，山东人民出版社 2001 年版，第 35 页。

③ 他自己没有意识到他最终丢掉了"有限之物"和经验。

纯粹思想和纯粹概念，自然哲学讲自然界，精神哲学讲人的意识。三部分有机统一为一个整体。主体与客体、超验与经验之间的互动是三部分能够统一的内在理由，也是其辩证法得以运动的动力。

黑格尔辩证法作为精神运动既包括"有限之物……扬弃自己"进入概念的上升运动，又包括精神外化自身成为经验世界的下降运动。这样，其辩证法既包括超验又包括经验，马克思辩证法也是这样。那么，两人的区别究竟何在？简言之，黑格尔最终丢掉经验而进入纯粹超验，并由此走向神学的神秘，马克思则在保留超验的前提下，永远立足于经验世界。正如莱文所说："马克思所拒绝的黑格尔的内容是精神的泛神论和逻辑的泛神论。"①

黑格尔逻辑的起点是无，终点是神秘的大全，起点和终点都没有经验，只有超验概念在运动。精神哲学局限于人的意识内部，也难以容纳经验。他的目的是精神和上帝，自然界无非是绝对精神"的确证"。②在辩证运动中，超验与经验明显不对称，超验总是占据主导作用和主要位置。如果说超验的精神作为动力可以占主导作用，那么它最终完全排除经验的地盘就过分了。在"有限之物……扬弃自己"进入概念和精神的过程中，经验一步步减少以至于消失。他说真理是大全或全体，全体显然是运动的全过程，是同时包含超验与经验的，但因为"有限之物"正在或已经"扬弃自己"，剩下的经验已寥寥无几。他最后进入宗教，神秘上帝是绝对精神的另一个名称，在绝对精神和上帝那里，已经完全没有了经验。至此，辩证法停止了脚步。在精神外化自身达到经验世界这条路上，他的唯心主义昭然若揭。在抽象思辨中让精神外化自身，以及让经验世界进入精神都无异于痴人说梦。

由于其神秘性，黑格尔无法解决绝对精神的自身状态的经验性原因。马克思认为，"生活决定意识"，绝对精神、宗教都有其经验性来源，即"世俗基础的自我分裂和自我矛盾"。黑格尔却认为，精神是完全自在自足

---

① ［美］莱文：《不同的路径：马克思主义与恩格斯主义中的黑格尔》，臧峰宇译，北京师范大学出版社 2009 年版，第 286 页。

② 《马克思恩格斯全集》第 3 卷，人民出版社 2002 年版，第 337 页。

的，^①它不需要其他更多什么，它就是一切，任何个人和国家不过是它的工具，而且"它在时间之外"，^②这足以说明其纯粹超验性。在现象学上，他与胡塞尔的区别在于，在超验与经验相互作用后，他走向神秘的纯粹超验，胡塞尔则永远向经验的深处进发。他们的共同点是，对世界本身都没有任何触动，因而都是在"抽象思维"^③中"解释世界"。

由于其神秘性，黑格尔没有彻底扬弃康德的不可知论。黑格尔把人性与神性的合一说成是人对上帝的直观，直观使上帝和自在之物变得可知。但是，他这种直观与康德的"思维"并无本质区别，康德说，我们对于"自在之物""哪怕不能认识，至少还必须能够思维"。^④康德所谓"认识"是指能够获得确定的经验性知识，黑格尔并没有满足康德的要求。当然，这一要求在知识论框架内永远不可能获得满足。马克思通过具体实践去除追问本身，以此真正扬弃了康德的不可知论。

马克思去除黑格尔辩证法的神秘性，把黑格尔颠倒的东西重新颠倒过来。马克思哲学体系中的显性部分多是经验的。其博士论文中的自由概念具有先验性因而是绝对的，即使在这部著作中，也出现了"哲学的世界化"和"世界的哲学化"^⑤等经验性诉求。超验因素隐入后台，就像一棵大树把全部根系隐入地下，只向我们展示其地上的干枝。马克思这一做法使经验主义者误认为马克思是他们的人，同时造成恩格斯的误解，出现两人的差异和恩格斯"在理论问题上"的"漏洞"。如果说黑格尔的失误在于他最终丢掉了经验，那么马克思就是在让经验永存上超越了他。马克思不是对黑格尔的全面反叛，可以说，正是在马克思哲学中，黑格尔辩证法才真正获得生机，否则其大全向着经验的封闭性会窒息辩证法。

马克思在1844年以后放弃抽象思辨，他不再关注超验性事物本身，

---

①　说精神是自在自足的没有错，可问题在于它不能是纯粹超验的，必然有经验性的一面，即它作为意识形态能够在经验性现实中得到理解。

②　［德］黑格尔：《哲学史讲演录》第1卷，贺麟、王太庆译，商务印书馆1959年版，第39页。

③　《马克思恩格斯全集》第3卷，人民出版社2002年版，第334页。

④　［德］康德：《纯粹理性批判》，邓晓芒译，人民出版社2004年版，第二版序第20页。

⑤　《马克思恩格斯全集》第1卷，人民出版社1995年版，第76页。

而在保留超验的前提下，进行实证研究以寻找经验世界自我改变的内在理由。对他来说，一方面，有黑格尔的反思、伊壁鸠鲁人的自由本性，以及康德的道德来提供超验性，另一方面，有自然界和政治经济学提供经验性；接下来的工作就是，把它们加工融合成为理论，进而在理论上和实践中"改变世界"。在黑格尔视野下，马克思仅关注有限之物自我扬弃以及精神外化自身这两个过程，而不再追究更远。换言之，马克思仅仅关注超验与经验的相互作用，而不再离开经验去建立一个在背后操纵世界的形而上学，伊壁鸠鲁的众神居住在世界之外，康德的上帝是完全超验而不可知的，马克思不再关心它们。在同时蕴含超验与经验的实践中，不再有追问纯粹超验性事物的空间。如果说黑格尔用神秘的直观扬弃康德的不可知论，那么马克思就是以超验与经验的不可分取消了对上帝追问的追问本身，因为一旦追问就会离开经验而陷入抽象。在具体实践看来，纯粹超验性事物也具有经验的社会历史根据，即"世俗基础的自我分裂和自我矛盾"。实践能够以自己的方式来回答一切不可知和神秘的问题。"全部社会生活在本质上是实践的。凡是把理论引向神秘主义的神秘东西，都能在人的实践中以及对这种实践的理解中得到合理的解决。"①

这种"解决"有两个意思：一是在实践中达到对"神秘东西"的理解以消除其神秘性，二是实际地消灭它们赖以产生和持存的世俗根据。在同时蕴含超验与经验的实践中，马克思不再关注纯粹经验性事物（其实，这种事物只是经验主义立场上的矛盾用语），他认为："被抽象地理解的，自为的，被确定为与人分隔开来的自然界，对人来说也是无。"②

经验的政治经济学从来没有离开过人。然而，在古典经济学家眼中，经济运行过程是完全经验的，因而在人的主观性之外。这样，由主观性带来的超验性维度被遮蔽，其结果只能是，人被动地接受经济运行规律，经济像黑格尔的理性精神一样把人当成了工具。在马克思看来，商品价值是人的本质对象化的产物，商品在人的本质上获得了超验性。人在商品价值及其超验性

---

① 《马克思恩格斯选集》第 1 卷，人民出版社 2012 年版，第 135—136 页。

② 《马克思恩格斯全集》第 3 卷，人民出版社 2002 年版，第 335 页。

上发现自己的本质，然而这本质反过来统治了人，这是异化劳动的另一种表达。然后，人发现这本质对自己的统治恰出自自己的自由创造。自由创造证明人的超验本质。发现了自己的本质和商品的矛盾，就找到了进一步改变这个世俗世界的根据，这不能靠世界之外的神而只能由人自己来完成。当无产阶级"清楚地认识到自己的地位，自己在数量上的极大优势，自己过去的惨痛斗争和现在的道义力量"[①]时，"改变世界"的进程就开始了。

总之，马克思通过在实践中同时保全超验与经验，去除了黑格尔辩证法的神秘性。超验固有的神秘性在寸步不离的经验中被封闭，马克思不允许超越经验对超验性事物进行追问。进而在实践中，一切被抽象思辨引向神秘的事物都获得满意的解答，尽管不是知识论上的解答。同时，超验与经验在实践中的统一防止了另一个极端即经验主义的侵袭，只要超验始终存在，经验主义就发展不起来。这两个极端的共同出发点是，超验与经验的分离。实践在思想领域和经验世界同时防范两个极端，批判超验与经验分离的现状，促使两者的统一。这一方面需要对经验世界进行实证研究以唤醒民众，另一方面必须"实际地反对并改变现存的事物"。[②]

二 马克思的实证研究

马克思实证研究的对象是政治经济学，研究经济的目的是研究社会和历史，他把经济看做是社会生活中最本质的内容。所以，他实证研究的对象是社会。他晚年研究原始社会时的对象仍然是社会。他想通过对社会的实证研究确立资本主义必然灭亡的现实道路。

（一）主观与客观在马克思的实证研究中

马克思在《1844年经济学哲学手稿》中，把自己对国民经济学（后来他称之为政治经济学）的研究称为"完全经验的……批判研究"。[③]"经验的"是"实证"的，他在《德意志意识形态》中说："在思辨终止的地方，在现实生活面前，正是描述人们实践活动和实际发展过程的真正的实证科

---

① 《马克思恩格斯全集》第13卷，人民出版社1998年版，第134页。
② 《马克思恩格斯选集》第1卷，人民出版社2012年版，第155页。
③ 《马克思恩格斯全集》第3卷，人民出版社2002年版，第219页。

学开始的地方。"①

他研究国民经济学的目的不是国民经济学本身，而是"描述人们实践活动和实际发展过程"，进而提供"改变世界"的"彻底"的理论。他之所以提出"经验的"研究方法，是因为要扬弃黑格尔的"抽象思辨"。"经验"是现象学经验，是与"批判"相结合的"经验"。因此，马克思的"实证科学"是经验与批判、实证与批判、客观与主观、经验与超验的有机结合。它不在于有主观超验性的参与，而在于努力把握超验与经验的界限，以保证"回到事情本身"之路的通畅。

如果说在马克思的实证研究中，超验与经验的关系是主观与客观的关系，那么有人可能会问，现代自然科学不也是主观对客观的研究吗？的确如此，但问题的症结在于，这种研究造成了超验与经验的相互越位。一方面，它否定事物中超验的一面，以经验侵占超验的地盘，认为自己的立场是完全中立的和客观的；另一方面，它又把自己的抽象概念强加于事情之中，造成超验（当然它意识不到抽象概念是抽象的和超验的）对经验的破坏。它以为自己是客观的和中立的，但在失去人的自主性和事情超验性维度的意义上，却粗暴破坏"事情本身"的面貌；它以为自己是客观的和中立的，实际上却表达了一种人统治自然界和他人的勃勃野心，亦即所谓人类中心主义；它以为自己是客观的和中立的，但它无法排除自己的前见、偏见、先入之见、权威和传统，它不知道"我们其实是经常地处于传统之中"②的。现代自然科学其实是发源于古希腊的经验主义传统的文化兑现。这种研究实际上把主观性和超验性遮蔽了，研究者之外的一切事物包括人，都是经验性客体，研究者看不到自己。马克思"从主体方面去理解"③人，是在挽救被遮蔽的主观性和超验性。

尽管如此，我们仍然可以说，马克思的实证研究是在主观与客观相互作用的统一体之外进行考察。这样，主观之外还有主观，两个主观既是同

---

① 《马克思恩格斯选集》第 1 卷，人民出版社 2012 年版，第 153 页。
② ［德］汉斯－格奥尔格·伽达默尔：《诠释学 I：真理与方法》，洪汉鼎译，商务印书馆 2010 年版，第 399 页。
③ 《马克思恩格斯选集》第 1 卷，人民出版社 2012 年版，第 133 页。

一个又不是同一个。换言之，主观既在作用体之内，又在作用体之外。只有在它之内，才能使事情保持"是其所是"的样子，马克思不会让主观性破坏"事情本身"的状况，理论应该与现实相一致，他说："事物按照理论应该怎样，实际就是怎样。"① 同时，主观只有在作用体之外，才能把它当做对象，以把握其中各要素之间的联系，对其进行描述并形成理论。这时，可能有人担心主观能动性会被破坏，"改变世界"会成为一句空话。这种担心是不必要的。一方面，经验世界中从来不缺乏工人反对资本家的运动，马克思不过是对这些运动的机理进行分析罢了；另一方面，马克思的理论能够使工人看清自己被剥削的秘密，以及自己能够且正在反抗的本质，从而在时机成熟时一举推翻资本主义。理论本身的确不能实现任何东西，包括马克思的理论，就此而言，理论无非是现象学描述罢了。但是，马克思不满足于理论囿于自身，他要让理论"彻底""能说服人""掌握群众"以"变成物质力量"。②

马克思哲学"彻底"和"能说服人"的性质来自其理论上的完满和前后一贯。主观在作用体之内表现为改变现状的能动性，主观与能动性相结合，使自然界与人相关，并成为"人的无机的身体"。③ 主观处于作用体之外时表现为"抽象力"，马克思说："分析经济形式，既不能用显微镜，也不能用化学试剂。二者都必须用抽象力来代替。"④ 显然，"抽象力"是思辨，它不再是抽象的因为它与经验结合着。他对各种经济范畴进行思辨以排列组合它们的关系和变化，形成表现为"先验的结构"⑤ 的理论体系。"抽象力"是以先验自由为根据的反思，它追求逻辑的完满与前后一贯。

完满和一贯是所有西方哲学家的追求，但是他们几乎都没有达到这一状态。这是因为，他们把完满和一贯局限在体系内部，而没有建立在理论与现实一致的基础上。唯心主义达到的是体系内的完满和一贯，一旦超出

---

① 《资本论》第 1 卷，人民出版社 2004 年版，第 649 页。
② 《马克思恩格斯选集》第 1 卷，人民出版社 2012 年版，第 9—10 页。
③ 《马克思恩格斯全集》第 3 卷，人民出版社 2002 年版，第 272 页。
④ 《资本论》第 1 卷，人民出版社 2004 年版，第 8 页。
⑤ 同上书，第 22 页。

纯粹超验的体系而接触经验，它就会像阳光下的晨露一样化作虚无。旧唯物主义接近经验主义，经验主义甚至达不到自圆其说，它排除一切超验性事物和事物超验性维度的做法本身，就没有充分的经验性证据，它出自一个特定的先验预设因而自相矛盾。

与它们不同，马克思哲学在具体实践中，以"新唯物主义"①实现社会历史领域的唯物主义化，这是其"彻底"性的根本之所在。"彻底"得益于主观与客观、超验与经验在实践中的有机统一。不脱离经验的超验拒绝神秘的神学，不脱离超验的经验摆脱经验主义的自相矛盾。社会历史从此告别主观能动性和客观规律性的二律背反，前者是人改造世界的理由，后者是实证研究的结果，两者在实践中的统一起来。马克思以超验与经验、主观与客观的相互作用为基点，经验地研究并实际地参与世界的变化。其哲学一方面是对工人运动的描述，另一方面是对工人运动的指导。相对而言，马克思哲学是超验的和主观的，工人运动是经验的和客观的，两者的结合推动历史辩证法的运动。理论要"掌握群众"和"变成物质力量"，同时也需要"现实本身应当力求趋向思想。"②理论"掌握群众"要求发掘事情的主观性、超验性维度，建立符合"事情本身"的理论，进而向人宣传这一理论，以保证社会历史在其应有的规律上发展；"现实……趋向思想"则要求，人领会自己原本具有的先验自由、超验本质和主观性，领会马克思哲学中主观与客观、超验与经验、自由与必然的对立统一。

（二）对可能的必然性探索

海德格尔说"可能性高于现实性"。③既存事物是现实的，它已经发生了；未发生的是潜在的，它只是可能。既存事物是无数可能中的一种，可能向现实的转化以牺牲既存事物之外的一切可能为代价。尽管如此，所有可能都有两个根据，一是客观既存事物及其运动，它是经验的，无法被彻底把握；二是人的主观性，它是超验的且内在于人因而人能够把握它。客

---

① 《马克思恩格斯选集》第 1 卷，人民出版社 2012 年版，第 136 页。

② 同上书，第 11 页。

③ ［德］海德格尔：《面向思的事情》，陈小文、孙周兴译，商务印书馆 1996 年版，第 99 页。

观与主观的相互作用决定了可能会转变成什么样的现实。因此，可能性之中蕴含着必然性。马克思的实证研究在于，把两方面有机融入统一的理论体系，即基于既存事物，通过主观性对可能进行必然性探索。讲到资本主义的前途，在抽象意义上它只有两个可能，永恒存在和必然灭亡，其他无数可能都介于两者之间。马克思一反古典经济学家把资本主义永恒存在作为起点和终点的做法，提出资本主义的历史暂时性。这个结论依靠辩证法而得出："辩证法在对现存事物的肯定的理解中同时包含对现存事物的否定的理解，即对现存事物的必然灭亡的理解；辩证法对每一种既成的形式都是从不断的运动中，因而也是从它的暂时性方面去理解；辩证法不崇拜任何东西，按其本质来说，它是批判的和革命的。"[①]

在辩证法看来，"任何东西"都有历史暂时性，这是一个全称判断，资本主义当然无法例外。从可能的两个根据来看，作为既存客观事物，资本主义的灭亡只是众多可能之一，而保证这一可能转化为必然的力量在于其主观性的一面，这是人能够把握的因而是必然的。这两个方面相互渗透、平行存在，让一方凌驾于另一方之上只能有两种结果：要么回到唯心主义，要么回到旧唯物主义。

辩证法是超验与经验、主观与客观的相互作用，因而它可以表达可能与必然之间的关系。没有事物能够真正逃脱辩证法的范围，因而可能与必然也穷尽了所有事物。如果有事物脱离了辩证法，那么情况只有两种：要么像神一样成为纯粹超验性事物，要么完全经验化为与人无关的抽象自然界。纯粹超验性事物和纯粹经验性事物在纯粹性意义上都是抽象的，且它们两极相通。对于马克思来说，两者都因抽象性而化作无。

前一种情况发生在以黑格尔哲学为代表的唯心主义中。在神秘大全中直观上帝，此时已完全没有经验性事物的地盘，辩证法已变成熄火的机器，因为在纯粹超验的上帝那里，无法发生超验与经验的相互作用。黑格尔说："凡是合乎理性的东西都是现实的；凡是现实的东西都是合乎理性的。"[②]这

---

① 《资本论》第 1 卷，人民出版社 2004 年版，第 22 页。
② ［德］黑格尔：《法哲学原理》，范扬、张企泰译，商务印书馆 1961 年版，序言第 11 页。

种说法为恶提供了空间。恶被看作善的一个环节，资本主义从来就不缺乏恶，因而善的资源是丰富的。没有恶就没有善，恶与善俨然是处于不同领域的同一个东西，在经验世界中是恶，进入精神后便成为善了。这在思辨中是成立的，而且在历史中人们也有理由相信他的话，即不要着急，精神的运动总是缓慢的，因为它在时间之外，善总是会来的。但是，我们需要追问：经验的恶到底什么时候、如何、甚至能不能转化为经验的善？他是否在抽象思辨中把问题的解决无限后推，因而坠入"恶无限"？这种危险是存在的。他的辩证法一方面声称一切既存事物的暂时性，另一方面又把善作为恶的消毒剂使之永恒化。甚至他似乎并不想消除什么恶，而仅想达到对现实的理解。"哲学的任务在于理解存在的东西，因为存在的东西就是理性。就个人来说，每个人都是他那时代的产儿。哲学也是这样，它是被把握在思想中的它的时代。妄想一种哲学可以超出它那个时代，这与妄想个人可以跳出他的时代，跳出罗陀斯岛，是同样愚蠢的。"①

现在的问题是：黑格尔的"时代"到底是什么？他所处的"时代"资产阶级革命刚刚发生或正在发生，他为法国革命欢欣鼓舞。可见，他的"时代"是资本主义的产生和上升时期，稍推广一下，也不超出整个资本主义时代。他的目的是为新生社会形态做辩护，就此而言，他是保守的。马克思接受黑格尔个人和哲学不能超出自己"时代"的思想，所以才说："无论哪一个社会形态，在它所容纳的全部生产力发挥出来以前，是决不会消灭的……"②但是，马克思的"时代"不再局限于资本主义，而扩展到资本主义之前和之后。他不再为资本主义的存在做合理性辩护，而是在实践辩证法中，为资本主义"合乎理性"地灭亡做"现实"性探索。

后一种情况发生在经验主义身上。它无视事物超验性维度和主观性的存在，把一切都看成是经验的和与人无关的自然过程，把资本主义看成是自然的，把封建主义看成是人为的，因而资本主义应该永恒存在。资本运动具有抽象的逻辑自洽性，即使承认马克思对商品价值和使用价值矛盾的

---

① ［德］黑格尔：《法哲学原理》，范扬、张企泰译，商务印书馆1961年版，序言第12页。
② 《马克思恩格斯选集》第2卷，人民出版社2012年版，第3页。

分析，每次危机都可能通过扩大投资和增加工人福利等措施加以消除。每次危机带来的都可能是资本主义的更加繁荣而不是灭亡，尽管每次危机后的繁荣都在加剧矛盾的范围和深度。由于在抽象思辨中宇宙的资源是无限的，资本的扩张似乎也有无限空间，甚至一些人已经幻想着要移民和殖民到外星球，以解决地球资源的有限性。这样，似乎找不到那导致资本主义灭亡的最后一次危机。可见，只要事物脱离了辩证法，无论是走向唯心主义还是走向经验主义，都是在为资本主义的永恒存在做辩护。

在马克思实践辩证法的立场上，两种情况都可以消除。对于黑格尔而言，只要回到经验，让善实际地成为恶的替代物而非消毒剂，资本主义永恒存在的神话就会消失；对于经验主义来说，只要看到事情的超验性维度和主观性的一面，便能够克服资本主义无限循环的怪圈。资本逻辑上的无限循环无非就是黑格尔所谓"有限之物"之间的转化，"某物成为一个别物，而别物自身也是一个某物，因此它也同样成为一个别物，如此递推，以至无限"，"这种无限是坏的或否定的无限"① 即所谓恶无限。离开经验主义，这种"无限"也就消失了，"凡有限之物都是自相矛盾的，并且由于自相矛盾而自己扬弃自己。"②"扬弃自己"就是发现自己的超验性维度并进入概念和精神，"自相矛盾"是主观超验与客观经验的矛盾，"有限之物"的"自我扬弃"是超验与经验相互作用的表现形式之一。

但是，一旦进入精神，"有限之物"的时间性、偶然性和经验性都没有了，接下来的事都发生在纯粹超验领域内。严格说来，"有限之物""扬弃自己"的事也没有发生，这不过是黑格尔梦魇式的想象罢了，或者即使在一定范围内和意义上发生，这与黑格尔也没有任何关联。在马克思哲学语境中，这种事情不可能发生，实践同时蕴含相互作用的超验与经验。如果说某一天这种事情真的发生了，那么问题不在于马克思说错了，而是资本主义经验地灭亡了，马克思哲学完成了自身。道德的实现就是道德的消亡，消亡不是消失而是彻底实现，当"相忘于江湖""两忘而化其道"（《庄

---

① ［德］黑格尔：《小逻辑》，贺麟译，商务印书馆 1980 年版，第 206 页。
② 同上书，第 177 页。

子·大宗师》）时鱼儿不会记着水，人们不会记着道。在马克思看来，商品价值是人的本质的对象化，以社会必要劳动时间为计量标准。在其超验性上，人的本质和商品价值是无法计量的，但是在资本主义的经验主义的经济运行中，不计量又无法说明其剥削工人的秘密。于是，马克思以劳动时间为标准计算价值量。当然，劳动时间本身在一定意义上也是抽象的，因为简单劳动也是在思维中对现实的抽象。只要揭露商品中蕴含人的本质，其超验性维度自会显露。商品是社会关系的产物，马克思把资本的本质规定为社会关系，社会关系是被人制造出来的。① 人既然能够在先验自由和超验本质上制造作为资本和商品的社会关系，同样就能够在先验自由和超验本质中消灭它。否则，人的先验自由和超验本质就不存在，资本主义存在本身证明着人的自由和本质。在理论上，只要能看到资本和商品的超验性维度，经验主义就消灭了，只要能够把超验性与道德联系起来并践行道德，资本主义的社会关系就瓦解了。但是在经验历史中，这一过程是缓慢、复杂而艰辛的。无论如何，在马克思哲学中，资本主义的灭亡已经首先在理论上由可能转向了必然。

（三）马克思对实证研究方法的说明

尽管专注于经验，马克思对自己超验与经验、主观与客观相结合的实证研究方法做出过说明。第一，"生活决定意识"② 和"人们的社会存在决定人们的意识"③ 揭示他从具体到抽象、从经验到超验的自下而上的研究方向。这是对唯心主义和唯灵论囿于超验领域做法的纠正。如果说费尔巴哈把经验应用于上帝，那么马克思则进一步把经验应用于道德、形而上学等意识形态。当然，两人有本质的不同：前者经验化上帝时完全排除了事情的超验性维度，后者却是在保留超验的前提下深入经验的。第二，马克思在唯物史观中没有放弃超验与经验中的任何一方。他之所以能够完成唯物主义的彻底化，就在于在转向经验时，并不是完全放弃超验，而是把超验

---

① 当然，更可以说人是社会关系的产物。其实，人与社会关系是处于同一个整体中的两个方面，两者的改变是同时的，甚至可以说是同一个过程。

② 《马克思恩格斯选集》第 1 卷，人民出版社 2012 年版，第 152 页。

③ 《马克思恩格斯选集》第 2 卷，人民出版社 2012 年版，第 2 页。

转入后台运行程序中。马克思声明他是黑格尔"这位大思想家的学生"。[①]
继承黑格尔的辩证法，其实是继承他超验与经验相互作用意义上的辩证
法。第三，马克思与黑格尔的运思路线不同。他们的共同点都是在处理超
验与经验的关系。黑格尔的公式是抽象—具体—抽象。他的逻辑运动从抽
象的无和"纯有"开始，进入正在"扬弃自己"的、具体的"有限之物"，
然后进入抽象精神。精神之所以抽象是因为，它与经验完全脱离而化作
无。当然，黑格尔本人不会同意这个公式，因为他认为精神是"具体"
的，他说："理念自身本质上是具体的，是不同规定之统一。"[②] 他所谓"具
体"大概是指精神的整体性、运动性和实在性，精神虽然是超验的，但有
从经验世界中扬弃而来的实在性内容。马克思的公式是具体—抽象—具
体，从具体的现实蒸发为抽象规定，抽象规定连接成具体的、与现实一致
的理论。第三个环节上的具体，与黑格尔"理念"的"具体"是不同的。
在马克思看来，黑格尔的"具体"只是他把理论实在化时产生的幻觉，马
克思把它称为抽象的无。第四，马克思对政治经济学"完全经验的……批
判研究"、[③] 关于"能动的方面"和"抽象力"等说法，体现他在深入经验
时没有放弃超验性和主观性的维度。

第三节　实践：超验与经验关系问题的解决

实践与道德内在相通，就道德的超验本性而言，实践具有超验性维
度；作为"感性活动"，实践又具有经验性维度。如果说，实践与辩证法
的共同之处都在于体现超验与经验的相互作用，那么它们的区别也许只是
在于，前者主要从现实角度看问题，因而更多表达马克思致力于改变现状
的诉求，后者主要从思辨角度看问题，因而更多表达在马克思的实证研究

---

① 《资本论》第 1 卷，人民出版社 2004 年版，第 22 页。
② ［德］黑格尔：《哲学史讲演录》第 1 卷，贺麟、王太庆译，商务印书馆 1959 年版，
第 29 页。
③ 《马克思恩格斯全集》第 3 卷，人民出版社 2002 年版，第 219 页。

中。辩证法在表达经验历史自我展开并完成自身的运动时与实践是一致的。事实上，在马克思哲学视野下，两者是同一个事物在不同语境中的不同表达。实践通过两个维度之间的相互作用，把道德的超验性本质和经验性实现之间的矛盾内在化在一个有机整体中。进而，两个维度在实践中的相互作用、实践的自我绽开为道德提供可能性根据。换言之，当马克思把哲学史上超验与经验的关系问题纳入实践时，这个关系问题便与道德问题一起得到了解决。实践通过其具体性、敞开性和革命性解决问题。

一　实践的具体性：超验与经验的对立与统一

实践的具体性就在于超验与经验的有机统一。站在具体对面的是抽象，是超验或经验的缺失。马克思批判黑格尔的"抽象思辨"，确切地说，他批判的是"抽象"而不是"思辨"，他的"能动的方面"和"抽象力"都体现黑格尔的反思和"思辨"。马克思批判黑格尔最终脱离经验走向纯粹超验而沦为抽象的无。

超验与经验有机统一在实践中，这一点集中体现在马克思《关于费尔巴哈的提纲》第一条中："从前的一切唯物主义（包括费尔巴哈的唯物主义）的主要缺点是：对对象、现实、感性，只是从客体的或者直观的形式去理解，而不是把它们当做感性的人的活动，当做实践去理解，不是从主体方面去理解。因此，和唯物主义相反，唯心主义却把能动的方面抽象地发展了，当然，唯心主义是不知道现实的、感性的活动本身的。"[1]

"主体方面"、"能动的方面"体现的是超验，"现实的、感性的活动本身"则体现经验，两者统一在实践中，并因两者在对立中相互作用而推动实践不断绽开自身。实践绽开自身的过程和轨迹构成经验历史。由于实践中的超验因素与人相关，历史不再是外在于人的神秘之物，而是人的本质的表达，尽管这种表达有时是正面的有时是反面的。超验在实践中通过能动性、自由与道德联系起来。于是，实践的动力和目的都可以用道德来规定。在超验道德视野中，实践的超验性维度不再被遮蔽。

---

① 《马克思恩格斯选集》第 1 卷，人民出版社 2012 年版，第 133 页。

与具体相对的是抽象，把超验与经验分开而只取其一就沦为抽象。抽象有两种，纯粹超验的唯心主义和纯粹经验的旧唯物主义。黑格尔辩证法扬弃有限之物进入概念、理念和精神后丢掉了经验，于是他陷入抽象和幻觉。费尔巴哈唯物主义之所以抽象，除了用上面说的他失去了"主体方面"和"能动的方面"，马克思还批判他失去了整体性。整体性能够体现事情本质上的超验性。黑格尔用剥葱的例子来说明具有超验性的整体性："用分析方法来研究对象就好象剥葱一样，将葱皮一层又一层地剥掉，但原葱已不在了。"①经验地"剥葱"，具有整体性的"原葱"却消失了，着眼于整体就要承认其中的超验性因素。

关于"人的本质"，马克思在《关于费尔巴哈的提纲》第六条和第七条中通过对费尔巴哈的批判，论证了其"现实性"和整体性。

> 费尔巴哈把宗教的本质归结于人的本质。但是，人的本质不是单个人所固有的抽象物，在其现实性上，它是一切社会关系的总和。
>
> 费尔巴哈没有对这种现实的本质进行批判，因此他不得不：
>
> （1）撇开历史的进程，把宗教感情固定为独立的东西，并假定有一种抽象的——孤立的——人的个体。
>
> （2）因此，本质只能被理解为"类"，理解为一种内在的、无声的、把许多个人自然地联系起来的普遍性。
>
> 因此，费尔巴哈没有看到，"宗教感情"本身是社会的产物，而他所分析的抽象的个人，是属于一定的社会形式的。②

费尔巴哈"假定有一种抽象的——孤立的——人的个体"，这种人通过"一种内在的、无声的、把许多个人自然地联系起来的普遍性"组成"市民社会"。这种"自然"的"普遍性"无法构成一个有机整体。对于马克思来说，整体是由属于"社会关系的总和"和"一定的社会形式"的人

---

① ［德］黑格尔：《小逻辑》，贺麟译，商务印书馆1980年版，第413页。
② 《马克思恩格斯选集》第1卷，人民出版社2012年版，第135页。

组成的、正在完成过程中的"人类社会或社会的人类"。他说："旧唯物主义的立脚点是市民社会，新唯物主义的立脚点则是人类社会或社会的人类。"① 费尔巴哈之所以失去整体性和"现实性"而陷入抽象，仍然在于他的经验性视野。除了"自然"的"普遍性"，他找不到更多能说明人的类本质的东西，他"没有看到，'宗教感情'本身是社会的产物"，没有看到上帝源自人的超验本质（甚至他不承认有超验性这回事），更没有看到"一定的社会形式"造成了超验离开人。在人"现实性"的本质中，他这种"抽象"性恰来自于超验与经验的分离。"自然"的"普遍性"是贫乏的，但他既然看到了这种"普遍性"，说明其中还是有一定内容的，只是他与黑格尔一样陷入了幻觉，在与黑格尔相反的一极中陷入幻觉。"普遍性"之中所隐含的正是"能动的方面"所体现的道德的超验性维度。当超验与经验分离后，两者同时陷入"抽象"和"虚无"。

抽象地对待世界，免不了抽象思辨。抽象思辨一定会导致二律背反，即在超验与经验分离的基础上进行思辨，必然得到超验与经验的背反。问题的关键不在于会出现背反，而在于如何看待和处理背反。马克思在博士论文中分析了原子概念的矛盾。原子是在抽象思辨中设定的世界的最小单元，设定要满足两个要求：一是在体积和质量上最小，二是不可再分。然而，两者之间存在矛盾。如果前者成立，就承认了原子具有体积和质量，而一旦具有体积和质量它就是可分的，这样后者就无法成立；如果它没有体积和质量，它就无法从无过渡到作为有的万物。原子概念的矛盾是超验与经验矛盾的一种表现形式，设定原子不可分出于超验的想象，设定原子具有体积和质量出于经验的需要。在伊壁鸠鲁看来，这一矛盾来自抽象思辨，抽象思辨的根据是自由，于是他回归自由本身，放弃抽象思辨而相信感觉。就是说，他把理性与感性分开，在理性中他相信自由，在感性中他相信感觉。当归上帝的归上帝，当归凯撒的归凯撒。

伊壁鸠鲁关注心灵的自由宁静，他不在意他的结论会与自然科学相违背。马克思同样不在意这种违背，而赞同伊壁鸠鲁回归自由的真理性。然

---

① 《马克思恩格斯选集》第 1 卷，人民出版社 2012 年版，第 136 页。

而，伊壁鸠鲁的解决方式是超验的而非经验的，他不在意经验世界中超验与经验的分离，以及由此造成的理论上的困难。他不关心世俗人处于分离中，他在超验中独善其身。马克思不再像伊壁鸠鲁一样满足于自己心灵的自由宁静，他要以超验与经验为坐标去研究世界，在实践中创造所有人都能够自由宁静的社会历史条件，在超验与经验的合一中解决问题。伊壁鸠鲁相信神，但由于众神居住在世界之外，他不关心神，正如神不关心人一样。马克思为确立"人的存在"而走向无神论。只要先验自由和超验道德存在，马克思就不再进行抽象思辨，而是在经验中具体地思辨以探索自由和道德的实现之路。

就是说，马克思不反对具体思辨，只反对抽象思辨。然而，抽象与思辨又难以完全剥离开，因为只要思辨就设定了主体与对象的分离。同时，康德称理性有上升到超验领域的本性。如果说康德把这一上升看做是正常的，那么马克思的实践则不允许离开经验而上升到纯粹的超验领域。不允许不是排除超验性因素，相反，超验与经验在实践中既对立又统一地结合在一起，即超验与经验在实践外部的对立转化为实践内部两个维度的关系，这正是实践具体性的真实内涵之所在。

马克思要求，当我们面对事物时要关注其具体的感性的一面，而不要被纯粹超验的抽象所控制。人是由父母所生，父母又由他们的父母所生，向上追溯，无有尽头。马克思要人注意这个无限循环中可以通过感觉直观到的具体的一面。但偏有人抽象地追问谁生出了第一个人和整个自然界，追问的尽头是神。追问的抽象性在于，他首先设定人和自然界是不存在的，然后追问其存在的可能性。不存在与存在构成二律背反。然而，如果说追问人和自然界为何如此模样，那么，实践可以给出回答，这样，又何必死死盯住空洞的抽象而不能自拔呢？

然而，马克思引导我们盯住"抽象"的社会历史基础，即"世俗基础的自我分裂和自我矛盾"。[①] 如果问这种"分裂"是怎样形成的？答案是：人们的抽象思辨。这里出现一个循环，然而只要不把循环看作抽象的，其

① 《马克思恩格斯选集》第 1 卷，人民出版社 2012 年版，第 134 页。

中仍然蕴含真理，只要恰当地进入循环，真理自会显现。恰当地进入循环就是恰当地进入实践以实践的本性去实践。人在实践中达到的不只是获得对世界的正确理解，更重要的是直接反对一切现存事物，来"证明自己思维的真理性，即自己思维的现实性和力量，自己思维的此岸性。"[①]

总之，马克思实践的具体性在于，超验与经验在实践中既统一又对立，这种辩证力量促使实践不断绽开，成为社会历史发展的过程本身。实践一方面依靠道德在超验性上提供方向、目标和动力，另一方面依靠自身作为"现实的、感性的活动本身"，不断在经验历史中绽开并完成自身。绽开自身的过程始于实践的敞开性。

二 实践的敞开性：同时向着超验与经验

实践向着经验世界的敞开是显而易见的，即对世界的实证研究和实际改变。马克思承认世界经验性和偶然性的永恒存在，他肯定"一切有生命的东西、一切直接的东西、一切感性的经验"和"所有一切实际的经验"，[②]进而他以能动性和"抽象力"[③]去研究经验。写作《资本论》耗费了他大半生精力，其手稿数量惊人，他想为人类提供一个尽可能详尽的社会解剖图，但由于经验性和偶然性永恒存在，这一工作似乎永远无法最后完成。追随经验的研究使实事求是、与时俱进等说法成立。对世界进行实证研究的目的不是研究自身，其目的和前提是"改变世界"。[④]在实践中，研究和改变世界就是把事物纳入视野，寻求其经验性原因，经验地改变现实以达到"事情本身"应有的状态。马克思把资产阶级和工人阶级的对立纳入视野，对立凝集在商品价值与使用价值的关系上。资本和商品的经验性运动是对立得以保持和发展。发现剩余价值的秘密后，依照对立和矛盾的自我展开，经验地改变现状即消灭资本主义的运动于是成为必要和必然，这才是"事情本身"应有的状态。而纳入视野、寻求原因和改变现实都离不开超验的动力和方法。主观与

---

① 《马克思恩格斯选集》第 1 卷，人民出版社 2012 年版，第 134 页。
② 《马克思恩格斯全集》第 2 卷，人民出版社 1957 年版，第 26 页。
③ 《资本论》第 1 卷，人民出版社 2004 年版，第 8 页。
④ 《马克思恩格斯选集》第 1 卷，人民出版社 2012 年版，第 136 页。

客观、超验与经验相互缠绕，经验的无限性引起对世界的研究和改变的长期性和复杂性。然而，问题在根本上仍然是超验与经验之间的矛盾，在实践中解决问题要求实践同时向着超验与经验敞开。

实践保持对超验性事物的敞开，使自己获得超验性维度。在马克思哲学中，这一维度表现为自由的先验性和道德的超验性。对于超验性，截止到自由和道德，马克思不再追究更远。康德说人的理性有进一步上升到纯粹超验领域的自然本性，但人应该止于上帝的概念，而不要给予它"存有的必然性"。①抽象思辨是把握世界的一种方式，实践是另一种方式，且相对而言是更本真的方式。除了这两种方式外，把握世界还有宗教的方式、艺术的方式等。当然，不同方式之间也存在复杂的关系。实践对超验敞开，使抽象思辨过程及其结果可以在马克思哲学体系显性部分之外存在。不过，马克思不仅与康德一样拒绝讨论神的实在性存在问题，而且进一步拒绝对神的追问本身。当思辨哲学和神学进入实践时，必须经过实践具体性（超验与经验的有机统一）的过滤。就是说，实践在向着超验敞开时，必须同时向着经验敞开，反之亦然。过滤之后，超验中剩下自由、道德、反思和"抽象力"，其余则被经验封闭起来。在具体实践中，人无法达到也不必达到纯粹超验的神，甚至可以说，实践的目的恰在于消灭世俗宗教。所有关于纯粹超验性事物的问题都会在经验性理由中消灭自身。经验世界是变化的和有限的，人却需要静止和无限以达到心灵的自由宁静。于是，人在想象中把静止和无限形象化并赋予上帝。难怪尼采说，上帝是一种猜想。需要看到，实践向着超验与经验敞开的同时性能够避免敞开自身受到遮蔽。既然实践对超验敞开，超验自在的意义就仍然有存在的空间，例如，经验世界被抽象后剩余的虚无是超验的，虚无具有道德意义，这种意义在实践中仍然存在。

实践的敞开性与具体性紧密相连。在超验与经验不分离的基地上，实践不会迷失在纯粹超验领域，也不会进入经验主义。就造成超验与经验的分离而言，纯粹超验与纯粹经验殊途同归。马克思说："任何极端都是它

---

① ［德］康德：《纯粹理性批判》，邓晓芒译，人民出版社 2004 年版，第 479 页。

自己的另一极端。抽象唯灵论是抽象唯物主义；抽象唯物主义是物质的抽象唯灵论。"① 实践通过实际地改造世界扬弃两者的对立。实践是一团变动不居的活火，向上能够照亮（决定）意识形态和上层建筑，向下能够燃烧（改变）被抽象化而分裂的世俗社会。

同时向着超验与经验的敞开使实践获得极大的包容性，马克思说："人所具有的我都具有 / （Nihil humani a me alienum potu）。"② 一切抽象思辨的、神学的、经验论的、常识的都能够在实践中现实地或潜在地获得自己特有的空间，它们在分裂状态中作为被实践扬弃的对象而存在。如果它们不存在，马克思的实践也将由于失去需要处理的事务而失去存在理由。正如在超验与经验分离前，人们不知道道德和实践的存在，在超验与经验重新合一和道德充分实现后，实践也将由于完成其历史任务而"功遂身退"。

超验与经验在实践中统一的具体性带来巨大的稳定性，实践由此能够从容应对一切来自唯心主义、一切来自旧唯物主义或经验主义的挑战。马克思不再追问唯心主义与旧唯物主义的世界本原问题，而是在更源始层次上，追问两派之所以产生的社会历史根源。马克思关于宗教产生根源的讨论同样适用于两派产生的机理，即"世俗基础的自我分裂和自我矛盾"。③"分裂"造成纯粹超验在云霄中建立起彼岸世界神的王国，留给世界的只有纯粹的经验性自然界。在超验与经验分离的基础上，对超验性事物包括神的抽象思辨造就了唯心主义，把抽象思辨应用于经验自然界则产生旧唯物主义。在实践中，不仅唯心主义中被遮蔽的经验性，以及旧唯物主义中被遮蔽的超验性同时得以解蔽，而且它们赖以产生和存在的世俗根源也一并得以铲除。实践在超验与经验矛盾的推动下不断绽开，保守的唯心主义和旧唯物主义再也容不下革命的实践。同时，它们对实践的非难也在实践自我绽开的运动中烟消云散。它们作为"解释世界"④的理论，是"分裂"的产物，实践则对"分裂"

---

① 《马克思恩格斯全集》第 3 卷，人民出版社 2002 年版，第 111 页。
② ［英］戴维·麦克莱伦：《卡尔·马克思传》，王珍译，中国人民大学出版社2005 年版，第 430 页。
③ 《马克思恩格斯选集》第 1 卷，人民出版社 2012 年版，第 134 页。
④ 同上书，第 136 页。

本身进行逻辑的和历史的批判即"改变世界"。①

三 实践的革命性："改变世界"与"自然史的过程"的统一

实践内在蕴含超验性和经验性两个维度，两个维度在对立统一中构成实践的具体性和敞开性。立足于具体性，在敞开性中向世界进发，实践由此获得革命性，它扬弃一切已有的封闭体系，完成哲学从"解释世界"到"改变世界"的转变。以往的哲学把世界当做不被触动的封闭的经验抽象物，认为哲学的任务就是达到对世界的正确解释。但是，固守着超验与经验分离的旧哲学，作为"世俗基础的自我分裂和自我矛盾"的产物，不可能达到"事情本身"。这些哲学或者是完全超验的唯心主义，或者是自以为达到自然界其实仍然处于抽象中的经验主义，它们的最高成就是康德二元论。胡塞尔、海德格尔和伽达默尔虽然强调经验和实践，引入时间、求助于诗性语言、打开一扇由意识通往经验的道路即"真正的对谈"，②但他们仍然没有摆脱"解释世界"的抽象性，最多只是为"改变世界"做了些准备工作。他们在学理上应该处于康德和马克思之间，尽管他们出生在马克思之后。马克思实践的革命性不仅在于实现了哲学体系的转变，而且在于它本身就是历史本真地完成自身的运动。

实践是超验与经验相互作用的统一体，而世界是自我分裂的，分裂没有使超验与经验中的任何一方消亡，只是使它们被遮蔽从而以虚幻的形式表现自己。马克思在实践中发现世界的分裂，并且发现实践恰是分裂得以弥合的现实途径。在实践的超验性维度上，世界的分裂需要人主动地去消除，于是"改变世界"成为必然；在其经验性维度上，这个世界苦难的形成、发展和消除都是"自然史的过程"，③人只能被动地接受历史自在的运动。主动与被动的矛盾其实还是超验与经验的矛盾，也就是道德在本性上的超验性与实现上的经验性之间的矛盾。"改变世界"和"自然史的过程"

---

① 《马克思恩格斯选集》第 1 卷，人民出版社 2012 年版，第 136 页。
② ［德］伽达默尔、杜特：《解释学 美学 实践哲学：伽达默尔与杜特对谈录》，金惠敏译，商务印书馆 2005 年版，第 38 页。
③ 《资本论》第 1 卷，人民出版社 2004 年版，第 10 页。

都是实践在绽开自身，因而两者又是统一的。我们可以从三个方面来讨论这一问题。

第一，在实践的具体性中，超验与经验不再是两个相互分离的抽象概念，而是从不同角度考察同一个事物时得出的不同结论，或者说，它们是同一个问题的两种不同表达。老子曰，"无"和"有""此两者，同出而异名"（《老子·一章》），"无"是超验的、"有"是经验的，两者本来一体，只是在抽象思辨以及"世俗基础的自我分裂和自我矛盾"中才分离开来。事实上，实践中的超验与经验从来没有真正分开过。在两者的统一中，历史之谜获得解答。在人的超验本质的外化和经验化过程中，实践的超验性维度被遮蔽。人在实践中发现，自己的超验本质以虚幻的形式在世俗宗教和对象化结果中表达着，且人始终没有失去它。这时，去除虚幻性复归本真人性的运动开始了。显然，实践对历史之谜的解答不是知识论意义上的，而是实践自身显现着真理。当有人追问谁创造了自然界和人的时候，在实践看来，他无非就是追问眼前的世界是如何形成的，实践的回答就是实践本身，人正实践着这一事情本身是这个世界形成的原因。

在实践之内观察人，人具有主动性，马克思在《关于费尔巴哈的提纲》第一条中称之为"能动的方面"。实践着的人去"改变世界"是人的本质的正常展现。如果不能在世界变化中搜入人的主观意志，那才叫失去历史本来具有的规律性。不能"改变世界"说明人失去由自由和道德带来的超验性。但是，不能改变只是抽象想象，在其超验性上，自由和道德都是人无法放弃的；不去"改变世界"其实仍然出自自由的选择，在道德超验性上人是自律的，没有任何经验性事物能够真正左右人的选择。在经验性事件中，死亡是个人很难主动选择的，但是选择死亡在自由上也是可能的。苏格拉底主动选择了死亡，他在公民大会表决中被判死刑，但他仍有选择生的各种可能，但他都放弃了，他的人格因此而伟大。

在实践之外观察，人在实践中参与世界的经验性变化，实践的绽开即世界的变化展现为一个"自然史的过程"。这个过程可以抽象化为，从人原始拥有自己的本质到在异化劳动中失去本质，再到人重新拥有本质，这样一个否定之否定的历史过程。不能外化和经验化的本质对人来说是无，而外化和经验化必然带来劳动异化和资本主义，[①]进而资本主义必然灭亡。如果资本主义不灭亡，人具有超验本质也将成为空谈。而人能够异化自身的事实本身说明，人具有超验本质，它体现为自由和道德，虚幻地表达为世俗宗教和神。

自然界是"人的无机的身体"，[②]是人实践的前提、场所和结果。主观与客观在实践中结合一体，主观"改变世界"与客观"自然史的过程"于是成为同一个事件。世界和自然界的每一步变化都可以从人的主观因素里找到根据，而这一根据中同时又有超越个人意志之外的因素。人超验本质的外化和经验化是异化劳动和私有财产的原因，资本主义是私有财产制度的充分发展。资本主义一旦产生，任何个人都不能阻止其发展，最多只能"缩短和减轻分娩的痛苦"。[③]然而，资本主义内部具有消灭自身的因素，即超验与经验的矛盾及其自我运动。

马克思异化劳动理论表明，以往对自由的理解和应用是抽象的，即忘记自由的先验性而追求自由完全经验的实现，结果导致自由的丧失。劳动异化在精神层面上表现为道德异化，即道德失去超验性成为外在于人的精神枷锁。如果人不能发现劳动和道德异化的真相，就说明他仍然在使用经验主义的思维方式。一旦脱离经验主义，世界的改变就再一次因人的因素而获得必然性。自由和道德在其超验性上是人无法放弃的，一旦放弃就连资本主义本身的发展也会成为不可能，因为人对自由的抽象理解和应用不是资本主义产生时的一次性行为，它伴随着资本主义运行的每时每刻，抽象理解和应用是人自由地选择了放弃自由。就是说，人选择放弃自由其实也是拥有自由的证明，因为他的选择仍然是自主的。不过，个别人选择自由并不说明整个社会都能实现自由，这需要几乎所有人都选择自由。于

---

①　有人可能会问，中国几千年来经历过经济发达、社会繁荣的时代，但没有发展出现代西方意义上的资本主义，那么人的本质外化和经验化并产生资本主义怎么能说是必然的？其实，问题不在于人的本质不会外化和经验化，而在于中国人主动选择了不让资本主义发展，西方却选择了让它发展。或者说，中国人把这种发展及时控制起来了，靠的是"重道轻技"、"重义轻利"等思想。

②　《马克思恩格斯全集》第 3 卷，人民出版社 2002 年版，第 272 页。

③　《资本论》第 1 卷，人民出版社 2004 年版，第 10 页。

是，问题好像变成选择自由与选择不自由之间的斗争。这样，"改变世界"与"自然史的过程"开始集中在人身上。只要人始终具有自由和能动性，"改变世界"就是必然的，而必然之为必然就必然表现为，社会历史发展是一个"自然史的过程"。

第二，从征服自然和顺从自然的关系上看，"改变世界"和"自然史的过程"也是统一的。征服和顺从也是同一个事物的两种不同表现，把两者分开会造成抽象。马克思在《给工人议会的信》中说："工人阶级征服了自然，而现在它应当去征服人了"。[①]资本主义是征服自然的胜利，其标志是物质财富的极大增加。"资产阶级在它的不到一百年的阶级统治中所创造的生产力，比过去一切世代创造的全部生产力还要多，还要大。自然力的征服，机器的采用，化学在工业和农业中的应用，轮船的行驶，铁路的通行，电报的使用，整个整个大陆的开垦，河川的通航，仿佛用法术从地下呼唤出来的大量人口——过去哪一个世纪料想到在社会劳动里蕴藏有这样的生产力呢？"[②]

对自然的征服是人的本质的展现，但是人的本质不在于创造了如此之多的财富，财富只是暂时的，人的本质在于人能够创造财富这一创造能力本身。虽然人必须首先满足吃、喝、生殖的要求，但是问题不在于人有这些要求，而在于对待和满足它们的方式。马克思说："吃、喝、生殖等等，固然也是真正的人的机能。但是，如果加以抽象，使这些机能脱离人的其他活动领域并成为最后的和惟一的终极目的，那它们就是动物的机能。"[③]

这里有两种对待这些要求的方式，即把它们当做目的还是手段。把它们当做目的，人便会无限地征服自然界，这些征服最初往往取得胜利。"但是我们不要过分陶醉于我们人类对自然界的胜利。对于每一次这样的胜利，自然界都对我们进行报复。每一次胜利，起初确实取得了我们预期的结果，但是往后和再往后却发生完全不同的、出乎预料的影响，常常把起

---

① 《马克思恩格斯全集》第 13 卷，人民出版社 1998 年版，第 134 页。
② 《马克思恩格斯选集》第 1 卷，人民出版社 2012 年版，第 405 页。
③ 《马克思恩格斯全集》第 3 卷，人民出版社 2002 年版，第 271 页。

初的结果又消除了。"①

自然界的报复并不是在巨大收益中夹杂的一点小的损失，这里的收益和损失无法以经验方式加以量化，人无法判断对自然界征服的最后一次是哪一次，也无法确定最终的征服将带来自然界怎样的报复。征服自然界和满足物质欲望并不是人的终极目的，它们只是手段。采用自由和道德的对待方式就会把它们看做是手段。不过，在黑格尔精神完成自身的意义上，征服自然界的必要性在于它是精神运动的一个环节；对于马克思来说，征服自然界是在更高层次上实现道德的一个必要前提，因为它作为物质生产领域是"一个必然王国"，"只有建立在必然王国的基础上"，"自由王国"才是可能的。马克思说：

> 自由王国只是在必要性和外在目的规定要做的劳动终止的地方才开始；因而按照事物的本性来说，它存在于真正物质生产领域的彼岸。
>
> 在这个必然王国的彼岸，作为目的本身的人类能力的发挥，真正的自由王国，就开始了。但是，这个自由王国只有建立在必然王国的基础上，才能繁荣起来。工作日的缩短是根本条件。②

这里至少表明了三层意思：其一，"自由王国"是"目的本身"，是内在目的，它处于"物质生产领域"即"必然王国的彼岸"；其二，"必然王国"为"自由王国"的"繁荣"提供范围和物质手段；其三，"必然王国"的基础地位并不说明，人对自然界的征服即物质生产可以像恶性肿瘤一样无限膨胀。相反，作为手段它要服从目的，如果它的无限膨胀带来的是目的本身被遮蔽，那么它就必须被遏制。马克思认为，人与自然之间的物质变换必须由"社会化的人""合理地""控制着"："这个领域（指真正物质生产领域——引者注）内的自由只能是：社会化的人，联合起来的生

---

① 《马克思恩格斯选集》第 3 卷，人民出版社 2012 年版，第 998 页。
② 《资本论》第 3 卷，人民出版社 2004 年版，第 928、929 页。

产者，将合理地调节他们和自然之间的物质变换，把它置于他们的共同控制之下，而不让它作为一种盲目的力量来统治自己；靠消耗最小的力量，在最无愧于和最适合于他们的人类本性的条件下来进行这种物质变换。但是，这个领域始终是一个必然王国。"①

"人类本性"肯定不是对自然界掠夺以满足肉体需要，而是内在蕴含了超验的精神因素。人性中既要有符合"效用原则"的经验性，更要有符合"一般本性"的超验性。如果我们要研究人的本性，"就首先要研究人的一般本性，然后要研究在每个时代历史地发生了变化的人的本性。"②

无产阶级"去征服人"显然意指战胜资产阶级以消灭资本主义。消灭资本主义并不针对任何作为个人的资本家，而是改变社会关系，也可以称为改变自然（自然与世界往往相通）。人征服自然（即自然界）和人征服人都是人的主动行为，同时又都是顺从自然和顺从人的过程。开始"征服人"就是结束"对自然的征服"。当然，结束不是结束劳动和生产过程，而是结束人对自然疯狂的掠夺，是生产方式的转变，是人对自然由征服态度回归到顺从的态度（资本主义产生之前人们对待自然的态度主要是被动顺从，未来社会应该是主动顺从）。而"征服人"在其本质上是人消除异化、重新占有自己的本质的过程，是道德的回归。无产阶级"去征服人"不是向资产阶级的复仇行为，而是解放包括资产阶级在内的全人类。可见，"征服人"也是人顺从自己的本性的行为。因此，从两种征服以及征服和顺从的关系上看，资本主义的发展和灭亡是"改变世界"即征服和"自然史的过程"即顺从，两者之间的有机统一，征服和顺从都以人的本质或本性为根据。

马克思"征服自然"的说法是他套用了资产阶级术语，他把自然界看做是"人的无机的身体"，③人对自己身体的征服是一个矛盾用语。人不可能统治和征服自然，征服的说法其实只是抽象想象，因为人本身是自然的一部分，且战胜自然的手段仍然是自然，"通过服从自然而达到征服自然

---

① 《资本论》第 3 卷，人民出版社 2004 年版，第 928—929 页。
② 《资本论》第 1 卷，人民出版社 2004 年版，第 704 页注（63）。
③ 《马克思恩格斯全集》第 3 卷，人民出版社 2002 年版，第 272 页。

的目的"① 是自相矛盾的。

第三，意识可以分为个体意识和类的整体意识。在个体意识中比较道德和世界，就会得出"改变世界"的结论；从类的整体性上看，世界的变化是"自然史的过程"。

实践需要的主要是类意识，类意识作用于个体意识从而发动实践活动。个体意识只有在顺从类意识时，其实践才能在社会意义上成立。个体意识容易发现世界的恶，当内在理想与外在世界发生冲突时，"改变世界"的意愿就产生了。这意愿囿于意识之内还构不成对世界的改变。但是，从个体意识内部来看，人只要发现了"事情本身"的超验性维度，道德意识和良心也就在意识中复活了，这样就完成了内在世界的改变。只要改变了自我意识，他的外在世界在一定意义上也会改变，因为他的世界观会影响他所观察到的世界的形象。进而，如果改变意识和世界观的人数很多、程度很深，那么世界整体的改变也就不远了。事实上，社会类的意识往往以个体意识为最终载体，类意识的改变往往从个体意识中开始。就此而言，个体意识也是类意识的组成部分或具体表现形式。不同的想法构成社会意识的各个流向，社会历史发展在抽象形式上往往表现为不同意识之间的斗争，这是历史合力论的意识根据。在其现实性上，社会的物质性和经验性是根本的，不过，这并不说明人有理由放弃自己超验的能动性。

然而，从类的角度看，通过改变个人的意识和世界观来"改变世界"，在很大程度上只能是空想，或者只是最初的至多是潜在的"改变"。马克思说："不管个人在主观上如何超脱各种关系，他在社会意义上总是这些关系的产物。"② 个人意义上的"改变世界"主要只是"在主观上超脱""各种关系"。从整体上看，社会发展往往超出个人主观意志之外，即使马克思这样的个人也不例外。也许正是看到了这一点，马克思才不去具体设想未来社会的面貌。因此，"在社会意义上""改变世界"需要注意以下两个方面：

---

① ［德］汉斯 – 格奥尔格·伽达默尔：《诠释学Ⅰ：真理与方法》，洪汉鼎译，商务印书馆 2010 年版，第 493 页。

② 《资本论》第 1 卷，人民出版社 2004 年版，第 10 页。

一是小资产阶级的理想是无法实现的。就人是社会关系的产物而言，通常所谓道德在很大程度上只是小资产阶级的理想。这种理想是超验与经验互相错位的结果，它看不到道德的超验性已经被剥夺而把道德理解为纯粹经验性事物，也看不到商品价值的超验性本质。除了妄想，小资产者看不到出路。如果说他们没有丧失希望，那么他们只是寄希望于世俗宗教。虽然这种道德在内容上符合一般道德的基本准则，但注定无法实现。小资产阶级一方面希望保留资本主义制度，另一方面又想去除它的恶。这两方面显然是相互矛盾的，不可能同时成立。马克思批判蒲鲁东只想"保存这个经济范畴的好的方面，消除其坏的方面"，①"范畴"不是实在论意义上的现实，且两方面共存亡，所以他只是在妄想。

二是人被资本分割成原子，无力对抗天然联合的资本。即使伟大人物也不得不在这种社会力量面前放弃主观意愿而加入客观历史进程。然而，伟人之所以伟大就在于，他们比常人在更深刻程度上被客观历史进程所利用，正如黑格尔历史理性的狡计。因此，如果说"改变世界"是逆资本自我运动的本性之流而上，那么任何个别的和局部的反抗都注定要失败，因为个别的和局部的是分散的，资本却天然地和抽象地联合成整体。对此，马克思恩格斯设想，无产阶级革命要在全世界范围内普遍发动，或至少在几个发达的资本主义国家同时发动，才可能成功。因此，每次工人运动、无产阶级革命的根本成果在于，工人在更大范围内"联合起来"。

鉴于此，反对资本是否不再必要？恰恰相反，反抗是必须的，因为只有反抗才能使历史成为常态，这是事情在主观性上的超验性维度，否则，历史就不再是人的历史而只是抽象物的自在运动。客观历史进程不排除个体意识与类意识之间的互动，本真历史过程是超验与经验的相互作用。不过，斗争是长期、艰巨而复杂的，需要极大的耐心和灵活。更要看到，这种反抗一定要超越个别的斗争和局部的范围，它必须最终是整体的，起码是几个主要资本主义国家同时发生的。故此，马克思恩格斯在《共产党宣言》（1847年12月—1848年1月底）、《国际工人协会成立宣言》（卡·马

---

① 《马克思恩格斯选集》第1卷，人民出版社2012年版，第224页。

克思写于 1864 年 10 月 21—27 日）等文献中，发出伟大号召："全世界无产者，联合起来！"[①]只有资本对人的统治同时加上人对资本的反抗，这样才能构成完整的历史进程，这也是阶级斗争的必然性根据。

所以，"自然史的过程"和"改变世界"并不绝对对立，前者以后者为动力，后者以前者为表现。"星星之火，可以燎原"，个人的觉醒与反抗因而成为必要的。马克思对资本主义矛盾的分析使人看清自己本质发生异化的现实，因而其感性"激情"[②]的活动有了明确方向。从此，工人运动从自发变成自觉。如果说，马克思的自由在社会革命意义上是自由的外在性发展，那么他并不是没有自由的内在性发展，而是超越了它。这是因为，仅有内在性发展，发展总会流于抽象思辨而终归于无；没有内在性发展，外在性发展则不可能发生，正如没有个体意识类意识也是不可能的。他把自由的内在性发展转化为隐性的能动性和"抽象力"。[③]另外，设想马克思哲学在显性表现上，同时具有自由的内在性发展和外在性发展，这难以讲得通，因为这样会造成内在与外在的矛盾，从而两者都得不到发展。

第四节　道德在马克思哲学完成自身的运动中成为可能

从康德道德哲学看上去，马克思哲学的基本问题是：超验道德在经验历史中何以可能？探索问题逻辑的和历史的解决构成马克思哲学的内在进程。探索超出了康德的框架，在康德二元论中，超验道德与经验历史永远无法统一起来，否则二元论就面临瓦解。马克思置换了哲学原初点，在实践本体一元论中，康德二元论不再是自明的最高的出发点，道德和历史

---

① 《马克思恩格斯选集》第 1 卷，人民出版社 2012 年版，第 435 页；《马克思恩格斯选集》第 3 卷，人民出版社 2012 年版，第 11 页。
② 在马克思哲学语境中，人的本质对象化在劳动产品中，劳动产品反过来统治了人。但是人自身仍然拥有本质，对象性本质对人统治与人原本具有的本质之间产生势能，即"激情"。
③ 《资本论》第 1 卷，人民出版社 2004 年版，第 8 页。

（自然以本真的规律运动构成历史）都不再是形而上学式的静止物，它们在实践中与实践一起运动。事实上，他首先接受康德的问题，然后在探索问题时又超出康德。康德二元论是"世俗基础的自我分裂和自我矛盾"①的产物，马克思则直接批判"分裂"和"矛盾"本身。

相对而言，道德在其超验性上抽象地表达在唯心主义（抽象唯灵论）中，因而更具有人的因素；历史的经验性则被抽象成旧（或抽象）唯物主义或经验主义，因而更具有自然的性质。唯心主义和旧唯物主义源自同一个"分裂"的"世俗基础"。要回答超验道德在经验历史中的可能性问题，就要探索唯心主义与抽象唯物主义、人与自然对立的消除。马克思在实践中进行探索。在实践中，对立的消除亦即历史的自我完成，同时也是马克思哲学的自我完成。

一　平息抽象唯灵论与抽象唯物主义之争

撇开超验与经验相统一的具体实践去追问世界的本原，就会产生抽象唯灵论和抽象唯物主义两个极端。两者的争论在西方哲学史上由来已久，柏拉图主义和亚里士多德主义的争论在一定意义上具有这一性质。长期以来，两方都没有彻底战胜对方。马克思"新唯物主义"②同时批判两者：它们是基于同一个"世俗基础"的两个极端。"任何极端都是它自己的另一极端。抽象唯灵论是抽象唯物主义；抽象唯物主义是物质的抽象唯灵论。"③

马克思不再抽象追问"灵"和"物"何者是本原，而是通过置换哲学原初基础，来追问两者之所以产生并对立的社会历史根据。置换就是把哲学建立在"感性的人的活动"即"实践"④之上。

实践实现具体化依赖于在保留主观超验性的前提下，"哲学转向外部"⑤以获得经验性。"哲学转向外部"使世界能够在哲学中保持其偶然

---

① 《马克思恩格斯选集》第 1 卷，人民出版社 2012 年版，第 134 页。
② 同上书，第 136 页。
③ 《马克思恩格斯全集》第 3 卷，人民出版社 2002 年版，第 111 页。
④ 《马克思恩格斯选集》第 1 卷，人民出版社 2012 年版，第 133 页。
⑤ 《马克思恩格斯全集》第 1 卷，人民出版社 1995 年版，第 76 页。

性和经验性的永恒存在。黑格尔哲学的具体只是概念和思维的具体，事物的偶然性和经验性在其向纯粹概念行进时被排除了。黑格尔辩证法的动力是"有限之物"的"自我矛盾"。①事实上，矛盾是主观与客观、无限与有限、思维与存在之间的矛盾。当事物失去偶然性而化作概念时，矛盾就转化为纯粹思维内部的矛盾，它最终在思维与存在绝对统一的预设中消失。马克思没有预设思维与存在的绝对统一，而始终保持一种通过实践在经验历史中所能达到的辩证统一。实践内在蕴含主观与客观两方面，两者的相互作用构成历史辩证法的动力；只要世界的偶然性和经验性永恒存在，主观与客观就会存在矛盾，辩证法就不会停止运动。马克思肯定"一切有生命的东西、一切直接的东西、一切感性的经验"和"所有一切实际的经验"。②"经验"是具体实践的经验，而非抽象的纯粹经验。实践同时蕴含唯心主义（"抽象唯灵论"）的能动性和"抽象唯物主义"的经验性，只是去除了它们的抽象性。

实践是"新唯物主义"③之物，"在马克思主义哲学中，物质范畴和实践范畴具有内在的统一性。"④相对而言，实践的能动性是在主观性和超验性上来说的，经验性则是在客观性和物质性上来说的。在马克思哲学语境中，两者之间的界限被打破，自然界（客观物质）是实践的前提、条件和限制，因而超验离不开经验；同时，自然界在人的参与下获得超验性维度。马克思关于物质概念的说法很多：扬弃抽象思辨而达到的"自然界"，人与自己生存其中的"自然界"所构成的共同体——"世俗世界"、"生活"和"经济结构"，⑤以及作为人的本质载体的"商品"、"无产阶级"、"人类

---

① ［德］黑格尔：《小逻辑》，贺麟译，商务印书馆1980年版，第177页。

② 《马克思恩格斯全集》第2卷，人民出版社1957年版，第26页。

③ 《马克思恩格斯选集》第1卷，人民出版社2012年版，第136页。

④ 杨耕：《物质、实践、世界：关于马克思主义哲学三个基本范畴的再思考》，《北京社会科学》2000年第3期。

⑤ 四个范畴的典型出处是："自然界"出自马克思《1844年经济学哲学手稿》，"世俗世界"出自马克思《关于费尔巴哈的提纲》第四条，"生活"出自马克思恩格斯《德意志意识形态》第一卷第一章，"经济结构"出自马克思《〈政治经济学批判〉序言》。

社会"，①甚至理论和精神有时也被马克思看作物质，他说："观念的东西不外是移入人的头脑并在人的头脑中改造过的物质的东西而已。"②

主观与客观、超验与经验的矛盾促成实践在经验历史中做自我否定、自我完成的运动，实践由此成为世界生成和变化的生发点。抽象思辨中相互对立的主观与客观、超验与经验在具体实践中获得辩证的和历史的统一。在统一中，抽象唯灵论和抽象唯物主义获得了理解，它们的对立在更始源基础上得以消解。反过来，由于它们无法达到具体实践，马克思哲学在纯粹超验的和纯粹经验的立场上被误解。由于看不到超验与经验在具体实践中的统一，它们认为马克思哲学是分裂的，例如批判的马克思与科学的马克思的分裂、青年马克思与老年马克思的分裂。

二　消除人与自然界的对立

人与自然界的关系问题被反复讨论，直到马克思之前，这一问题仍然没有得到解决。通常认为，人是主观的，自然界是客观的，两者之间是对立的。事实上，只有在把自然界看成是"与人无关"的抽象物时，才会出现两者的对立。

马克思把人与自然界说成一个整体。自然界与人相关，他说："被抽象地理解的，自为的，被确定为与人分隔开来的自然界，对人来说也是无。"③自然界是被"人的普遍性"所规定的"人的无机的身体"。④人们认为，自然界作为物质存在在时间上先于人类社会。这是应该予以承认的。然而，人类一旦出现在地球上，自然界便失去了原有的自足性，并与人联系起来。人改变自然界、自然界改变人以及实践的改变，三者是同一个过程。

自然界与人的相关性表现在：自然界中人活动所及的事物、即将扩展

---

①　"商品"是《资本论》的一个基本范畴，"无产阶级"在马克思著作中较早较典型的出处是《〈黑格尔法哲学批判〉导言》，"人类社会"出自马克思《关于费尔巴哈的提纲》第十条。

②　《资本论》第1卷，人民出版社2004年版，第22页。

③　《马克思恩格斯全集》第3卷，人民出版社2002年版，第335页。

④　同上书，第272页。

到的事物，对活动构成前提、条件或限制，因而与人相关；人的足迹还无法到达，但已经被观测或预测到的事物如遥远的天体，因为仍然能够对人的意识构成影响，也同样与人相关。因此，把自然界看成与人相关的事物，丝毫没有缩小通常所谓自然界的范围。

可以说，自然界之所以与人相关就在于，人是自然界变化的理由。与人无关的自然界"对人来说也是无"，因而其变化与否对人来说也是无。自然界真正的变化是因人而起的，或至少其结果是与人相关的。果园的果子成熟了可以吃或卖，其成熟过程对人来说是变化，深山老林中自生自落的果子成熟与否则无所谓变化。由人引起变化意味着，人为变化提供理由，而自然界仅仅为变化提供前提。前提不是理由，[①]前提往往作为外在表现的经验性事实出现，理由则为变化提供必然性。马克思说："英国人喜欢把一件事物最初的经验的表现形式看作该事物的原因。"[②]"最初的经验的表现形式"最多只是事物变化的前提而非理由。进一步说，自然界变化的理由是实践中人的自由本性和能动性，"而自由的有意识的活动恰恰就是人的类特性。生活本身仅仅表现为生活的手段。"[③]"自由的有意识的活动"只能从人的能动性上被理解：它是人在实践中把自己的本质对象化在劳动产品中的过程，人"通过实践创造对象世界，改造无机界"。[④]

但是，"异化劳动把自主活动、自由活动贬低为手段，也就把人的类生活变成维持人的肉体生存的手段。"[⑤]劳动异化的原因是，人的终极目的不再是人自身而是外在物质。资本主义把赚钱当做"终极目的"，恰证明了这一点。马克思说："吃、喝、生殖等等，固然也是真正的人的机能。但是，如果加以抽象，使这些机能脱离人的其他活动领域并成为最后的和惟一的终极目的，那它们就是动物的机能。"[⑥]以物为目的的行为本身就是

---

① 参见何中华：《哲学：走向本体澄明之境》，山东人民出版社2002年版，第九章。
② 《资本论》第1卷，人民出版社2004年版，第464页注（144）。
③ 《马克思恩格斯全集》第3卷，人民出版社2002年版，第273页。
④ 同上。
⑤ 同上书，第274页。
⑥ 同上书，第271页。

物的自我运动，是人失去自己的本质向动物的沉沦。因此，自然界变化的理由是以人自身而非外在物为终极目的的选择。

由于人提供变化的理由，自然界获得主观性，这种主观性比认识论意义上主客二元对立的主观性更加主观，再没有什么东西能够逃出主观性的范围。这与陆九渊"吾心即是宇宙"，①王阳明"无心外之理，无心外之物"②的说法有相似之处。不同的是，马克思哲学始终向着经验世界敞开。自然界为实践提供前提和条件，"没有自然界，没有感性的外部世界，工人什么也不能创造。"③工人创造的结果又转化为进一步活动的前提和制约，这是自然界的客观性。同时，实践本身作为经验事实也是客观的。

人改变自然界，同时也是在改变自身。人改变自身包括肉体层次的改变和精神层次的改变。"人自身作为一种自然力与自然物质相对立。为了在对自身生活有用的形式上占有自然物质，人就使他身上的自然力——臂和腿、头和手运动起来。当他通过这种运动作用于他身外的自然并改变自然时，也就同时改变他自身的自然。"④

在精神层次上，人改变自身主要有三个方面：第一，在一定意义和程度上，人不得不使意志服从于异化劳动的目的，这种改变是消极的。第二，"生活决定意识"，⑤意识形态和意识形式的改变也是人的实践的结果。人在实践中改变自然、改变自己和自己的意识。第三，在反思实践和"生活"的基础上创造"改变世界"的理论，这是积极的改变。这正是马克思所做的工作。当然，理论不能囿于意识内部，应该走出自身，"掌握群众"以完成自身。

在马克思哲学语境中，人改变自然界与改变自身的关系问题也可以表达为人与环境的关系问题。"环境的改变和人的活动或自我改变的一致，

---

① （宋）陆九渊：《年谱》，《陆九渊集》卷三十六，中华书局1980年版，第483页。
② （宋）陆九渊、（明）王守仁：《象山语录 阳明传习录》，杨国荣导读，上海古籍出版社2000年版，第172页。
③ 《马克思恩格斯全集》第3卷，人民出版社2002年版，第269页。
④ 《资本论》第1卷，人民出版社2004年版，第208页。
⑤ 《马克思恩格斯选集》第1卷，人民出版社2012年版，第152页。

只能被看做是并合理地理解为革命的实践。"① 只有当把人和自然界抽象思辨成两个相互对立的事物时，才会出现谁决定谁的问题。但是，在异化劳动中，人与自然界的对立并非只是意识内部的对立，而且是现实中的对立，即劳动者与劳动资料相分离、商品价值与使用价值相分离、世俗世界的"自我分裂"等。人具有主观性、超验性和能动性，自然界相对具有客观性、经验性和被动性。劳动者是人，劳动资料是物。商品价值是人的本质对象化在商品中的凝结物，因而具有超验性，商品使用价值则具有物的经验性。世俗世界在"自我分裂"中，一边把其中的超验性纯粹化为彼岸世界神的王国，一边把经验性纯粹化为相互对立着的自然人与自然界。事实上，在劳动者和商品价值中体现出的超验性说明，超验性与人始终同在，只是以被遮蔽的形式表现着自己，彼岸世界神的王国中的超验性则以虚幻的另一种遮蔽形式表现着自己。在超验与经验相统一的具体实践中，这些被遮蔽的现实形式和神的虚幻形式全都失去其神秘性和外在于人的性质。当然，要彻底去除神秘性和外在性，则需要实践不仅在逻辑上而且在历史中弥合世俗世界的"分裂"。

三 弥合"世俗基础的自我分裂"

人生存于其中的世界作为一个整体，不需要神从外部输入指令就能自为活动（对费尔巴哈来说，发出指令的神就是人自己的"感性生活"）。然而，尘世是"分裂"的，即"世俗基础的自我分裂和自我矛盾。"② 一方面，人的超验本质在"分裂"中脱离人而在天空建立起彼岸世界神的王国，另一方面，作为人的无机身体的经验自然界（生产资料）也与人分离。同时，"分裂"还现实化为商品价值与使用价值的对立。上帝、拜物教和商品价值在主观性上统治人，自然界和商品的使用价值在客观性上统治人。现代人同时失去超验与经验，于是人的存在和生存沦为虚无。由于同时在主观性上和客观性上被套上枷锁，人失去了自由。"分裂"状态中的

---

① 《马克思恩格斯选集》第 1 卷，人民出版社 2012 年版，第 134 页。
② 同上。

人（包括黑格尔）认为，上帝决定世俗世界、意识决定生活、上层建筑决定经济结构。马克思把这个颠倒的方向重新颠倒过来，提出"生活决定意识"，① "经济结构"决定"上层建筑"。② 在此基础上，他致力于在实践中弥合世界的"分裂"，实现超验道德与经验历史的和解。

实践既是在描述"分裂"，又是在消除"分裂"。实践立足于"人类社会或社会的人类。"③ "社会"是"人类"的，"人类"是"社会"的，人组成类和社会，个体与整体在实践中不存在对立。或者说，实践是这一对立的和解。正是由于立足于"人类社会或社会的人类"，实践才能反对由"分裂"造成的"市民社会"。"市民社会"的组成成员是"抽象的——孤立的——人的个体"，④ 而实践中的人是具体的和现实的。马克思说："人的本质不是单个人所固有的抽象物，在其现实性上，它是一切社会关系的总和。"⑤ 人是"社会关系"的主人，因为在主观能动性上人能够改变它，同时，人又是"社会关系"的奴隶，因为在客观性上人是它的产物。主人和奴隶的对立恰是实践中超验与经验关系的一种表现形式。超验与经验同时存在于实践统一体中，它们相互斗争并在斗争中相互成全。没有经验，超验会像鸽子在没有空气的天空飞翔，虽然它鼓起翅膀，但由于没有经验的空气在给予它阻力的同时也给予它浮力，它不能前进分毫。反过来，没有超验只有经验，就会出现经验主义统治下的世界。"现实性"不是现存性，人在"现实性"中全面占有自己的本质和社会关系，而全面占有需要一个过程。为达"现实性"形态，同时失去超验与经验的人，在同时具有超验与经验的实践中，必然进行改变现存状态的运动，即无产阶级革命。费尔巴哈以"市民社会"为立脚点，虽然"宣称自己是共产主义者"，但"他只是希望确立对现存的事实的正确理解，然而一个真

---

① 《马克思恩格斯选集》第 1 卷，人民出版社 2012 年版，第 152 页。
② 《马克思恩格斯选集》第 2 卷，人民出版社 2012 年版，第 2 页。
③ 《马克思恩格斯选集》第 1 卷，人民出版社 2012 年版，第 136 页。
④ 同上书，第 135 页。
⑤ 同上。

正的共产主义者的任务却在于推翻这种现存的东西。"①在其保守性上，他仍然没有超出抽象地"解释世界"的资产阶级思想的范围。

无产阶级革命需要理论来指导，"哲学把无产阶级当做自己的物质武器，同样，无产阶级也把哲学当做自己的精神武器"。②哲学（马克思哲学或由马克思开创的哲学）作为无产阶级的"精神武器"更具有超验性和主观性，无产阶级相对而言更具有经验性和客观性。两者的结合推动实践在历史中的绽开。哲学是理论，马克思说："批判的武器当然不能代替武器的批判，物质力量只能用物质力量来摧毁；但是理论一经掌握群众，也会变成物质力量。理论只要说服人〔ad hominem〕，就能掌握群众；而理论只要彻底，就能说服人〔ad hominem〕。所谓彻底，就是抓住事物的根本。而人的根本就是人本身。"③

这里好像有一个矛盾：说"生活决定意识"，理论似乎是派生的和次要的；说"理论""掌握群众"，理论似乎又独立并优先于物质了。矛盾仍然是主观与客观、超验与经验的矛盾。理论是主观见之于客观的产物，群众作为物质，必须吸纳主观性理论，才能最终夺回自己的"无机身体"，并重新拥有自己类本质。理论的形成离不开观念，"观念的东西不外是移入人的头脑并在人的头脑中改造过的物质的东西而已。"④因此，理论和群众、超验与经验、主观与客观同时集于实践，并通过实践来弥合使它们分离的"世俗基础的自我分裂"。

弥合"分裂"意味着，评价社会形态的道德尺度和历史尺度相统一。"世俗基础的自我分裂"不仅带来宗教与尘世的隔离，而且造成价值与理性的对立。而"历史尺度与道德尺度的冲突，源自理性与价值之间的二律背反关系。"⑤一般说来，西方具有理性和科学传统，中国具有价

---

① 《马克思恩格斯选集》第 1 卷，人民出版社 2012 年版，第 176、177 页。
② 同上书，第 16 页。
③ 同上书，第 9—10 页。
④ 《资本论》第 1 卷，人民出版社 2004 年版，第 22 页。
⑤ 何中华：《论历史与道德的二律背反及其超越》，《文史哲》2011 年第 3 期。

值和道德传统。① 因此，中国传统社会主要使用道德尺度来评价社会状况，而西方社会则主要使用历史尺度。不过，西方并不是所有思想学派都使用历史尺度，典型使用这一尺度的是进化论和经验论，柏拉图主义和神学则拒斥纯粹理性的立场。在马克思哲学语境中，两种尺度同时被使用。他说："我的观点是把经济的社会形态的发展理解为一种自然史的过程。"② 他还说："一个社会即使探索到了本身运动的自然规律，……它还是既不能跳过也不能用法令取消自然的发展阶段。"③ 甚至资本的发展具有（物质）进步性。正如马克思恩格斯在《共产党宣言》中所说："资产阶级在它的不到一百年的阶级统治中所创造的生产力，比过去一切世代创造的全部生产力还要多，还要大。"④ 就此而言，社会主义建立后首先要发展生产力。显然，这里他使用了历史尺度评价社会发展。同时，他还使用道德尺度，例如，他如此评价资本："资本来到世间，从头到脚，每个毛孔都滴着血和肮脏的东西。"⑤ 他十分清楚两种尺度的对立，但他更把对立当做未来统一的一个环节或前提，他说："我们……不仅苦于资本主义生产的发展，而且苦于资本主义生产的不发展。"⑥ "发展"带来道德的败坏，而"不发展"则无法为道德的充分实现创造历史条件，这一条件建立在发展物质生产的基础上。他还说："自由王国只有建立在必然王国的基础上，才能繁荣起来。"⑦ 因此，"无论是历史评价还是道德评价无疑都是必要的，问题仅仅在于，它们在看到各自必要性的同时，必须自觉地意识到自身的盲区。两种评价各自的合法性本身就是历史的，而不是超时代的、永恒的。马克思的运思方式强调历史地

---

① 事实上，无论西方还是中国都同时具有价值传统和理性传统，只是中国采取了价值高于理性、道德高于科学的态度；西方试图同时保留两者，结果造成两者的对立与隔离，最终造成道德和价值的维度被遮蔽。

② 《资本论》第 1 卷，人民出版社 2004 年版，第 10 页。

③ 同上书，第 9—10 页。

④ 《马克思恩格斯选集》第 1 卷，人民出版社 2012 年版，第 405 页。

⑤ 《资本论》第 1 卷，人民出版社 2004 年版，第 871 页。

⑥ 同上书，第 9 页。

⑦ 《资本论》第 3 卷，人民出版社 2004 年版，第 929 页。

思，在考察历史与道德双重评价的问题上，同样要求人们揭示并把握这种关系的历史条件。"①

"历史条件"的形成依赖于实践中超验与经验的相互作用，而道德和历史两种尺度恰分别是超验与经验的表现形式。因此，两个标准之间的斗争和统一构成社会发展的内在线索之一。人们发展生产力的目的一定是道德而不能是生产力本身，而道德的实现也要在发展生产力中完成。离开生产力的发展谈道德，无异于空想；离开道德去发展生产力则会使历史失去其原本具有的规律和方向，变成外在物的自我运动，为资本永恒化提供理论根据。两者之间的对立在"历史"完成自身的运动中得以消解。在不同的历史阶段，两种尺度的使用有所区别，而"历史"本身的完成则依赖于实践中的两个维度在生成活动中本真地展现自身。

> 如果说前现代社会主道德尺度优先，现代社会主历史尺度优先，那么马克思意义上的后现代社会则主道德与历史的统一——道德的实现和历史的完成。道德的实现也就是历史的完成，反之亦然。
>
> 马克思的目标是历史和道德双重尺度对立的超越，其路径是历史本身的成熟，即为它的实现奠定必要的基础和准备充分的前提。②

显然，"历史和道德双重尺度对立的超越"是道德的充分实现，这依赖于马克思哲学在实践的哲学原初点上逻辑地和历史地完成自身。

四 马克思哲学逻辑地和历史地完成自身

马克思"自己弄清问题"③就在于，在新的哲学原初基础即实践上找到哲学赖以实现自身的途径。实践能够同时实现唯心主义的能动性和唯物主义的感性，能够达成人与自然界、主观与客观、理论与群众之间逻辑的和历史的和解。把追问置于实践之上就在逻辑上解决了问题。但矛盾在经验

---

① 何中华：《论历史与道德的二律背反及其超越》，《文史哲》2011 年第 3 期。
② 同上。
③ 《马克思恩格斯选集》第 2 卷，人民出版社 2012 年版，第 1 页。

世界中依然存在。马克思认为矛盾是"世界的缺点"，[①] 实践在逻辑上接管矛盾以后，就要在经验历史中实际地解决矛盾，这也是马克思哲学完成自身的过程。"哲学转向外部"、[②] 实证研究[③]和"改变世界"[④]构成解决矛盾即马克思哲学完成自身的三个环节。

第一，马克思早在博士论文中就提出了"哲学转向外部"，而完成"转向"的标志是《1844 年经济学哲学手稿》中，他对国民经济学开始进行实证研究。

在博士论文中，马克思就表现出与黑格尔的距离，即发现"哲学转向外部"的必要性和必然性。他突破黑格尔囿于意识内部的封闭和神秘，并在实践中达到"世界的哲学化"，在世界中实现哲学以消灭抽象的思辨哲学。他说："世界的哲学化同时也就是哲学的世界化，哲学的实现同时也就是它的丧失"。[⑤] "哲学的实现"和"丧失"涉及"自我意识"、"哲学""体系"和"世界"三者之间的关系。"个别的自我意识始终具有一个双刃的要求：其中一面针对着世界，另一面针对着哲学本身。因为在事物中表现为一个本身被颠倒了的关系的东西，在这些自我意识中表现为二重的、自相矛盾的要求和行为。这些自我意识把世界从非哲学中解放出来，同时也就是把它们自己从作为一定的体系束缚它们的哲学中解放出来。因为自我意识本身仅仅处在发展的过程中，并为发展的直接力量所掌握，因而在理论方面还未超出这个体系的范围，所以，它们只感觉到同体系的有伸缩性的自我等同的矛盾，而不知道当它们转而反对这个体系时，它们只是实现了这个体系的个别环节。"[⑥]

---

① 《马克思恩格斯全集》第 1 卷，人民出版社 1995 年版，第 77 页。

② 同上书，第 76 页。

③ 马克思在《1844 年经济学哲学手稿》"序言"中，把对国民经济学的考察称为"完全经验的……批判研究"和"实证的……批判"。在 1859 年写的《〈政治经济学批判〉序言》中，他把对国民经济学的考察称为"研究"和"科学"，可以肯定的是，此时的马克思并没有放弃"批判"性视野。

④ 《马克思恩格斯选集》第 1 卷，人民出版社 2012 年版，第 136 页。

⑤ 《马克思恩格斯全集》第 1 卷，人民出版社 1995 年版，第 76 页。

⑥ 同上。

"自我意识"在主观性上转向外部，它以为自己反对了"哲学""体系"而走向了"世界"。但事实上，它仍然没有超出"体系"的范围，因为它在运动中经历的事物都还是"体系"内的，它"只是实现了这个体系的个别环节"。"自我意识"在"体系"内的运动构成黑格尔概念的辩证运动。马克思此时已经开始反对这种囿于"体系"和意识内部的抽象运动，从而自觉保持对经验世界的敞开，即哲学始终承认世界所具有的偶然性和经验性。但是，"双刃的要求"推动着"自我意识"向着"哲学""体系"和"世界"两个方向运动，它一边把"世界"不断转化为"体系"的部分，一边却只能被两者撕扯着不得安宁。因此，马克思提出"世界的哲学化"和"哲学的世界化"，他想以此实现哲学。而哲学的实现就是它的丧失，故他又提出"消灭哲学"以"使哲学成为现实。"①

"哲学转向外部"意味着"放弃抽象"并"达到自然界"，这是对黑格尔"抽象思维"和"绝对观念"的批判。"抽象思维"所理解的自然界只是绝对精神的确证，这样的自然界是无。黑格尔承认自然界的物质性，只是他认为，这种物质性不能表达自然界的本质，"理性所寻求的无限原则是内在于这世界之中的，不过在感官所见的个别形象里，不足以表现其真正面目罢了。"② 于是，黑格尔要排除个别性、感性和偶然性并向必然性进发。"如果对于这种意识不加以考察，不将意识中特殊的偶然的东西排除掉，换言之，如果不通过反思的艰苦工作，将意识中自在自为的普遍的东西揭示出来，则所谓众心的一致不过只是大家对于某一内容表示共同赞成，以为足以建立起一个合乎礼俗的成见，因而就硬说是属于意识的本性罢了。所以，如果思想的要求，在于从普遍常见的事物中更进而寻求其必然性，则众心一致的说法决不足以满足这种要求。"③

从偶然性向必然性进发，使意识在出发点所面对的事物本身被丢弃，从而思维处理的对象就不再是那个事物本身而只是概念。然而，哲学真正"转向外部"需要在实践中"改变世界"，同时，立足于实践反观"体系"

---

① 《马克思恩格斯选集》第1卷，人民出版社2012年版，第8—9页。
② ［德］黑格尔：《小逻辑》，贺麟译，商务印书馆1980年版，第113页。
③ 同上书，第164—165页。

和"世界"。否则，它就仍然是在"实现……体系的个别环节"。从"哲学转向外部"到"改变世界"，中间要经历实证研究这个环节。

第二，马克思实证研究的任务是分析哲学与世界的矛盾，它是主观"抽象力"①作用于客观感性材料以形成理论的过程。"抽象力"作为先验形式把必然性赋予作为感性质料的经验材料，这与康德知性概念加在感性杂多上形成知识的范式相似。

马克思的实证研究有两个特征：在主观上，研究过程仍然是自我意识在哲学体系中完成各个环节的运动；在客观上，研究的出发点是感性世界，且研究结果并不取代经验世界自身，而是"事情本身"的现象学描述。描述从世界的"自我分裂"和商品的内在矛盾开始，进而扩展到社会的各种现象。研究结果表明，社会历史正经历着深刻变化，即人正通过实践外化着自己的超验本质，进而进入向"合乎人性的人的复归"②进程。

经验世界是马克思的研究对象，在他看来世界的根本在经济领域，于是经济学成为他实证研究最切近的对象。在研究中（确切地说，是在表达研究结论中），他不是"从实在和具体开始，从现实的前提开始"，③而是从抽象规定开始。他说他研究经济时，是从抽象的商品而不是从具体的人口出发的："如果我，例如，抛开构成人口的阶级，人口就是一个抽象。如果我不知道这些阶级所依据的因素，如雇佣劳动、资本等等，阶级又是一句空话。而这些因素是以交换、分工、价格等等为前提的。比如资本，如果没有雇佣劳动、价值、货币、价格等等，它就什么也不是。因此，如果我从人口着手，那么，这就是关于整体的一个混沌的表象，并且通过更切近的规定我就会在分析中达到越来越简单的概念；从表象中的具体达到越来越稀薄的抽象，直到我达到一些最简单的规定。于是行程又得从那里回过头来，直到我最后又回到人口，但是这回人口已不是关于整体的一个混沌的表象，而是一个具有许多规定和关系的丰富的总体了。"④

---

① 《资本论》第1卷，人民出版社2004年版，第8页。
② 《马克思恩格斯全集》第3卷，人民出版社2002年版，第297页。
③ 《马克思恩格斯选集》第2卷，人民出版社2012年版，第700页。
④ 同上。

马克思区别了两条道路："完整的表象蒸发为抽象的规定"，"抽象的规定在思维行程中导致具体的再现。"[①] 他走的是第二条道路，走第一条道路的人主要是在他之前的古典经济学家。然而，得到这个"抽象的规定"的过程是：把感性世界提供给人的杂多材料用"抽象力"加工成规定（或者从前人的研究中得到规定），然后对这些规定加以梳理以找出它们之间的关系，并最后选择最根本层次的那个规定作为出发点。这是一种从具体到抽象的过程，只是这一过程是在研究材料的过程中进行的，而在构思和写作中他遵循第二条道路。所以，从总体上看，马克思的公式是：具体—抽象—具体。

这与黑格尔有某种相似，黑格尔的公式是：思维—存在—思维。他的逻辑运动从作为"纯思"的"纯有"开始，[②] 经历作为定在的自然界，进入概念和理念，最终达到具体的大全。可见，两人都在最后一个环节上达到了具体。但是黑格尔在思想具体的实在性上"陷入幻觉"。"黑格尔陷入幻觉，把实在理解为自我综合、自我深化和自我运动的思维的结果，其实，从抽象上升到具体的方法，只是思维用来掌握具体、把它当做一个精神上的具体再现出来的方式。但决不是具体本身的产生过程。举例来说，最简单的经济范畴，如交换价值，是以人口即在一定关系中进行生产的人口为前提的；也是以某种家庭、公社或国家等为前提的。交换价值只能作为一个具体的、生动的既定整体的抽象的单方面的关系而存在。相反，作为范畴，交换价值却有一种洪水期前的存在。因此，在意识看来（而哲学意识就是被这样规定的：在它看来，正在理解着的思维是现实的人，而被理解了的世界本身才是现实的世界），范畴的运动表现为现实的生产行为（只可惜它从外界取得一种推动），而世界是这种生产行为的结果；这——不过又是一个同义反复——只有在下面这个限度内才是正确的：具体总体作为思想总体、作为思想具体，事实上是思维的、理解的产物；但是，决不是处于直观和表象之外或驾于其上而思维着的、自我产生着的概念的产

---

① 《马克思恩格斯选集》第2卷，人民出版社2012年版，第701页。
② ［德］黑格尔：《小逻辑》，贺麟译，商务印书馆1980年版，第189页。

物，而是把直观和表象加工成概念这一过程的产物。整体，当它在头脑中作为思想整体而出现时，是思维着的头脑的产物，这个头脑用它所专有的方式掌握世界，而这种方式是不同于对于世界的艺术精神的，宗教精神的，实践精神的掌握的。实在主体仍然是在头脑之外保持着它的独立性；只要这个头脑还仅仅是思辨地、理论地活动着。因此，就是在理论方法上，主体，即社会，也必须始终作为前提浮现在表象面前。"①

马克思与黑格尔的区别似乎具有某些唯名论与实在论区别的意味。马克思在更经验的色彩上强调世界本身的运动和关系，黑格尔把思维中的概念实在化为理念、精神和上帝。在思维与存在绝对统一的预设下，黑格尔把实在看作思维的产物或者思维本身，从而进入神学的神秘。马克思去除这种神秘性，在保持外在偶然性的前提下，使用黑格尔的思辨以掌握实在。换言之，马克思并没有抛弃黑格尔的思辨，而是在全新的语境中使其得以复活。当然，马克思与唯名论的区别是显而易见的，马克思哲学的超验性维度是唯名论难以接纳的，况且马克思实践的根本功能是"改变世界"。只有当人实际地去改变现状时，"实在主体"才开始失去其"在头脑之外"的"独立性"。即使如此，"实在主体"的"独立性"始终存在，即世界永远保持着偶然性。这样，由偶然性带来的经验性才不会被超验性完全吞没，实践才能真正同时保持超验性和经验性两个维度。

从表面上看，马克思的实证研究与自然科学研究似乎没有两样。但是，能够体现马克思哲学作为哲学的地方仍然是超验性维度。其实证研究过程本身就是超验与经验的相互作用，比如"抽象力"与经验材料的综合。而且，由实证研究得出的理论不仅在于描述世界的"自我分裂"，更在于它表达的是"分裂"弥合的机理，弥合"分裂"就是"改变世界"。

第三，"改变世界"是前两个环节运动的必然结果。实证研究的结果是理论，理论应该达到的状态是，"事物按照理论应该怎样，实际就是怎样。"② 具有逻辑自洽性的理论体系内部不会存在矛盾，但体系与世界之间

---

① 《马克思恩格斯选集》第 2 卷，人民出版社 2012 年版，第 701—702 页。

② 《资本论》第 1 卷，人民出版社 2004 年版，第 649 页。

存在着矛盾。当马克思把矛盾看做是"世界的缺点"从而"哲学转向外部"时，"改变世界"的进程在思维中就已经开始了。实证研究产生的理论必然要分析矛盾，并在逻辑上解决它，而"改变世界"则是理论在经验世界中外化自身以历史地解决矛盾。矛盾在逻辑上和历史中的解决是实践自身运动的过程，也是马克思哲学完成自身的运动。

　　正因为经验世界的偶然性始终存在、主观与客观的矛盾始终存在，实践的绽开即历史辩证法也就同时存在，马克思哲学的完成始终在途中。那么，马克思哲学是否由此变成一种恶无限？答案是否定的。历史辩证法从"暂时性方面去理解""现存事物"，[①] 马克思哲学作为"现存事物"当然也有其历史暂时性，马克思哲学的完成就是其终结。一旦马克思哲学被当做文物供摆在博物馆时，也就意味着"改变世界"进程的结束，意味着道德的充分实现。不过，这只是一种抽象想象，因为这样做就已经开始离开实践的具体性。反过来，我们说经验世界始终存在、主观与客观的矛盾始终存在、马克思哲学永远无法最终完成，这又何尝不是一种抽象想象？没有人能够经验地站在未来看现在。我们追随马克思，在超验与经验关系的坐标中考察过去、现在和未来，得出人向自己本性复归、道德回归以及"改变世界"的结论，这些都是现实的和具体的。

---

①　《资本论》第 1 卷，人民出版社 2004 年版，第 22 页。

第六章　马克思实践本体论与康德未来形而上学

康德的目的是道德，他的基本问题是：先天综合判断何以可能？这一问题表达在道德上就是：实践作为先验概念何以可能？为此，他首先阐明和固守着二元论以保全道德的超验性，然后提出未来形而上学的设想。这说明，他没有放弃一个理想：用一元论出发点来综合超验与经验，最终为道德的可能性建立稳固的理论大厦。但是同时，在他看来，为保证道德的超验性，一元论是不可能的。一元论要么瓦解道德的超验性，要么放弃经验性，两种可能都不是他想要的结果，于是他只好固守在二元论和不可知论上。马克思在更始源的基础上，用实践综合超验与经验，在逻辑上和历史中同时回答康德道德何以可能的问题。从康德哲学看上去，马克思实践本体论堪称康德未来形而上学的完成。

在马克思实践本体论来看，一元论和可知论都是可能的。而达到一元论和可知论的结果之一就是，颠覆包括康德哲学在内的一切抽象思辨哲学。颠覆的原因在于，马克思通过实践对它们的"世俗基础"即经验历史根源进行批判。在批判中，马克思哲学与经验历史合二为一。康德未来形而上学赖以产生的前提被颠覆了，他在其中表达的道德实现自身的要求不再是自在的、无声的、与人与历史隔离开来的问题，它在实践中被置于经验历史的自我运动中。历史的自我完成就是道德的实现，反之亦然。

如果说马克思实践本体论是康德未来形而上学的完成，那么哲学的完成就是哲学的终结。康德二元论连同他寻求一元论根据的设想都是社会历史自我运动的产物，是超验性维度被遮蔽的抽象实践的产物，而且在具体实践进一步绽开自身的运动中寿终正寝。

第一节　自由与必然：一个理解道德和实践本体论的视角

我们可以在自由与必然的关系问题上讨论道德问题和马克思实践本体论。先验自由是超验道德的前提，实践道德是先验自由的经验性实现。超验与经验分别对应自由与自然（必然），在实践中，两者既对立又统一。超验在自由中为实践提供"能动的方面"，[①] 经验则是实践作为"现实的、感性的活动本身的"[②] 必然呈现，这是自由与必然[③]矛盾的根本内容。自由与必然的辩证运动也是经验历史的自我运动，对运动的自觉产生马克思哲学。反过来，只有在马克思哲学中才能进入"人的存在"[④]和历史本身，才能使旧哲学中被遮蔽的超验性维度得以解蔽。马克思哲学和经验历史在实践中合二为一，马克思哲学的完成是历史的完成和道德的实现。

康德提出自由与必然的矛盾，但他没有解决矛盾。黑格尔试图在概念朝向绝对精神的运动中解决矛盾。马克思在继承和批判黑格尔的基础上，致力于在实践中解决矛盾。自由在马克思哲学语境中有两层含义：人的自由本性和主观能动性；必然也有两层含义：广义必然和客观历史规律。因此，自由与必然的矛盾就展现为人的自由本性与广义必然之间、主观能动性与客观历史规律之间两个层次的矛盾。马克思通过实践解决问题是理论上的解决，同时也是经验历史自我运动和自我完成的过程。

一　自由与必然关系问题的由来

人究竟是自律的还是他律的？自律意味着自由和道德的存在，他律则

---

① 《马克思恩格斯选集》第 1 卷，人民出版社 2012 年版，第 133 页。
② 同上。
③ 在康德哲学语境中，自由与必然的矛盾展现为本体与现象、超验与经验、道德与科学、信仰与知识之间的对立。
④ 《马克思恩格斯全集》第 3 卷，人民出版社 2002 年版，第 311 页。

相反。问题由康德首次明确提出。他让二者在二元论中并存，却又"否认了理论理性的自由自决的能力，而彰明显著地在实践理性中去予以保证。"① 他这样做显然出于道德和实践的理由。但由于没有说明两者到底如何能够并存，他赋予"实践理性"的自由并没有实在性保障。他最终没有说明，道德和实践到底是如何可能的。在同一个世界中，自由与必然只能是非此即彼的。面对将要处理的事务，毕竟只有一个主体在做出选择和行为。在某种意义上，正是由于人们都选择必然和自然的道路，放弃了道德和自由，才出现现代科技和资本主义的高度发达。因此，康德最终只是提出自由与必然的矛盾，却没有真正着手去解决它。

黑格尔去除康德的主观性和经验性，把自由和必然纳入思维，通过思维与存在绝对统一的预设消解它们的对立。思维运动是"理性"的"理念"② 在运动。运动开端于作为"无"的"纯有"，③ 然后进入作为物的"定在"和"有限之物"，"有限之物"因"自相矛盾"而"扬弃自己"，④ 于是进入作为本质的概念，最终达到"绝对理念"。在朝向"绝对理念"的运动中，世界的时间性、偶然性和经验性被排除掉而成为纯粹的思想、概念和理念。精神运动与时间无关。"就世界精神进展之缓慢而论，我们须知它有充分时间，用不着紧张忙迫。'在神的面前，千年如一日'。它有充分时间，即因它在时间之外，即因它是永恒的。"⑤

没有时间性也就没有偶然性和经验性，于是进入必然和超验。其实，运动一开始就没有任何经验性事物的参与，"纯有"是超验的，"有限之物"在能够自我扬弃的意义上也是思维自己在运动。"有限之物"由一物转化为他物，他物又成为他物，这是经验性事物的本性。就此而言，它永远无法成为精神的。而从物质向精神转换的理由和动力来自超验的人或精神。

---

① ［德］黑格尔：《小逻辑》，贺麟译，商务印书馆 1980 年版，第 143 页。
② ［德］黑格尔：《哲学史讲演录》第 4 卷，贺麟、王太庆译，商务印书馆 1978 年版，第 276 页。
③ ［德］黑格尔：《小逻辑》，贺麟译，商务印书馆 1980 年版，第 189、192 页。
④ 同上书，第 177 页。
⑤ ［德］黑格尔：《哲学史讲演录》第 1 卷，贺麟、王太庆译，商务印书馆 1959 年版，第 39 页。

或者说，在某种意义上物质是精神的载体，于是精神也是物质。由于离开个人意志，理念运动还是一个客观的过程。客观运动是自在自为的，自在自为的就是自由的。于是，自由与必然成为同一个事物，"将自由与必然截然分开为二事，则两者皆失其真理性了。"①黑格尔还用思维与存在的绝对统一消解康德的不可知论。黑格尔说："一切理性的真理均可以同时称为神秘的，但这只是说，这种真理是超出知性范围的，但这决不是说，理性真理完全非思维所能接近和掌握。"②人在精神运动中直观上帝，人性与神性合一，一切都可以被"思维所能接近和掌握"。

黑格尔的解决方案其实并没有超出康德二元论中超验一元的范围，他只是把康德的不可知论的软性基础实在化为可知的上帝。黑格尔的精神运动是在思维中进行的，这种对感性世界毫无触动的问题解决方式最终只是无。马克思不再像黑格尔那样排除偶然和经验，而是保留经验，把先验自由经验化为主观能动性，并把二者纳入实践，进而达到自由与必然在历史中的辩证统一，这区别于黑格尔思维与存在的绝对统一。

二　马克思哲学语境中的自由与必然

学术界对马克思的自由观存在争议：一种观点认为其自由指人类整体的解放，另一种观点认为其自由是个体性的。其实马克思没有拒绝两种自由中的任何一种，他追求整体与个体的和解，即真实共同体中的自由。他的自由有两层含义：人的自由本性和主观能动性。人的自由本性是超验的和绝对的，具有不可放弃性。正如卢梭所说："这种人所共有的自由，乃是人性的产物。人性的首要法则，是要维护自身的生存，人性的首要关怀，是对于其自身所应有的关怀；而且，一个人一旦达到有理智的年龄，可以自行判断维护自己生存的适当方法时，他就从这时候起成为自己的主人。""放弃自己的自由，就是放弃自己做人的资格"。③

马克思在博士论文中，通过对伊壁鸠鲁和德谟克利特原子论的讨论，

---

① ［德］黑格尔：《小逻辑》，贺麟译，商务印书馆1980年版，第134页。
② 同上书，第184页。
③ ［法］卢梭：《社会契约论》，何兆武译，商务印书馆2003年版，第5、12页。

确立了人的自由本性。伊壁鸠鲁认为，原子具有直线下落、偏离直线和相互排斥三种运动。德谟克利特只承认原子的"直线下落"和"相互排斥"，不承认它"偏离直线"。原子是当时哲学家设想出来的事物的最基本组成单位，表征着人的意识状况。原子没有"偏离直线"运动，意味着没有偶然性，没有偶然意味着人没有自由。偏斜运动使原子摆脱直线运动的必然性从而获得偶然性，偶然性表征着原子的自由。原子是人在抽象思辨中设定的世界元素或基质，原子的自由昭示人的自由。这一自由是绝对的，任何事物在这种自由面前都无法对人构成必然限制。由自由而得宁静，一切感性、超验性事物都不再干扰人心灵的自由宁静。人的自由本性是超验的，如果以经验性事例来否定自由，那么偶然性将再次被必然性淹没，原子偏斜说也将失去意义。必然性本身就是意识的产物，原子运动既能被设想为必然的（直线移动），又能被设想为偶然的（偏离直线）。只要没有必然性理由否定偶然，必然性就不彻底，不彻底带来必然性的破裂，休谟把通常所谓因果联系看成心灵习惯而非必然性联系。

但是，自由又必须在经验世界中展现自身以获得实在性，否则就是无。就此而言，自由是先验的，它展现为主观能动性，人能够在经验历史中揳入自己的意志并掌握自己的历史命运。

与自由相似，必然也有两层含义：广义必然和客观历史规律。前者是一切能够对人构成限制的事物的总和，它具有抽象性和超验性；后者指的是社会历史发展中客观的、稳定的、不以人的意志为转移的规律，它直接对人的经验生活构成限制。从这些限制看，自由本身似乎只是人在不自由中对自由的想象。

可见，自由与必然是对立的，对立有两方面：概念上的和现实中的。概念上的对立来自抽象意识。如果把构成广义必然的客观存在看做是与人无关的自为存在，那么无所谓必然和自由。只有当人的意识参与进来时，才会发生两者的对立。希腊人在考察世界本原时提出原子论，原子概念包含着本质和基质的对立：原子在本质上不能有体积、形状和重力，否则原子就是可分的，就不可能无限小，也就没有资格构成世界的本原；同时，作为物质基质的原子又必须具备体积、形状和重力，否则原子就无法最终生成丰富多彩的现象界。"伊壁鸠鲁把原子概念中本质和存在的矛盾客观化了"，[①]他把自然界看作感性自我意识的对象，把原子看作理性自我意识的对象。在他看来，"感官是具体自然中的唯一标准，正如抽象的理性是原子世界中的唯一标准一样。"[②]

他把原子概念中相互矛盾的两方面分开，在"原子世界中"，他相信理性和原子偏斜运动；在"具体自然中"，他相信感觉，相信感觉就不会死死追随抽象必然。这样，他在两个领域中都得到了自由。原子概念及其矛盾来自哲学思维，哲学思维的出发点是自由，"哲学的出现属于自由的意识"。[③]这意味着解决由自由思维带来的困难还须返回自由本身。

自由与必然在现实中的对立来自"世俗基础的自我分裂和自我矛盾"。[④]自由在空中建立起彼岸世界神的王国，而必然则统治了世俗的人间。在"分裂"和"矛盾"中，人不仅把自己原本拥有的自由本性拱手交给超验的上帝，而且失去经验自然界即生产资料。生产资料与工人相分离，其结果是，人被自己本质对象化的结果所控制。这是马克思在异化劳动思想中揭示出来的。生产资料在资本主义生产方式中化为资本，资本与人是分离的。工人与资本的分离显而易见；资本家其实与资本也是分离的，他在所有权上似乎占有着资本，但他只是资本的人格化表现而已，因为他们不得不听从资本无限扩张的本性而失去人的本性，否则资本将不再是资本。在分离中，人被必然所控制而失去自由。

三　实践在逻辑上解决自由与必然的矛盾
（一）主观能动性与客观历史规律统一于具体实践

实践之所以能够解决自由与必然的矛盾就在于，它不是拾取一方而舍弃一方，也不是像黑格尔那样把二者看做是绝对统一的，而是内在蕴含双

[①] 《马克思恩格斯全集》第1卷，人民出版社1995年版，第44页。

[②] 同上书，第54页。

[③] ［德］黑格尔：《哲学史讲演录》第1卷，贺麟、王太庆译，商务印书馆1959年版，第94页。

[④] 《马克思恩格斯选集》第1卷，人民出版社2012年版，第134页。

方，使之各自独立、各得其所、相互斗争，同时又相互融合，甚至它们是同一个实践整体的两种不同表现方式。在实践中，自由表现为超验的主观能动性，必然表现为经验的客观历史规律。实践是先验自由的经验性实现，道德建立在自由的基础之上。自由和道德的实现是实践的本质内容，离开这一内容实践将不再是马克思的实践，就会成为被马克思所批判的"卑污的犹太人的表现形式"。① 自由和道德在实践中的实现是经验性的活动过程，这一过程具有规律性。而规律的最本质的内容恰是超验与经验的相互作用，即自由与必然的共存与合一。

实践不断粉碎同时又不断生成既存事物，这种流动性是由超验与经验、主体与客体之间的相互作用决定的。卢卡奇认为，两者的相互作用是马克思主义辩证法保持流动性的根据，"即历史过程中的主体和客体之间的辩证关系"。②

相互作用使实践具备具体性。黑格尔也讲具体，但他的具体只是思维活动的具体，而不是现实的经验的具体。他不否认自然界之于人的先在性，但是，"他对自然界的直观不过是他把对自然界的直观加以抽象化的确证行动，不过是他有意识地重复的他的抽象概念的产生过程。""自然界的目的就在于对抽象的确证。"③ 这种自然界是抽象的。由于经验性事物不能从人头脑中被先验地构建出来，所以从事抽象思维的哲学家们把它们从视野中排除了。马克思"放弃抽象，从而达到那"作为"某物"的"自然界"，④ 对国民经济学进行实证研究。"达到"和"研究"也是具体的，因为它们没有丢下超验与经验中任何一方。

自由和道德在异化劳动中丧失和缺席，而异化劳动是超验性被遮蔽的抽象实践造成的，即人对自由的抽象化理解和应用。劳动是人的自由创造活动，人在劳动中发现自己的本质。劳动作为人的本质活动应该被人所控

---

① 《马克思恩格斯选集》第 1 卷，人民出版社 2012 年版，第 133 页。
② ［匈］卢卡奇：《历史与阶级意识——关于马克思主义辩证法的研究》，杜章智、任立、艳宏远译，商务印书馆 1992 年版，第 50 页。
③ 《马克思恩格斯全集》第 3 卷，人民出版社 2002 年版，第 336、337 页。
④ 同上书，第 334 页。

制。可是，异化劳动却把人控制了。马克思说："异化劳动把这种关系颠倒过来，以致人正因为是有意识的存在物，才把自己的生命活动，自己的本质变成仅仅维持自己生存的手段。"①

劳动异化的产生和私有制的形成是同一个过程。生而平等的自由人因身体和性格的差别逐渐在经验世界中不平等，当一个强壮的人占有了一块土地并宣称其所有权时，私有制便形成了，"各种不平等最后都必然会归结到财富上去。"② 私有制的产生是劳动者和生产资料分离的开始，分离引起劳动的异化。自由原本是先验的，在其先验性上它超出经验。当人们以经验主义视野对待自由时，自由被当做在经验世界中的为所欲为。在满足欲望的鼓动下，人与人的残酷竞争开始了，自由于是悄然退场了。

如果说异化是超验性被遮蔽的抽象实践造成的，那么异化的扬弃必须在超验与经验相统一的具体实践中完成。从总体上看，异化的产生、发展和扬弃在实践中形成一个完整过程，这是客观历史规律的抽象表达。规律中超验的主观要素是自由和道德所表征的人的本质。异化形成后，道德成为实践的目的，自由经验化为主观能动性。于是，实践在经验历史中开启了扬弃异化的伟大征程。因此，在实践中，主观能动性是客观历史规律成其为自身不可或缺的因素，缺少这一因素规律将不再是规律。

（二）主观能动性在实践绽开自身中成就客观历史规律

在自由与必然的关系上，费尔巴哈唯物主义和黑格尔唯心主义的区别在于：前者缺少主观能动性，后者却把自由囿于超验领域内部。马克思说："和唯物主义相反，唯心主义却把能动的方面抽象地发展了，当然，唯心主义是不知道现实的、感性的活动本身的。"③

费尔巴哈强调感性，但是当他把感性生活归结为上帝和人的类本质时，他只是把感性生活看做是客观的考察对象，而"不是从主体方面"看做是人的本质的对象化活动，因而他失去了主观性而陷入抽象。他处于超

---

① 《马克思恩格斯全集》第 3 卷，人民出版社 2002 年版，第 273 页。
② ［法］卢梭：《论人类不平等的起源和基础》，李常山译，商务印书馆 1962 年版，第 143 页。
③ 《马克思恩格斯选集》第 1 卷，人民出版社 2012 年版，第 133 页。

验与经验、自由与必然的分离之中，并把事情经验性的一面无限扩大，以至于完全没有了超验，结果丧失了主观能动性。

唯心主义"抽象地发展了"能动性，这种"抽象"就在于，自由是囿于超验领域内部的，是思辨的自由。黑格尔的"精神是主动的"，① 主动性在于精神的具体性、整体性和发展性，他说："只有具体的、整个的才是有生命的。"② 在黑格尔哲学中，具体是思维能够在概念或理念中自由运动，整体是精神完成自身后包罗万象的大全。经验世界的现实运动在黑格尔看来也是精神运动，即内在精神在外在世界中展现自身。黑格尔的精神运动有两个过程：有限之物进入精神，即从经验到超验的回归运动；从精神到世界，即从超验到经验的外化运动。精神运动具有无所不包、无坚不摧的能动性。但是，除了鼓舞人莫名其妙的兴奋外，世界似乎并没有因此发生任何变化，相反，在兴奋中人们忘记了去改变现状，因此一切照旧。如果说黑格尔像一个有智慧的老人，他对狂妄不安的年轻人说：你们不用急，一切都会进入精神，都会好的；那么这位老人忘了后半句：当然，这一切还是要你们自己去做的。

人的自由本性的绝对性证明主观能动性的坚挺，它是客观历史规律中不可或缺的重要因素，它要在实践绽开自身中让客观历史规律成其为自身。实践的本质功能是"改变世界"。③ 在实践中，马克思毫不顾及他的理论能否"解释世界"，他只关注"理论"是否能够"彻底"、"说服人〔ad hominem〕"和"掌握群众"，④ 是否能够"改变世界"。

那么，主观能动性是如何成就客观历史规律的呢？首先，主观能动性表现为激情。激情是人的本质被压抑时的"感性爆发"："对象性的本质在我身上的统治，我的本质活动的感性爆发，是激情，从而激情在这里就成了我的本质的活动。"⑤ "对象性的本质在我身上的"统治力量越大，劳动异

---

① 〔德〕黑格尔：《小逻辑》，贺麟译，商务印书馆 1980 年版，第 104 页。
② 同上书，第 113 页。
③ 《马克思恩格斯选集》第 1 卷，人民出版社 2012 年版，第 136 页。
④ 同上书，第 9—10 页。
⑤ 《马克思恩格斯全集》第 3 卷，人民出版社 2002 年版，第 309 页。

化程度越深，所激发的反抗能量就越大。可见，激情必然存在。

其次，主观能动性表现为思。马克思的思同时扬弃黑格尔的抽象反思和胡塞尔、海德格尔"回到事情本身"的现象学之思。黑格尔在哲学史上一次又一次埋葬前人，且一次又一次复活前人，他综合了历史上的一切思想，但思想与现实之间毕竟是彼岸与此岸的关系。海德格尔说："思的任务就应该是：放弃以往的思想，而去规定思的事情。"① 他依靠对时间的信任达到感性世界，直面"在者之在"本身，但他与黑格尔一样止步于自由的内在性发展。马克思的思表现为研究世界、构建理论的"抽象力"。他通过研究建立"彻底"的理论，以唤醒群众认识自己的本质和位置，并本真地按照自己本性的要求联合起来，反抗现存的一切，而不是用世俗宗教麻痹自己，一味听从资本的奴役。"本真"体现某种规律性。

最后，主观能动性不会局限于哲学内部，马克思哲学的实现必然是"哲学的世界化"② 以唤醒群众。工人在大工业生产中变成机器的奴隶，他们不得不服从机器并成为机器的一部分，从而失去人的整体性，被孤立成原子。原子化的工人无力对抗资本的统治，个别资本家也无法摆脱资本的控制。资本在本质上是一种社会关系，"不管个人在主观上如何超脱各种关系，他在社会意义上总是这些关系的产物。"③ 作为"社会关系"（资本）"产物"的人，"在社会意义上"无法对"社会关系"本身构成致命打击，就像一个大力士坐在筐中，手抓筐子边沿想把自己抬起来一样不可能。但是，这是着眼于客观性和经验性来说的。从主观性和超验性上看，人能够"在主观上……超脱各种关系"，这在一定意义上证明着先验自由的存在。先验自由进而发展出超验道德。先验自由和超验道德为主观能动性提供了动力、手段和目的。一个人的、局部的主观能动性"在社会意义上"并不能改变什么，但它却能够造成工人的觉醒和联合。联合的不断壮大造就了一种客观性，并成为"物质力量"，这是资本与劳动矛盾的普遍化。卢卡

---

① ［德］海德格尔：《面向思的事情》，陈小文、孙周兴译，商务印书馆 1999 年版，第 89 页。

② 《马克思恩格斯全集》第 1 卷，人民出版社 1995 年版，第 77 页。

③ 《资本论》第 1 卷，人民出版社 2004 年版，第 10 页。

奇认为，"无产阶级的阶级意识"是对矛盾的认识，资产阶级思想却在"掩盖"它。他说："对无产阶级来说，自我意识到自己存在的辩证本质乃是一个生命攸关的问题，而资产阶级却用抽象的反思范畴，如数量化、无限进展等来掩盖日常生活中历史过程的辩证结构，结果在发生突变时就面临着直接的灾难。"①

意识到矛盾并在感性活动中解决矛盾就是"改变世界"即实践。卢卡奇说："只有变成了实践的无产阶级的阶级意识才具有这种变化事物的功能。""无产阶级本身也只有当它采取真正实践的态度时，它才能克服物化。"②应当指出，具有"无产阶级的阶级意识"的人并非一定是在社会财产上一无所有的人，而是意识到无产阶级"存在的辩证本质"并付诸实践的人。这里的人是整体性的，而非个别人。当"无产阶级的阶级意识"被广大工人所接受，并发生着某种"突变时"，资产阶级的"直接的灾难"就到来了，这应该是在说资本主义的灭亡。

当然，主观能动性必须在经验世界中实现才能"改变世界"，否则就只能是空想。主观能动性区别于人的自由本性的地方就在于，前者具有更强的经验性色彩，经验性一方面来自感性活动自身，另一方面来自实践所面对的既存事物，这些事物构成实践的限制、前提、条件和结果。因此，主观能动性的实现本身就是超验与经验、自由与必然的相互作用。而客观历史规律之所以成为规律的最本质理由也是这种相互作用。在相互作用中，历史发展呈现否定之否定的辩证过程。马克思把社会形态演变划分为前资本主义、资本主义和后资本主义三个阶段，鲜明地表明了这一点。

四　实践本体论：问题在经验历史中的解决

实践是马克思哲学的原初点，马克思依其哲学本性进行实践，对自然界、国民经济学和原始社会做实证研究，得出唯物史观、剩余价值说、跨越卡夫丁峡谷等结论。唯物史观和剩余价值说构成客观历史规律的具体内容。

---

① ［匈］卢卡奇：《历史与阶级意识——关于马克思主义辩证法的研究》，杜章智、任立、艳宏远译，商务印书馆1999年版，第252页。

② 同上书，第305、306页。

这种规律的实现表现为经验历史的自我展现和自我完成，同时表现为人"改变世界"的过程。但是，规律似乎又是"改变世界"的障碍，既然存在客观历史规律，人似乎可以放下一切，让社会历史自己去完成自己。那么，人应该遵循规律而放弃能动性还是发挥能动性而突破规律？

这一问题仍然是脱离实践的抽象追问。实践内在蕴含自由与必然、能动性与规律性两方面。两方面在社会历史发展中也同时存在，正是两方面既斗争又统一的关系才使历史规律成其为规律。如果把历史规律当做人之外的事物，规律会因人放弃能动性而丧失自身，正如经济决定论所犯的错误。反过来，当人偏向能动性而舍弃规律性时，能动性也会沦为无。我们可以从三个方面来讨论能动性和规律性的相容：其一，这些规律本身是马克思在能动性的参与下进行实证研究的结果，所以它们作为理论形态在产生过程上不排斥能动性。其二，这些规律在内容上能够容纳主观能动性，即实践把双方同时蕴含在一个有机整体之中。其三，这些规律表现为体系化的理论形态，而一旦形成体系就成为自足的、封闭的既存事物。既存事物在实践中需要被继续进行着的实践所扬弃。当然，理论所蕴含的规律在最根本层次上的内容不会改变，否则规律将不成其为规律。不过，也许有一天，人们真的不再需要这些规律了，那么这只能是马克思哲学完成了自身，历史完成了自身，道德真正回归即充分实现了。那时，人们"两忘而化其道"，道德、主观和超验都将退回后台。

（一）重新认识唯物史观

通常认为，唯物史观主要是指生产力决定生产关系、经济基础决定上层建筑，上层建筑对经济基础、生产关系对生产力具有反作用。这种说法本身无可挑剔，不过，到底应该如何理解决定作用和反作用却大有探讨的余地。从纯粹经验性视野看，决定作用和反作用之间存在二律背反。那么，唯物史观到底如何处理两种作用的？

第一，在生活和意识的关系上，马克思说："我们的出发点是从事实际活动的人，而且从他们的现实生活过程中还可以描绘出这一生活过程在意识形态上的反射和反响的发展。甚至人们头脑中的模糊幻象也是他们的可以通过经验来确认的、与物质前提相联系的物质生活过程的必然升华物。

因此，道德、宗教、形而上学和其他意识形态，以及与它们相适应的意识形式便不再保留独立性的外观了。它们没有历史，没有发展，而发展着自己的物质生产和物质交往的人们，在改变自己的这个现实的同时也改变着自己的思维和思维的产物。不是意识决定生活，而是生活决定意识。"①

"意识决定生活"是唯心主义考察社会历史的方法，而"生活决定意识"是马克思"新唯物主义"②的考察思路。"从事实际活动的人"是同时具备超验性和经验性的人，而非仅仅具有纯粹超验意识的人，也不是纯粹经验地活动着的人。类似地，"他们的现实生活"、"经验"、"物质生活过程"都不是纯粹经验的，而是超验与经验相统一的有机整体。甚至仅有"生活"就足以全面地表达人和社会，而"意识形态"和"意识形式"不过是人们"生活"过程的产物，而不是决定"生活"的。当然，如果结合"意识"能够更清晰地考察社会，那么它们仍然在被考察之列，恰是因为它们的存在，世界的"分裂"才能被马克思所认识。

"现实生活"、"实际活动"和"物质生活"等作为"感性的人的活动"是实践。因此，与实践相似，"生活"同时蕴含精神和物质两种因素。两者又是合一的，物质是精神的载体，精神也是物质。马克思说："观念的东西不外是移入人的头脑并在人的头脑中改造过的物质的东西而已。"③在他看来，甚至人也是"物质"，"哲学把无产阶级当做自己的物质武器"。④"生活"中具有精神性因素的证据还有：其一，"生活"中从来不缺乏诸如"创造性"、"原则下的灵活性"之类的自由和能动性。其二，抽象意识本身最终可以在"生活"中找到根据。就是说，抽象意识最终是从"生活"的具体意识中一步步抽象出来的，而抽象思维恰是人在"生活"中具有自由和能动性的证明，不会对"生活"进行抽象思考的动物意识不到自由。因此，"生活决定意识"可以表述为：人在"生活"中的具体意识决定头脑中的抽象意识。王南湜教授认为，"人的物质性活动对于精神性活动具有

---

① 《马克思恩格斯选集》第 1 卷，人民出版社 2012 年版，第 152 页。
② 同上书，第 136 页。
③ 《资本论》第 1 卷，人民出版社 2004 年版，第 22 页。
④ 《马克思恩格斯选集》第 1 卷，人民出版社 2012 年版，第 16 页。

基础性的制约作用，这就是马克思的新唯物主义。"①

第二，在生产力与生产关系、经济基础与上层建筑之间的关系上，马克思这样说道："社会的物质生产力发展到一定阶段，便同它们一直在其中运动的现存生产关系或财产关系（这只是生产关系的法律用语）发生矛盾。于是这些关系便由生产力的发展形式变成生产力的桎梏。那时社会革命的时代就到来了。随着经济基础的变更，全部庞大的上层建筑也或慢或快地发生变革。在考察这些变革时，必须时刻把下面两者区别开来：一种是生产的经济条件方面所发生的物质的、可以用自然科学的精确性指明的变革，一种是人们借以意识到这个冲突并力求把它克服的那些法律的、政治的、宗教的、艺术的或哲学的，简言之，意识形态的形式。我们判断一个人不能以他对自己的看法为根据，同样，我们判断这样一个变革时代也不能以它的意识为根据；相反，这个意识必须从物质生活的矛盾中，从社会生产力和生产关系之间的现存冲突去解释。无论哪一个社会形态，在它所容纳的全部生产力发挥出来以前，是决不会灭亡的；而新的更高的生产关系，在它的物质存在条件在旧社会的胎胞里成熟以前，是决不会出现的。所以人类始终只提出自己能够解决的任务，因为只要仔细考察就可以发现，任务本身，只有在解决它的物质条件已经存在或者至少是在生成过程中的时候，才会产生。"②

现代社会的发展在根本上表现为"生产力"的发展，"生产力"充分发展是社会变革的前提，这是不以人的意志为转移的规律。即使这样，马克思并没有排除能动性，他只是强调，只有把物质生活作为前提或条件时，能动性才能实现，否则只能是空想，空想不是能动性，反而是对能动性的破坏。"生产力"的发展使"生产力"和"生产关系"之间、"经济基础"和"上层建筑"之间产生矛盾，并推动矛盾的发展。这个矛盾的产生、发展和激化促使"人类""提出"并"解决""任务"。"生产力"充分发展的界限是"生产关系"，这个界限是人在物质条件基础上能够

---

① 王南湜：《追寻哲学的精神：走向实践哲学之路》，北京师范大学出版社 2006 年版，第 107 页。

② 《马克思恩格斯选集》第 2 卷，人民出版社 2012 年版，第 2—3 页。

"提出""任务"所涉及的范围。"提出""任务"的主体是"人类"，而不是物质条件本身。其实，在马克思看来，物质从来不是与人无关的抽象物，这种物是无。因此，即使"提出""任务"的是物，即生产力的发展要求新的"任务"，那也同样是人在"提出""任务"，只是这个人比通常所说的人更具体，即处于现实的物质生产和物质交往中的人。就是说，只有在资本主义制度的"物质条件已经存在或者至少在生成过程中的时候"，"人类"才能提出消灭资本主义的"任务"，同时也只有在这个时候，"人类"才能开始"解决"这一"任务"。

"生产力"中包含人的因素，即劳动者。劳动者不是只能被动地服从机器和资本奴役的经验物，他具有主观性和超验性。在被奴役的劳动中，劳动者的自发反应是反抗而非服从。因此，"生产力"的发展不仅是物质财富的增长，同时也是卢卡奇所谓"无产阶级的阶级意识"的觉醒。资本在抽象的商品价值上的天然联合为工人的联合创造了物质条件。因此，只有在自由、主观性和超验性上理解生产力的发展，才能恰当理解生产力的充分发展是社会变革的前提，否则就只剩下外在于人的抽象物（资本）的自在自为的运动，这是个"恶无限"。

（二）资本主义在何种意义上必然灭亡

马克思分析了抽象劳动与具体劳动、商品价值与使用价值、资本家与工人之间的矛盾，矛盾指向资本主义的必然灭亡。但他并没有设计灭亡的具体道路，且矛盾作为经验事实本身并不必然指示资本主义的灭亡，因为它们的直接后果是经济危机而非整体性的社会危机。资本主义自身总是能够通过扩大投资、发展福利等从危机中走出来，使之呈现萧条、复苏、高潮和危机并不断循环的周期性。扩大投资是资本扩张本性的表现之一，即在更大范围内和更深程度上向人推行资本主义的生产和生存方式；增加福利一般并不会导致资本主义的灭亡，因为资产阶级不会把剩余价值全部交还工人阶级，即使增加了福利，它仍然有利可图。随着资本势力和范围的扩大，反抗的力量也在增大。从经验性上看，一时难以确定鹿死谁手；从超验性上看，资本主义必然灭亡，因为它不灭亡人类就要灭亡。在抽象逻辑上，每一个包含经济危机的生产周期都在加深和扩大资本主义的矛盾，但是永远没有最后的那次危机，正如黑格尔所谓"坏的或否定的无限"。[①]但是，矛盾的承担者是人，矛盾的产生、发展、激化和消除既是人主导的运动又是矛盾自身的运动。在人即主观能动性的意义上，"恶无限"必须被打破。况且，马克思哲学容许偶然性永恒存在，偶然性确立了人的自由本性，为主观能动性的存在和发挥提供了空间。

"抽象力"[②]是马克思实证研究的工具，其根据是自由和能动性。实证研究的对象是必然（经验事实），得到的结果也是必然（理论），但是研究的主体是能动的人，依据研究结果进行感性活动的主体也是能动的人。由此，主观能动性和客观规律性在马克思的实证研究中统一起来。古典经济学的特征之一是对经验事实进行描述，其背景和结论都是资本主义的永恒性。这种永恒性恰是"坏的或否定的无限"作为必然对人进行统治的表现。马克思的政治经济学要打破这种统治，正如原子偏斜运动打破直线运动的必然性。如果说马克思哲学在规律性上把历史的必然趋势展示给人了，那么在实践中本真地发挥能动性则既是人的宿命和任务，又是人的自由本性的实现。追求自由实现的追求本身也是自由的实现。共产主义不仅是结果，而且是实现结果的过程。马克思说："我们所称为共产主义的是那种消灭现存状况的现实的运动。"[③]

（三）自由与必然在马克思哲学与经验历史的合一中获得和解

与其说马克思发现了历史发展的终极规律，毋宁说他为我们说明了人到底应该如何实践。实践不限于他个人的实践，而且更是人类的实践；不仅是人"改变世界"[④]主动过程，而且是自由与必然、能动性与规律性相互作用的客观历史活动；不仅是头脑中"无产阶级的阶级意识"的唤醒，而且是现实中物质的实际运动。实践是"解放"，"解放的头脑是哲学，它的心脏是无产阶级。"[⑤]马克思哲学主要充当"头脑"，经验历史的活动主体是"无产阶

---

① ［德］黑格尔：《小逻辑》，贺麟译，商务印书馆1980年版，第206页。
② 《资本论》第1卷，人民出版社2004年版，第8页。
③ 《马克思恩格斯选集》第1卷，人民出版社2012年版，第166页。
④ 同上书，第136页。
⑤ 同上书，第16页。

级"。"头脑"和"心脏"的关系是自由与必然矛盾的另一表现形式，哲学研究是自由的，经验历史过程则更具有必然性。"头脑"与"心脏"只有结合起来才能解决自由与必然的矛盾。结合意味着马克思哲学与经验历史在实践中合二为一，马克思哲学的完成就是经验历史的自我完成，反之亦然。经验历史是马克思哲学的内容，马克思哲学是经验历史的形式。

结合的契机和完成的途径都是实践。实践同时具有超验性维度和经验性维度，两个维度分别代表自由和必然。超验与经验的相互作用就是自由与必然的相互作用。相互作用摧毁一切现存事物，"改变世界"由此成为可能。这显然是指彻底消灭资本主义，资本主义只讲经验必然而遮蔽超验自由。实践依靠自身本来具有且永远不会失去的两个维度及其相互作用，来完成解蔽的任务。实践能够摧毁一切现存事物，马克思辩证法的革命性和批判性适用于一切现存事物，"辩证法不崇拜任何东西，按其本质来说，它是批判的和革命的。"①资本主义制度是暂时的，甚至他本人的理论成果作为现存事物同样是暂时的。

但是马克思哲学不会过时。如果说在发现事情真相、引导人们看清真相并依真相而行动的意义上，他的研究发现了历史规律，那么规律最本质的内容仍然是自由与必然、超验与经验的相互作用。对规律作为现成事物的超越，也只是从外在表现形式上超越，规律最本质的内容不会被超越，因为超越意味着自由与必然再一次相互分离而陷入抽象，这是向唯心主义和旧唯物主义的倒退。超越只有在完成的意义上才是正当的，即马克思哲学和经验历史在实践中彻底完成自身并且完全合二为一。这正是马克思实践本体论内在特质的一种展现。

第二节 实践本体论对未来形而上学的完成与批判

康德推翻传统形而上学的目的是建立未来形而上学，但是在其二元论

---

① 《资本论》第 1 卷，人民出版社 2004 年版，第 22 页。

框架内，超验与经验无法统一，未来形而上学只是一个抽象理想。在马克思实践本体一元论中，超验与经验在实践中相互作用以消解对立，以此完成了康德未来形而上学的构想。然而，完成同时也是批判和终结，通过批判抽象思辨哲学赖以产生和存在的世俗根据，马克思终结了包括康德哲学在内的一切以抽象思辨为基础的旧哲学。

一　康德未来形而上学

康德虽然推翻了历史上所有关于上帝存在的证明，推翻了传统形而上学，但是他的目的恰是建立"科学的形而上学"。

> 康德哲学的主旨绝不在于维护科学世界观，而在于限制科学、限制知性，建立一种"道德世界观"；不在于摧毁形而上学，而在于形而上学的重建。
>
> 康德哲学的主旨不是认识论的而是伦理学的，当然不是单纯伦理学意义上的伦理学，而是作为形而上学的伦理学。[①]

在《未来形而上学导论》中，康德提出四个问题："1. 纯粹数学是如何可能的？ 2. 纯粹自然科学是如何可能的？ 3. 一般形而上学是如何可能的？ 4. 作为科学的形而上学是如何可能的？"[②]四个问题都与先天综合命题相关联。命题分为综合命题与分析命题，这种区分来自休谟。命题由主词和谓词组成。分析命题的主词包含着谓词，单从对主词的分析中就能得到谓词。例如，"一切物体都是有广延的"是分析命题，因为"物体"本身就具有广延性。综合命题的主词和谓词之间没有包含与被包含的关系，两者只是偶然地被并列在一起。例如，"一些物体是有重量的"是综合命题，因为"物体"的一般概念里没有"重量"这一含义，"重量"来自地球与"物体"之间的引力。在休谟看来，分析命题具有必然性，综合命题是偶

---

① 张志伟：《康德的道德世界观》，中国人民大学出版社 1995 年版，第 15、16 页。
② 《康德著作全集》第 4 卷，中国人民大学出版社 2005 年版，第 281 页。

然的，自然科学知识是经验的综合，因而没有必然性。康德认为，"一切分析命题也都是先天判断"，①综合判断包括"经验判断"和"数学判断"，②而纯粹数学知识又是"纯粹的先天知识"。③康德先天综合命题的根本用意应该是，它表达一种先验概念，即先天与经验的综合。

康德先验感性论通过把空间和时间看成感性形式，回答了"纯粹数学是如何可能的"。空间是几何概念，时间使事物能够"前后相继地被发现"。④先验知性论通过知性概念加在感性杂多上得到知识，回答了"纯粹自然科学是如何可能的"。理性论说明人的理性具有超出经验界限上升到纯粹超验领域去应用的本性，因为"理性的理想就是这样一种情况，它任何时候都必须基于那些确定的概念并被用作规则和蓝本，不论是来遵守还是来评判。"⑤这样，人在追问必然性和确定性时，就会自然地越出经验的界限，这是传统形而上学的心理学根据。由于建立在理性超出经验界限的应用之上，传统形而上学不稳固，因而称不上科学形而上学。康德通过"纯粹理性的二律背反"，以及对历史上上帝存在证明的批判，否定了传统形而上学。于是，未来形而上学的可能性问题被提出，传统形而上学失去了经验，未来形而上学应该统一超验与经验。康德二元论之二元分别对应超验与经验、自由与自然、道德与科学。他的未来形而上学最终是为了恰当处理相互对立的二元之间的关系，但在二元论框架内这是不可能的，无论统一到哪一方都是对二元论的破坏，都会失去二者中的一者。

康德的目的是自由和道德，他在《纯粹理性批判》中提出，"悬置知识，以便给信仰腾出位置"，⑥他"否认了理论理性的自由自决的能力，而彰明显著地在实践理性中去予以保证。"⑦他的二元论使自由和自然同时存在。他让两者同时存在，却又希望自由的一方能够牢固站稳脚跟。但事实上，

---

① 《康德著作全集》第 4 卷，中国人民大学出版社 2005 年版，第 268 页。
② 同上。
③ 同上书，第 269 页。
④ ［德］康德：《纯粹理性批判》，邓晓芒译，人民出版社 2004 年版，第 36 页。
⑤ 同上书，第 457 页。
⑥ 同上书，第二版序第 22 页。
⑦ ［德］黑格尔：《小逻辑》，商务印书馆 1980 年版，第 143 页。

他却为自然和科学提供了必然性，他令人信服地说明了知性概念加在感性杂多上得到自然科学知识的机理。① 尽管他想说明知性概念的应用范围，但由于没有找到自由道德与经验相结合可靠途径，他只能无奈地看着自然和科学的一方独大起来，资本主义的迅速发展就是明证，这与他的本来目的有些背离。

尽管最终没有说明自由和自然何以能够并存，康德毕竟完成了对道德超验本性的说明。自由基础之上的道德是超验的，自然科学的哲学基础则是经验主义，两者之间事实上存在着非此即彼的关系。也许康德不承认经验主义这回事，因为它是缺少对自我进行反思的幼稚行为，一旦发现自身本来具有超验性维度，它会自动消失。但是，自然科学和资本主义的迅速发展说明，并不是每个自然科学家和科技工作者都能达到这种自我反思，因而经验主义在社会生活中还相当盛行。因此，康德二元论只是一个过渡，他是在为未来形而上学清理地基。他认为，人需要形而上学，"世界上任何时候都将有形而上学。不仅如此，每个人，尤其是每个能够反思的人，都将有形而上学。"② 然而，获得形而上学不是轻而易举的，且形而上学本身也值得研究。他说："在形而上学中有一种先天性的缺陷，这个缺陷既无法解释，也不能被排除，除非人们一直攀升到形而上学的出生地，亦即纯粹理性本身。而这样一来，就必须要么接受我的《批判》，要么用一种更好的来取代它，因而至少是研究它；这是我目前惟一要求的东西。"③

康德希望未来有"更好的"形而上学，但他又认为这是不可能的，为了同时保全自由和自然，二元论已经是最后的和最好的方案了。他提出"形而上学的出生地"是"纯粹理性本身"，他的工作领域就是"纯粹理性"。在这一领域内进行思辨，二元论的确是人所能达到的最后的和最好的地步了。但是，一旦离开这个"出生地"，进入更始源的"出生地"——社会历史本身，二元论就可以扬弃自身而欢欣鼓舞地进入真正

---

① 休谟怀疑论对自然科学的必然性提出质疑，康德提供了这种必然性。然而，他们的工作似乎对自然科学的发展并没有产生多少影响，自然科学和资本主义迅速壮大。

② 《康德著作全集》第 4 卷，中国人民大学出版社 2005 年版，第 373 页。

③ 同上书，第 385 页。

的形而上学。这也正是马克思实践本体论的真实意味。在康德二元论中，对于先验理念而言，"从普遍中推出特殊"只是"理性的假设的运用。""这种假设的运用只是调节性的，为的是由此而尽可能地把统一性带入到特殊知识中来，并借此使这条规则接近普遍性。"①先验知性概念的运用是建设性的（即不要超出经验界限的运用），因为得到了必然性知识。

康德二元论实质上是超验与经验的二元。自由和道德对应于超验，自然和科学对应于经验。不过，自由与自然各自也有超验与经验两个方面。先验自由基础之上的道德是超验的，道德的实践是经验的；经验知识是先验知性概念加在感性杂多之上的结果，知性概念在来源上是超验的，感性杂多则是经验的。康德令人满意地阐明了经验知识的必然性及其界限。但是，自由和道德何以可能的问题却无法在康德框架内得到完满的解答，自由与自然、道德与科学的对立悬而未决。在自然科学和资本主义盛行天下时，自由和道德只能可怜地蜷缩在意识的角落里，即使有人偶尔看到它们，它们也仅仅只是可望而不可即的空洞理想，一个永远无法实现的神话。二元论不彻底，它不是形而上学，哲学必须找到一元论的落脚之处，才能建立起真正的形而上学。只有这时，哲学连同它所面对的世界才能在意识中得到安逸和恰当的对待。

在康德时代，传统形而上学已经变成一个混乱的战场，混战在于超验与经验的相互分离和彼此侵犯。纯粹超验的上帝被要求深入经验世界去安排人们的生活，这是超验对经验的侵犯；自然界在经验主义视野下，拒绝超验的参与，因而变成与人无关的抽象物，这是经验对超验的侵犯。康德打扫战场、清理未来形而上学大厦的地基。他一边捍卫自己的二元论，一边寻求哲学一元化的道路，即建立未来形而上学的设想。②但在其二元论框架内这是不可能的，他只是提出未来形而上学科学性的要求："形而

---

① ［德］康德：《纯粹理性批判》，邓晓芒译，人民出版社2004年版，第508、509页。
② 只要追溯到纯粹超验的上帝，超验一元论就是必然选择，康德预设了上帝存在（否则道德就是不可能的），因此他具有走向超验一元论的愿望。但是在其不可知论上，上帝在经验知识的范围之外，因而他模糊和回避了问题，他最终坚守着二元论。这条道路后来还是被黑格尔走了。

上学必须是科学，不仅在整体上，而且在其所有的部分上也都必须是科学，否则它就什么也不是"。① 这种科学性要求，未来形而上学应该具有一元本体论原初点，同时蕴含超验性与经验性两个维度，并处理好两者的关系。康德的工作主要集中在同时蕴含两个维度上。他处理了超验与经验的关系，但只是在自然科学（认识论）意义上处理了，在自由和道德（本体论）上，他没有说明超验与经验到底是如何结合的，没有为两者划清地盘，而任由它们争夺同一个世界。他认为自由和自然并不冲突，因为它们是从不同角度观察同一个事物时得到的两种不同结果，实际上这只是用文字游戏来回避问题。在现实社会中，两者之间存在非此即彼的关系，面对将要处理的事务，自由和自然同时存在，而主体的选择在理论上最终只有一个。道德的充分发展必然会使知识成为工具并最终萎缩。道是自足的，它并不需要什么工具或手段。如果需要的话，也只有在消除知识的用途中使用。老子曰："为学日益，为道日损。损之又损，以至于无为。"（《老子·四十八章》）知识的高度发展只能带来道德的极度边缘化，而只有在对高度发达的知识进行超越后，才可能达到更高意义的道德。

黑格尔沿着康德未来形而上学的建设思路行进，他的辩证法就是超验与经验之间的相互转化。但是他最终丢掉了经验，说明这是一次不成功的尝试。解答未来形而上学问题的任务历史地落在马克思肩上。

二　马克思实践本体论

（一）实践概念简史

前面我们对实践（Praxis/practice）与道德的内在贯通做了梳理，这里简要回顾一下实践概念的历史。作为"现实的、感性的活动本身"，实践综合了超验与经验。这种综合依赖于实践能够"超越经验的实然之域的……超越本身。"② 超越的动力、过程和目的是自由、能动性和道德。在超越中，经验历史得以完成，超验道德得以实现。正是在这种超越性上，

---

① 《康德著作全集》第4卷，中国人民大学出版社2005年版，第377页。
② 何中华：《马克思实践本体论新诠》，《学术月刊》2008年第8期。

实践才真正超越了一切旧哲学，并有资格成为马克思哲学的本体。在根本内容上，实践是对道德的践行，近现代人们把它扩大到自然科学理论的运用。这有欠恰当，因为它们只是经验的技术，而实践却有超验性维度，且超验性维度与经验性维度有机结合为一体。

实践概念来自亚里士多德。他在《尼各马科伦理学》中区分了思辨智慧、实践智慧和技术。实践智慧的主要特征有三条：考虑自己的整体的利益，考虑生活中可变的事物，从自身出发考虑事物。第一、三条特征指向实践的超验性维度。黑格尔剥葱的比喻说明了整体的超验性。① 从自身出发则摆脱了外在经验的束缚，内在性指向自律、自由和善的目的性。实践当然是经验性活动，但它不同于技术。实践不可学，技术是可学的，可学性接近了经验。第二条特征体现实践的经验性维度，但这种经验性恰是自由和道德的经验性实现。就是说，具有经验性的实践无法摆脱超验性，只有二者相互结合、相互作用才能保证实践不断绽开自身。可以说，这种绽开就是超验道德的经验性实现。不过，亚里士多德把思辨置于实践之上，从而造成超验性维度最终被遮蔽，为经验主义的滋生和壮大提供了空间。

康德继承了亚里士多德的实践概念。康德限制了理论理性的自由，而在实践理性上无限张扬了它，从而使实践高于理论（在二元论中二者是平等的）。他没有区分理性的全部实践能力和纯粹实践能力，纯粹实践理性的根据是自由和道德。他认为，自由只能是实践理性的事，思辨理性虽然需要自由，但这只是消极的应用。"思辨理性在应用因果性概念时需要这种意义上的自由（绝对意义上的先验自由——引者注），为着当它要在因果联结的系列中思维无条件者时，将它自己从它不可避免地陷于其中的二律背反中挽救出来"。②

当康德把自由的优先性赋予实践理性而不是思辨理性时，思辨理性产生的知识的实际应用并不能被称为实践，因为这种所谓实践里没有可靠的

---

① 黑格尔说："用分析方法来研究对象就好象剥葱一样，将葱皮一层又一层地剥掉，但原葱已不在了。"（［德］黑格尔：《小逻辑》，贺麟译，商务印书馆1980年版，第413页。）
② ［德］康德：《实践理性批判》，韩水法译，商务印书馆1999年版，第1页。

自由因素。虽然一项自然科学理论的实际应用往往被称为实践，但严格说来，它只是亚里士多德可教可学的技术，真正的实践在其超验性上不具有可教可学性。

马克思的实践概念源于亚里士多德和康德，但马克思不是像亚里士多德那样把实践置于思辨活动之下，也不是像康德那样让实践与思辨平起平坐（在二元论中），而是把它置于哲学原初点上。由此出发，马克思实践本体论一边在逻辑上完成康德未来形而上学，一边又在经验历史中推翻一切抽象思辨哲学，解构未来形而上学设想赖以产生的社会历史根据。

相对而言，道德是超验的而实践是经验的。实践在根本上是道德实践，因而道德和实践都同时具有超验性维度和经验性维度。就两个维度的统一而言，道德与实践完成了合体。与道德完成合体的实践不仅能够从容应对来自旧唯物主义和唯心主义的挑战，而且能够有效处理当下世界的二元分裂，并能够以工人运动等感性活动来完成哲学自身。不管世界之外有没有神，只要能够从自由和道德上得到超验性，就足以能够对付旧唯物主义的纯粹经验性。对于马克思来说，只要先验自由存在，超验道德就存在，因而他不必追究到上帝那里，反而把上帝归结于道德异化和"世俗基础的自我分裂和自我矛盾"，[①] 由此，唯心主义也被超越了。康德二元论之所以无法超越自身就在于，他没有使超验与经验在道德（实践）中合一，而追入纯粹超验领域。在康德那里，"道德并不是从神的安排中产生的，道德不可避免地导致宗教。"[②] 在马克思看来，道德在实践中最多追溯到先验自由那里，不要追溯更远，否则就会离开经验而陷入抽象。实践的超验性维度被遮蔽的片面实践带来世俗世界的"分裂"，而超验性维度被解蔽的全面实践则是"分裂"得以弥合的内在根据。片面的抽象实践在黑格尔看来也有其合理性。依其外化思想，从精神到现实世界的过程是必然的，现实世界和现实化过程是经验的，因而片面实践是必然的。当然，这种必然性主要是能够被理解意义上的，而非在经验历史中必然发生的。例如，

---

① 《马克思恩格斯选集》第 1 卷，人民出版社 2012 年版，第 134 页。
② 程志民：《康德》，湖南教育出版社 1999 年版，第 42 页。

一般认为，中国传统社会在没有与西方接触的情况下，是不会发展出现代资本主义的。从康德哲学看上去，马克思追求超验道德的经验性实现。实现亦即"哲学转向外部"、"哲学的世界化"、"世界的哲学化"以及哲学的"实现"和"丧失"，①它们伴随社会历史发展的整个历程。马克思哲学站在历史的火车头上，历史完成自身也就是马克思哲学完成自身，马克思以后一切有建树的哲学注定都要成为马克思哲学的注脚。

康德和马克思之后，伽达默尔是一位重视实践的现代哲学家，他津津乐道的"真正的对谈"②是实践。对谈前，双方都有自己独特的前见，基于此，双方又都有对对谈结果的预期。同时，双方都准备接受（至少认真地思考和研究）对方的观点，并由此检验自己的前见，甚至改变自己的原有认识。"真正的对谈"总是超出双方各自原有的预期，且永远没有最后的真正的结局或结论。对话本身是一个经验事件，但前见和理解不能免除超验性因素。伽达默尔认为，这些超验性因素具有合法性。"真正的对谈"能否达到马克思哲学对道德实现的经验性诉求，能否实际地"改变世界"？这很难回答。但可以肯定的是，对于马克思来说，这种"对谈"最多构成"改变世界"的一种前期准备或其中的一个环节，离问题的完满解决还有相当长的距离。

（二）马克思哲学的本体是实践

关于马克思实践本体论，学术界存在重大分歧：马克思的哲学有无本体论基础？如果有，本体是什么？俞吾金教授认为，马克思有自己的本体论，"人所共知的一个事实是：马克思很少提到'本体论'这一概念，但这决不等于说，马克思的哲学没有本体论的基础。诚如奎恩指出的，任何哲学体系都有自己的'本体论承诺'（Ontological commitments），马克思哲学当然也并不是例外。"③最适合做马克思哲学本体的应该是实践，因为实

---

① 《马克思恩格斯全集》第 1 卷，人民出版社 1995 年版，第 76 页。

② ［德］伽达默尔、杜特：《解释学 美学 实践哲学：伽达默尔与杜特对谈录》，金惠敏译，商务印书馆 2005 年版，第 38 页。

③ 俞吾金：《重新理解马克思：对马克思哲学的基础理论和当代意义的反思》，北京师范大学出版社 2005 年版，第 197 页。

践作为具体的生成活动，总是同时集超验与经验于一身，并在两者的相互作用中保持流动性、批判性和革命性。

实践满足了康德未来形而上学的要求：作为一元论原初点，实践使超验与经验各具其位，各有其职，相互作用，对立统一。就是说，实践满足了康德对未来形而上学"科学"化的要求。一切经验知识、经院哲学都在实践"改变世界"的运动中，获得自己独特的位置和价值，即使它们作为实践所反对的对象。马克思说："凡是把理论引向神秘主义的神秘的东西，都能在人的实践中以及对这种实践的理解中得到合理的解决。"①一言以蔽之，从逻辑上看，马克思实践本体论称得上康德未来形而上学的完成。

在西方哲学史上，本体论、形而上学都可以称作哲学的代名词。希腊哲学在爱智慧的意义上是一个从无知到求知，却总也求不到的状态。之所以求不到是因为，所问的对象是超验的，任何经验性的回答都是不充分的。希腊人撕扯在超验与经验之间，总想两者兼得，却不知以经验（康德的经验知识）把握超验（这是经验主义方式）注定要失败，反之亦然（这是唯心主义方式）。恰当的做法是，在超验与经验的统一中考察世界并实践道德，希腊人把两者分开最终酿成资本主义的大祸，这是现实版的希腊悲剧。但是，既然求知了，总会求到一些东西的。于是，一代代哲学家通过抽象思辨建立起一个个理论体系。

从词源学上看，本体论（ontology）来自对存在的研究，巴门尼德对存在者（是者）的研究是本体论的开端。布宁和余纪元认为，本体论"源自希腊文：*logos*（理论）和 *ont*（是，或存在）……在 17 世纪，学者们创造了拉丁词 'ontologia'，指称形而上学的一分支，以区别于其他分支，即理性神学、理性宇宙论和理性心理学……本体论常常用以指整个形而上学。"②《牛津哲学词典》（Oxford Dictionary of Philosophy）解释说：本体论是"从希腊词存在（being）发展出来的，17 世纪被演化为形而上学的一个分支，研究对于形而上学来说什么才是存在着的（Derived from the

---

①　《马克思恩格斯选集》第 1 卷，人民出版社 2012 年版，第 135—136 页。

②　［英］尼古拉斯·布宁、余纪元编著：《西方哲学英汉对照辞典》，人民出版社 2001 年版，第 708 页。

Greek word for being, but a 17th-century coinage for the branch of metaphysics that concerns itself with what exists.)。"[①] 可见，本体论原来是独立的研究，只是后来才变成了形而上学的一个分支。"本体论"作为一个专门的哲学术语，首次"出现在由戈克莱纽斯（Rudolf Goclenius）在 1613 年编辑的《哲学词典》中。……在 17、18 世纪，如在沃尔夫（Chr. Wolff）那里，它已被视为形而上学的组成部分，作为'形而上的普遍'（metaphysica generalis，专门在一般意义上研究存在者的规定）的同义词进行研究"。[②]

形而上学（metaphysics）概念最早来自亚里士多德，字面意思是"物理学之后"。他试图为物理学现象寻找一个本质上的根据，即实体及相关范畴之间的关系。但是，他的形而上学没有成功，他没有说明实体到底是"个别的还是普遍的"。[③] 没有成功的体系却对后世产生巨大影响，一方面，他的物理学在近现代发扬光大，形成体系庞大的自然科学；另一方面，他开了通过抽象思辨建立形而上学的先河，一个个体系建立起来又被埋葬，黑格尔引用《新约》中使徒彼得对安纳尼亚说的话："看吧！将要抬你出去的人的脚，已经站在门口。"[④] 这些体系的建立者们都试图找到一个作为出发点和归宿的本体，由此建立体系。他们希望这个体系不仅能够容纳人们的物质生活，而且能够容纳他们灵魂的精神生活，更重要的是要使两方面能够和谐相处。但是他们的解决方案（体系）却似乎都不成功，且相互冲突，混战一直持续到康德。

混战原因可以分为三层：一是超验与经验相互分离；二是分离基础上超验或经验的缺失，要么只看到超验性的一面如神学和柏拉图主义，要么只看到经验性的一面如旧唯物主义和经验论（经验论的纯粹化就是经验主义，旧唯物主义、经验论和经验主义把抽象物质预设为本体）；三是在缺失

---

① 《牛津哲学词典：英文》，上海外语教育出版社 2000 年版，第 269 页。
② 侯才、阮青、薛广州主编：《马克思主义哲学史论》，中共中央党校出版社 2005 年版，第 124 页。
③ 赵敦华：《西方哲学简史》，北京大学出版社 2001 年版，第 81 页。
④ 北京大学哲学系外国哲学史教研室编译：《西方哲学原著选读》下卷，商务印书馆 1982 年版，第 382 页。

的基础上，超验与经验相互侵犯，如对超验上帝的经验性存在的证明，如科学主义对超验做经验化的解释。在康德二元论中，超验与经验同时存在，他试图消除超验与经验的分离，而且在自然科学上取得了成功。但是，正是这种成功妨碍了他在道德和自由上取得成功，他把实践看作先验的，却找不到深入经验的道路。因此可以说，他仅揭示了他们混战的原因，却没有平息战争，没有找到帮助形而上学家实现理想的新本体。康德把一般对象区分为现象和本体，在纯粹数学和纯粹自然科学上，他分别通过先验感性论和先验知性论联通了经验和超验。但是，在形而上学中，他却只是在思维内部指出了传统形而上学的失败之处，而没有建立起新的能够让所有形而上学家尤其他自己满意的形而上学体系。同时，他对混战原因的考察不彻底，没有达到"世俗基础的自我分裂和自我矛盾"，① 其二元论是"分裂"的产物而非对"分裂"本身的批判。他没有看到超验与经验的对立源自历史与自然即"本体论问题"与"认识论问题"② 的对立。他最终没有找到恰当的一元论基础以统一超验与经验，只是让它们在二元论框架中暂时并存。

那么超验与经验的分离和侵犯是如何产生的？说来话长，早在希腊哲学中这一问题就产生了。超验与经验原本浑然一体。希腊哲学家们在探索世界本原时，发现世界具有超验性的和经验性的两种本原，即能动的心灵本原和被动的物质本原。这种发现本身说明，世界已经出现两者的分离。面对分离，哲学家们有三个选择：思考两者的合一，走向超验和走向经验，其代表人物分别是赫拉克利特、柏拉图和亚里士多德。赫拉克利特火本原说的活火和辩证法把超验与经验融为一体。但是，大概受制于当时已经兴起的抽象思辨，他仅关注事情超验性的一面，过少讨论如何在经验世界中实现活火的本性，他的辩证法也没有经验化到让世人在日常生活中有章可循的地步。他说："道为灵魂所固有"；"一个人怎能躲得过那永远不灭的东西呢？""一切地上爬的东西，都是被神的鞭子赶到牧场上去的。"③ 超

---

① 《马克思恩格斯选集》第 1 卷，人民出版社 2012 年版，第 134 页。
② 参见谢遐龄：《文化：走向超逻辑的研究》，山东文艺出版社 1989 年版。
③ 北京大学哲学系外国哲学史教研室编译：《西方哲学原著选读》上卷，商务印书馆 1981 年版，第 23 页。

验的"道"、"永远不灭的东西"和"神"与人休戚相关，但世人认识不到
"道"、感觉不到"神的鞭子"，靠有限的思辨理性生活在盲目中。他的思想
没有得到实践，也就不被了解，他被称为晦涩哲学家。相比之下，中国老
子的道也是晦涩的，无法被理性思辨彻底把握，但是他提出自然无为、守
弱守柔守中等主张，他让人在做中领会道，他在一定程度和意义上获得了
人们的理解。超验与经验分离后，西方人一直追寻它们归一的道路，但都
没有成功，他们或升入虚幻的纯粹超验，或陷入经验主义的泥潭。

苏格拉底是柏拉图和亚里士多德的共同源头。苏氏"是什么"的追问
是针对道德和实践的。"是什么"之主词是超验的，他却希望得到充分的
经验性答案。他以超验标准来验收经验答案，当然不会得到满意的结果。
不过，超验与经验此时还是统一的，尽管是以无知的方式统一的。

柏拉图用纯粹超验的理念和至善来回答"是什么"。他希望至善能获
得经验性实现，于是提出"哲学家成为……国王"[①]的设想。但由于缺少经
验性基础，这一设想无法实现。亚里士多德用抽象思辨代替实践，积极向
经验中求真相，试图建立以实体为出发点和归宿的形而上学，最终却丢掉
了超验。实体是抽象思辨的产物，他认为，人不完全地分有了超验神的思
辨能力。实体因超验性来源而具有超验性维度，因而亚里士多德本人似乎
不能被称为经验主义者。但是，后人忘记了思辨的超验性维度，只取实体
与经验世界关系的维度，普通逻辑的经验化就是明证。可能有人认为逻辑
不是经验的，但是人们对逻辑推理能力的来源和限度视而不见，只关注它
应用于经验以获得自然科学知识的功能，甚至把应用扩展到超验性事物，
如证明上帝的存在。这时盘算一下，超验因素已所剩无几。事实上，不是
超验本身的阙如，阙如的是发现、承认和施行。

从超验与经验的关系上看，无论柏拉图主义还是亚里士多德主义，都
无法提出稳固的一元本体原初点，实践作为本体却能够做到这一点。就此
而言，马克思实践本体论不仅是康德未来形而上学的完成，更是整个西方
哲学史形而上学夙愿的完成。

---

① ［古希腊］柏拉图：《理想国》，郭斌和、张竹明译，商务印书馆1986年版，第214页。

（三）康德未来形而上学的完成

康德未来形而上学的根本任务是处理超验与经验的对立。为保证超验与经验的并存，他固守着二元论。因此，在他那里，未来形而上学只是一个缺乏实在性的理念。

黑格尔着力消解超验与经验的对立，消除康德二元论，建立形而上学。在形式上他成功了。依靠超验与经验的矛盾，经验的"有限之物……自己扬弃自己"①进入超验的概念和精神，同时精神外化或异化为现实物质世界。超验与经验统一后形成的大全是绝对的和精神的。绝对精神似乎满足了康德未来形而上学的要求：具有一元本体论原初点，同时蕴含超验与经验并处理它们的关系。

然而，绝对精神是纯粹超验的，"有限之物"进入超验领域时它本身却已经被丢掉。其实，"有限之物"原本所具有的所谓"经验性"也是虚幻的，因为事物及其运动从来没有超出黑格尔的头脑而独立存在。因此，绝对精神并没有恰当处理二元之间的关系，而是保留一元抛弃一元。如果说康德还有深入经验的诉求，尽管没有达到，那么黑格尔则失去了这种诉求，只是乐观地向人们宣布：不用急，不用管，一切都会自己变好的（进入精神）。虽然"有限之物……自己扬弃自己"，但它（哪怕是人）却不知道自己正在"扬弃自己"，也不知道自己源于精神。康德二元论意在避免纯粹超验或纯粹经验，黑格尔却最终陷入纯粹超验。就此而言，他是对康德的一次失败的尝试。然而，这种失败也有其重要价值，即提示："此路不通！"且启发了马克思在深入经验时莫要丢失了超验。

马克思反思了黑格尔的失误，重新回到康德层面上，带着超验进入经验。黑格尔进入超验后丢掉了经验，马克思是否最终会丢掉超验？回答是否定的。实践是超验与经验的统一体，只要不放弃把实践作为哲学原初点，两者就不会再次分离。"在马克思的学说中，人文精神与科学精神是一致的"。②相对而言，人文精神更具超验性而科学精神更具经验性，两者

---

① ［德］黑格尔：《小逻辑》，贺麟译，商务印书馆 1980 年版，第 177 页。

② 俞吾金：《对马克思哲学与西方哲学关系的再认识》，《天津社会科学》1999 年第 6 期。

在实践中统一起来。相反，只有放弃了超验与经验相统一的具体实践，才会退回到唯心主义、旧唯物主义和二元论。马克思实践本体论真正满足了康德未来形而上学的要求：在实践本体一元论中，超验与经验化作主观与客观、主体与客体、人与环境、道德与科学等，它们在相互作用中获得逻辑的和历史的和解。由此，康德未来形而上学得以完成。

但是，马克思实践本体论之于康德未来形而上学不止于完成，甚至马克思的根本用意恰恰在于，消解以康德未来形而上学为抽象思辨哲学最高成就的思维方式和生存方式。

三　哲学的完成就是哲学的终结

马克思实践本体论是康德未来形而上学的完成。然而，完成同时也是批判和终结，通过批判抽象思辨哲学赖以产生和存在的世俗根据，马克思终结了这种哲学。

抽象思辨哲学的世俗根据是"世俗基础的自我分裂和自我矛盾"，[①] 是超验与经验相分离的抽象实践。在"分裂"和抽象实践中，超验飞升入云霄固定为彼岸世界神的王国，同时产生唯心主义；留下纯粹经验的世界构成旧唯物主义的对象。康德二元论同样是"分裂"和抽象实践的产物，他批判纯粹理性，却没有批判批判本身，没有看到他之所以进行批判是因为社会历史在推动他批判。他所做的不过是把原本存在于实践中和人身上的超验本质以抽象形式（当然，比起神学多些具体性）展示出来。当马克思批判"世俗基础"这个"尘世"[②] 时，与其说他在完成康德未来形而上学，毋宁说他把它连同它的社会历史根据一起加以批判和消灭。

然而，"分裂"和抽象实践是社会历史发展的必然阶段，异化劳动和资本主义都是必然的。[③] 进而，一旦异化出现、资本主义诞生了，消除异化、反对资本主义的斗争，也立刻成为必要的和必然的。马克思实践本体

---

① 《马克思恩格斯选集》第 1 卷，人民出版社 2012 年版，第 134 页。
② 同上书，第 2 页。
③ 这种必然性是逻辑上可理解意义上的，而不是在经验历史中必然出现，比如如果不与西方文明接触，中国传统社会自身可能永远发展不出现代意义上的资本主义。

论作为哲学体系既是对旧哲学的终结，也是对自身的终结，即"哲学转向外部"、"哲学的世界化"和"世界的哲学化"。^①终结也是完成，在实践中，马克思哲学和历史一起完成自身。实践本体论不再像以往形而上学一样表现为封闭的理论体系，而是引导人直面"人的存在"，进入"人的存在"，以"存在"本来应有的方式去"存在"，即以超验与经验同时彰显着的实践去实践，以达到它们历史的和实际的统一。

马克思早期更多关注事情超验性的一面，后期更关注经验性的一面，但这并不说明他的心路历程存在断裂，因为他从来没有离开超验与经验的关系问题。早期重视超验但没有抛弃经验，早在博士论文中，他就提出了"哲学的世界化"和"世界的哲学化"；后期的经验研究中，他提到超验的（或先验的）"抽象力"。^②从超验性视野看问题容易得出"改变世界"^③的要求，从经验性视野看问题容易得出社会发展是"自然史的过程"^④的结论。两者是从不同视角观察同一个社会整体时得到的两种不同结论，这是马克思实践本体论的根本意蕴之所在。

"改变世界"像是主观口号，"自然史的过程"像是客观描述，它们使实践显得极为空洞。正是这种空洞使实践成为超越黑格尔的真正的大全，^⑤没有任何（超验性和经验性）事物能够真正逃脱实践的范围，所谓"天网恢恢，疏而不失。"（《老子·七十三章》）纯粹超验的神，就其"尘世"经验来源而言，不过是人对自己超验性本质的虚幻表达；纯粹经验性事物在其纯粹性上也是超验的。历史是实践的经验性绽开，历史中已发生、现发生和将发生的都在实践的范围之内。实践能够成为真正大全的原因在于，超验与经验在实践中相互作用以促使实践不断绽开自身。在实践的绽开中，一切由超验与经验相互分离而产生的抽象物，都获得实践之光的照耀

---

① 《马克思恩格斯全集》第1卷，人民出版社1995年版，第76页。
② 《资本论》第1卷，人民出版社2004年版，第8页。
③ 《马克思恩格斯选集》第1卷，人民出版社2012年版，第136页。
④ 《资本论》第1卷，人民出版社2004年版，第10页。
⑤ 黑格尔的大全撇开了世界，因而是虚幻的，或者说他的大全最终只是纯粹超验的，经验性的一面被遮蔽。

并改变自身，这既是"改变世界"的过程又是"自然史的过程"。在实践的绽开中，一切抽象思辨封闭的形而上学体系都被打破。在封闭体系中，意识即使具有转向外部的意愿并以为自己超出了体系，其实，"它所反对的东西，总是跟它相同的东西，只不过具有相反的因素罢了。"它"只是实现了这个体系的个别环节。"①黑格尔形而上学体系在形式上消除了矛盾，他的辩证法循着逻辑的道路踏遍了世界和意识的各个角落。但是，这种大全仍然独立于世界之外，只要把它暴露在实在的经验世界中，便如阳光下的晨露一样立刻消失了。黑格尔体系寿终正寝代表一切抽象思辨哲学的终结，它们以超验与经验的分离为出发点，怎么能够回过头来再统一它们？抽象思辨的最高成就是康德未来形而上学，因为他毕竟接触了真实问题并提出解决原则。然而，只有通过实践进入历史，才能真正完成康德未来形而上学，同时，也只有消灭抽象思辨哲学才能够真正完成它。

实践从体系中走出来，但又不能完全脱离体系。体系与思辨相关联，思辨是实践中"能动的反面"即超验主观性的具体表现。马克思批判黑格尔的抽象思辨，却没有放弃思辨本身。康德以艰辛的抽象思辨厘清道德的超验性，提出实现道德的未来形而上学，未来形而上学问题没有随着抽象思辨哲学的终结而终结。可以说，马克思以思辨扬弃了思辨。他以思辨告诉人们，抽象思辨是无，由此建立的形而上学是无，人应当肩负起由康德在抽象思辨中建立未来形而上学所昭示的任务，以自己本质被压抑的"激情"②去"改变世界"，以成就社会发展"自然史的过程"。

总之，当马克思哲学以实践本体论的面目出现时，一切以抽象思辨方式建立起来的哲学体系全都寿终正寝了。康德未来形而上学最终在与经验历史融为一体中找到了安身之所，这是以消灭自己独立封闭的体系和世俗根据为代价的，而且其完成过程伴随着历史完成自身的整个进程。

---

① 《马克思恩格斯全集》第 1 卷，人民出版社 1995 年版，第 76 页。
② 《马克思恩格斯全集》第 3 卷，人民出版社 2002 年版，第 309 页。

结语：从道德视角领会马克思的"新唯物主义"

　　唯物主义与唯心主义的根本区别不在于前者具有纯粹的经验性，后者具有纯粹的超验性，而在于前者能够恰当地处理超验与经验的关系问题，从而使两者同时得以保全，后者却造成超验与经验的分离，从而最终只保留了超验。马克思哲学的超验性维度是实践超越经验的实然之域的超越本身。这种超验性只有在道德中才能得到客观化和现实化。超验与经验在实践中的结合成就马克思"新唯物主义"①的彻底性。道德的实践分为个人的践行和人类整体的践行，两种践行的统一就是"改变世界"②与"自然史的过程"③的统一。

一　唯物主义与唯心主义的区别究竟何在

　　马克思的"新唯物主义"何以称作唯物主义？唯物主义与唯心主义的区别到底是什么？人们通常认为，唯物主义以经验性事物为本原因而是纯粹经验的，唯心主义以超验性事物为本原因而是纯粹超验的。这种看法基本符合恩格斯的思想。恩格斯说："全部哲学，特别是近代哲学的重大的基本问题，是思维和存在的关系问题。"④"思维"指的是精神，"存在"指的是自然界或物质，进而他给出了唯物主义与唯心主义的划分标准："凡

---

　　① 《马克思恩格斯选集》第 1 卷，人民出版社 2012 年版，第 136 页。
　　② 同上。
　　③ 《资本论》第 1 卷，人民出版社 2004 年版，第 10 页。
　　④ 《马克思恩格斯选集》第 4 卷，人民出版社 2012 年版，第 229 页。

是断定精神对自然界说来是本原的……组成唯心主义阵营。凡是认为自然界是本原的，则属于唯物主义的各种学派。"① 显然，作为自然界和物质的"存在"是经验的。在恩格斯看来，精神也具有经验性来源，由于自然科学不发达，人们猜想出独立于自己身体之外的灵魂、独立于自然界的神，然后对各种神的观念进一步抽象，直到出现一神论。如果精神是经验的，那么把精神预设为本原的唯心主义却有唯物主义的性质，因为精神作为经验性事物已经有了物质性。但是，当恩格斯把唯心主义说成是精神本原时，就预设了精神是超验的，否则就没有必要专门提出精神来与物质相并列。可见，恩格斯对唯物主义与唯心主义的区分有待进一步深化。其实，两者的区别不在于前者是纯粹经验的，后者是纯粹超验的，而在于如何处置超验与经验的关系：前者能够使经验性在哲学体系中牢固占据自己的位置，而不是完全排除经验性（如神学），或者在某些环节保持而最终舍弃它（如黑格尔哲学）；后者则以纯粹超验性事物为本原。

　　一元论唯心主义的代表当属柏拉图和黑格尔的哲学，纯粹超验的至善和绝对精神是本原。二元论的代表是笛卡尔和康德的哲学。笛卡尔的心物二元无法在人类理性的思辨中统一起来。如果非要让二者统一就要请出作为最高实体的上帝。就纯粹超验的上帝出场而言，笛卡尔哲学是唯心主义。退而言之，如果让上帝虚位，那么就心灵作为实体的一元而言，其哲学仍然难逃唯心主义的手掌；物质实体的另一元在其抽象性上也难以归入唯物主义，只有对心灵视而不见而只关注物质时，才勉强可以称作唯物主义（严格说来，这是经验主义而非唯物主义）。康德为了使超验与经验同时成立不得不固守着二元论。就经验性的一元而言，康德哲学是唯物主义，这种经验性是知性范畴（概念）不超出经验界限的运用，但是知性范畴的形成和本性却是超验的。就超验性的一元而言，康德哲学是唯心主义。他认为，人只能认识现象而不能认识自在之物。对于自在之物"哪怕不能认识，至少还必须能够思维"，② 所以自在之物仍然具有实在性。把纯

---

① 《马克思恩格斯选集》第 4 卷，人民出版社 2012 年版，第 231 页。
② ［德］康德：《纯粹理性批判》邓晓芒译，人民出版社 2004 年版，第二版序第 20 页。

粹超验的自在之物预设为本原就使康德哲学靠近了唯心主义。

经验主义不是唯物主义。这是因为，这种哲学立场在主观上完全排除超验性事物和事物的超验性维度，但这种经验性的纯粹性是保不住的。它把一切都付诸经验的做法本身就出自一个没有充足经验性证据的先验预设：一切都能够在经验中得到充足的证据。经验主义视野下唯物主义之物是抽象物质，即把具体事物的偶然性抽象掉以后的剩余物。黑格尔否定了抽象物质，他说："唯物论认为物质的本身是真实的客观的东西。但物质本身已经是一个抽象的东西，物质之为物质是无法知觉的。所以我们可以说，没有物质这个东西，因为就存在着的物质来说，它永远是一种特定的具体的事物。然而，抽象的物质观念却被认作一切感官事物的基础，——被认作一般的感性的东西，绝对的个体化，亦即互相外在的个体事物的基础。"①

抽象物质是纯粹经验的，就其抽象性和纯粹性而言它又是超验的。当经验主义把抽象物质预设为本原时，其实已经唯心主义化了，因为就构成并成就世界而言，抽象物质就是精神性的创世主。经验主义因彻底反对唯心主义而最终滑入唯心主义。

马克思哲学具有超验性维度，②但是这种超验性已然超出了纯粹的意识领域，而是通过实践与经验历史有机联系在一起。"在传统哲学特别是思辨哲学中，超验规定不过是思维的逻辑建构。而按照马克思的观点，逻辑范畴事实上根植于人的活动方式，由此决定了作为人的思维能力的产物的超验规定，最终取决于人的活动能力本身。"③

"人的活动能力本身"是让活动保持流动性的超越性本身，"实践永远指向'应当如此'。"④由于突破了纯粹的意识领域，马克思哲学的"超验性便不再是神性的（彼岸世界的属性）或逻辑的（思辨领域的属性）规定了，而是实践之生产性的生成活动这一现实的创造领域所固有的内在本

---

① ［德］黑格尔：《小逻辑》，贺麟译，商务印书馆 1980 年版，第 115 页。
② 参见何中华：《马克思哲学的超验性维度之我见》，《山东社会科学》2003 年第 4 期。
③ 何中华：《马克思实践本体论新诠》，《学术月刊》2008 年第 8 期。
④ 同上。

性。"①超越性使马克思哲学同时具有超验性和经验性两个维度，正是超验与经验的须臾不可分离成就了"新唯物主义"。

二 "新唯物主义"与道德在超验性上相遇

马克思"新唯物主义"的超验性维度集中体现在自由概念上。人具有绝对自由，就其绝对性而言它摆脱一切外在性约束。然而，自由不能永远囿于超验性领域之内，否则只能是虚无。于是，自由的超验性本质和经验性实现之间构成矛盾。在解决矛盾中，道德成为最适合的入口。

这是因为，第一，道德与自由在超验性上具有同构性。道德在本性上是超验的，它不允许任何经验的渗入，否则其超验性就面临着瓦解。康德说："我们即使最严厉地省察自己，也未发现任何东西，除了义务的道德根据之外能有足够的力量，推动我们去作出这个或者那个善的行为，并作出如此之大的牺牲；……即便通过最严格的省察，也绝不能完全弄清隐秘的动机，因为如果说的是道德价值，那么，问题并不在于人们看到的行为，而是在于行为的那些不为人们看到的内在原则。"②这种内在性是超验的。道德行为出于内在的道德义务，"这种义务作为一般而言的义务，先行于一切经验，存在于通过先天根据来规定意志的理性的理念之中。"③"先行于一切经验"也是超验。道德行为还出于"善的意志"，"善的意志并不因它造成或者达到的东西而善，并不因为它适宜于达到任何一个预定的目的而善，而是仅仅因意欲而善，也就是说，它就自身而言是善的"。④"就自身而言"说明其内在性和自律性。同时，道德必须在经验世界中展现自身并由此获得经验性维度。道德超验性本质与经验性实现之间的矛盾其实是自由矛盾的另一种表现。

第二，自由既是道德的前提又是道德的内容，自由和道德甚至可以相互替代。康德认为，道德依靠自由而成立，自由靠实践理性来提供实在

---

① 何中华：《马克思实践本体论新诠》，《学术月刊》2008年第8期。
② 《康德著作全集》第4卷，中国人民大学出版社2005年版，第413—414页。
③ 同上书，第415页。
④ 同上书，第401页。

性。他说：“自由概念的实在性既然已由实践理性的一条无可争辩的法则证明，它就构成了纯粹的、甚至思辨的理性体系的整个建筑的拱顶石，而所有其他概念（上帝的概念和不朽的概念）作为单纯的理念原来在思辨理性里面是没有居停的，现在依附于自由概念，与它一起并通过它得到安定和客观实在性，这就是说，这些概念的可能性已由自由是现实的这个事实得到了证明，因为这个理念通过道德法则展现了自己。”①在“自由概念”、“上帝的概念和不朽的概念”之上，康德建立起完整的道德学说。同时，道德又必须把自由的经验性实现作为自己的实在性内容，否则道德就会由自律衰变成他律而失去自身。

第三，在某种意义，一切哲学家都首先是道德学家。康德说：“终极目的无非是人类的全部使命，而有关这种使命的哲学就是道德学。为了道德哲学对于一切其他理性追求的优越地位之故，我们自古以来也一直都把哲学家这个名称同时理解为、并且首先理解为道德学家，而且甚至连表面上表现出理性的自我控制力，也会使得我们现在还按照某种类比而把一个人称为哲学家，即使他的知识很有限。”②马克思作为哲学家对自由和人类解放事业的追求同样出于道德的义务感和使命感。由于马克思本人很少直接论述道德并且强调哲学的经验性，不少人认为，马克思哲学与道德的关系没有这里说的这么近，甚至认为，马克思根本就把道德看做是生活的决定物，就经验主义立场来看决定物就是产物。这种认识值得商榷，马克思这么做并不意味着他放弃了道德。事实上，面对资本主义的恶，他致力于道德的实现而非道德的谴责。

三 马克思“新唯物主义”的彻底性

由于实践对超验与经验关系的恰当处理，马克思哲学在更源始的基础上，摆脱了唯心主义和旧唯物主义两个极端，从而实现了唯物主义的彻底化。“从前的一切唯物主义（包括费尔巴哈的唯物主义）的主要缺点是：

---

① ［德］康德：《实践理性批判》，韩水法译，商务印书馆1999年版，第1—2页。
② ［德］康德：《纯粹理性批判》，邓晓芒译，人民出版社2004年版，第634页。

对对象、现实、感性，只是从客体的或者直观的形式去理解，而不是把它们当做感性的人的活动，当做实践去理解，不是从主体方面去理解。因此，和唯物主义相反，唯心主义却把能动的方面抽象地发展了，当然，唯心主义是不知道现实的、感性的活动本身的。"①

实践既有"从主体方面去理解""对象、现实、感性"的主观性和超验性，又有"现实的、感性的活动本身"的客观性和经验性。这样，超验与经验同时得以保全并相互作用。从超验性上看，这一作用是"改变世界"的主观过程；从经验性上看，这一过程则是客观的"自然史的过程"。

资本主义社会是道德缺席的时代，因为道德具有超验性而资本主义在思想上被经验主义所统治。"费尔巴哈是从宗教上的自我异化，从世界被二重化为宗教世界和世俗世界这一事实出发的。他做的工作是把宗教世界归结于它的世俗基础。但是，世俗基础使自己从自身中分离出去，并在云霄中固定为一个独立王国，这只能用这个世俗基础的自我分裂和自我矛盾来说明。"②经验主义使世界"分裂"，超验的一面变成上帝升入彼岸世界，经验的一面成为完全经验的"世俗世界"，这个经验世界中没有超验道德的地盘。在经验主义看来，道德也是经验性事物，它不过是法律的补充或不成熟状态。

那么，"世俗基础的自我分裂和自我矛盾"是如何发生的？在经验主义的思维和生存方式中，人被自己的外在经验世界所控制而失去自由，比如社会习俗对人的制约。正因为在经验世界中没有自由，人才在抽象思辨中把自己的自由和本质归入彼岸世界的上帝，所以是"人创造了宗教，而不是宗教创造人。"③宗教一旦被创造出来便开始对"世俗世界"进行统治。人不知道是自己创造出上帝，反而渴望这上帝能够经验地存在并经验地解救他。其实，纯粹超验的上帝不会降临到经验世界中来，否则它就不再是纯粹超验的了。当人把自己的自由和本质拱手交付上帝时，人与自然界也分离开来。没有自由，人一方面用上帝来麻痹自己，一方面又向自然界伸

---

① 《马克思恩格斯选集》第 1 卷，人民出版社 2012 年版，第 133 页。
② 同上书，第 134 页。
③ 同上书，第 1 页。

出贪婪之手，利用抽象自由拼命去占有，于是出现私有财产。私有财产造成人与生产资料的分离。分离就是异化，人的本质作为"抽象人类劳动对象化或物化"①在商品中，凝集成价值，价值经验化为货币和资本，从此开始了物对人的统治。上帝和资本分别从超验和经验两个层次上同时统治了人，"人的存在"本身则沦为虚无。

实践的的超验性维度使人发现自己始终具有的超验性，道德的超验性于是在意识中得以复活。从道德视角看，历史就是道德遗失和回归的过程。经验的历史依靠超验的道德保持流动性，并由此获得某种规律性。于是马克思哲学在历史领域实现了唯物主义的彻底化。

"新唯物主义"的彻底性还体现为对康德二元论和不可知论的消解。康德认为自由是存在的，且具有其"实在性"。

> 如果它（全部实践能力——引者注）作为纯粹理性是现实地实践的，那么它就通过事实证明了它的实在性和它的概念的实在性，而反驳它有可能具有实在性的一切诡辩便是徒然的了。
>
> 凭借这种能力，先验自由从现在起也就确立了起来。②

但是，对于康德而言，自然同时也是存在的。在某种意义上，自然似乎比自由更具有"实在性"。他说："关于一个自然的这一概念被经验所证实，而且如果经验亦即感官对象依照普遍法则联系起来的知识应当是可能的，这一概念就甚至不可避免地必须被预设。因此，自由只是理性的一个理念，其客观实在性就自身而言是可疑的，但自然却是一个知性概念，它借经验的实例证明、且必须必然地证明自己的实在性。"③

人在自然中没有自由。为保证自由与自然的并存，康德固守着二元论。康德二元论的贡献在于，它使世界的二重化大白于天下。但是，这种二元论仍然是"世俗基础的自我分裂和自我矛盾"的产物。

---

① 《资本论》第1卷，人民出版社2004年版，第51页。
② ［德］康德：《实践理性批判》，韩水法译，商务印书馆1999年版，第1页。
③ 《康德著作全集》第4卷，中国人民大学出版社2005年版，第463—464页。

康德依靠不可知论来维护二元论，不可知论拒绝回答关于上帝的问题。在马克思实践本体一元论中，已经没有了对上帝进行提问的空间。实践作为超验与经验相互作用的统一体，要求对一切超验性事物进行提问时，不要超出经验性的范围。对上帝的提问就是对"人的存在"的提问，因而我们永远没有机会哪怕在思维中接触纯粹超验的居住在世界之外的上帝。只要追问上帝，就离开了"人的存在"。如果有人非要追问上帝，那么康德已经给出了答案。马克思不会退回到康德那里去，局限于抽象思辨最终会丢掉经验性。

马克思对"世俗基础的自我分裂和自我矛盾"进行批判，批判分意识中的批判和现实中的批判两个层面。发现"分裂"和"矛盾"，意识中的批判工作也就完成了，因为发现本身说明人意识到自己原本具有的超验性自由和本质，由"分裂"和"矛盾"所产生的经验主义也就消失了。这时，从超验道德出发"改变世界"的过程在意识中已经完成，但现实中的批判才刚刚开始。马克思说："必须推翻使人成为被侮辱、被奴役、被遗弃和被蔑视的东西的一切关系"；"全部问题都在于使现存世界革命化，实际地反对并改变现存的事物。"①

四　实践：超验道德在经验历史中成为可能

旧唯物主义以抽象物质（包括费尔巴哈的感性生活）为出发点，"新唯物主义"通过把实践设定为本体扬弃了旧唯物主义。实践是超验与经验的相互作用。在实践中，"新唯物主义"打通了自由、道德、实践和自然界之间的隔阂。自然界冲破抽象物质的锁链而成为"人的无机的身体"。②实践概念来自亚里士多德，其"实践智慧"的主要特征是：考虑自己的整体的利益，考虑生活中可变的事物，从自身出发考虑事物。

我们可以从超验和经验两个层次上，来考察亚里士多德的实践概念、道德概念以及他的自由观。"整体的"和"从自身出发"指向实践的超验

---

① 《马克思恩格斯选集》第 1 卷，人民出版社 2012 年版，第 10、155 页。
② 《马克思恩格斯全集》第 3 卷，人民出版社 2002 年版，第 272 页。

性维度。实践哲学"是对人类生活形式所必须是什么的反思"。① 反思依据的是超验性自由。② "生活中可变的事物"体现实践的经验性维度，但这种经验性恰是超验性自由的展现，尽管它似乎与"我"是对立的。"实践的态度从思维即从自我自身开始。它首先显得跟思想是对立的，因为说起来它自始表示一种分离。在我是实践的或能动的时候，就是说，在我做一件事情的时候，我就规定着我自己。而规定自己就等于设定差别。但是我所设定的这些差别，那时依然是我的，各种规定属于我的，而我所追求的目的也属于我的。即使我把这些规定和差别释放在外，即把它们设定在外部世界中，它们照旧还是我的，因为它们经过了我的手，是我所造成的，它们带有我的精神的痕迹。"③

就是说，在实践中，经验最终无法摆脱超验。超验与经验构成实践的两个维度并相互作用，以此推动实践不断绽开和完成自身。实践完成自身的运动就是超验性自由的经验性实现。就自由而言，亚里士多德的实践也是超验性道德的经验性实现。人们在世界中从事实践活动获得"实践智慧"，他说：

> 应该重视那些富有经验的人、老年人和明智的人们的意见和主张，这些意见和主张虽未经过证明，但其重要性决不低于那些证明的。因为通过经验，人们长上一双看得正确的眼睛。④

亚里士多德对"实践智慧"的重视显而易见，但是，他同时又认为"思辨活动"才是"最大的幸福"。

---

① ［德］汉斯－格奥尔格·伽达默尔：《诠释学 II：真理与方法》，洪汉鼎译，商务印书馆 2010 年版，第 29 页。
② 在康德意义上，"先行于经验"且"使经验成为可能"的性质叫"先验"，因而自由应是"先验"的而不是"超验"的。然而，两者均超越经验，这里强调超出经验的维度，故把自由也称为"超验"的。
③ ［德］黑格尔：《法哲学原理》，范扬、张企泰译，商务印书馆 1961 年版，第 13 页。
④ ［古希腊］亚里士多德：《尼各马科伦理学》，苗力田译，中国人民大学出版社 2003 年版，第 131 页。

> 最高的至福有别于其他的活动，是神的活动，也许只能是思辨活动了。人的与此同类的活动也是最大的幸福。

> 其余的动物都不分有幸福，因为它们全都缺乏思辨活动。神的生活则全部是至福。至于人则以自己所具有的思辨活动而享有幸福。①

正是由于放弃经验性而走向纯粹的抽象思辨，亚里士多德没有建立起稳固的道德哲学。他把思辨活动而非实践置于其哲学的最高地位，这种选择的终极根据其实仍然是自由，且人在抽象思辨中可以摆脱一切经验性羁绊，这也证明了超验性自由。然而，由于无法经验性实现，这种抽象思辨的自由无法构成道德的根基。离开道德，这种自由和幸福毫无重量。不过，正是这种抽象思辨自由产生了当今世界发达的科学技术。

与亚里士多德相反，康德限制了理论理性的自由而无限张扬了实践理性的自由，从而使实践理性高于理论理性，二者在二元论中是平等的。在康德看来，思辨理性的自由只是自由的消极应用。"思辨理性在应用因果性概念时需要这种意义上的自由（绝对意义上的先验自由——引者注），为着当它要在因果联结的系列中思维无条件者时，将它自己从它不可避免地陷于其中的二律背反中挽救出来；但是思辨理性只能将自由概念以或然的，即并非不可思维的方式树立起来，而不能确保它的客观实在性，而且思辨理性如此办理，只是以免将那些它至少必须承认可以思维的东西，假定为不可能，从而危及了理性的存在，使它陷入怀疑主义的深渊之中。"②

当康德把自由的优先性赋予实践理性时，思辨理性产生的理论的实际应用不能被称为实践，因为这种应用中没有自由。虽然一项自然科学理论的实际应用被称为实践，但是严格说来它只是技术。技术具有可教可学性，实践在其超验性维度上无法通过外在性学习而获得。

当马克思把实践预设为哲学原初点时，就设定了从道德出发理解其哲学的合法性。强调道德超验性的同时，也强调实践的经验性，从道德切入

---

① ［古希腊］亚里士多德：《尼各马科伦理学》，苗力田译，中国人民大学出版社2003年版，第227页。

② ［德］康德：《实践理性批判》，韩水法译，商务印书馆1999年版，第1页。

马克思哲学能够有效纠正在现实中存在的两种偏差：任性自由的侵入和对道德践行的忽视。

任性自由是对自由的误解和误用，其结果是自由的反面。任性自由是对自由做抽象化理解和应用的表现，要求自由摆脱一切束缚的超验性在经验世界中实现，认为自由就是经验地为所欲为。这就抹杀了超验与经验的界限，结果是经验性完全侵占超验性的地盘。诚然，超验的自由必须以经验性展开为实在性内容，否则就只能沦为空谈和虚无。但是，问题不在于超验与经验实际上是相互渗透甚至是合一的，而在于能否承认二者之间的矛盾，并且自觉以这一矛盾为坐标去考察世界，实际地"改变世界"，从而使二者各得其所。

从道德出发理解"新唯物主义"，就使对道德的践行成为马克思哲学的应有之义。在领会马克思强调社会的整体性革命时，这一点往往被忽视。践行道德就是"改变世界"。践行道德有两个层面：每个社会成员作为个体人的践行和社会整体作为类的践行。对于个人而言，"世界"有两个方面：内在精神和外在环境，前者是私人领域，后者是可以扩大到社会整体的公共领域。对于个人的内在世界而言，只要能够认识到道德的超验性本质，并真诚地践行道德，那么这个内在世界的改变也就完成了。但是，如果外在世界的改变没有完成，内在世界的改变就不稳固，甚至称不上完成。这是因为，"不管个人在主观上怎样超脱各种关系，他在社会意义上总是这些关系的产物。"① 从社会意义上看，个人对道德的践行恰是社会道德缺席的表现，所谓"大道废，有仁义"（《老子·十八章》）。就是说，道德行为和缺德行为是同一个社会实体的两个相互映照的面，前者体现资本主义因缺少道德而发生的对道德的渴求，后者则是资本自我增殖本性的正面写照。无论个人行善还是作恶，对社会发展的总体方向都没有影响。因此，"改变世界"的彻底完成需要社会整体作为类去践行道德。

但是，个人的道德践行并没有因此失去重要性。这是因为，第一，道德是人之为人的最后标志，是人无法抛弃的。也正是其不可抛弃性使个人

---

① 《资本论》第 1 卷，人民出版社 2004 年版，第 10 页。

的道德践行成为道德缺席的表现。作为人的机能，劳动是人作为类把自己的本质对象化在劳动产品中的活动。道德把人连接成为类。劳动异化、道德缺席是人的本质被压抑的表现，"对象性的本质在我身上的统治，我的本质活动的感性爆发，是激情，从而激情在这里就成了我的本质的活动。"①个人的道德践行出于道德崇高感，崇高感来自人的自由本质被统治时的激情。"激情、热情是人强烈追求自己对象的本质力量。"②

第二，个人的道德践行是"改变世界"的前提、中介和结果。没有个人的道德践行，类的道德践行就无从谈起。其一，虽然一个人的道德行为不能改变作为整体的外在世界，但是所有个人都去践行道德则一定是"改变世界"的整体性完成。况且，当所有人都践行道德时，个人的践行就同时也是"改变世界"的结果。其二，个人内在世界的改变是外在世界改变的潜在状态。如果内在世界没有接受超验的道德和崇高的理想，你让他抛头颅洒热血为共产主义而奋斗是决不可能的。如果说社会革命是自由的外在性发展，那么对道德的觉悟和践行就是自由的内在性发展。如果没有自由的内在性发展，其外在性发展则永远不可能发生，因为实践将会失去主观性和超验性，社会历史发展也将变成纯粹外在物的自在运动。把马克思哲学看做只有自由的外在性发展而缺失内在性发展是不恰当的。由于强调超验与经验的相互作用，马克思扬弃了抽象思辨。唯心主义依靠抽象思辨使自由得到纯粹的内在性发展，这种得到内在性发展的自由为实践提供超验性，尽管是"抽象地发展"。其三，"德不孤，必有邻。"（《论语·里仁第四》）思道德之事，行道德之实，一定会对别人产生感召作用，这是从个人践行向类践行过渡的另一种方式。事实上，正是道德使人类由孤立的个人连接成为社会的有机整体。如果说康德通过抽象思辨弄清了道德的本质，那么马克思则通过实践证明了道德的可能性。

第三，个人和类的道德践行的关系是超验与经验矛盾的一种具体表现。世界在经验层次上上无限复杂，但是在其超验性上，它无非就是人的

---

① 《马克思恩格斯全集》第 3 卷，人民出版社 2002 年版，第 309 页。
② 同上书，第 326 页。

自由本质的实现场所。在道德的类的践行上，无人能够准确预测社会革命的发生及其过程；但在个人的践行上，人可以确定地说社会革命必然要发生，因为如果资本主义不灭亡人类就要灭亡。道德是超验的，其践行也出自于超验性理由，超验性更多存在于个人的内在世界中。在内在世界的私人领域，一切关于道德的说教、思辨哲学甚至神学都潜在地获得了存在的空间。所以，马克思说："人所具有的我都具有（Nihil humani a me alienum potu）。"① 但是在公共领域，道德践行的经验性是第一位的。马克思不允许哲学局限在私人领域和体系范围的内部，要求"哲学现实化"、"哲学的世界化"和"世界的哲学化"。在实践中，超验与经验的相互作用使历史表现为"改变世界"和"自然史的过程"的统一。

---

① ［英］戴维·麦克莱伦：《卡尔·马克思传》，王珍译，中国人民大学出版社2005年版，第430页。

参考文献

一 著作类

1. 《资本论》第1-3卷，人民出版社2004年版。

2. 《马克思恩格斯选集》第1-4卷，人民出版社2012年版。

3. 《马克思恩格斯全集》第1卷，人民出版社1995年版。

4. 《马克思恩格斯全集》第2卷，人民出版社1957年版。

5. 《马克思恩格斯全集》第3卷，人民出版社2002年版。

6. 《马克思恩格斯全集》第4卷，人民出版社1958年版。

7. 《马克思恩格斯全集》第13卷，人民出版社1998年版。

8. 《马克思恩格斯全集》第20卷，人民出版社1971年版。

9. 《马克思恩格斯全集》第31卷，人民出版社 1972年版。

10. 《马克思恩格斯全集》第40卷，人民出版社1982年版。

11. 《马克思恩格斯全集》第42卷，人民出版社1979年版。

12. 《马克思恩格斯全集》第46卷上，人民出版社1979年版。

13. 中共中央马克思恩格斯列宁斯大林著作编译局编：《列宁专题文集 论辩证唯物主义和历史唯物主义》，人民出版社2009年版。

14. ［德］康德：《纯粹理性批判》，蓝公武译，商务印书馆1960年版。

15. ［德］康德：《纯粹理性批判》，邓晓芒译，人民出版社2004年版。

16. ［德］康德：《实践理性批判》，韩水法译，商务印书馆1999年版。

17. ［德］康德：《道德形而上学原理》，苗力田译，上海人民出版社1986年版。

18. ［德］康德：《论优美感和崇高感》，何兆武译，商务印书馆2001年版。

19. 《康德著作全集》第4卷，中国人民大学出版社2005年版。

20. 《康德书信百封》，李秋零编译，上海人民出版社2006年版。

21. ［德］黑格尔：《哲学史讲演录》第1卷，贺麟、王太庆译，商务印书馆1959年版。

22. ［德］黑格尔：《哲学史讲演录》第2卷，贺麟、王太庆译，商务印书馆1960年版。

23. ［德］黑格尔：《哲学史讲演录》第3卷，贺麟、王太庆译，商务印书馆1959年版。

24. ［德］黑格尔：《哲学史讲演录》第4卷，贺麟、王太庆译，商务印书馆1978年版。

25. ［德］黑格尔：《精神现象学》上下卷，贺麟、王玖兴译，商务印书馆1979年版。

26. ［德］黑格尔：《法哲学原理》，范扬、张企泰译，商务印书馆1961年版。

27. ［德］黑格尔：《小逻辑》，贺麟译，商务印书馆1980年版。

28. ［德］费尔巴哈：《基督教的本质》，荣震华译，商务印书馆1984年版。

29. ［德］弗·梅林：《马克思传》，樊集译，人民出版社1965年版。

30. ［德］海因里希·格姆科夫等：《马克思传》，易廷镇、侯焕良译，生活·读书·新知二联书店1978年版。

31. ［匈］卢卡奇：《历史与阶级意识——关于马克思主义辩证法的研究》，杜章智、任立、燕宏远译，商务印书馆1999年版。

32. ［德］卡尔·柯尔施：《马克思主义和哲学》，王南湜、荣新海译，重庆出版社1989年版。

33. ［联邦德国］A.施密特：《马克思的自然概念》，欧力同、吴仲昉译，商务印书馆1988年版。

34. ［意］葛兰西：《实践哲学》，徐崇温译，重庆出版社1990年版。

35. ［美］赫伯特·马尔库塞：《单向度的人：发达工业社会意识形态研究》，刘继译，上海译文出版社2008年版。

36. ［法］路易·阿尔都塞：《保卫马克思》，顾良译，商务印书馆2010年版。

37. ［美］特雷尔·卡弗：《马克思与恩格斯：学术思想关系》，姜海波、王贵贤等译，中国人民大学出版社2008年版。

38. ［英］戴维·麦克莱伦：《卡尔·马克思传》，王珍译，中国人民大学出版社2005年版。

39. ［英］戴维·麦克莱伦：《马克思以后的马克思主义》，李智译，中国人民大学出版社2008年版。

40. ［美］诺曼·莱文：《辩证法内部对话》，张翼星等译，云南人民出版社1997年版。

41. ［美］莱文：《不同的路径：马克思主义与恩格斯主义中的黑格尔》，臧峰宇译，北京师范大学出版社2009年版。

42. ［日］柄谷行人：《跨越性批判：康德与马克思》，赵京华译，中央编译出版社2011年版。

43. ［美］古尔德：《马克思的社会本体论：马克思社会实在理论中的个性和共同体》，王虎学译，北京师范大学出版社2009年版。

44. 曾枝盛编选：《吕贝尔马克思学文集》上，郑吉伟、曾枝盛等译，北京师范大学出版社2009年版。

45. ［日］广松涉：《文献学语境中的〈德意志意识形态〉》，彭曦译，南京大学出版社2005年版。

46. ［日］桑木严翼：《康德与现代哲学》，余又荪译，台湾商务印书馆民国69（1980）年版。

47. ［美］曼弗雷德·库恩：《康德传》，黄添盛译，上海人民出版社2008年版。

48. ［德］卡西尔：《卢梭·康德·歌德》，刘东译，生活·读书·新知三联书店1992年版。

49. ［德］阿克塞尔·霍耐特：《为承认而斗争》，胡继华译，上海人民出版社2005年版。

50. ［古希腊］柏拉图：《理想国》，郭斌和、张竹明译，商务印书馆1986年版。

51. ［古希腊］亚里士多德：《尼各马科伦理学》，苗力田译，中国人民大学出版社2003年版。

52. ［英］洛克：《政府论》上篇，瞿菊农、叶启芳译，商务印书馆1982年版。

53. ［英］洛克：《政府论》下篇，叶启芳、瞿菊农译，商务印书馆1964年版。

54. ［法］卢梭：《社会契约论》，何兆武译，商务印书馆2003年版。

55. ［法］卢梭：《爱弥儿》上下卷，李平沤译，商务印书馆1978年版。

56. ［法］卢梭：《论人类不平等的起源和基础》，李常山译，商务印书馆1962年版。

57. ［德］叔本华：《作为意志和表象的世界》，石冲白译，商务印书馆1982年版。

58. ［德］弗里德里希·尼采：《权力意志——重估一切价值的尝试》，张念东、凌素心译，商务印书馆1991年版。

59. ［丹麦］乔治·勃兰兑斯：《尼采》，安延明译，工人出版社1985年版。

60. ［德］胡塞尔：《纯粹现象学通论——纯粹现象学和现象学哲学的观念（Ⅰ）》，李幼蒸译，中国人民大学出版社2004年版。

61. ［德］马丁·海德格尔：《存在与时间》，陈嘉映、王庆节合译，生活·读书·新知三联书店2006年版。

62. ［德］海德格尔：《面向思的事情》，陈小文、孙周兴译，商务印书馆1996年版。

63. ［奥］维特根斯坦：《逻辑哲学论》，贺绍甲译，商务印书馆1996年版。

64. ［奥］维特根斯坦：《哲学研究》，李步楼译，商务印书馆1996年版。

65. ［奥］路德维希·维特根斯坦：《战时笔记：1914—1917年》，韩林合译，商务印书馆2005年版。

66. ［德］汉斯—格奥尔格·伽达默尔：《诠释学Ⅰ：真理与方法》，洪汉鼎译，商务印书馆2010年版。

67. ［德］汉斯—格奥尔格·伽达默尔：《诠释学Ⅱ：真理与方法》，洪汉鼎译，商务印书馆2010年版。

68. ［德］伽达默尔、杜特：《解释学 美学 实践哲学：伽达默尔与杜特对谈录》，金惠敏译，商务印书馆2005年版。

69. ［英］汤因比：《历史研究》上册，曹未风译，上海人民出版社1966年版。

70. ［英］汤因比：《历史研究》中册，曹未风、徐怀启、乐群、王国秀译，上海人民出版社1962年版。

71. ［英］汤恩比：《历史研究》下册，曹未风等译，上海人民出版社1964年版。

72. 北京大学哲学系外国哲学史教研室编译：《西方哲学原著选读》上卷，商务印书馆1981年版。

73. 北京大学哲学系外国哲学史教研室编译：《西方哲学原著选读》下卷，商务印书馆1982年版。

74. （宋）朱熹：《周易本义》，廖名春点校，中华书局2009年版。

75. （宋）朱熹：《四书章句集注》，中华书局1983年版。

76. （宋）陆九渊：《年谱》，《陆九渊集》卷三十六，中华书局1980年版。

77. （宋）陆九渊、（明）王守仁：《象山语录 阳明传习录》，杨国荣导读，上海古籍出版社2000年版。

78. 陈鼓应：《老子注译及评介》，中华书局1984年版。

79. 陈鼓应：《庄子今注今译》，中华书局1983年版。

80. 熊伟：《自由的真谛——熊伟文选》，中央编译出版社1997年版。

81. 杨一之：《康德黑格尔哲学讲稿》，商务印书馆1996年版。

82. 李泽厚：《批判哲学的批判——康德述评》，人民出版社1984年版。

83. 何中华：《哲学：走向本体澄明之境》，山东人民出版社2002年版。

84. 何中华：《社会发展与现代性批判》，社会科学文献出版社2007年版。

85. 何中华：《重读马克思：一种哲学观的当代诠释》，山东人民出版社2009年版。

86. 俞吾金：《从康德到马克思：千年之交的哲学沉思》，广西师范大学出版社2004年版。

87. 俞吾金：《重新理解马克思：对马克思哲学的基础理论和当代意义的反思》，北京师范大学出版社2005年版。

88. 俞吾金主编：《二十世纪哲学经典文本：英美哲学卷》，复旦大学出版社1999年版。

89. 陈学明主编：《二十世纪哲学经典文本：西方马克思主义卷》，复旦大学出版社1999年版。

90. 俞吾金、陈学明：《国外马克思主义哲学流派新编》西方马克思主义卷上下册，复旦大学出版社2002年版。

91. 赵剑英、俞吾金主编：《马克思的本体论思想》，社会科学文献出版社2006年版。

92. 赵剑英、张一兵主编：《国外马克思主义的基本问题》，社会科学文献出版社2006年版。

93. 鲁鹏、何中华、汪建、刘森林：《历史之谜求解——人类生存的十对矛盾》，广西人民出版社1996年版。

94. 鲁鹏：《制度与发展关系研究》，人民出版社2002年版。

95. 姜涌：《政治文化简论》，山东大学出版社2000年版。

96. 商逾：《马克思历史决定论及其历史命运》，山东大学出版社2003年版。

97. 鲁克俭：《国外马克思学研究的热点问题》，中央编译出版社2006年版。

98. 韩志伟：《追寻自由：从康德到马克思》，中国社会科学出版社2010年版。

99.《马列主义研究资料》1982年第3-6辑，人民出版社1982年版。

100.《马列主义研究资料》1983年第2辑，人民出版社1983年版。

101.《马列主义研究资料》1984年第4、5辑，人民出版社1984年版。

102.《马列主义研究资料》1985年第1辑，人民出版社1985年版。

103.《马列主义研究资料》1989年第4辑，人民出版社1989年版。

104.《马克思主义来源研究论丛》第5辑，商务印书馆1984年版。

105.《马克思主义研究论丛》第2辑，中央编译出版社2006年版。

106. 侯才、阮青、薛广州主编：《马克思主义哲学史论》，中共中央党校
     出版社2005年版。

107. 黄克剑：《人韵——一种对马克思的读解》，东方出版社1996年版。

108. 王南湜：《追寻哲学的精神：走向实践哲学之路》，北京师范大学出
     版社2006年版。

109. 魏小萍、张云飞编著：《马克思传》，当代世界出版社1998年版。

110. 谢遐龄：《康德对本体论的扬弃——从宇宙本体论到理性本体论的转
     折》，湖南教育出版社1987年版。

111. 谢遐龄：《文化：走向超逻辑的研究》，山东文艺出版社1989年版。

112. 程志民：《康德》，湖南教育出版社1999年版。

113. 郑昕：《康德学述》，商务印书馆1984年版。

114. 张志伟：《康德的道德世界观》，中国人民大学出版社1995年版。

115. 韩水法：《康德物自身学说研究》，商务印书馆2007年版。

116. 姜丕之、汝信主编：《康德黑格尔研究》第2辑，上海人民出版社
     1986年版。

117. 张世英：《自我实现的历程——解读黑格尔〈精神现象学〉》，山东
     人民出版社2001年版。

118. 贺麟：《文化与人生》，商务印书馆1988年版。

119. 洪谦：《论逻辑经验主义》，商务印书馆1999年版。

120. 李章印：《解构—指引：海德格尔现象学及其神学意蕴》，山东大学
     出版社2009年版。

121. 叶秀山：《思·史·诗》，人民出版社1988年版。

122. 赵汀阳：《论可能生活：一种关于幸福和公正的理论》，中国人民大学出版社2004年版。

123. 李秀林、王于、李淮春主编：《辩证唯物主义和历史唯物主义原理》，中国人民大学出版社2004年版。

124. 苗力田、李毓章主编：《西方哲学史新编》，人民出版社1990年版。

125. 赵敦华：《西方哲学简史》，北京大学出版社2001年版。

126. 张志伟、欧阳谦主编：《西方哲学智慧》，中国人民大学出版社2000年版。

127. 汪子嵩、范明生、陈村富、姚介厚：《希腊哲学史》第3卷，人民出版社2003年版。

128. 张汝伦：《德国哲学十论》，复旦大学出版社2004年版。

129. 唐凯麟：《伦理学》，高等教育出版社2001年版。

130. 魏英敏：《新伦理学教程》，北京大学出版社2003年版。

131. 曹沛霖：《西方政治制度》，高等教育出版社2000年版。

132. 张康之、李传军、张璋：《公共行政学》，经济科学出版社2002年版。

133. ［英］尼古拉斯·布宁、余纪元编著：《西方哲学英汉对照辞典》，人民出版社2001年版。

134.《牛津哲学词典：英文》，上海外语教育出版社2000年版。

135. *The Cambridge Dictionary of Philosophy*，Cambridge University Press，1999.

136. Andrew Scth, *The Development from Kant to Hegel*, Cambridge Scholars Press Ltd, 2002.

137. David Carvounas, *Diverging Time: the Politics of Modernity in Kant, Hegel, and Marx*, Lexington Books, 2002.

138. Kojin Karatani, *Transcritique: on Kant and Marx*, translated by Sabu Kohso, Massachusetts Institute of Technology, 2003.

139. Nicholas Bunnin and Jiyuan Yu，*The Blackwell Dictionary of Western Philosophy*，Blackwell Publishing Ltd, 2004.

140. Martin Heidegger, *Kant and the problem of metaphysics*, translated by Richard Taft, Indiana University Press, 1997.

141. Terry Eagleton, *Why Marx Was Right*, Yale University Press, 2011.

二　论文类

1. 纪玉祥：《关于恩格斯对〈费尔巴哈论纲〉的若干修改》，《哲学研究》1982年第10期。

2. 周敦耀：《也谈恩格斯对〈关于费尔巴哈的提纲〉的修改》，《哲学研究》1983年第7期。

3. 马国泉：《〈恩格斯和马克思主义〉》，《马克思主义研究》1985年第4期。

4. 刘纲纪：《马克思主义哲学中唯物主义问题的重新思考》，《天津社会科学》1989年第3期。

5. 乐志强：《略论马克思主义哲学的实质——马克思恩格斯哲学思想比较研究之一》，《现代哲学》1991年第2期。

6. 刘筌：《恩格斯和马克思主义哲学》，《现代哲学》1990年第3期。

7. 金顺尧：《恩格斯反对马克思吗——驳西方学者对恩格斯哲学思想的歪曲和攻击》，《探索与争鸣》1990年第6期。

8. 姚剑波：《"恩格斯与马克思对立论"述评》，《探索与争鸣》1990年第6期。

9. 张奎良：《恩格斯在与马克思合作创立新哲学体系过程中的贡献》，《现代哲学》1991年第2期。

10. 张奎良：《马克思和恩格斯的珠联璧合》，《江汉论坛》1991年第10期。

11. 李恒瑞：《关于马克思恩格斯哲学思想的关系问题的断想》，《现代哲学》1991年第2期。

12. 余其铨：《辩证法是主观的还是客观的——驳西方批评者对恩格斯自然辩证法的责难》，《北京大学学报》（哲学社会科学版）1992年第4期。

13. 何中华：《物质本体论的困境与实践本体论的选择》，《南京社会科学》1994年第11期。

14. 何中华：《实践、辩证法与马克思主义哲学新诠——世纪之交我们对马克思主义哲学应有的态度》，《学术月刊》1996年第11期。

15. 何中华：《"无立场的思想"可能吗？——评一种"新"哲学观》，《哲学研究》1997年第10期。

16. 何中华：《人的历史发展的双重审视——读马克思〈政治经济学批判（1857～1858年草稿）〉》，《烟台大学学报》（哲学社会科学版）1999年第4期。

17. 何中华：《"哲学的终结"：一个"后现代"神话？》，《天津社会科学》2002年第2期。

18. 何中华：《论马克思实践观的本体论向度——重读〈关于费尔巴哈的提纲〉》，《河北学刊》2003年第4期。

19. 何中华：《马克思哲学的超验性维度之我见》，《山东社会科学》2003年第4期。

20. 何中华：《试论马克思的本体论思想及其特征》，《学习与探索》2004年第1期。

21. 何中华：《论马克思和恩格斯哲学思想的几点区别》，《东岳论丛》2004年第3期。

22. 何中华：《马克思与恩格斯：并非"一块整钢"》，《青年思想家》2004年第5期。

23. 何中华：《关于恩格斯思想中的一个矛盾——兼评所谓"哲学终结论"》，《山东社会科学》2006年第3期。

24. 何中华：《实践唯物主义的奠基之作——再读马克思〈关于费尔巴哈的提纲〉》，《东岳论丛》2006年第3期。

25. 何中华：《人的个体生存与实践本体论建构——马克思哲学的一个再诠释》，《理论学刊》2006年第11期。

26. 何中华：《马克思实践本体论：一个再辩护》，《学习与探索》2007年第2期。

27. 何中华：《如何看待马克思和恩格斯的思想差别》，《现代哲学》2007年第3期。

28. 何中华：《是"谬见"，还是真实？——对一种责难的回应》，《现代哲学》2008年第3期。

29. 何中华：《马克思实践本体论新诠》，《学术月刊》2008年第8期。

30. 何中华：《马克思与"哲学的终结"——为马克思哲学合法性辩护》，《学术研究》2008年第10期。

31. 何中华：《究竟应当怎样看待"马克思—恩格斯问题"——再答我的两位批评者》，《江苏社会科学》2009年第3期。

32. 何中华：《恩格斯对"唯物—唯心"之争的态度——重读〈路德维希·费尔巴哈和德国古典哲学的终结〉》，《学习与探索》2009年第5期。

33. 何中华：《论历史与道德的二律背反及其超越》，《文史哲》2011年第3期。

34. 冯景源：《恩格斯在唯物史观创立上的贡献——兼斥"马克思恩格斯对立"谬论》，《求索》1995年第4期。

35. 任暟：《论恩格斯晚年对社会历史理论的新探索——兼驳"马恩对立论"》，《江淮论坛》1995年第6期。

36. 俞吾金：《论两种不同的历史唯物主义概念》，《中国社会科学》1995年第6期。

37. 俞吾金：《重新理解马克思哲学和费尔巴哈哲学的关系》，《马克思主义与现实》1996年第1期。

38. 俞吾金：《对马克思哲学与西方哲学关系的再认识》，《天津社会科学》1999年第6期。

39. 俞吾金：《论马克思对西方哲学传统的扬弃——兼论马克思的实践、自由概念与康德的关系》，《中国社会科学》2001年第3期。

40. 俞吾金：《论恩格斯与马克思哲学思想的差异——从〈终结〉和〈提纲〉的比较看》，《江苏社会科学》2003年第4期。

41. 俞吾金：《马克思对康德哲学革命的扬弃》，《复旦学报》（社会科学版）2005 年第1 期。

42. 俞吾金：《恩格斯如何看待马克思与黑格尔的关系》，《云南大学学报》（社会科学版）2005年第3期。

43. 俞吾金：《论马克思对德国古典哲学遗产的解读》，《中国社会科学》2006年第2期。

44. 俞吾金：《自然辩证法，还是社会历史辩证法？》，《社会科学战线》2007年第4期。

45. 俞吾金：《马克思对物质本体论的扬弃》，《哲学研究》2008年第3期。

46. 俞吾金：《康德是通向马克思的桥梁》，《复旦学报》（社会科学版）2009年第4期。

47. 郝贵生、李俊赴：《究竟应该怎样认识马克思、恩格斯思想的关系？——兼评俞吾金先生的差异分析法》，《哲学动态》2005年第5期。

48. 钟人：《马克思恩格斯哲学思想解读——兼评〈马克思恩格斯哲学思想比较研究〉》，《求是学刊》1996年第5期。

49. 朱传棨：《马克思恩格斯思想异同研究论纲——兼驳"马克思恩格斯对立论"》，《武汉大学学报》（人文科学版）2002年第1期。

50. 郭星云：《论马克思的〈提纲〉与恩格斯的〈终结〉》，《江汉论坛》2002年第8期。

51. 严书翰：《恩格斯晚年对马克思主义的发展与创新》，《求是》2002年第11期。

52. 吴雄丞：《恩格斯晚年对马克思主义的丰富和发展》，《中共中央党校学报》2003年第1期。

53. 孙荣：《对恩格斯与马克思主义哲学关系的解释学审视》，《西南师范大学学报》（人文社会科学版）2003年第4期。

54. 孙荣、王金福：《恩格斯与马克思在理解新旧唯物主义区别时的哲学视差》，《福建论坛》（人文社会科学版）2004年第7期。

55. 王金福：《关于恩格斯与马克思关系的几点意见》，《山东社会科学》2005年第9期。

56. 薛俊强：《马克思恩格斯"对立论"的神话和幽灵——与俞吾金、何中华先生商榷》，《探索》2006年第3期。

57. 周世兴，杨楹：《马克思恩格斯思想关系研究中的若干谬见》，《现代哲学》2007年第6期。

58. 杨楹，周世兴：《追问马克思恩格斯思想"异质性差距论"的实质——对何中华教授反批评的批评》，《江苏社会科学》2008年第5期。

59. 吴家华：《"马克思—恩格斯问题"论析》，《中国人民大学学报》2002年第6期。

60. 吴家华：《国外学者关于马克思恩格斯比较研究诸范式简评》，《高校理论战线》2004年第10期。

61. 余京华，吴家华：《特瑞尔·卡弗的"恩格斯—马克思问题"研究述评》，《哲学动态》2008年第8期。

62. 赵家祥：《质疑"马恩对立论"》，《教学与研究》2005年第5期。

63. 刘森林：《恩格斯与辩证法：误解的澄清》，《南京大学学报》（哲学、人文科学、社会科学版）2005年第1期。

64. 文浩：《历史辩证法视域中的恩格斯——"马恩对立论"百年回望与当代思索》，《南京大学学报》（哲学、人文科学、社会科学版）2005年第1期。

65. 周宏：《晚年恩格斯的马克思哲学观疏论》，《南京社会科学》2005年第4期。

66. ［美］特瑞尔·卡弗：《"马克思和恩格斯"，还是"恩格斯对马克思"——在东京弗里德里希·恩格斯国际研讨班上的演讲》，《江海学刊》2006年第1期。

67. 夏娟：《西方"马克思学"视域中的"马克思—恩格斯问题"》，《福建论坛》（人文社会科学版）2006年第4期。

68. 鲁克俭：《国外学者论青年马克思与青年恩格斯的学术关系》，《教学与研究》2006年第8期。

69. 马拥军：《评对恩格斯哲学思想的三大误解》，《马克思主义研究》

2006年第12期。

70. 王东、郭丽兰：《〈关于费尔巴哈的提纲〉新解读——马克思原始稿与恩格斯修订稿的比较研究》，《武汉大学学报》（人文科学版）2007年第6期。

71. 徐崇温：《正确理解马克思恩格斯晚年的著作》，《高校理论战线》2007年第7期。

72. 郭丽兰：《透视马克思和恩格斯关系的一面镜子——〈共产党宣言〉创作史新探》，《学术论坛》2008年第9期。

73. 董嫱嫱：《"马恩差异论"研究述评》，《广西社会科学》2008年第3期。

74. 姚顺良、夏凡：《马克思是〈共产党宣言〉思想的主创者——兼与巴加图利亚、卡弗等学者商榷》，《学术月刊》2008年第8期。

75. 魏小萍：《如何从马克思和恩格斯的差异中解读马克思主义哲学的核心问题——从一个附加标题说起》，《哲学动态》2009年第3期。

76. ［美］约翰·斯坦利、恩斯特·齐默曼：《论马克思和恩格斯之间所谓的差异》（李朝晖编译），《马克思主义与现实》2009年第3期。

77. ［美］J. D. 亨勒：《马克思和恩格斯思想上的一致性》（黄文前编译），《马克思主义与现实》2009年第3期。

78. 梁树发、李娉：《改革开放三十年来我国学者关于马克思主义认识的变化与发展——从关于马克思恩格斯关系的认识谈起》，《马克思主义与现实》2009年第4期。

79. 梁树发、黄刚：《改革开放30年来我国学者关于马克思主义认识的发展——从"西方马克思主义"与马克思主义关系的认识谈起》，《学术研究》2009年第4期。

80. 罗伯中：《论马恩差异论的两个理论维度及其文本论据的考察——以〈马克思与恩格斯：学术思想关系〉为考察对象》，《理论探讨》2009年第5期。

81. 郜庭台：《理想与现实——从康德、黑格尔到马克思》，《天津社会科学》1984年第2期。

82. 石倬英、杨文极：《德国古典哲学与马克思主义哲学》，《河北学刊》1990年第2期。

83. 赵仲英：《马克思与康德》，《云南社会科学》1994年第1期。

84. 张俊芳：《从康德道德哲学到马克思主义伦理学》，《东北师大学报》（哲学社会科学版）1994年第5期。

85. 程志民：《康德和马克思》，《马克思主义研究》1997年第3期。

86. 刁隆信：《论马克思主义实践观与德国古典哲学实践观的内在联系和本质区别》，《西南师范大学学报》（哲学社会科学版）1998年第4期。

87. 王淑芹：《道德的自律与他律——马恩与康德的两种不同的道德自律观》，《道德与文明》1998年第4期。

88. 何建华：《论马克思对德国古典哲学道德自律说的扬弃》，《毛泽东邓小平理论研究》2003年第4期。

89. 曲士英、竭长光：《从哲学“基本问题”看“实践转向”——马克思实践哲学对德国古典哲学的扬弃》，《学术交流》2003年第9期。

90. 韩志伟：《论康德先验逻辑的知性特性和辩证特性——马克思哲学变革的理论前提》，《吉林大学社会科学学报》2004年第1期。

91. 许全兴：《马克思对德国古典哲学自由精神的继承和发展》，《中共中央党校学报》2005年第3期。

92. 徐长福：《实践智慧：是什么与为什么——对亚里士多德“实践智慧”概念的阐释》，《哲学动态》2005年第4期。

93. 徐长福：《马克思主义：从建构性理想到调节性理想——借康德的视角来看》，《吉林大学社会科学学报》2006年第1期。

94. 徐长福：《先验的自由与经验的自由——以康德和马克思为讨论对象》，《天津社会科学》2006年第4期。

95. ［日］柄谷行人：《〈跨越性批判：康德与马克思〉序言》，林怡静摘译，《国外理论动态》2005年第9期。

96. 叔贵峰：《从理想的批判到现实的批判——试论康德与马克思关于“批判哲学”的区别及其理论意义》，《辽宁大学学报》（哲学社会科学版）2006年第5期。

97. 李革新：《从自然王国到自由王国——论康德、黑格尔和马克思的自由观》，《安徽大学学报》（哲学社会科学版）2006年第5期。

98. 戴劲：《从康德问题看马克思哲学的革命》，《当代国外马克思主义评论》（第五辑），人民出版社2007年版。

99. 戴劲：《论马克思对康德自由概念的感性证明》，《世界哲学》2010年第5期。

100. 王宏宇：《康德：马克思思想发展中不容忽视的重要一环》，《学术交流》2007年第5期。

101. 王时中：《黑格尔对康德哲学的超越及其限度——从马克思哲学的视角看》，《社会科学评论》2008年第4期。

102. 张盾：《黑格尔对康德哲学的批判和超越——从马克思哲学的视角看》，《哲学研究》2008年第6期。

103. 王南湜：《我们能够从康德哲学学些什么？—— 一个并非康德主义的中国马克思主义哲学研究者的思考》，《学海》2009年第6期。

104. 谢永康：《自由观念：从康德、黑格尔到马克思》，《学海》2009年第6期。

105. 龙霞：《普遍性的寻求——马克思与康德的一种可能的对话》，《学海》2009年第6期。

106. 李爱民：《解读马克思的康德和黑格尔之争—— 一种知识社会学的考察》，《学海》2009年第6期。

107. 白文君：《康德自由论的不自由性及马克思的超越》，《学术论坛》2011年第4期。

108. 苏晓离：《评对马克思道德思想的一种曲解》，《哲学研究》1992年第10期。

109. 孙伯：《经济和道德——马克思〈1844年经济学哲学手稿〉的当代意义》，《南京社会科学》1994年第1期。

110. 李德顺、龙斌：《社会历史与人的价值活动——兼论价值观与历史观统一的基础》，《哲学研究》1994年第12期。

111. 金可溪：《谈对马克思道德理论的评价——评美国〈道德百科全书〉

对马克思道德理论的歪曲》，《人文杂志》1997年第4期。

112. 宛小平：《道德批判与重构是贯串于马克思主义理论体系的一条红线》，《安徽大学学报》（哲学社会科学版）1997年第5期。

113. 胡建：《道德观上的启迪与超越——试析马克思对康德伦理学价值观的扬弃》，《学术月刊》1999年第8期。

114. 张文喜：《马克思与伦理学——兼论伯恩施坦、海德格尔对马克思的解读》，《广西社会科学》2001年第4期。

115. 余世锋、刘传广：《摆脱与超越：马克思的自由概念对康德伦理学的扬弃》，《甘肃社会科学》2010年第4期。

116. 顾智明：《论伦理本体——对马克思伦理视角的一种解读》，《社会科学》2003年第3期。

117. 张盾：《马克思哲学革命中的伦理学问题》，《哲学研究》2004年第5期。

118. ［塔］伊·阿萨杜拉耶夫：《马克思的道德贡献》，柳丰华摘译，《国外理论动态》2005年第6期。

119. 郭增花：《马克思伦理思想的实践维度》，《社会科学辑刊》2007年第2期。

120. 高兆明：《马克思的唯物史观与道德观三问》，《道德与文明》2007年第3期。

121. ［英］肖恩·塞耶斯：《马克思主义与道德》，贺来、刘富胜译，《哲学研究》2007年第9期。

122. 王增福：《先验、经验与超验：康德道德哲学的三重维度》，《学术论坛》2010年第1期。

123. 张之沧：《马克思的道德观解析》，《马克思主义研究》2010年第9期。

124. 肖前：《马克思主义哲学是实践的唯物主义》，《东岳论丛》1983年第2期；《哲学动态》1988年第12期。

125. 刘纲纪：《实践本体论》，《武汉大学学报》（人文科学版）1988年第1期。

126. 谢遐龄：《社会存在是马克思主义哲学最基本的概念》，《哲学动态》1988年第4期。

127. 王锐生：《历史唯物论的实践一元论》，《哲学动态》1988年第4期。

128. 王锐生：《是实践唯物论还是物质本体论？》，《哲学动态》1988年第12期。

129. 王泽应：《道德本质之我见》，《哲学动态》1988年第8期。

130. 贾旭东：《实践定义研究简介》，《哲学动态》1988年第11期。

131. 陈先达：《关于实践唯物主义的几点想法》，《哲学动态》1988年第12期。

132. 王于：《"实践本体论"答问》，《哲学动态》1988年第12期。

133. 叶秀山：《论时间引入形而上学之意义》，《哲学研究》1998年第1期。

134. 杨学功：《论马克思主义哲学本体论》，《西南民族学院学报》（哲学社会科学版）1999年第1期。

135. 杨学功：《马克思主义哲学与"本体论"研究：分歧与出路》，《哲学研究》2001年第9期。

136. 杨学功：《本体论哲学批判是马克思哲学变革的实质》，《哲学动态》2001年第10期。

137. 杨学功：《传统本体论哲学的终结和马克思哲学变革的实质》，《现代哲学》2002年第1期。

138. 杨耕：《物质、实践、世界：关于马克思主义哲学三个基本范畴的再思考》，《北京社会科学》2000年第3期。

139. 杨耕：《关于马克思实践本体论的再思考》，《学术月刊》2004年第1期。

140. 黄颂杰：《本体论在现当代：解构与重建》，《学术月刊》2002年第4期。

141. 胡刘：《马克思哲学本体论研究论评》，《教学与研究》2004年第7期。

142. 鲁鹏：《实践在什么意义上可以成为本体》，《东岳论丛》2005年第2期。

143. 黄映然：《关于"何为马克思主义哲学本体论"之思考》，《广西社会科学》2007年第11期。

144. 郝晓光：《马克思主义剩余价值哲学体系的本体论特征——从两大难题的破解到两个统一的建立》，《河北学刊》2008年第6期。

145. 谢维营、蒋文有：《实践与本体关系的反思——关于"实践本体论"的讨论评述》，《烟台大学学报》（哲学社会科学版）2010年10月。

146. 安启念：《辩证唯物主义还是实践唯物主义——再读马克思》，《学术月刊》2011年第3期。

147. 章自承：《简论"先验"与"超验"》，《四川大学学报》（哲学社会科学版）1989年第3期。

148. 陈本益：《经验、先验与超验》，《东岳论丛》1989年第3期。

149. 周建漳：《论"超验"》，《厦门大学学报》（哲学社会科学版）1993年第2期。

150. 倪梁康：《TRANSZENDENTAL：含义与中译》，《南京大学学报》（哲学·人文科学·社会科学版）2004年第3期。

151. 倪梁康：《再次被误解的transzendental——赵汀阳"先验论证"读后记》，《世界哲学》2005年第5期。

152. 赵汀阳：《先验论证》，《世界哲学》2005年第3期。

153. 赵汀阳：《再论先验论证》，《世界哲学》2006年第3期。

154. 邓晓芒：《康德的"先验"与"超验"之辨》，《同济大学学报》（社会科学版）2005年第5期。

155. 文炳、陈嘉映：《"先天"、"先验"、"超验"译名源流考》，《云南大学学报》（社会科学版）2011年第3期。

156. 张阳升：《如何理解历史进程？——兼谈对马克思"自然历史过程"思想的理解》，《学习与探索》2000年第2期。

157. 魏胜强：《道德对法律漏洞的补充：构建和谐社会的必然选择》，《河南大学学报》（社会科学版）2010年第6期。